4차 산업혁명시대
혁신을 위한

경영학개론

안동규 · 신충호

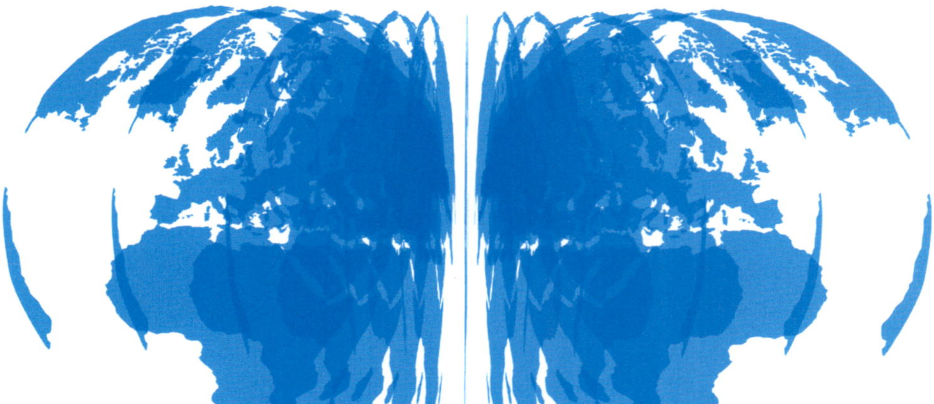

정독
DEEP READING

머리말

시간이 매우 빠르게 흐르고 있다. "그땐 맞고 지금은 다르다." 젊은이들이 자주 쓰는 말이다. 세대 차이가 아닌 시간 차이를 느끼는 시대를 살고 있다. '휴대전화를 마치 신체의 일부처럼 사용하는 새로운 세대'라는 뜻에서 지금 젊은 세대를 '포노 사피엔스(phono sapiens)'로 부르기도 한다. 과거에는 백색전화로 통신을 처음 접한 세대이고, 현재는 태어나면서부터 스마트폰을 접하는 세대다.

최근 사회적으로 가장 화두가 되고 있는 단어는 단연코 4차 산업혁명이라고 할 수 있을 것이다. 정보통신 기술(ICT)의 융합으로 촉발된 혁명적인 발전은 기술적 영역을 넘어서 사회·경제·문화등의 다양한 측면에서 패러다임을 변화시키고 있다. 연결·분권·융합·개방·공유 등 4차 산업 혁명의 본질적인 가치들로 인해 현대인은 기존의 삶의 패러다임을 새로이 구축할 것을 요구받고 있다. 이러한 큰 흐름 속에서 경영학 역시 기존의 시각에 대한 반성과 새로운 아이디어의 필요성이 대두되고 있다.

20세기 경영학의 기본적인 전제는 이윤을 극대화하는 방법에 대한 고찰이었다. 그러나 정상에 위치한 초우량 기업들은 돈을 벌기 위한 수단 이상의 무언가를 추구하였다. 기업이 속한 사회환경 내에서 존재 의미를 찾고, 더 나아가 사회에 기여할 수 있는 조직을 만들어야 한다는 주장이 대두되고 있다. 생산성 향상을 위해 최소 비용과 인원을 감축해야 한다는 고정관념 역시 흔들리고 있다. 오히려 더 많은 직원을 통해 높은 생산성이 달성될 수 있다는 주장이 힘을 얻고 있다. 기업이 체계적인 교육과 훈련을 통해 고부가가치 인력을 양성하는 역할을 수행하는 것이 기업의 생산성 향상으로 이어질 수 있다는 주장이 대두되고 있다. 조직 관리 측면에서도 과거와 같이 중앙집권적인 관료주의는 그 힘을 상실하고 4차 산업혁명의 기본정신이라고 할 수 있는 분권과 권한부여를 통한 방법이 주목받고 있다.

경영학의 발전이 4차 산업혁명으로 인한 변화를 충분히 따라잡기 위해서는 아직 많은 시간이 필요하다. 이런 상황에서 학생들에게 정말 도움을 줄 수 있는 교육이 이루어지기 위해서는 세부적인 경영학 지식보다는 경영학의 기저에 위치한 핵심적인 개념을 정확하게 이해하고, 새로운 경영환경 내에서 어떠한 변화가 요구되고 있는지, 그 이유는 무엇인지에 대한 설명이 이루어져야 할 것이다.

따라서 본서는 실제 사례들을 제시하여 독자들이 경영학의 주요 개념을 주어진 환경에 적용하여 생각할 수 있는 능력을 배양하는 데에 중점을 두고 저술되었다.

본서는 다음과 같은 점들을 강조하여 출간하였다.

첫째, 각 장마다 내용과 관련 있는 최신의 정보를 각 장 서두에 실어 경영학의 개념을 실제 사례에 연결하여 이해를 돕고자 하였다.

둘째, 학문적인 시각과 세부적인 지식들보다는, 실제 기업에서 이루어지는 경영활동에 초점을 맞추어 서술하였다.

셋째, 저자들의 직무경험을 최대한 반영하여 독자들이 실질적으로 도움을 얻을 수 있도록 저술하고자 노력하였다.

넷째, 4차 산업혁명 시대의 도래로 인한 경영환경의 변화를 본서에 반영하고자, 빅데이터의 활용 등 중요성이 대두되고 있는 내용들을 서술하였다.

본 서적이 발간될 수 있도록 많은 격려와 지원을 해 주신 모든 분들에게 진심으로 감사의 말씀을 드리며, 아울러 본 서적의 출간에 많은 도움을 주신 김중용 대표님을 비롯한 임직원 여러분들의 노고에 감사를 드린다.

2020년 3월

저자 일동

차 례

제Ⅰ부 경영학의 이해

제1장 경영학의 개요

제2장 경영학의 생성과 발전

제3장 경영학의 접근이론

제II부 기업활동과 경영관리

제4장 경영환경

제5장 기업의 이해

제6장 경영자의 역할과 사회적 책임

제7장 조직목표와 경영전략

제Ⅲ부 경영활동과 관리기능

제11장 인적자원관리

제12장 생산관리

제13장 회계와 재무관리

제14장 마케팅

제15장 경영과 빅데이터

제 I 부

경영학의 이해

제1장

경영학의 개요

"앞으로 10년간 전세계 대학 절반 사라질 것"

[신년기획 인터뷰 … 미래학자 토머스 프레이]

정규직 줄고 임시직이 일반화 … 평생 8~10개 직업 바꿔 일할 것
2주~두달 짧은 교육 수요 높아져 대학도 마이크로대학이 대세된다

미래학자 토머스 프레이(Frey · 66)를 만나기 위해 미국 콜로라도주 덴버의 '다빈치연구소'를 찾은 것은 지난달 9일(현지 시각)이었다. 2020년 새해를 3주쯤 앞둔 때였다. 덥수룩한 하얀 수염에 빨간 안경, 빨간 보타이를 한 그가 나타났다. "잘 어울린다"고 하자 "빨간 단추가 달린 셔츠도 있는데 최근 2주간 러시아, 한국 출장을 다녀오느라 오늘은 입지 못했다"며 웃었다. 그가 빨간색을 선호하는 이유는 "사람들의 관심을 끌기 위해서"다. 미래학자는 사람들에게 새로운 생각을 던지는, 한마디로 도발(挑發)하는 직업인데 이를 위한 일종의 도구라는 것이다.

미래학자 토머스 프레이가 지난달 9일(현지 시각) 미국 콜로라도주 덴버의 '다빈치연구소'에서 본지와 인터뷰하고 있다. 그는 빨간 안경과 빨간 보타이를 하고 기자를 맞았다. 프레이는 인터뷰에서 "2030년에 경제활동을 시작하는 사람은 평생 8~10개 직업을 바꿔가며 일하게 될 것"이라고 전망했다. / 덴버 = 박순찬 특파원 프레이는 IBM에서 15년간 기술자와 디자이너로 일했다. 이후 10여 회사를 연쇄 창업한 뒤 1997년 다빈치연구소를 세우고 미래학자로 전향했다. 우리는 보통 "현재가 미래를 만든다"고 하지만 그는 거꾸로 "미래가 현재를 만든다"고 주장한다. 미래를 어떻게 바라보고, 준비하느냐에 따라 우리의 삶이 달라진다는 것이다.

시간 30분 동안의 인터뷰 가운데 그가 가장 많은 시간을 할애한 것은 '일자리와 교육의 변화'였다. 그는 "향후 10년간 전 세계 대학의 절반가량이 사라질 것"이라고 했다. 일자리가 변하면 자연히 교육도 달라져야 하는데, 기존 대학들은 이 변화를 따라오기 쉽지 않을 것이란 논리였다.

— 미래 일자리는 어떻게 달라지나

"우리는 '초고용(super employment) 시대'로 접어들고 있다. 정규직은 점차 줄어들고, 2개월에서 짧게는 2시간까지 단기 고용해 일을 맡기는 임시직(gig)이 대세가 된다. 문제는 아무도 우리가 이런 변화에 어떻게 대비해야 할지 알려주지 않는다는 것이다. 앞으로 똑같은 직업이라고 해도 하는 일은 전혀 달라진다. 자동차 디자이너의 예를 들어보자. 지난 120년간 운전대, 가속페달처럼 운전을 위한 기능에 힘을 쏟았다면 앞으로는 운전 대신 차 안의 경험을 디자인하는 데 많은 힘을 쏟아야 할 것이다. 교사는 학생을 직접 가르치는 대신 AI 교육 로봇과 한 교실에서 협업하게 된다. 과연 똑같은 직업, 일이라고 할 수 있나? 이게 향후 20년간 매우 중요한 질문이 될 것이다."

— 우리에게 어떤 교육이 필요한가

"2030년에 경제 활동을 시작하는 사람은 평생 8~10개 직업을 바꿔가며 일하게 될 것이다. 이를 위해 매우 구체적인 기술 재교육이 필요하다. 예를 들어 3D 프린팅 디자이너, 드론 파일럿이 되는 걸 배우는 거다. 다시 대학으로 돌아가 2년간 공부해 새로 학위를 따는 건 말이 안 된다. 대신 2주~2개월짜리 짧은 교육에 대한 수요가 크게 높아질 것이다. 그런 교육을 제공하는 '마이크로 대학(micro college)'이 대세가 된다. 정년을 보장받은 교수들이 포진한 기존 대학들은 방향을 돌리기 쉽지 않을 것이다. 대신 마이크로 대학을 많이 사들일 것으로 본다."

그는 저서 <에피파니Z>에서 대학 학위가 '신분의 상징'이었던 시대는 끝났다고 했다. 명문대 학위 하나로 평생을 먹고살던 시대는 가고, 끊임없는 재교육과 세세하게 개인 능력을 평가하는 '정량화된 자아(自我)'의 시대가 온다는 것이다.

— 미래의 최대 인터넷 기업은 '교육 기업'이 될 것으로 예측했는데

"아직 교육에는 효율성을 추구할 부분이 많다. 구글이 인수한 '딥마인드'의 인공지능(AI)을 봐라. 몇 시간 만에 '벽돌 깨기' 게임 원리를 마스터하고 최고 점수를 내지 않나. AI 교사 로봇 역시 개별 학생에게 맞는 가장 빠르고 효율적인 교육법을 찾아낼 것이다. 이 학생이 어떤 주제에 관심을 갖는지, 하루 중 언제 가장 학습 효율이 높은지를 속속들이 익히는 거다. 이런 맞춤형 교육법을 적용하면 기존보다 학습 효율이 10배는 높아질 것이다. 2년짜리 학위를 한 달 만에 따는 날이 온다."

중국 전자상거래 기업 알리바바의 창업자인 잭 마(Jack Ma)도 지난달 도쿄포럼에서 "이제 기업 CEO는 최고경영책임자(Chief Executive Officer)가 아닌 최고교육(Education)책임자가 돼야 한다"고 했다. 일에 대한 개념이 바뀌는 시대, 교육이 중요한 화두(話頭)가 될 것이란 전망이다.

["한국, 내수시장 매달리지 말고 초국가적 프로젝트 주도하라"]

미래학자 토머스 프레이에게 '미래 한국을 위한 조언'을 묻자, 그는 한국이 국가 간 초대형 사업을 뜻하는 '메가 프로젝트'를 주도하라고 제안했다. 국가 간 장벽이 허물어진 시대인 만큼 내수 시장에만 매달릴 게 아니라 초국가적 프로젝트에 투자해 고용을 창출하는 것이 중요하다는 것이다. 그는 "세계 각국을 연결하는 지하 고속터널을 뚫거나, 한국과 일본 간 다리를 놓는 것처럼 수조(兆)달러의 대규모 프로젝트가 가능할 것"이라며 "한국은 5G(5세대 이동통신)를 비롯해 디지털 세계를 선도하고 있는 만큼 충분히 전면에 나설 수 있다"고 했다.

또 하나의 조언은 "자녀를 많이 낳아야 한다(Have more Kids)"는 것이었다. 그는 "한국의 낮은 출생률은 심각한 문제"라며 "이민 정책을 바꾸든 북한과 통일을 하든 인구 감소에 대한 대책을 세워야 한다"고 했다.

그는 2015년 한 언론 인터뷰에서 '한국은 5년 내 통일될 것'이라는 예측을 했다. 올해가 그 5년째 되는 해다. 불과 1년 반 전만 해도 문재인 대통령과 김정은 북한 국무위원장이 판문점에서 손잡고 포옹했지만, 북은 지금 한국에 온갖 낯뜨거운 조롱을 퍼붓고 있다. "현 상황에서는 올해 통일이 쉽지 않아 보인다"고 하자, 그 역시 "가까운 미래에 한국이 통일되기는 어려울 것으로 본다"고 물러섰다. 다만 "북한의 스마트폰 사용 인구가 늘고 있고, 점차 정부 통제를 넘어 사람들이 쉽게 조직화할 수 있는 환경이 만들어지고 있다"며 "북한과의 관계가 극적으로 변할 수 있다"고 했다.

(조선일보, 2020. 1. 20)

1. 경영학의 의의와 성격

경영학(business administration)은 다른 사회과학의 영역들과 비교하여 상대적으로 그 역사가 짧은 학문이다. 경영학이라는 영역에 대한 필요성은 자본주의의 발달, 더 이전으로는 산업혁명이라는 사건이 전제되어 제기되었다. 인류의 생산성이 급격하게 향상됨에 따라 기업들은 양적인 성장을 경험하였고, 경영기술 또한 더욱 복잡하고 고도화되었다. 이러한 배경을 바탕으로 독일과 미국을 중심으로 경영학이라는 학문이 태동하였다. 그 역사는 타 사회과학 학문과 비교하면 극히 짧으나, 자본주의의 급격한 발달로 인해 경영학은 비약적인 발전이 이루어지게 된다. 경영학은 독일에서는 경영경제학(Betriebswirtschaftslehre)이라는 용어로 통용되고 있으며, 미국에서는 경영학(Business Administration) 또는 관리(Management)라는 용어가 사용된다.

1.1 경영학의 의의

경영학이 무엇인가에 대해서는 다양한 해석이 존재한다. 학자들의 정의를 살펴보면, 드러커(P. Drucker)는 "경영학은 조직의 방향을 제시하고, 리더십을 통하여 조직의 자원을 어떻게 활용할 것인가를 정하는 것"이라고 하였다. 바흐(G.L. Bach)는 "경영학이란 기업을 효율적으로 운영하는 방법을 연구하는 학문이다"라고 정의하였다. 서울대 경영연구소의 해석에 따르면 경영학이란 "경영을 연구대상으로 하는 사회과학으로 경영에 대해 종합적으로 이해하고 이를 토대로 경영목표의 합리적 달성을 위해 경영활동이 어떻게 수행되어야 하며, 이러한 활동을 어떻게 합리적으로 관리하여야 하는가에 대한 행동원리를 종합과학적 입장에서 다루어 이를 하나의 지식체계로 정리한 학문이다"라고 정의하고 있다. 이러한 해석들을 정리하면 경영학을 다음과 같이 정의할 수 있을 것이다.

경영학이란 조직을 효율적으로 운영하는데 필요한 제조와 방법에 대한 연구를 목적으로 하는 학문이다. 경영학의 영역을 세부적으로 살펴보면 첫째, 경영학은 조직의 구조와 작동원리를 연구한다. 조직은 이윤을 추구하는 영리조직과 이윤 외의 가치를 추구하는 비영리조직으로 나눌 수 있다. 둘째, 경영학에서 '효율적'이라는 용어의 의미는 경영자가 동원할 수 있는 각종 자원, 즉 인적·물적·금융적 자원을 일정한 판단과정을 거쳐 합리적으로 사용하는 것을 뜻한다. 셋째, 경영학에서 '조건'이라는 용어는 기업이 처한 내부, 외부의 환경 요소들 중 기업이 자신들의 목적을 달성하는 과정에서 영향을 줄 수 있는 조건을 의미한다. 넷째, '방법'이란 경영자가 활용을 고려할 수 있는 경영관리기법을 의미한다.

1.2 경영학의 성격

1.2.1 이론적 성격과 실천적 성격으로서의 경영학

경영학은 순수과학(pure science)으로서의 특성과 응용과학(applied science)으로서의 특성을 모두 가지는 학문이다. 순수과학 또는 이론과학(theoretical science)으로서 경영학은 이론적으로 구축된 연구기법을 통해 현실세계에서 발견되는 경영현상들의 공통적인 특징을 종합하여 일정한 원칙으로 정리하는 작업을 뜻한다. 실재하는 현상 그 자체에 초점을 두고 연구하는 것이 특징이라고 할 수 있다. 이론적으로 정립된 원칙들은 실제 경영과정에 활용되어야 한다. 따라서 경영학은 실천적 성격 또한 가지고 있으며, 이는 실천과학(practical science) 또는 응용과학(applied science)의 성질을 갖고 있음을 의미한다. 경영학은 또한 규범적(normative)인 선택이 이루어지는 학문이다. 어떤 기업이 자신들의 목적을 달성하기 위해 선택가능한 다양한 수단과 방법 중에서 가장 이상적인 것을 고려하여 선택하는 것이 경영이라고 할 수 있으며, 이 과정에서 적어도 경영은 이렇게 이루어져야 한다라는 가치 규범적 선택 내에서 다양한 원리를 적용해 나가는 학문이라고 할 수 있다. 응용과학이라는 것은 인간에게 더욱 유용한 지식을 제공하는 것이 그 목적이라고 할 수 있다. 경영학이라는 학문의 특성상 이 두 영역의 관계는 상보적으로 취급되어야 한다. 현상을 관찰하여 도출한 기본원리는 실무에 적용될 수 있어야 하며, 실무와 동떨어진 이론 또한 의미를 상실한다.

1.2.2 과학으로서의 경영학과 기술로서의 경영학

경영학을 과학의 한 영역으로 볼 것인가, 또는 하나의 기술, 즉 경영기법들의 모음으로 볼 것인가에 대한 논쟁이 존재해 왔다. 과학과 기술논쟁(science or art controversy)이라고 하는 것이 그것이다. 이는 앞서 설명한 대로 경영학이 이론적 성격을 가진 학문이면서 동시에 실무에 적용되는 것을 항상 염두에 둔 실천적 성격 또한 가지고 있기 때문에 발생하는 논쟁이다. 결론적으로 경영학은 과학과 기술의 특성 모두를 갖고 있다.

1.2.3 사회과학으로서의 경영학

경영학은 조직 내 직무관계에 바탕한 구성원의 상호작용을 집중적으로 다루고 있다. 즉 인간 상호간에 유발되는 현상에 대한 관찰 및 고찰이 이루어지며, 이는 사회현상을 다룬다는 뜻과 동일하다. 따라서 경영학은 사회현상을 대상으로 작용원리(Mechanism)를 도출하는 사회과학으로서의 특성을 가지고 있다.

2. 경영학의 연구대상

2.1 개별경제로서의 연구대상

경영학의 연구대상을 무엇으로 설정해야 하는가에 대해서는 견해가 갈린다. 한 나라의 경제를 형성하고 있는 모든 경제적 단위는 경영학의 연구대상이 될 수 있다. 예를 들어, 회사·공장·관청·상점 또는 가정 역시 대상으로 설정이 가능하다. 이러한 개별경제주체들을 [표 1.1]과 같이 구분할 수 있다.

표 1.1 국민경제를 구성하는 개별경제 구분

구분	내용
재정경영	국가 또는 지방자치단체의 단위경제로서 정부·법원·세무서·시청 등
가정경영	가정이 중심이 된 단위경제. 보통 가정 또는 가계
기업경영	개개의 사업체로서의 영리적인 단위경제. 회사·공장·상점
기타경영	위의 것들을 제외한 일체의 개별경제. 학교·교회·사회사업기관 등

이처럼 다양한 개별경제주체들 중 어떤 것을 경영학의 연구대상으로 삼는 것이 바람직한지에 대해서는 상이한 주장이 존재한다. 여러 견해들 중 중요한 것으로 개별경제설·생산경제설·영리경제설·기업설 등을 들 수 있다.

기본적으로 경영학의 연구대상은 위의 여러 대상들 중 생산경제를 영위하는 기업을 대상으로 한다. 즉 경영학은 재정·가계를 포함한 광의의 개별경제주체가 아닌 생산을 목적으로 하는 기업을 그 대상으로 한다. 같은 맥락으로 경영경제는 좁은 의미로는 통일된 의사를 통해 계획적인 생산을 영위하는 개별경제주체로 정의할 수 있다. 생산이란 결국 소비를 위해 존재하기 때문에 기업은 재정 및 가계 등과 밀접하게 연관되어 있

표 1.2 경영학의 연구대상

구분	내용
개별경제설	개별경제설은 개별경제와 동일시하여 모든 종류의 개별경제를 경영학의 연구대상으로 한다.
생산경제설	개별경제는 소비경제와 생산경제로 구별할 수 있는데 이들 모두를 연구대상으로 한다면 학문의 통일성을 저해할 우려가 있으므로 경영학의 연구대상은 소비경제를 제외한 생산경제로 한정한다.
영리경제설	생산경제에 속하는 개별경제 중에서 영리를 목적으로 하는 것과 그렇지 않은 것이 있는데 생산경제 중 영리를 목적으로 하는 개별경제만을 연구대상으로 한다.
기업설	영리경제 중 전형적인 것이 기업이므로 경영학의 대상은 기업이다.

다. 따라서 소비경제에 대한 연구 또한 필요하다.

2.2 연구대상으로서의 경영과 기업

경영학의 관심대상이 모든 조직체로 확대되고 있지만 여전히 주된 대상은 기업(영리기업)이다. 자본주의의 발달로 현대의 경제가 사기업에 의해 유지되기 때문에 기업은 가장 중요한 경제주체이다. 넓은 의미에서 경영학의 연구대상은 경영 전체를 아우르지만 실질적으로 경영학의 주된 관심사는 기업이라고 할 수 있다. 경영학의 연구대상이 무엇인가에 대한 문제와 마찬가지로 다양한 학설이 제시되고 있다. 이러한 혼란은 상대적으로 길지 않은 경영학의 역사와 그에 반해 사회의 복잡성이 급격히 증가하기 때문에 다양한 견해 제시가 가능함에서 기인한다. 여기에 경영학이 발생하고 발전해온 독일·미국 등 주요 학파의 견해 차이 또한 합의점 도출을 어렵게 하고 있다. 다양한 학설이 존재하고 있으나, 크게는 경영과 기업을 동일시하는 입장과 둘을 구분하여 접근하는 입장이 존재한다.

2.2.1 경영과 기업을 동일시하는 입장

경영과 기업은 좁은 의미에서 같은 것으로 보아야 한다는 견해이다. 기업경영이라는 범위 내에서 기업이 곧 경영을 의미하고 경영은 곧 기업을 의미한다는 함의를 찾을 수 있다. 이러한 견해는 오늘날 경영과 기업의 개념을 다룰 때 일반적인 통설의 지위를 가지고 있다.

2.2.2 경영과 기업을 다르게 보는 입장

이는 경영과 기업은 서로가 전혀 다르다는 견해에서 출발한다. 경영학의 원조인 독일에서는 경영에 해당되는 독일어 'Betrieb'이지만 이는 'Betrieben'이라는 동사에서 연유된 것으로 그 의미는 "어떤 일을 직접 영위한다"는 뜻을 가리킨다. 또 기업인 'Unternehmung'은 'unternehmen'에서 연유된 것으로 "어떤 일을 기획한다"는 의미를 가리키고 있다.

따라서 경영은 활동을 영위하기 위한 대내적·기술적(생산적) 단위이며, 기업은 그러한 활동을 기획하기 위한 대외적, 재정적(법규적) 단위라는 견해가 그 전형적인 예가 되고 있다. 이를 정리하면 기업은 영리를 목적으로 하는 이윤추구의 개별경제이며, 경영은 그러한 영리 목적을 달성하기 위한 구체적 수단이라는 것이다. 즉 경영은 기업의 영리성 추구라는 목적을 실현하는 기술적·생산적 단위에 불과하다는 것이다. 따라서 "기업이 있어야 비로소 경영이 있게 된다"는 뜻에서도 기업이라는 개별경제는 경영의 상위개념이 되고 있다.

3. 경영학의 체계와 인접학문

3.1 경영학의 체계

하나의 통합된 학문인 경영학은 여러 분야로 구성되어 있다. 경영학의 체계를 어떤 기준에 따라 분류하느냐는 학자들에 따라 차이가 있지만 여기서는 세 가지 관점에서 분류하고자 한다. 기업들은 어떤 업종·업태에 속하든지 간에 주요 기업목적을 달성하는데 필요한 몇 가지 공통된 주요 기능을 수행해야만 한다. 이러한 기업들이 수행해야 할 기능에 따라서 경영학을 분류할 수가 있는데, 일반적으로 인적자원관리·재무관리·생산관리·마케팅관리·회계학·경영정보학·국제경영학으로 분류한다. 이러한 경영학의 분과 학문들을 간략히 설명하면 [표 1.3]과 같다.

기업이 산업별 분류의 어느 산업에 속해 있느냐에 따라서 기업의 행동은 아주 다를 수가 있다. 제조업에 속하는 기업과 금융업·유통업 등에 속하는 기업은 상품의 정의부터 달라야 하며 의사결정에서부터 기업조직이 다르게 마련이다. 이러한 산업에 따

표 1.3 경영학의 분과 학문

구분	내용
인적자원관리	인사관리라고도 하며 기업 내에서의 사람과 관련된 것을 다룬다. 종업원의 모집·선발·교육·훈련·배치·승진·인사고과·직무분석·임금관리·노사관계관리 등을 다루는 것이 인사관리이다.
재무관리	기업에서 돈의 흐름과 관련된 것을 다루는 것이 재무관리인데, 재무분석·투자가치의 평가·자본예산·자본비용·자본구조·배당정책·증권투자 등을 다룬다.
생산관리	기업의 생산부분을 다루는 분야로서, 공장입지·설비배치·작업분석·시간 연구·생산계획·공정계획·재고관리·자재소요계획·품질관리 등을 다루게 된다.
마케팅관리	생산된 제품을 어떻게 팔 것인가를 다루는 분야로서, 소비자행동분석·시장조사·시장기회의 분석·제품계획·가격결정·유통·물적유통·광고·인적판매 등을 다룬다.
회계학	기업과 관련된 거래나 사건, 즉 자본의 흐름이나 자산의 변동 상황을 기록, 분류, 요약, 정리하는 것으로 자산의 평가와 이익의 측정, 손익계산서와 대차대조표의 작성·원가회계·관리회계·세무회계·결산·회계감사 등을 다룬다.
경영정보학	기업 또는 경영자가 효율적인 의사결정을 하기 위해 필요로 하는 자료를 수집, 분류하고 분석, 가공처리하여 정확하고 유효한 정보를 생산하기 위한 분야를 연구하는 학문이다.
국제경영학	국경을 초월하여 이루어지는 모든 기업활동에 대한 문제, 즉 다국적기업의 제품계획·자본흐름·판매전략·광고전략·국제기업환경 등을 다룬다.

라서 경영학을 분류할 수가 있는데, 제조업 경영·유통업 경영·은행경영·보험경영·호텔경영·관광경영·병원경영·부동산관리·물류관리·농업경영·서비스업경영 등의 말을 사용하고 있다. 경영학은 다른 한편으로 의사결정의 학문이라고도 할 수 있는데 기업을 경영하는 데는 여러 형태의 의사결정을 필요로 한다. 이러한 의사결정을 합리적으로 하는 데 필요한 분석도구 내지 접근방법에 따라서 계량적 접근과 행동과학적 접근방법이 있다. 계량적 접근방법은 수학·통계학 등을 기초로 접근해가는 방법이며, 행동과학적 접근방법은 심리학·사회학의 이론들을 기초로 접근해가는 방법이다.

3.2 인접학문과의 관계

경영학도 사회과학의 일종으로서 여타 사회과학인 경제학·법학·행정학·사회학·

표 1.4 인접학문과의 관계

구분	내용
경제학	경제학은 종합경제를 연구하는 학문으로서 사회 전반적인 경제현상을 연구대상으로 하며, 기업이라는 개별경제를 다루는 경영학은 경제학과 아주 밀접한 관계를 가진다.
법학	사회의 법률문제를 다루는 법학은 상행위 및 기업관련 법률도 포함하기 때문에 기업의 문제를 다루는 경영학은 법학과도 관련을 가진다.
행정학	행정학은 재정경제인 정부를 다루는 학문으로서 조직의 관리라는 측면에서는 경영학과 유사한 부분이 매우 많다.
사회학	사회학은 인간사회에 있어서의 공동생활을 연구대상으로 한다. 즉, 조직의 구성원으로서의 인간을 연구하는 학문이다. 경영학 중에서 조직행동이나 소비자행동은 사회학에서 많은 기본이론들을 빌려와서 활용하고 있다.
심리학	심리학은 개인으로서의 인간을 다루는 학문으로서 인간의 행동과 심리과정을 연구하는 학문이다. 조직행동이나 소비자행동에서는 심리학에서도 많은 영향을 받고 있다.
수학	수학은 숫자나 도형을 연구하는 학문으로서 경영학의 제반 수리적 모델을 해결하는 데 기초원리를 제공하고 있다. 경영학의 문제를 해결하는 데 필요한 수학적 기법들을 모아놓은 것이 경영수학이다.
산업공학	경영학의 생산관리와 공학적 기법들을 접목시켜 발전시킨 것이 산업공학인데 산업공학은 경영학과 기타공학들의 가교역할을 한다.
통계학	자료를 수집·분석·정리하여 합리적인 의사결정을 하도록 도와주는 것이 통계학인데 기업경영과 관련된 의사결정에서 통계학의 제 기법들은 필수적이다.

심리학 등과 밀접한 관련을 가지며 또한 분석방법으로서 수학·통계학의 방법을 많이 이용하며, 응용과학으로서 산업공학을 위시한 공학과도 깊은 관련을 가진다([표 1.4] 참조).

4. 경영의 개념과 과정

4.1 경영의 개념

경영의 개념규정은 경영학의 연구대상의 문제와 더불어 학자들간에 아직까지 통일된 견해에 도달하지 못하고 있다. 경영에 관한 일반적인 정의를 내리는 것은 지극히 어려운 일이지만 "조직의 사명이나 경영목표를 달성하기 위하여 여러 자원을 효율적으로 활용하는 과정"으로 개괄적인 정의를 내릴 수 있다. 이 같은 견해는 경영을 조직목표의 성취를 위한 일련의 의사결정과정으로 집약되는 행동개념으로 규명하고 있는 입장이다.

폴레트(M.F. Fouett)는 경영을 정의하기를 "사람을 통하여 일을 성취하는 기술"이라 하였고, 드러커(P. Drucker)는 경영을 "조직의 방향을 제시하고 리더십을 통하여 조직의 여러 자원을 어떻게 활용할 것인지를 정하는 것"으로 하였다. 드러커의 정의를 구체적으로 서술하면, 경영은 조직의 목표를 설정하는 과정이며, 업무의 수행을 위한 조직의 여러 자원을 효율적이고 효과적인 사용에 관한 의사결정을 행하는 행동이라는 뜻이다. 페이욜(H. Fayol)은 "계획하고, 조직하고, 지시하고, 조정하고, 통제하는 작업"이라고 규정함으로써 오늘날의 경영과정이론의 기틀을 제공하였으며, 바나드와 사이먼(Barnard &

그림 1.1 경영순환도

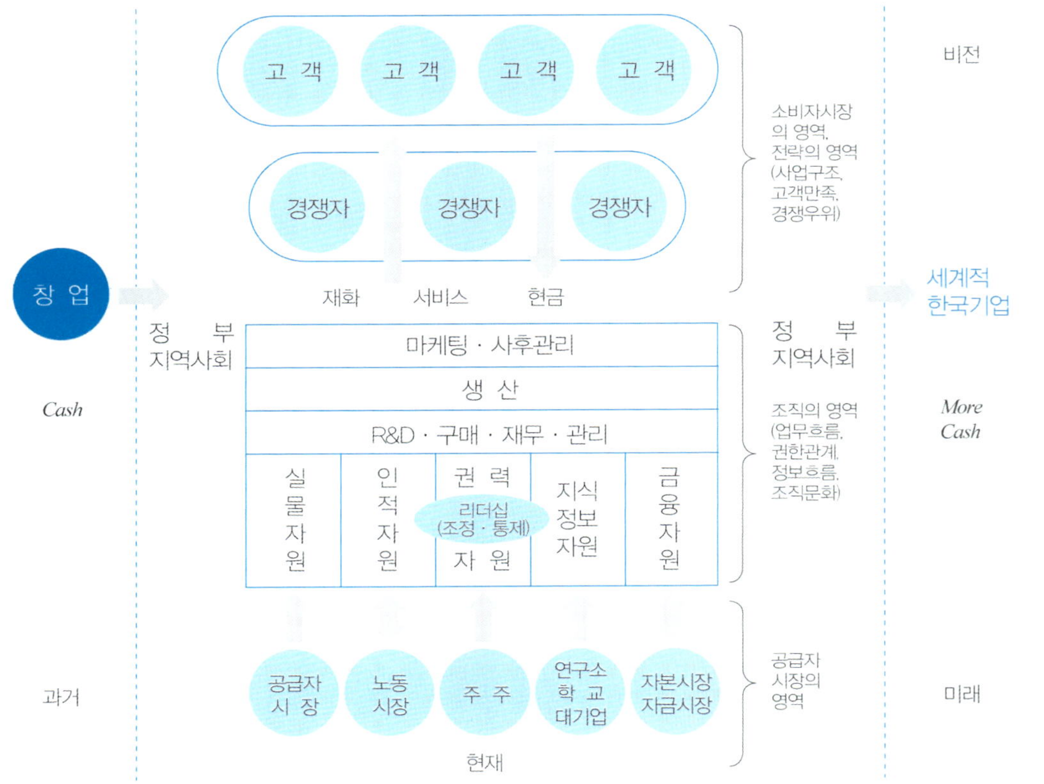

Simon)은 "경영이란 조직을 형성하고 운영하는 것이며 의사결정의 과정이다"라고 정의하기도 하였다.

경영이란 무엇인가에 대한 다양한 견해를 볼 수 있으나 위의 견해들을 종합하여 다음과 같이 정의하고자 한다. 경영이란 기업의 목표를 달성하기 위하여 인적·물적자원을 효율적으로 배분하고 운용하는 순환과정이다.

4.2 경영의 순환과정

4.2.1 투입자원

투입자원이란 생산품이나 서비스와 같은 산출물을 생산하기 위하여 소요되는 여러 종류의 투입요소를 말한다. 이러한 투입요소는 인적자원과 물적자원으로 나눌 수 있다. 인적자원은 경영활동에 참여하는 사람을 뜻한다. 자동화나 기계화가 고도로 진전되어 있다 하더라도 경영의 주체는 사람이며 사람들에 의해 경영의 성과가 이루어진다. 인적자원을 구성하는 두 개의 집단은 종업원과 경영자다. 경영자는 기업의 목표를 설정하고, 자원을 배분하고 운영하여 높은 성과를 얻기 위하여 의사결정을 하는 사람이다. 반면에 종업원은 경영자의 지시나 감독에 따라 정신적·육체적 노동을 제공하는 사람들이다. 물적자원은 기업이나 경영활동을 영위하는 데 필요한 건물·토지·기계나 장비 등의 물리적 시설과 원자재, 각종의 기술 그리고 화폐와 같은 자본 등을 의미한다.

4.2.2 경영목표체계

(1) 사명과 경영목표

사명(vision)은 어느 특정기업이 다른 기업과 구분되는 사업방침이나 사업영역 또는 창업취지를 일컫는 것이다. 여기에는 경영자의 경영이념이 반영되어 있고 사회적 책임을 수행하려는 입장에서 표기되는 경우가 많다. 또 사명은 사훈으로 그 의미를 내포하는 경우가 있다. 예를 들면, LG의 '고객을 위한 가치창조', '초일류기업' 등이 그 예이다.

경영목표(management goal)는 사명에 비해 보다 구체적인 개념으로서 사명을 달성하기 위한 실천 가능한 행동지침으로 표현되는 경우가 대부분이다. 경영목표는 '수익성의 극대화' 또는 '이윤추구의 극대화'다. 이윤극대화라는 용어는 근래에 와서 '적정이윤' 또는 '만족이윤'이라는 표현으로 수정되어 사용되고 있다. 기업의 경영목표는 주로 이윤을 확보하기 위한 것과 관련하여 '매출액 얼마 달성', '시장점유율 1위 확보' 등의 재

그림 1.2 경영의 순환구조

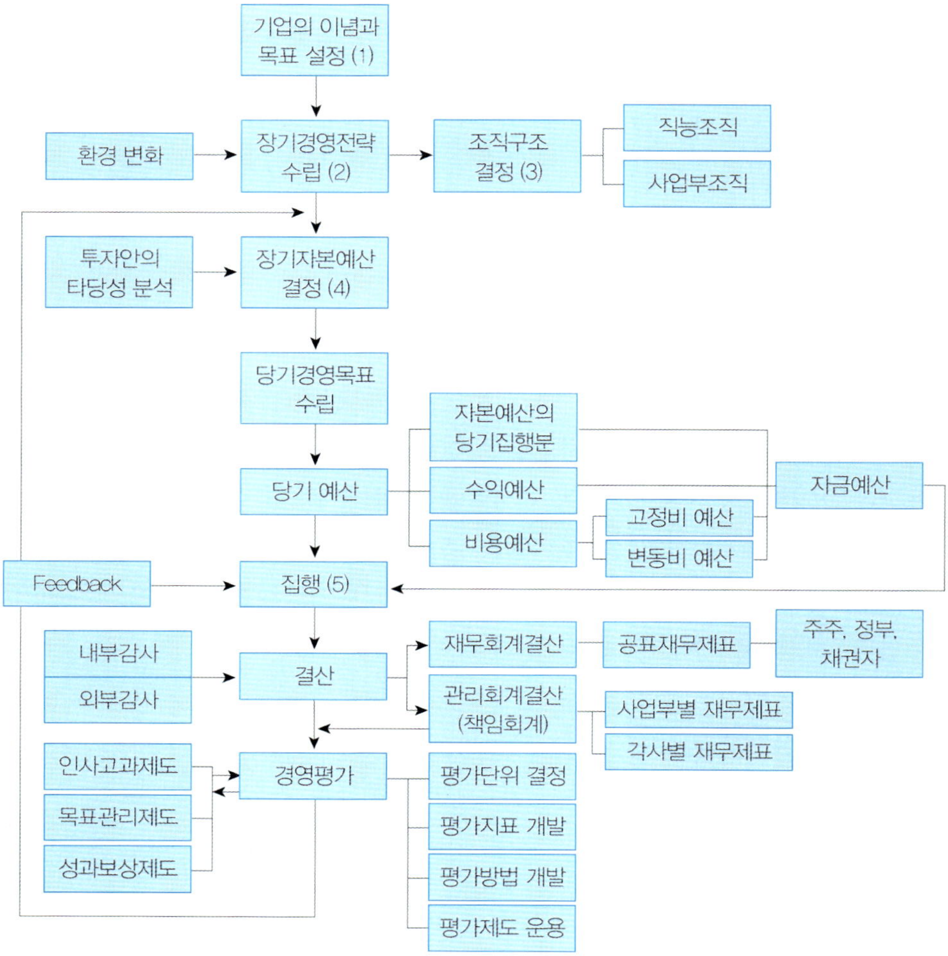

무적인 의미로 표현되는 경우도 있고 이와는 다르게 추상적인 의미로 고객만족, 고객에의 철저봉사, 기술혁신 등으로 표시되기도 한다.

(2) 장기경영계획과 단기실천계획

장기경영계획(전략)은 기업환경의 변화를 고려하여 기업이 앞으로 나아갈 방향을 세우는 것을 말한다. 신제품개발이나 신규시장의 확보 등 기업전체와 관련된 1년 이상의 장기적 계획이다. 거기에 비해 단기실천계획(전술)은 장기계획보다는 하위의 경영목표로서 단기간 동안 중간 또는 하부관리자들이 일상적으로 추진되어야 할 실천방안을 뜻한다.

4.2.3 경영활동

경영활동이란 경영자 행동의 핵심부분으로서 경영자가 경영목표를 달성하기 위하여 경영자원을 투입하여 경영성과를 창출하고자 행하는 일체의 행동을 의미한다. 경영자의 여러 활동을 경영과정·경영분야·경영기술로 나눌 수 있다.

(1) 경영과정

경영과정(management process)이란 계획·조직·지휘하고 통제하는 일련의 과정을 뜻하며 이는 끊임없이 순환과정을 갖는다. 계획이란 경영목표를 달성하기 위하여 여러 가지의 프로그램과 절차를 확립하는 것이고, 조직화는 경영목표와 실천계획이 수립된 다음 그것들을 수행할 수 있는 조직의 형태를 갖추고, 요원화는 여기에 사람들을 선발하여 배치하고 훈련시키는 인력관리도 포함된다. 지휘란 계획과 조직과 인력을 이용하여 경영목표를 달성하기 위하여 직접 작업을 실천하는 것이다. 통제는 모든 행동이 의도된 목표와 부합하고 있는지를 평가하고 사전 또는 사후에 수정하도록 하는 행동을 말한다.

(2) 경영기능과 경영기법

경영기능 또는 경영분야는 구매·생산·가공·판매·재무·회계·인사·연구개발 등의 경영활동을 의미한다. 경영기법(management approach)은 경영자가 경영목표를 수행하기 위하여 사용하는 다양한 접근기법이다. 이에는 크게 계량적 접근방법과 행동과학적 접근방법이 있다.

4.2.4 경영자의 유형과 조건

경영자 또는 관리자는 크게 세 가지 유형으로 구분된다. 최고경영자 또는 관리자·중간관리자·하위관리자다. 기업을 경영함에 있어서는 관리자의 자격조건은 다양하지만 첫째는 기업을 관리할 수 있는 전문지식이 있어야 한다. 치과의사가 환자의 치아를 고치려면 이에 관한 전문지식과 기술이 필요하듯이 기업경영도 고도의 전문지식이 필요하다. 둘째는 인간관계 기술이다. 기업의 목적수행은 사람을 중심으로 이루어지는 것이기 때문에 사람들과의 관계, 사람을 잘 다스리고 관리한다는 것은 중요한 것이다. 셋째는 어떤 사물을 볼 때 단편적으로 보는 것이 아니라 종합적으로 보고 분석할 수 있는 기술이다. 예를 들면, 나무와 숲을 동시에 볼 수 있는 능력이다.

4.2.5 기업의 집중과 해외진출

기업은 자기 기업을 중심으로 운영되지만 한편으로는 동종기업과 경쟁을 하기도 하고 공동이익을 추구하기 위해 이들 기업과 결합을 하기도 한다. 또한 기업은 원자재 확보, 제품 및 서비스를 판매하기 위해 넓은 시장이 필요하며 이를 위해 외국과의 관계를 갖게 될 뿐만 아니라 해외시장에 진출하기도 한다. 우리나라와 같이 자원이 부족한 나라에서는 기업의 해외진출이 그들의 생존과 밀접한 관련이 있다.

4.2.6 기업의 형태와 기업활동

기업의 형태로는 개인기업과 소수공동기업 그리고 가장 대표적인 주식회사의 형태가 있다. 소수공동기업으로는 합병회사·합자회사·유한회사·조합의 형태가 있다. 기업의 활동으로는 구매와 판매활동·생산활동·재무회계활동·연구개발·인사관리·수송보관활동·경영정보·국제경영활동 등으로 나누어 볼 수 있다.

4.3 경영과 관리의 의미

경영(business administration)이라는 개념과 관리(management)라는 개념의 구분이 모호하고 혼동되어 사용되고 있다. 경영과 관리를 동일한 의미로 사용할 것인가 아니면 구분하여 사용할 것인가에 대한 통일된 견해는 아직 없다. 이 두 용어를 동일한 의미로 사용하기도 하고 구분해서 사용하기도 한다.

경영과 관리를 상이한 개념으로 파악하기도 한다. 즉, 경영은 목적을 설정하는 기능이고 관리란 그 목적을 지향하여 노력하는 기능이라고 구분하는 시각이다. 이 경우 경영은 관리의 상위개념으로서 장기경영계획수립 및 운영방침의 결정, 외부의 이해집단과의 이해관계 조정과 같은 거시적이고 포괄적인 행동이며 경영수뇌부와 관련된 업무이다. 반면에 관리는 경영보다는 하위의 개념으로서 경영계획이나 방침을 효율적으로 수행하기 위하여 제자원을 적절히 배치·지시·감독하는 미시적·단기적·기계적인 실천기능으로서 경영의 하층구조와 관련된 업무이다.

경영과 관리를 경영계층과 관련시켜 정의하는 견해도 있다. 경영이란 최고경영층의 전략적·정책적 결정을 가리키며, 관리는 중간경영층이나 감독계층의 일상적 업무결정을 가리킨다는 견해이다.

5. 기업과 조직

5.1 기업의 개념과 특성

기업이란 이익을 획득할 목적으로 재화나 서비스를 생산·공급하는 경제 단위체로 정의된다. 기업은 미국에서는 'firm'이란 용어 이외에도 'enterprise', 'business', 'company', 'corporation' 등 다양한 용어로 표현하고 있으며, 독일에서는 'Unternehmung'이라는 단어로 통용되고 있다. 기업의 개념을 명확히 이해하기 위해서 기업이 가지고 있는 특성을 살펴보면 다음과 같다.

첫째, 기업은 현실적이나 단기적으로는 이윤을 추구하는 조직체다. 즉 영리추구를 목적으로 한다. 기업의 존재이유가 이윤추구에 있다는 것은 자본주의 경제체제하에서는 당연하다. 그러나 기업의 이론적인 목적이나 장기적인 목적은 이윤의 극대화에 있는 것이 아니라 기업을 둘러싸고 있는 이해관계자 집단의 공통의 목표를 달성하는 데 있다. 둘째, 기업은 위험성·모험성·계속성의 특성이 있다. 기업은 재무적인 위험성을 비롯한 여러 위험에 직면해 있으며, 한두 해만 하고 그만두는 조직이 아니라 계속되는 조직, 즉 계속기업(going concern)이다. 셋째, 기업은 경제적·기술적·사회적 특성을 갖는다. 경제적 특성은 기업이 생산, 판매활동을 비롯한 각종의 활동을 함에 있어 경제적인 사고를 갖고 있다는 것이다. 그리고 기술적 특성은 기업이 생산에서 판매에 이르기까지 고도의 숙련도와 기술을 요구하고 있다는 뜻이며, 사회적 특성은 기업은 인간집단에 의해 구성되는 사회적 유기체라는 뜻이다. 마지막으로 기업은 생산경제의 실체이며 개방시스템의 특성을 갖는다. 여기서 생산이라는 의미는 인간의 욕구를 실현시킬 수 있는 제품 및 서비스를 창출하는 것을 가리킨다. 또한 기업은 여러 조직으로 구성된 거대한 사회시스템 속의 부분시스템으로서 다른 조직과의 상호관계가 아주 중요하다.

한편, 기업의 사회적인 존재가치는 무엇인가? 기업은 다음과 같은 역할과 기능을 담당하고 있어 오늘날에 와서 우리 사회에 없어서는 안될 조직이다. 이러한 의미에서 기업을 사회에 대한 봉사기관이라고 한다.

- 제품과 서비스의 제공: 기업은 소비자·정부·기업들이 필요로 하는 제품과 서비스를 생산·유통시킨다.
- 취업기회의 확대와 생산기반의 제공: 기업은 직장을 제공함으로써 인간들이 생활

기반을 확충하는 데 필요한 소득원을 제공한다.

- 경제재생산에 필요한 이익의 창출: 기업이 이익을 창출하지 못하면 기업은 도산하게 된다. 기업이 도산하면 그 소유자들에게 직접적인 손실을 줄 뿐만 아니라 사회 전체인 면에서도 자원의 낭비를 초래하게 한다.

사회적·경제적 성장과 발전의 원동력이 되고 있다. 사회적 욕구의 충족과 삶의 질 향상 등을 제공하고 있어 현대의 기업을 사회봉사기관으로 볼 수 있다.

5.2 기업의 지배원칙

기업의 목적은 수익성에 있고 경영을 지배하는 원칙에는 경제성 원칙과 수익성의 원칙이 있다.

5.2.1 경제성의 원칙

우리가 어떤 목적에 도달하려 할 때는 목적에 도달하려는 방법과 수단을 필요로 한다. 방법과 수단을 전혀 고려하지 않고 목적에만 도달하려고 하는 경우에는 문제가 일어날 수 있다. 기업이 추구하는 목표를 달성하기 위해서는 수단과 방법이라는 기술을 고려하지 않을 수 없다. 여기서 경영의 목표는 경제성에 있고 이 경제성을 달성하기 위한 수단과 방법을 고려해야 한다.

사뮤엘슨(Samuelson)은 경제라는 의미를 '가장 유효한 수요에 대해 가장 유용한 노력·자재·자금을 가장 유효하게 처분하려는 행위'라고 말한다. 경제성의 원칙이란 '효과는 최대로 수단은 최소로'의 원칙이고 경제성의 원칙을 기업과 경영에서는 경영자가 사용할 수 있는 경영자원, 즉 노력·자재·자금을 가장 유효하게 사용한다는 의미다.

경제성＝최소의 희생/최대의 성과＝최소의 비용/최대의 급부

5.2.2 수익성의 원칙

기업의 수익성은 기업의 여러 가지 정책과 의사결정이 종합되어 나타나는 결과로 볼 수 있으며 수익성은 일정기간 동안의 이익과 투하된 자본과의 비율로 측정된다. 기업이 계속적인 생명력을 갖는 실체로서 존속·성장·발전하기 위해서는 수익이 계속 발생해야 된다. 그래서 기업의 첫째 목표를 이윤극대화에서 찾았다. 그러나 현대 기업은 이윤극대화보다는 이윤의 적정화 또는 만족이윤을 추구하는 쪽으로 흐름이 바뀌고 있다.

총자본이익률＝총자본/이익
매출액이익률＝매출액/이익
자기자본이익률＝자기자본/이익

5.2.3 생산성의 원리

생산성이란 재화나 서비스를 생산함에 필요한 원료·기계·노력 등 생산 여러 요소가 얼마만큼 유효하게 이용되고 있는가를 측정하는 척도이다. 즉, 생산성이란 넓은 의미로 '생산요소의 효율적 이용도'라 하는데 생산성은 한마디로 투입량(input)에 대한 산출량(output)의 비율이다.

생산성＝투입량/산출량

가치(금전)로 측정한 생산성은 가치 생산성, 물량으로 측정한 것을 물적 생산성이라고 하며 산출량과 노동·자본·설비·원자재 등의 요소와의 관계에서 다음과 같이 구분할 수 있다.

노동생산성＝노동량/생산량＝종업원수/부가가치(부가가치 생산성)
자본생산성＝사용자본/생산량

생산성은 인적·물적자원의 이용도, 즉 생산력의 정도를 표시하는 것으로 경영이윤의 기초가 된다. 따라서 기업은 생산성 향상의 목표와 방침의 설정이 필요하다.

5.2.4 능률

능률이란 말은 경제성과 동일하게 산용되는 경우가 있고 그렇지 않은 경우도 있다. 능률의 본래의 의미는 '능력이 유효하게 발휘되는 비율'로서 기계에 대하여는 효율이라고도 하며, 능률을 경영의 지배원칙에서 보면 어떤 목적을 위하여 여러 수단을 연구하여 경제성 원칙의 지배하에 표준수단을 선정하고 표준을 실행하는 것이다. 즉 목적＝수단이 될 때의 상태를 능률이라 하며 수단의 목적에 대하여 "목적이 수단에 대하여 균형을 이룰 때"의 상태를 능률적이라 한다. 따라서 목적＞수단이 되면 무리가 생기고 목적＜수단의 상태는 낭비가 생기며 "목적과 수단은 같지 않다"의 상태면 불균형이 생기고 비능률이 된다.

5.3 조직으로서의 기업

기업도 여러 가지 유형의 조직 중의 하나이다. 오늘날 인간은 조직의 정글 속에서 살고 있다고 해도 과언이 아니다. 사람들은 2개 이상의 여러 조직체에 직접적 혹은 간접적으로 관련되어 있다. 조직체는 가정이라는 소규모, 혈연적인 조직에서부터 학교·직장·군대·정당·종교집단·동창회·지역사회 등 이루 헤아릴 수 없을 만큼 많다. 조직을 간략히 정의하면 개인이 그들의 목적을 달성하기 위하여 상호작용을 전개하는 구조적 과정 또는 다수의 인간들이 공통된 목적을 달성하기 위하여 상호작용을 하고 조정을 행하는 유기적인 행동의 집합체라고 할 수 있다. 그렇다면 조직은 왜 존재하는가? 그에 대한 견해는 다양하지만 다음과 같이 설명할 수 있다.

이러한 조직의 유형으로는 여러 기준에 의해 여러 가지로 나누어 볼 수 있다. 먼저 철저한 운영규정, 엄격한 상하관계, 의사소통의 요식화가 잘되어 있느냐에 따라서 공식조직과 비공식조직으로 나누고, 규모의 크기에 따라 대규모 조직과 소규모 조직으로 나눌 수 있다. 조직의 존속기간이 일시적인 경우를 한시조직, 그렇지 않고 오랜 기간 존속하는 조직을 영구조직이라 하며 조직의 목표가 영리추구에 있느냐 그렇지 않으냐에 따라 영리조직과 비영리조직으로도 나눈다. 이러한 측면에서 볼 때 기업은 여러 조직 유형 중의 하나이며 조직 중에서도 공식조직이며, 영구조직이고 영리조직으로 이해할 수 있다.

표 1.5 조직 존재의 이유

구분	내용
사회적 이유	인간은 조직을 통해서 서로 유대관계를 가지며, 소속감을 느끼고, 사랑을 주고받는다. 특히 각종 취미모임이나 사교클럽·동창회·종친회 등은 대표적인 경우이다.
학습의 필요성 때문	인간은 조직을 통해서 필요한 지식이나 정보 그리고 기술을 배운다. 학교나 도서관 그리고 학술모임 등은 대표적인 경우이다.
경제적 이유	개인은 조직에 종사함으로써 노력제공에 대한 대가로서 급료를 받는다. 여러 형태의 직장은 개인이 생계를 유지할 수 있도록 주요한 수입을 제공한다.
심리적인 이유	인간은 조직 속에서 활동함으로써 소속감을 느끼며, 심리적 안정을 갖는다.

제2장

경영학의 생성과 발전

피터 드러커의 기업 경영 철학 10가지

1. 리더십은 실적이다

리더십은 당연히 중요하다. 그러나 그것은 일반적으로 생각하는 것과는 차이가 있다. '지도자의 자질'이나 '카리스마'와도 별 상관이 없다. 리더십은 세속적이고 낭만적이지도 않으며 따분하다. 그것의 본질은 바로 실적이다.

2. 고객이 왕이다

사업을 하는 목적은 딱 한가지다. 바로 고객을 창출해 내는 것이다. 고객이 구매하거나 또는 가치가 있다고 여기는 것은 상품이 아니다. 그것은 바로 '유용성'이다. 상품이나 서비스가 고객에게 무엇을 해줄 수 있느냐 하는 것이다.

3. 공장은 조용해야 한다

잘 관리되는 공장은 조용한 법이다. 어떤 사람이 공장을 방문했을 때 그곳이 아주 활기찬 '산업의 현장'으로 비쳐진다면 그것은 제대로 관리된 게 아니다. 효율적인 공장은 따분하다.

4. 스스로를 관리하라

근로자 스스로가 자신이 가장 크게 기여할 수 있는 곳을 찾아 일해야 한다. 또 항상 자신을 발전시킬 수 있는 방법을 찾아야 한다. 무엇을 언제 어떻게 변화시켜야 하는지를 끊임없이 연구하라.

5. 시간은 황금이다

지식 근로자들은 일이나 계획으로 시작하지 않는다. 그들은 '시간'으로 출발한다. 시간이 실제로 어떻게 흘러갈지를 미리 계산하고 나서야 손을 댄다. 비생산적인 시간소비를 줄이고 남은 시간을 성공 가능성이 가장 큰 지속적인 작업에 모두 투입한다.

6. 결정은 선택이다

결정은 판단이자 대안들 사이의 선택이다. 좋은 것과 나쁜 것 사이의 선호가 아니다. 결정이란 기껏해야 '옳은 것에 가까운' 것과 '아마도 옳지 않은' 것 사이에서 하나를 뽑아야 하는 작업이다.

7. 지식 근로자가 핵심이다

기업의 효율성은 지식 근로자에 달려 있다. 기업이든 병원이든 정부기관이든 노동단체든 대학이든 군대든 간에 지식 근로자만이 이들 기관이 똑바로 전진할 수 있도록 만들어준다.

8. 보스는 보스다

많은 사람들이 '위계질서의 파괴'를 얘기한다. 하지만 이것은 잘못이다. 어떤 기관도 최종 결정을 내리는 '권위'는 반드시 필요하다. 이 권위는 바로 보스(상사)에서 나온다.

9. 고객이 수익을 낸다

기업 안쪽을 들여다보면 '비용' 항목밖에 없다. 유일하게 수익을 내는 쪽은 바로 현금을 쥐고 있는 '고객'이다.

10. 기업가정신을 살려라

기업 경영과 기업가정신은 절대로 별개가 아니다. 기업가정신이 없는 기업은 반드시 망한다.

1. 경영학의 생성과 발전

"하나의 학문의 역사는 학문 그 자체다"라고 괴테가 말하였듯이 경영학을 학문으로서 체계적으로 연구하기 위해서는 무엇보다 먼저 경영학의 역사를 이해하는 데부터 시작되어야 한다. 경영학사에 관한 연구가 경영학 그 자체의 연구에 앞선 절대적 비중이 되고 있는 것은 어디까지나 역사적 학설이나 학파를 이해하는 것을 통해서 방향을 찾기 위함이며 과거의 경영학과 현재의 경영학을 비교, 비판함으로써 보다 나은 미래상과 직결되는 바탕이 생겨날 수 일기 때문이다. 경영학 역시 다른 사회과학과 마찬가지로 연구하는 입장 내지 관점에 따라 여러 학파가 존재해왔었다. 또 그 연구대상과 연구방법에 따라서도 제각기 다르게 연구되어 왔으므로 경영학의 생성과 발달을 더듬어보고, 그 학설 내지 학파의 특성을 살피는 것이 경영학의 체계적인 연구를 위해서도 매우 중요한 일이다.

경영이론은 경영자가 수행해야 할 효과적이며 효율적인 기능이 무엇인지를 제시해준다. 기업은 날로 복잡해지고 해결해야 할 문제가 많은데, 만일 체계적인 경영이론이 없다면 경영자는 주먹구구식 경영밖에 할 수 없을 것이다. 만일 그러나 모든 상황에 적용될 수 있는 보편타당한 이론은 없지만 지금까지 수많은 학자들이 연구한 경영이론을 숙지한다면 적절한 해결방안을 모색할 수 있을 것이다.

경영이론의 발달은 그것이 발생, 성립되어온 각국의 사정에 따라서도 상당한 차이가 있다. 경영학의 기원은 멀리 거슬러 올라가면 르네상스 시대 이후에 상업의 발달이 이탈리아에서 시작되고 최초의 복식부기에 관한 이론이 이탈리아에서 나오게 된다. 그 후 17세기에 프랑스인 사바리(J. Savary)에 의한 '완전한 상인'이 출판되어 독일경영학에 영향을 주게 되지만 주로 19세기 말에서 20세기 초에 걸쳐 학문적 기초가 형성되었다고 보는 것이 옳을 것이다. 경영학에 관한 연구가 활발히 이루어진 나라는 미국과 독일인데, 이 두 나라는 사회적·문화적 배경의 차이로 인하여 경영학에 관한 연구에 있어서도 상이한 접근방법을 택하고 있다.

표 2.1

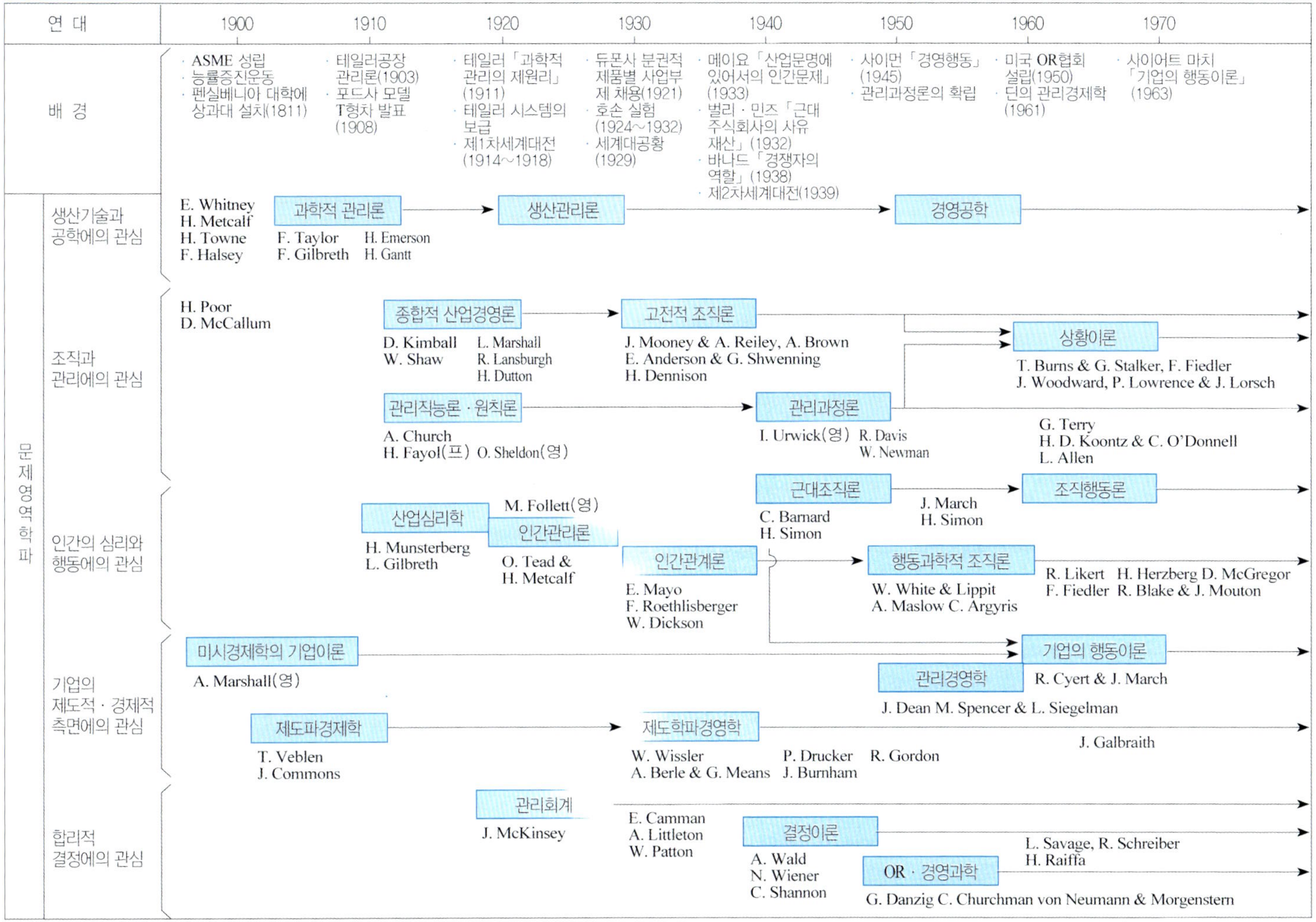
연 대
1900
1910
1920
1930
1940
1950
1960
1970
배 경
· ASME 성립
· 능률증진운동
· 펜실베니아 대학에 상과대 설치(1811)
· 테일러공장 관리론(1903)
· 포드사 모델 T형차 발표 (1908)
· 테일러「과학적 관리의 제원리」 (1911)
· 테일러 시스템의 보급
· 제1차세계대전 (1914~1918)
· 듀폰사 분권적 제품별 사업부제 채용(1921)
· 호손 실험 (1924~1932)
· 세계대공황 (1929)
· 메이요「산업문명에 있어서의 인간문제」 (1933)
· 벌리 · 민즈「근대 주식회사의 사유 재산」(1932)
· 바나드「경쟁자의 역할」(1938)
· 제2차세계대전(1939)
· 사이먼「경영행동」 (1945)
· 관리과정론의 확립
· 미국 OR협회 설립(1950)
· 딘의 관리경제학 (1961)
· 사이어트 마치 「기업의 행동이론」 (1963)
문제영역학파
생산기술과 공학에의 관심
E. Whitney
H. Metcalf
H. Towne
F. Halsey
과학적 관리론
F. Taylor
F. Gilbreth
H. Emerson
H. Gantt
생산관리론
경영공학
조직과 관리에의 관심
H. Poor
D. McCallum
종합적 산업경영론
D. Kimball
W. Shaw
L. Marshall
R. Lansburgh
H. Dutton
고전적 조직론
J. Mooney & A. Reiley, A. Brown
E. Anderson & G. Shwenning
H. Dennison
상황이론
T. Burns & G. Stalker, F. Fiedler
J. Woodward, P. Lowrence & J. Lorsch
관리직능론 · 원칙론
A. Church
H. Fayol(프) O. Sheldon(영)
관리과정론
I. Urwick(영) R. Davis
W. Newman
G. Terry
H. D. Koontz & C. O'Donnell
L. Allen
인간의 심리와 행동에의 관심
산업심리학
H. Munsterberg
L. Gilbreth
M. Follett(영)
인간관리론
O. Tead &
H. Metcalf
근대조직론
C. Barnard
H. Simon
J. March
H. Simon
조직행동론
인간관계론
E. Mayo
F. Roethlisberger
W. Dickson
행동과학적 조직론
W. White & Lippit
A. Maslow C. Argyris
R. Likert H. Herzberg D. McGregor
F. Fiedler R. Blake & J. Mouton
기업의 제도적 · 경제적 측면에의 관심
미시경제학의 기업이론
A. Marshall(영)
기업의 행동이론
관리경영학
R. Cyert & J. March
J. Dean M. Spencer & L. Siegelman
제도파경제학
T. Veblen
J. Commons
제도학파경영학
W. Wissler
A. Berle & G. Means
P. Drucker
J. Burnham
R. Gordon
J. Galbraith
합리적 결정에의 관심
관리회계
J. McKinsey
E. Camman
A. Littleton
W. Patton
결정이론
A. Wald
N. Wiener
C. Shannon
L. Savage, R. Schreiber
H. Raiffa
OR · 경영과학
G. Danzig C. Churchman von Neumann & Morgenstern

오늘날 경영학의 양대 산맥이라면 미국 경영학과 독일 경영학을 지칭하기 때문에 이어서 이 두 경영학을 학문적 배경, 학문성격, 학문영역 및 학문체계 측면에서 비교하여 살펴보면 [표 2.2]와 같다.

표 2.2 독일, 미국 경영학의 특징 비교

독일	미국
사바리(Savary)의 <완전한 상인>의 출간 이후 약 300년의 역사	테일러(Taylor)의 <과학적 관리론> 이후 약 80년의 역사
주로 대학교수나 학자들에 의해 발전	주로 기사나 실무자에 의해 경영학의 시초가 이루어짐
상업 경영학에서 기원	공업 경영학에서 기원
"과학으로서의 이론"이라는 체계화 과정에서 발전	"실제에 있어서의 필요"에서 발전
이론과 과학과 기초과학으로 간주	실천과학과 응용과학으로 취급
경영의 연구보다는 경영학의 연구에 중점	실제에 즈음한 기술론임을 강조하여 경영 자체의 연구에 치중
기업의 창설에서부터 운영과 해산에 이르기까지 전 과정이 포함	기업이란 이미 주어진 존재로 간주해서 그 기업을 어떻게 합리적으로 유지, 성장시켜 나갈 것인가에 초점
회계학적 냄새가 짙은, 즉 경영자본의 조달 및 운용과 경비(경영비용)에 관한 문제가 중심이론	노무관리를 중심으로 점차 생산, 재무, 판매 등을 관리함으로써 발전

2. 독일 경영학의 발전

2.1 고대와 중세의 경영학

경영학사라면 무엇보다 독일 경영학사로부터 시작된다. 이는 독일의 경영학이 그 어떤 조류의 경영학보다 역사적으로 오랜 전통을 지녔기 때문이다. 그렇다면 경영학의 기원은 어디서 찾아야 할 것인가? 이것은 어려운 문제로 여기에는 다양한 의견이 있으나 대체로 중세 이후의 상업학에서 경영학의 기원을 찾아야 한다는 것이 오늘날의 일반적인 견해다. 물론 경영학의 대상이 되는 상행위 그 자체는 인류의 역사와 더불어 존재해 왔지만 학문적인 입장에서 경영학의 기원은 문헌사적인 입장에서 상업학에 관한 최초의 문헌이 출판되던 17세기를 경영학의 기점으로 보는 견해가 압도적이다.

2.2 상업학으로서의 독일 경영학의 발달

사바리의 <완전한 상인>이 1675년에 출판되자 독일에 재빨리 소개한 학자는 바로 말페르거(P.J. Maferger)이다. 그러나 사바리의 모방시대를 벗어나 참다운 의미의 독일 상업학이 확립되기에 이른 계기는 루도비치(K.G. Ludovici)의 <상인사전(전 5권)>이 발간되면서부터다. 이때를 독일 상업학의 전환 시대로 보고 있다. 그 후 18세기 들어 여러 학자들의 저서가 나오고 이때를 독일 상업학의 전성기로 보고 있으나 독일 상업학을 집대성한 사람은 로이크스(J.M. Leuchs)이다. 로이크스는 1804년 <상업의 체계>라는 책을 출판하였는데 이제까지의 문헌 대부분이 상인이라는 인격에 그 핵심이 두어졌으나 이 책은 상인뿐만 아니라 상업기관이나 상업기능 등 폭넓게 상업학에 관한 모든 문제를 체계적으로 다루고 있다. 이른바 사바리의 상업학을 이어 받은 독일 상업학 시대는 말페르거에서 루도비치를 거쳐 로이크스로 이어지는 독일의 상업학 확립시대에 이르기까지 대략 150여 년간의 발자취를 남기게 된다. 그러나 로이크스의 <상업의 체계>를 마지막으로 그 후 100여 년간 아무런 발자취도 없는 시대가 온다. 이때를 가르켜 상업학의 쇠퇴시대 혹은 상업학의 갑작스런 소멸시대로 이야기하고 있다.

19세기 전반에 걸쳐 상업학의 존재 자체가 희미했던 이유는 첫째, 영국에서의 산업혁명의 영향이다. 즉 산업혁명이라는 새로운 생산방식에 의해 과거 매매를 중심으로 한 상업학에 관한 관심이 생산을 주도하는 공업학으로 옮겨졌기 때문이다. 둘째, 학문적 체계상 상업학이 관방학(지금의 재정학)의 일부분으로 취급되었으나 이 무렵 관방학 자체가 경제학으로 흡수되기 시작하는 틈바귀에 상업학 자체가 소홀히 취급되었다. 셋째, 산업혁명의 영향으로 상업교육기관이 개점휴업 상태여서 교육을 통한 상업학의 발전을 어렵게 하였다.

2.3 경영경제학으로서의 독일 경영학의 발달

독일의 유명한 경영사학가인 자이페르트(R. Seyffert)는 "1세기에 걸친 상업학의 공백시기는 오히려 오늘날의 경영경제학으로서의 독일 경영학을 보다 빨리 태어나게 하는 계기가 되었다"라고 지적하고 있다. 이 퇴보시대는 학문발전에 디딤돌의 구실이 된다. 왜냐하면 여러 이유로 인해 동면상태가 되어 버린 상업학의 기나긴 휴식에 견디다 못한 인사들이 상업학의 재건을 위한 거국적이고 적극적인 활동을 전개하기 시작했다. 침체된 학문을 부흥하기 위해서는 교육기관의 설치가 빠른 길이라 해서 국가적 차원에서 상업교육기관이 재건되었다. 20세기 말인 1898년 최초의 상과대학인 라이프치히 대학이나 쾰른대학이 이때의 산물이다. 이 무렵 거국적인 차원에서 설치된 '독일상업교육협회'의 역할이 막중하였는데, 이 협회가 주동이 되어 상업학의 부흥과 확대를 위한 캠페인을 전개하고 막대한 현상금을 걸어 널리 독일어권 지역에 공모한 현상논문이 많은 학자에게 관심을 갖게 하는 계기가 되었기 때문이다.

독일의 경영학이 완성된 것은 제1차대전의 패전 이후다. 독일은 제1차대전 준비 및 제1차대전 중 전쟁을 위하여 중화학공업이 비약적으로 발전하였고, 패전 후 전쟁배상으로 인한 경제위기는 인플레를 진행시켰고 또한 경제부흥의 필요상 비용절감의 문제를 중심으로 산업합리화의 필요성이 전면으로 나타났다. 따라서 독일 경영학은 인플레하에 기업에 투자된 경영자본의 유지문제가 경영학 연구에 좋은 자극제가 되었다. 독일의 경영학은 이러한 의미에서 경영학의 연구 분야에서도 경영자본의 연구에 주력을 두게 되어 회계학적인 분야가 특히 강하다.

한편, 1933년에 히틀러의 제3국의 출현에 의해 공익우선의 이념과 공동체이론이 경영학에도 도입되었고 이 이론은 규범주의적인 니클리쉬의 경영학의 골자가 되었으나 제2차 대전은 독일의 전 산업을 파괴하였으며 경영학의 발전은 거의 중지상태에 빠지게 된다.

2.4 독일 경영학의 새로운 동향

독일의 경영경제학은 특히 1960년대부터는 미국의 경영관리론을 도입함으로써 본질적인 변혁기를 맞이하게 되어 1950년대까지의 경영경제학과는 달리 많은 변화를 보이게 되었다. 그러던 중 1966~1967년의 대불황 및 1973년 말의 오일쇼크를 계기로 사회적 시장경제원리는 벽에 부딪치게 되었고 공업생산의 정체, 경제성장의 둔화, 실업자의 증가가 두드러지게 되었다. 이러한 상황하에서 서독기업의 집 중화운동이 광범위하게 전개되었으며, 이에 따라 집중화된 대규모 기업에서는 합리적인 의사결정을 내리기 위한 방법론의 강구가 경영자들의 최대 과제가 될 수밖에 없었다.

복잡한 관리문제와 불확실성하에서의 의사결정 문제를 해결하기 위한 의사결정 지향적 경영경제학이 발전하게 되었다. 이러한 의사결정 지향적 경영경제학은 하이넨(E.

Heinen) · 키르쉬(W. Kirsch) · 슈미트(R.B. Schmibt) 등에 의하여 전개되었는데 이것은 논리적 일관성 · 체계성을 특징으로 하는 독일의 경영경제학 속에 미국의 근대적 조직론 · 시스템론 · 사회학 · 심리학 · 행동과학 등의 지식이 도입된 것이라 하겠다. 더욱 최근에는 계량적 · 통계적 접근 방법과 함께 컴퓨터를 이용하여 경영 문제를 해결하고자 하는 경향이 강하게 나타나고 있다.

3. 미국 경영학의 발전

세계 경영학의 양대 조류의 하나인 독일의 경영학은 역사가 320여 년의 전통을 지닌데 반하여 미국의 경영학은 대략 100여 년의 역사밖에 안된다. 독일의 경영학은 1675년 프랑스인 사바리(J. Savary)의 '완전한 상인'이 출판되던 해를 깃점으로 경영학의 전신인 상업학으로부터 출발되었다는 것이 오늘날의 일반론이다. 미국의 경우는 1850년대의 산업혁명을 거쳐 영국으로부터 독립하고 미국 내에 있었던 남북전쟁(1861~1865)을 전후하여 철도부설과 함께 상업자본이 공업자본으로 전환하고 시장 확대로 미국의 경제가 급속히 발전할 즈음에 경영학이 태동하였다고 볼 수 있다.

독일의 경영학은 이론적 성격이 강한 데 반하여 미국의 경영학은 경영현실에서 발생된 문제해결을 중심으로 발전되어 이론 자체가 실천적 색체가 농후하다. 독일은 국민성, 정치적 배경 그리고 전쟁준비와 전후처리에 관련된 제반문제와 관련되어 경영학이 발전되었으나 미국은 이민자들로 구성된 신생국가로서 실용주의적인 사고바탕에서 문제해결중심으로 경영학이 발전되어 왔다. 독일의 경영학은 처음부터 학자나 교수를 중심으로 이론이 계승되고 발전된 반면에 미국의 경우는 1930년대에 들어서 태동하였으며, '미국 경영학의 아버지'라는 테일러(F.W. Taylor)나 포드(H. Ford) 그리고 미국 경영학의 발전에 영향을 끼쳤다는 페욜(H. Fayol) 등은 학자나 교수가 아니고 공장의 기사나 단순한 기술자로부터 경영학의 이론이 시작되었다.

미국은 산업초기에 동부지역에 위치한 공장구내에서의 노사간의 임금 갈등문제를 해결하기 위하여 테일러의 '과학적 관리법'이 태동하였고, 과학적 관리법의 문제점에서 비롯된 '인간관계론'이 등장하였으며, 1930년대의 미국의 대공황을 경험한 후 바나드(Barnard)의 <경영자의 역할>이라는 저서를 계기로 등장한 새로운 관리이론인 의사결정론 · 시스템이론 · 행동과학이론 등이 등장하면서 미국의 경영학은 놀랄 만하게 발전한다.

특히 제2차 세계대전 후 미국의 경영학은 자본주의 경제체제를 지향하는 많은 국가들에게 영향을 미쳤다. 오늘날의 경영학이론들이 미국에서 발전되고 개발된 기법들이 주류를 이루고 있고 우리나라에 미친 영향이 막대하다.

4. 일본 경영학의 발전

제2차 세계대전 이전의 일본 경영학은 독일 경영경제학의 영향을 받아 형성되었고 체계화가 이루어져 왔으나, 제2차 세계대전 이후의 일본 경영학은 미국의 관리적 경영학이 도입되는 등 새로운 연구방법의 변화가 일어나기 시작한다. 전후의 일본 경영학은 1945년부터 1950년의 패전혼란기를 거쳐 1951년 이후 한국전쟁의 특수경기를 맞이하여 급속한 경제성장과 소득증대를 위한 관리론적 경영학의 필요성에 따라 미국 경영학에 관심을 돌리기 시작하였다. 1951년에는 일본상업학회가 창립되면서 마케팅에 관한 연구가 본격적으로 시작되었다.

1956년 이후 1960년대에 이르러서는 일본 경영학이 본격화 단계에 돌입하게 되었으며, 1965년 이후에는 관리적 경영학의 보급확대 및 일본적 경영학의 확립기를 맞이하게 되었다. 외국인으로 일본 기업의 경영 특성을 연구한 최초의 사람은 아베글렌(James C. Abegglen)으로 그는 연구결과를 경영특질이론으로 발표하였다. 이 밖의 많은 학자들의 연구가 일본식 경영학의 확립에 크게 기여하였다. 이러한 연구결과에 영향을 받아 일본국내에서도 야마시로, 후루까와 등의 많은 경영학 학자들이 일본적인 경영학 확립 및 체계화가 본격적으로 시도되었다. 한국동란과 월남전의 특수로 크게 성장한 일본은 1970년대에 이르러 전기·전자·조선·철강·화학분야에서 세계 제1위의 자리를 확보하게 되고 1979년도에는 기계공업의 총아라는 자동차산업마저 1위를 구축하게 된다. 이와 같이 일본경제가 미국을 앞지를 정도로 급성장하자 그러한 경제발전의 기초가 되는 일본식 경영에 대한 세계의 관심도 더욱 고조되기 시작하였다. 이 때 미·일 경영학의 절충식 경영을 발표한 사람이 바로 캘리포니아 대학의 오우치(William Ouchi) 교수이다. 미국식 경영을 A형(American Type)으로 일본식 경영을 J형(Japanese Type)으로 그리고 미국이라는 토양하에서 일본식의 경영방식을 접목시킨 방식을 Z형이라 불렀다.

1973년에 국제경제협력기구(OECD)는 일본의 경영특징으로 종신고용제도, 연공서열형 임금제도, 기업별 노동조합의 세 가지 요소를 들고 있다. 이러한 각 원형들은 1950년대의 불황극복과 노동시장의 안정화를 통한 일본의 공업화를 추진하는 과정에서 일본 대기업의 노사 관행으로 형성되었으나 그 이후 1960년대에 확립되어 일본의 고도경제 성장에 크게 기여해왔다. 특히 종신고용제도는 일본의 고용제도의 주요 특징으로서, 기업의 채용이 근로자에 대하여는 특별한 잘못이 없는 한 일정의 정년까지 고용을 보장받는 장기고용제도로서 종업원의 고용정착화를 통한 경영의 안정 및 생산성 향상에 기여해 왔다. 또한 연공서열의 승진제도는 종신고용제도의 정착을 배경으로 하여 대기업에 도입되었으며, 기업별 노동조합은 기업 레벨의 노사관계의 주체로서 노사간의 협력 강화를 비롯한 노사관계의 안정적 발전에 기여해 왔다. 이와 같은 일본식 경영의 주요 특징은 무엇보다 일본의 전통적 경영가족주의 사상을 배경으로 보급·발전되어 왔다고 볼 수 있으나, 1970년대 이후의 급속한 경영환경의 변화 및 저성장 시대의 진입을 기하여 단계적 수정의 필요성과 함께 급속한 변화가 전개되고 있다. 특히 최근에 와서는 종신고용제도의 붕괴 내지는 재설계의 주장과 함께 직능자격제도의 도입을 중심으로 한 연공서열주의 임금·승진제도의 과감한 변화가 이루어지고 있다.

5. 우리나라 경영학의 발전

1960년대 말부터 1970년대는 우리나라가 고도성장을 이룩한 시기다. 실천학문이며 응용 학문인 경영학은 학계는 물론 산업계의 요구에 부응하여 더욱 널리 보급·확산하게 되었다. 한편으로는 각 대학에 하버드대학교 경영대학을 본따서 경영대학원이 설립하게 되었는데 1964년에 우리나라 최초로 고려대에, 1965년에 연세대에 경영대학원이 설립되어 경영자 양성과 재교육으로 산학협동의 주요 계기가 되었으며, 다른 한편으로는 대학내 부설경영연구소를 설치하여 기업진단·경영기술지도·각종 실태조사 등의 각종 활동을 통해 기업경영의 합리화를 도모하였다. 특히 많은 학생들과 교수들이 주로 미국에 유학하여 미국 경영학의 최신이론과 기법이 국내에 대량으로 유입되어 미국 경영학이 한국 경영학계를 주도하게 되었다. 많은 대학들이 독일식의 상과대학을 미국식의 경영대학으로 개편한 것도 그러한 결과에서 비롯된 것이다.

1980년대 중반 이후 해외에서 유학을 마치고 귀국한 신진학자들이 학계나 산업계로 대거 진출함으로써 한국 경영학은 괄목할 만한 발전을 보이고 있으며 경영학의 발달이 더욱 가속화되고 있다.

우리나라 경영학은 몇 가지 특징이 있다.

① 경영학이 산업계의 필요에 의해 자연발생적으로 생성된 것이 아니라 교육기관에 의하여 출발되었다는 점이다. 이는 36년간 일본의 식민지하에 놓여 있어 독자적인 경영 경험을 가질 기회가 주어지지 않았기 때문이고, 해방 이후에도 일본과 미국의 경영학을 무비판적으로 수입하여 그대로 교육시키고 실무에 적용하려 했기 때문이다.

② 경영학의 역사가 짧다는 것이다. 우리나라 경영학이 도입되기 시작한 것이 1950년대 말이므로 그 역사는 40여 년에 불과하여 경영실무자들의 경험 또한 미숙한 수준에 있다.

③ 전통적으로 상업을 천시하는 유교사상으로 경영학의 발전이 늦을 수밖에 없었다.

④ 우리나라 기업인들의 태도와 기본가치가 경영학의 발전을 지연시키게 되었다. 합리적 사고의 바탕 위에서 출발한 유럽이나 미국의 경영자들과 달리 우리나라 경영자들은 전통적으로 직관·감성·권위·정실 등과 같은 비합리적 사고방식에 의해 지배되어옴으로써 경영학 자체의 발전을 지연시키게 되었다. 특히 우리나라 기업은 1960년대 이후 고도성장을 이룩하는 과정에서 지나치게 정부에 의존하는 정경유착·폐쇄성·비민주적·비과학적·비합리적 관행이 만연하게 되어 실무차원에서의 경영학의 발전이 늦어질 수밖에 없었다.

⑤ 현대 우리나라 경영학은 외국에서 공부를 하고 온 학자들에 의해 학문이 주도되다보니 외국의 경영에 관할 이론과 기법을 아무 비판없이 수용하는 데 급급해 왔다. 세계화·개방화 추세를 감안한다 하더라도 한국 고유의 현실에 적합한 경영학의 정립은 아직도 부족한 실정이다. 따라서 한국이라는 역사와 전통성을 고려하여 우리 풍토에 맞는 이론의 체계화에 많은 노력을 기울여야 한다. 그러나 한국의 경영학은 선진국보다 발전이 늦었음에도 불구하고 독일·미국·일본 등 선진국의 경영학의 이론과 기법을 도입하여 장족의 발전을 해온 것도 사실이다. 최근 들어 많은 경영연구소들이 국제경쟁에서 우리 기업이 우위를 확보할 수 있는 한국형 경영기법의 개발과 확산에 진력하고 있다.

제3장

경영학의 접근이론

잡스·저커버그만 있는 게 아니다, 마흔 넘어 빛본 '중년 성공담'

마이크로소프트(MS)의 빌 게이츠, 애플의 아이폰을 만든 고(故) 스티브 잡스, 수억명의 사용자를 거느린 페이스북 창업자 마크 저커버그. 이들의 공통점은 20대 나이에 세계를 이끌어가는 기업을 일궈냈다는 점이다. 빌 게이츠는 20세에 MS를 세웠고 잡스는 21세에 애플컴퓨터를 만들었다. 저커버그는 20세부터 페이스북 최고경영자(CEO)였다.

미국 스타트업 창업자 평균 나이는 41.9세
성공 확률 50대가 30대보다 높아 … 경험의 힘
베라 왕, 스탠 리 등 중년 이후 성공담 조명

20대 '황금기'가 지나면 성공의 꿈을 접어야 하는 걸까. 정답은 '그렇지 않다(No)'이다. 오히려 연륜이 있는 사업가가 창업 시 성공 확률이 더 높았다는 연구 결과가 이를 뒷받침한다.

미국 매사추세츠공과대학(MIT) 피에르 아주래이 교수 등이 발표한 '연령과 고성장 기업가정신' 논문에 따르면 2007~2014년 미국에서 1명 이상의 직원을 고용한 스타트업(신생 벤처기업)의 창업가가 창업한 나이는 평균 41.9세였다. 성장률 상위 0.1%인 고성장 스타트업 창업가의 경우 평균 45세였다. 20~30대가 주축일 것으로 보이는 스타트업 창업자도 실제는 40대가 많았단 얘기다.

연령대가 높은 그룹은 창업 후 성공 가능성이 높았다는 분석도 나왔다. 연구에 따르면 창업을 한 뒤 기업을 상장(IPO)시키거나 되팔아 투자금을 성공적으로 회수한(Exit) 비율을 보면 50대 창업가가 30대 창업가보다 1.8배 높았다. 연구팀은 성공 비결을 '경험'에서 찾았다. 아주래이 교수는 "연령이 높은 창업가들은 사업 경험이 상대적으로 풍부했고 해당 산업에 대한 이해가 높았다"며 "이것이 문제를 해결하는 데 도움을 준 것으로 보인다"고 분석했다.

산업 분야가 아니더라도 예술·발명 등에서 늦깎이 출발을 했지만 결국 성공을 거둔 인물은 많다. 경제전문지 <비즈니스 인사이더>는 '대기만성형' 인물 24인을 소개했다. 이 중 대표 인물 5명을 간추려 조명한다.

① 피겨스케이터 → 기자 → 사업가 … 40세에 패션 입문한 베라 왕

베라 왕(70)은 마흔에 패션업계에 뛰어들어 세계적인 사업가로 성공했다. 포브스에

따르면 지난해 그의 자산은 4억6,000만 달러(5,327억원)다. 그는 어린 시절 피겨스케이팅 선수로 전미 선수권에 출전하지만, 대표로는 발탁되지 못했다. 그 후 미국 패션잡지 보그에서 기자로 일하다가 퇴사, 랄프 로렌에서 디자인 디렉터를 맡았다. 그리고는 자신의 이름을 딴 브랜드 '베라 왕'을 설립하게 된다.

마흔에 패션업계에 뛰어들어 성공을 거둔 베라 왕 [베라 왕 홈페이지]

그의 트레이드마크가 웨딩드레스가 된 계기는 단순하다. 자기 결혼 드레스를 찾다가 마음에 드는 게 없어 웨딩드레스를 제작하게 된 것. 베라 왕 드레스를 입은 유명인은 많다. 머라이어 캐리, 제니퍼 로페즈, 빅토리아 베컴 등 연예인들은 물론 정치인 자녀도 베라 왕을 선택했다.

축구스타 데이비드 베컴의 아내 빅토리아도 결혼식에서 베라 왕의 드레스를 입었다. [인스타그램]

도널드 트럼프 미국 대통령의 딸 이방카 트럼프, 힐러리 클린턴 전 국무장관의 딸 첼시 클린턴은 정치에선 대척점에 서 있지만 둘 다 결혼식에서 베라 왕의 드레스를 입었다.

② 48세에 인스턴트 라면을 발명한 안도 모모후쿠

안도 모모후쿠(安藤百福·1910~2007) 닛신식품 창업자는 48세에 세계 최초의 인스턴트 라면을 발명했다. 자서전 <마법의 라면 발명 이야기>에 따르면 그는 라면집에 길게 줄을 서 있는 이들을 보고 집에서도 간편하게 먹는 라면을 만들겠다고 결심했다.

자택 뒷마당에 지은 오두막에서 개발을 시작한 그의 하루 평균 수면 시간은 고작 4시간. 1년 간 단 하루의 휴일도 없이 혼자서 연구를 계속했다. 시행착오 끝에 1958년 탄생한 인스턴트 봉지 라면은 인기를 끌었다. 1971년 그는 세계 최초의 컵라면도 발명했다.

Momofuku Ando
–The Father of Instant Ramen–

인스턴트 라면 탄생 60주년이던 2018년 기준, 그의 발명품은 전 세계에서 연 1,000억 개(2018년 기준·세계 인스턴트라면협회)가 판매됐다. 라면의 창시자답게 안도 모모후쿠는 타계 하루 전날까지도 닛신식품 직원들과 라면을 먹었다고 전해진다. 그의 좌우명은 '먹을 것이 넉넉해야 세상이 평화롭다'는 '식족세평(食足世平)'이었다.

③ 53세에 신사업…맥도날드 공동 창업자 레이 크록

믹서기 판매원이던 레이 크록(1902~1984)은 1954년 맛있는 햄버거를 팔고 있는 맥도날드 형제를 만난다. 맥도날드 햄버거는 빨리 나오고, 저렴한 데다 가격 대비 품질도 좋았다. 햄버거가 잘 팔리는 덕에 덩달아 밀크 셰이크도 날개 돋친 듯 팔렸다.

레이 크록 [맥도날드 공식홈페이지]

"믹서기 6개 말고 8개를 갖다 달라"는 주문을 받은 크록은 맥도날드 형제의 사업이 더 잘될 거라고 직감했다. 밀려드는 손님들을 보고 크록은 "각 도로변에 식당을 열면 성공할 것"이라고 형제를 설득해 사업을 프랜차이즈화했다. 주위에선 50대에 새로운 도전을 하려는 그를 말렸지만 1년 뒤인 1955년, 레이 크록은 시카고에 맥도날드 프랜차이즈 1호점을 열었다. 그는 직접 매장에 출근해 꼼꼼히 관리에 나섰다.

그의 사망(1984년) 즈음 맥도날드 체인점은 미국 전역에 7,500곳의 점포를 두고 31개국에 지점을 오픈하는 등 성공 가도를 달렸다. 1983년 맥도날드 전체 매출은 80억 달러 이상이었으며 그의 개인 재산은 6억 달러였다.

미국 로스앤젤레스 인근의 한 맥도날드 매장 앞에 간판이 서 있다. [AP=연합뉴스]

④ 늦은 출발은 없다 … 60대에 창업한 KFC 할아버지

켄터키프라이드치킨(KFC) 로고 속 '하얀 양복 할아버지'로 유명한 커넬 샌더스

(1890~1980)는 62세에 KFC를 창업했다.

[KFC 홈페이지]

그는 반세기 넘게 불운·실패와 싸워야 했다. 주유소로 돈을 좀 버는가 싶던 차에 1929년 대공황으로 손님이 끊기면서 사업이 망했다. 재기를 위해 차린 카페는 1939년 화재로 전소했다. 60대에 그가 손에 쥔 재산은 사회 보장금과 트럭뿐이었다.

절망 같은 상황에서도 그는 트럭에 요리도구를 싣고 각지를 돌아다녔다. 1,000번 넘게 거절당했지만 포기하지 않았다. 그리고 자신이 개발한 요리법으로 만든 치킨을 파는 조건으로 치킨 1조각당 $0.04의 로열티를 받는 계약을 맺는다. 그렇게 탄생한 KFC는 글로벌 기업으로 성장했다. 그의 사망 당시 KFC는 세계 48개국에 6,000여 개의 매장을 두고 20억 달러의 매출을 올리는 프랜차이즈로 성장했다.

[사진 KFC 홈페이지]

⑤ 마블 코믹스의 아버지 스탠 리도 '늦깎이'

스탠 리(1922~2018)는 마블 코믹스의 만화가이자 마블 엔터테인먼트의 전 명예 회장이다. 스파이더맨·엑스맨·아이언맨·헐크·캡틴 아메리카 등 슈퍼 히어로 캐릭터들을 단독 혹은 공동으로 창조했다. 그는 어시스턴트에서 시작해 편집장을 거쳐 사장까지 됐다.

마블 코믹스의 아버지 스탠 리 [EPA=연합뉴스]

그렇다고 그가 20대부터 성공을 거둔 건 아니었다. 2차 세계대전 때는 군 복무로 시간을 보냈고, 다시 펜을 잡은 뒤에도 사장이 시켜 내키지 않는 호러·서부극 만화를 그려야 했다. 만화를 포기하려던 스탠 리를 격려한 건 그의 아내 조앤 리였다. "마지막이라면 당신이 쓰고 싶은 이야기를 마음껏 쓰라"는 권유에 시작한 작품이 '판타스틱4'였다. 그의 나이 39세였다. 스탠 리가 그려낸 히어로 캐릭터는 영화화됐고 대성공을 거둔다.

마블시리즈 22편은 한국에서만 1억 명이 넘는 관객을 동원했고, 약 1조43억원을 벌었다. 포브스에 따르면 마블 시리즈 영화는 지난해에만 세계적으로 50억 달러(5조 8,350억원)가 넘는 박스오피스 기록을 세웠다.

스탠 리를 애도하는 팬 [EPA=연합뉴스]

(중앙일보, 2020. 1. 17)

1. 고전적 경영이론

1.1 테일러의 과학적 관리법

1.1.1 과학적 관리법의 등장배경

테일러(Taylor)는 근로자와 사용자 간의 임금문제로 발생되는 근로자의 조직적인 태업을 해결하기 위하여 과학적 관리법을 창안하였다. 당시의 노동자에게 임금을 지불하는 방법은 성과급에 의한 일급제였다. 성과급이란 하루 일한 다음에 일한 성과에 따라 임금을 지불하는 방법이고, 일급제란 하루 일이 끝날 때마다 주는 일당제와 같다. 노동자가 수입을 올리기 위해 열심히 일을 하면 사용자는 임률을 내리고 또 노동자가 악착같이 일을 해서 성과를 올리면 사용자는 임률을 내려 노동자는 일을 열심히 해도 소용이 없다는 것을 알고 체념을 하게 되고 나중에는 불만이 고조되어 태업을 하기에 이른 것이다.

테일러는 생산능률을 개선시키기 위하여 명확한 지침을 내림으로써 근로자나 경영자 사이에 정신혁명을 불러일으키려 노력하였다. 노동자들의 조직적인 태업의 원인을 테일러는 표준작업량의 기준을 합리적으로 결정하지 않았기 때문이라 보고 일의 표준작업량과 그의 양에 따른 임금률을 합리적으로 결정하면 문제가 해결된다고 생각하였다. 그리고 과업(task)을 과학적이고 합리적으로 정하려고 노력하였다.

1.1.2 과학적 관리법의 내용

과학적 관리는 근로자의 능률을 개선시키기 위하여 작업상황, 즉 작업과 작업장의 합리적·과학적 연구에 초점을 두는 관리를 말한다. 과학적 관리법은 콜롬비아 대학의 교수였던 바베지(C. Babbage)를 비롯하여 타운(H. Towne), 메트칼프(Metcalf) 등 테일러 이전의 여러 사람들이 과학적 관리를 전개했지만 테일러가 이를 정리하여 하나의 체계적인 이론으로 집대성하였다.

테일러는 근로자들이 일을 적당히 하려는 경향이 있음을 알았다. 그는 근로자의 작업량이 수행 가능한 작업량의 1/3에 불과하다고 생각했다. 그러므로 그는 작업현장의 직무수행에 과학적인 방법을 적용함으로써 그러한 현상을 시정하려고 노력하였다. 당시에는 근로자나 경영자의 책임개념이 분명하지 않았다. 사실 어떤 작업표준도 없었다. 근로자들은 의도적이고 계획적으로 천천히 일을 했다. 노사가 상호이익을 위해 협력하기보다는 상호관계를 제로섬 게임, 즉 어느 한쪽의 이익은 다른 한쪽의 손실이 된다고 생각하였다. 이러한 조직적인 태업을 해결하기 위하여 테일러는 단순한 경험적 지식에 입각한 방식인 주먹구구식이나 되는대로 맡기는 표류적 관리에서 탈피하여 공정한 1일의 작업량의 설정을 중심으로 한 과업관리를 제창하였다.

(1) 과업관리

과업(task: 한 사람의 근로자가 하루 동안 할 수 있는 작업량 또는 하나의 일의 단위)의 기준을 결정하는데 주먹구구식으로 결정하는 것이 아니라 과학적으로 결정한다. 즉 일하는 시간을 스톱워치(stopwatch)를 사용하여 일을 잘하는 사람(숙련공), 일을 못하는 사람(미숙련공), 보통사람들의 작업시간을 재어서 평균을 내어 작업단위를 과학적으로 결정한다. 즉 스톱워치를 사용하여 일의 단위를 정하고 여기에 합리적인 임률을 결정한다. 이를 시간연구(time study)라 하고, 작업평균 단위를 결정하는 데에는 작업에 필요한 동작만 해야지 불필요한 동작은 해서는 안된다는 것이다. 이를 동작연구(motion study)라 한다. 이러한 시간연구와 동작연구를 통해 과업단위를 과학적으로 결정한다.

과업단위를 과학적으로 결정한 후에 이 기준에 의거 임률을 결정하고 노동자에게는 차별성과급제를 실시한다. 차별성과급제란 근로자의 1일 표준작업량, 즉 과업을 설정하고 표준작업량 이상을 한 사람에게는 고율의 임률로 적용하여 계산하고 표준작업량을 미달한 사람에게는 낮은 임률을 적용하여 임금을 계산하여 지급하는 방식이다.

이러한 과업관리의 성공을 위해서는 4가지 원칙을 적용해야 한다.

- 일일의 높은 과업: 모든 근로자는 공장에서 그 지위가 높고 낮음에 관계없이 매일 정해진 과업을 부여받아야 한다. 이 과업은 막연하고 불확정적인 것이 아니라 치밀하고 완벽한 내용이 규정되어 있어서 그것을 쉽게 달성할 수 있어야 한다.
- 표준제 조건: 각 근로자의 과업은 완전한 하루의 작업량이여야 한다. 동시에 각 근로자에게는 그 과업을 확실하게 수행할 수 있도록 표준적인 여러 조건과 여러 도구가 주어져야 한다.
- 성공에 대한 높은 보수: 과업을 완수시키기 위해서는 높은 급료가 확실히 지급되어야 한다.
- 실패한 경우의 손실: 표준과업량을 달성하지 못한 것은 근로자에게 손해일 뿐만 아니라 사용자측에도 손해를 주었으니 이는 당연히 근로자도 책임을 져야 한다.

(2) 직능식 관리조직

당시의 공장 시스템은 산업혁명 이전의 가내 수공업에서 볼 수 있었던 도제제도에서 크게 벗어나지 못한 직장(foreman)을 중심으로 운영되었다. 이 직장의 기능은 매우 중요하며 공장의 생산성은 유능한 직장을 얼마만큼 확보하고 있으냐에 달려 있었다. 테일러는 유능한 직장의 자격조건으로 두뇌·교육수준·특별하고 기술적인 지식·솜씨·힘·박력·정직·판단력과 일반인 상식·건강 등 9개를 들고 있다.

여기서 테일러는 이 9가지 조건을 갖춘 직장은 없다고 말한다. 만일 5~6개를 소유한 직장이 있다면 그에게는 높은 급료가 지불되어야 할 것이다. 테일러는 이 만능직장인의 기능이 필요없는 공장시스템의 전환을 제시하고 있단. 한 사람의 직장이 담당하던 관리기능을 크게 기획부문의 직장과 현장의 직능적 직장으로 나눈다. 그리고 다시 이를 4가지 기능으로 분류한다. 만능직장(foreman)인에서 두 개의 직능(기획부문의 직장과 현장의 직능적 직장)으로, 두 개의 직능에서 8개의 직능으로 분류(기획부문의 직장: 일의 순서계 및 수배계, 지시표계, 시간 및 원가계, 공장 감독계, 현장의 직능적 직장: 준비계, 속도계, 검사계, 수신계)한다.

지금까지 만능적인 일을 담당했던 직장의 관리기능을 나누면 유능한 직장인이 필요없게 되고 고도의 전문화를 이룩하여 관리의 합리화를 이를 수 있다고 테일러는 제시하고 있다. 즉 관리의 분업화를 통하여 관리의 전문화를 기할 수 있게 된 것이다.

(3) 과학적 관리법이 알려지게 된 계기

이러한 테일러의 과학적 관리기법이 미국 전산업계에 관심의 초점이 된 것은 1910년 후반이다. 이해 여름초에 미국의 동부에 있는 철도회사들은 근로자들에 대한 임금인상을 이유로 철도운임인상에 대한 요구를 제기한 것으로부터이다. 이에 대하여 주간 상업위원회는 그해 6월 이를 심사하기 위하여 특별위원회를 설치하고 그들의 요구가 정당한지를 조사하였다. 본 위원회는 1910년 7월부터 11월에 걸쳐 여러 차례 걸쳐 공청회를 가졌으나 화주측으로부터 철도운임인상에 대한 강경한 반대에 부딪치게 된다. 화주측을 대표하는 변호사 부란데스(L.D. Blandeis)가 공청회에서 테일러의 관리방식을 과학적 관리라고 격찬하면 그것을 적용하면 “우리나라 철도업무에서 1백만 달러 이상의 절약이 기대된다”는 충격적인 발언을 하였는데, 이것이 신문에 크게 보도되어 큰 방향을 일으키게 된다. 철도회사의 운영이 비합리적이므로 테일러의 과학적 관리법을 채택하여 철도회사의 운영을 합리적으로 한다면 철도회사는 운임인상을 하지 않아도 운영의 건전화를 기할 수 있다는 것이다. 이것이 계기가 되어 테일러의 과학적 천리기법은 전국적으로 소개되어 급속도로 산업계에 보급되게 되었다.

1.1.3 테일러의 협력자

테일러의 과학적 관리법은 동부의 임률사건을 계기로 일반의 관심을 모으게 되었고, 그 연구 및 실시는 다방면으로 확산되었다. 그러나 과학적 관리법은 많은 협력자들에 의해 그 내용이 한층 깊게 고찰되었다. 하나의 예로, 임률사건 때 하원특별위원회에 테일러 및 간트(H.L. Gantt), 에머슨(H. Emerson), 길브레스(F.B. Gilbreth) 등이 증인으로 출석하여 과학적 관리법의 실험결과에 의하여 근로자의 생산능률을 종전보다 2배 내지 3배로 증진시킬 수 있다고 보고하기도 하였다.

테일러의 과학적 관리법의 연구에 있어서 그 출발점이 임금제도였으며, 그의 협력자도 이 문제에 대하여 각종 수정안을 제출하였다. 테일러가 제창한 차별적 성과급제는 그 실시에 있어 우수한 근로자에게는 유리하겠지만, 그렇지 못한 근로자에게는 극히 불

표 3.1 테일러의 차별성과급제에 대한 수정안

간트	간트(H. Gantt)는 1887년 메드베일 제철소(Midbalr Sreel Works)에서 14년간 테일러와 함께 일한 테일러의 부하였다. 그는 테일러의 차별성과급제의 수정안으로 시간연구에 의하여 과업에 대한 표준시간을 미리 정하는 것이다. 그리하여 정과가 표준능률 미만일 때는 기본 임률을 보장해 줌으로써 시간급적인 성격을 띠는 동시에 표준능률을 초과하면 상당한 액수의 상여를 비례해서 지불하는 능률급적인 성격도 갖고 있는 임금형태를 고안하였다.
길브레스	길브레스(F.B. Gilbreth)는 벽돌쌓기 견습공으로 출발하여 관리직까지 올랐던 사람이다. 그는 도제로서 벽돌공은 세 가지 각기 다른 동작, 즉 도제양성을 위한 동작, 천천히 일을 하기 위한 동작 및 빠른 동작, 작업속도를 위한 동작을 사용한다는 것을 관찰하였다. 그는 동작화면 카메라를 사용하여 각 과업을 위한 가장 효과적인 동작을 발견하여 근로자의 생산성을 세 배로 늘리려고 노력하였다.
에머슨	에머슨(H. Emerson)은 간트 및 길브레스와 함께 테일러의 과학적 관리법 보급에 크게 공헌한 사람이다. 그는 임금문제 외에 테일러의 기능식 조직을 수정한 직계-참모조직(line and staff organization: 라인-스태프조직)의 제창자로 널리 알려져 있다.

리한 결과를 초래하였다. 또한 일급보증이 없었기 때문에 매우 불안한 임금제도라 하여 각 방면에서 비난과 불평이 따랐다. 이러한 것을 극복하기 위하여 많은 사람들이 테일러의 차별성과급제에 대한 수정안을 내놓았다.

테일러의 기능식 직장제도를 기초로 한 조직에서는 각 직장이 담당하는 각각의 관리기능이 전문화되어 근로자들이 지휘명령의 혼란이 있다는 것이 문제점이다. 여기에 대하여 에머슨은 참모식 직계조직의 유효성을 주장하였다. 에머슨이 제창한 조직에서는 지휘명령의 계통을 라인조직에서 유지하고, 그 위에 조언 또는 보조적 관계에 있는 참모부 제도를 도입함으로써 그 결점을 보완하려고 한 것이다.

1.1.4 과학적 관리법의 시사점

테일러의 과학적 관리기법은 합리적인 표준과업량의 결정과 적정한 임률을 제시하여 근로자와 경영자 간의 불신을 해소하고자 제시된 기법이다 이 기법이 근로자를 기계시하고 근로자를 경제적인 동물로 취급하여 근로자들의 반감을 일으키기도 하였지만 이 기법이 산업계에 미친 영향은 대단하였고, 경영학이 학문으로 태동하는 계기를 마련하게 된다. 테일러를 주축으로 한 과학적 관리법은 미국경영학의 출발점이 되었으며, 처음에는 공장 내부의 노무관리문제에서 출발하였으나 후에는 기업경영의 전 부분에 대한 관리의 과학으로 발전하여 오늘날의 미국경영학의 기초가 되었고 산업공학의 발전기반이 되었다.

1.2 포드의 관리기법

1.2.1 포드 경영사상

포드의 경영사상을 포디즘(Fordism)이라고도 하는데 포드는 기업을 사회공중에 대한 봉사의 기관으로 보았다. 여기서 봉사란 대중의 생활수준의 향상을 의미하며, 그것은 일용품의 가격인하 및 임금인상에 의하여 가능하다는 것이다 그러므로 그의 포디즘은 '저가격과 고임금의 원리'를 주축으로 하고 있다. 포드가 말하는 봉사의 원리는 결코 이윤 그 자체를 부정하는 것이 아니다. 그는 이윤추구를 목적으로 하는 경영은 부정하지만, 봉사의 결과로서 획득되어진 이윤은 오히려 경영의 존재 및 발전을 위하여 필요하다는 것이다. 그러므로 포드는 이윤을 경영내부에 유보하여 경영의 발전을 위하여 활용하여야 하며 배당금이나 기타의 이유로 경영의 외부로 유출시킬 수 없다고 하였다.

자본주의 사회에서 경영은 봉사기관이 아닌 이윤의 기관으로 전락하고 있으며, 투자가는 고액의 이윤분배를 요구하고 근로자는 고액의 임금만을 요구하고 있으므로 기업체는 이윤기관으로 생각되지 않을 수 없다. 그러므로 포드는 투자가와 근로자로부터 경영을 해방시키기 위하여 자금을 투자가에게만 의존할 것이 아니라 자기금융으로부터 조달할 것과 고임금을 지급함으로써 근로자의 이탈을 막을 수 있다고 하였다.

포드는 그의 저서 <나의 생애와 사업(*My Life and Work*, 1926)>에서 다음과 같은 4개 항목으로 된 봉사의 원칙을 들고 있다. ① 장래에 대한 공포, 과거에 대한 미련을 버릴 것, ② 경영의 의도를 갖지 않을 것, ③ 봉사를 이윤보다 선행시킬 것(이윤은 봉사의 결과로서 획득되어야 한다), ④ 제조 및 제품을 저렴하게 생산하여 싸게 팔 것 등과 같은 포드의 이상은 경영을 일반 대중에 대한 봉사의 기관으로 생각하였기 때문에 자동차가 일부 사람들을 위한 고급 사치품이 아니라 편의품이므로 이것을 아주 저렴한 가격으로 판매할 것을 목표로 하였다. 포드는 1914년 최저임금을 하루 2달러에서 5달러로 올리는 파격적인 조치를 통해 자신의 신념을 실현하고자 하였다.

포드는 기업의 관리에 대해서는 전혀 다른 견해를 가지고 있다. 즉 “포드사의 공장이나 기업에는 조직도 없고 지위에 따르는 특정의 의무도 없으며 권한의 순위도 없고 직함도 별로 없으며 회의도 없다”고 말하고 있다. 즉 관리는 일절 불필요하다는 것이다. 테일러가 관리의 중요성을 역설하면서 정교한 관리체계를 고안한 것과는 대조적이다. 그 이유는 이동조립라인에 있다고 생각된다. “중요한 것은 모든 것을 이동상태에 두고 공작물을 근로자가 있는 곳으로 전달함으로써 근로자가 공작물이 있는 곳까지 오지 않도록 하는 것이다. 이것이 우리 회사의 참된 생산원칙이다”라는 내용에서 그 기본 원리를 찾아볼 수 있다.

1.2.2 포드 시스템

포드 시스템(Ford System)이란 포드가 실시한 경영의 합리화 방식을 말한다. 포드는 첫째, 생산을 유일한 표준품에 한정시키는 것으로부터 시작했다. 따라서 생산관리의 출발점도 제품의 단순화에서 비롯되었다. 포드는 전체 인구의 90% 정도가 요구한 T형 자동차의 단일제품을 선정하고 이것을 토대로 생산계획을 수립하여 대량생산을 실현하였다. 둘째, 기계 및 공구를 특수화하였다. 이 때문에 포드공장에서는 800종의 특수기계를 가지고 표준화된 기계를 250항목으로 대별하였다. 이에 따라 기구도 표준화되게 하였다. 셋째, 부품의 규격화다. 부품을 규격화하면 상호교환이 가능하고 표준화제품은 항상 수리가 가능하게 된다. 마지막으로 경영의 특수화이다.

이상과 같은 표준화의 4가지 구성요소는 상호 유기적으로 관련되어져 있으며, 이는 테일러의 표준화를 더 한층 더 고도로 발전시킨 것이라고 할 수 있다. 포드는 그의 자동차공장에서 대량생산을 위하여 컨베이어 시스템(conveyor system)에 의한 이동조립법을 채택하였는데, 그 특색은 다음과 같다. 첫째, 각 작업 간의 작업 대상물의 이동을 기계화한 것이다. 이동조립법은 근로자 상호간의 부품의 운반을 기계화하여, 컨베이어 시스템에 의하여 작업 대상물을 이동하게 한 것이다. 둘째, 컨베이어 시스템에 의하여 근로자의 활동이 자동적, 기계적으로 통제된다. 셋째, 연속되는 작업공정 상호간의 합리적 통합에 의하여 각 개별 작업의 총괄적 조직화가 실현된다. 포드 시스템은 생산의 표준화를 전제로 하는 이동조립법에 의하여 종합적으로 동시화하여 종합적 생산 시스템으로 구축하였다는 데 그 특징이 있다.

1.3 페욜의 관리론

1.3.1 페욜의 관리기능

앙리 페욜(Henry Fayol)은 "동일한 탄광·동일한 공장·동일한 재원·동일한 판로·동일한 이사회 및 동일한 종업원임에도 불구하고 오로지 새로운 관리방식 여하에 따라 기업은 망할 수도 흥할 수도 있다"고 말하고 독장적인 관리이론의 영역을 수립하였다. 페욜이 관리에 대하여 특히 기여한 것은 기업의 구성요소를 정립하고 기업의 장기 및 단기의 목적을 달성하기 위하여 각 그룹과 각 개인이 어떻게 공헌해야 하는가를 정의하고, 각 개인은 조직 전체 중에서 어떠한 지위를 점유하고 어떠한 직무를 가지고 있는가를 명확히 정하고 있는 것이다. 페욜의 관리상의 도구는 계획에 의하여 연차계획 및 10년 계획을 적절히 정립한 것이다. 페욜은 장차 10개년 계획을 실현하기 위하여 매년 그 해에 행할 필요가 있는 계획을 세우고 연말에 비교하여 그 이유를 명확히 규명하고 계획을 위해서는 특별한 예측이 필요하다고 강조한다. 페욜은 기업내 활동을 크게 6개의 기능 활동으로 구분하였다.

① 관리적 기능(계획, 조직, 명령, 조정, 통제)

② 기술적 기능(생산, 제조, 가공)

③ 상업적 기능(구매, 판매, 교환)
④ 재무적 기능(자본의 조달과 운용)
⑤ 보전적 기능(재화와 종업원 보호)
⑥ 회계적 기능(재산목록, 대차대조표, 원가, 통계)

여기서 기술적 활동·상업적 활동·재무적 활동·보전적 활동·회계적 활동은 조직체의 분업화된 업무라 규정하고, 이 분업화된 업무들은 반드시 통일성을 유지해야 한다고 페욜은 말하고 있다. 하위자들에 의해 영위되는 분화된 조직체의 활동 등을 전체적으로 총괄하여 운용하기 위해서는 조직상위자가 관리활동을 해야 하는데 관리란 계획하고 조직하고 명령하고 조정하고 통제하는 것이라고 정의함으로써 관리의 과정론의 기본적인 사고의 틀을 제시하고 있다.

1.3.2 페욜의 관리원칙

관리활동을 합리적으로 수행하는 데는 다음과 같이 14가지 원칙을 적용해야 한다고 페욜은 주장하고 있다.

① 분업: 전문화의 정도가 클수록 사람들은 자신의 직무를 더 잘 수행할 수 있게 된다.
② 권한과 책임: 경영자에게는 일을 수행하도록 명령을 내릴 수 있는 공식적인 권한이 부여되어야 한다.
③ 규율: 조직구성원들은 그 조직을 지배하는 규칙과 협약을 준수해야 한다.
④ 명령일원성: 각 구성원은 특정 직무에 대하여 단 한 사람으로부터 지시를 받아야 한다.
⑤ 지시의 통일: 조직 내에서 동일한 목적을 갖는 직무는 하나의 계획에 따라 한 사람의 관리자에 의해 조정되어야 한다.
⑥ 개인이익보다는 전체이익의 우선: 개인의 이익과 조직의 이익이 상충될 때 조직의 이익을 우선적으로 생각해야 한다.
⑦ 공정한 보수: 성과에 대한 보상은 기업가와 종업원 양쪽에 공정하게 적용되어야 한다.
⑧ 집중화: 의사결정에 대한 최종적인 책임은 관리자에게 집중되어야 한다. 그리고

종업원들에게도 자신의 직무를 적절히 처리할 수 있도록 충분한 권한이 부여되어야 한다.

⑨ 계층조직의 단축화: 조직의 계층은 길어서는 안 되고 짧아야 한다.

⑩ 질서: 자재와 사람은 시기와 적정한 장소에 배치되어야 한다.

⑪ 공정: 관리자들은 종업원들을 공정하게 대해야 한다.

⑫ 종업원의 안정: 조직의 기능이 효율적으로 발휘되기 위해서는 종업원의 이직이 적어야 한다.

⑬ 창의성: 종업원들에게는 자신의 계획을 수립하고 집행할 수 있는 자유가 주어져야 한다.

⑭ 종업원의 단결: 조직에 팀정신이 충만하면 종업원들 사이에 일체감이 형성된다.

1.4 인간관계론적 접근

1.4.1 인간관계론의 의의

인간관계론(human relations)은 사람들 간의 관계에 관한 연구이며, 기업 내의 근로자들이 협동적으로 함께 일하고 경제적·사회적 욕구를 충족하도록 동기를 유발함으로써 기업목적과 개인목적을 통합하려는 이론이다. 기업은 재화와 서비스를 산출하는 활동을 통하여 이익을 추구하고 있다. 이러한 기업의 목적을 달성하기 위한 재화와 서비스생산에는 크게 두 가지 측면이 있다고 볼 수 있다. 하나는 물적인 요소이고 다른 하나는 인적인 요소다 자본주의 초기과정에는 기업활동에 물적요소에만 관심을 갖고 인적요소는 거의 고려하지 않았다. 그러나 21세기에 들어와서부터는 인적요소에 대한 인식이 점차 높아져 이제는 경영관리에 중심과제가 되고 있다.

현대산업의 중추가 되고 있는 첨단기계나 기구가 생산성의 문제를 좌우하는 것이 사실이지만 기계나 기구를 직접 움직이고 이용하는 것은 사람의 두뇌와 손발이다. 사람의 직무태도나 능력·창의력이야말로 기업목적을 달성하는 데 가장 중요한 요인이라 말하지 않을 수 없다. 과거의 수많은 경영관리방식이 경영상의 어려운 문제를 해결하지 못했던 이유 중의 하나는 근로자의 인간성에 바탕을 둔 관리방식을 깨닫지 못한데 있다고 볼 수 있다. 즉 근로자의 적극적인 근로의욕을 유발할 수 있는 기술을 발전시키지 못한 것이 그 원인이라 할 수 있다.

생산능률에 있어서 인적요소가 크게 작용하고 있음은 사실이다. 기업활동에 인간과 인간관계에 대한 여러 가지 구체적인 기술이 발전되어 인간관계론은 중요한 경영관리의 방식으로 등장하게 되었다. 1930년대에는 인간관계 개선에 바탕을 둔 경영관리가 각광을 받게 되었는데 구체적인 내용으로는 리더십·인사상담·사기조사·의사소통·동기유발·집단역학·제안제도 등을 들 수 있다. 이러한 인간관계론이 태동하게 된 직접적인 계기가 바로 서부전기 회사의 호손실험이다.

1.4.2 인간관계론의 등장배경

인간관계라는 용어는 기업·학교·군대, 심지어 가정과 정치 등 인간사회 전면에서 인간적 상호관계에 적용되고 있다. 이것이 인간관계론이라는 학문으로 대두하기 시작한 것은 1937년 서부전기회사(Western Electric Company)의 호손공장에서 4차에 걸친 실험 결과로부터 유래되었다.

인간관계라는 말은 세계 2차대전 이후에 더욱 발전하여 인사 및 조직의 기본원리가 되었고 산업의 발달로 생산성 향상과 관리의 민주화 및 능률의 요청에 따라 인간관계 관리의 합리화 및 과학화를 기하기 위한 노력의 결실로 학문의 체계를 갖추게 된 것이다. 이것이 학문으로 대두하기 시작한 것은 미국 시카고에 있는 서부전기회사의 호손공장을 중심으로 행하여진 일련의 조사연구로부터 시작되다. 서부전기회사의 약 3만명의 종업원을 대상으로 1924~1932년까지 4차에 걸친 실험을 통해 인간성에 관한 과학적인 연구가 시작되었다. 이 연구는 하버드대학 경영대학원 산업조사부의 협조와 록펠러 재단의 재정적인 후원을 받아 메이요(Mayo)와 뢰스리스버거(Roethlisberger) 교수가 주축이 되어 연구가 이루어졌다.

서부전기회사는 복리후생의 중점을 두어 일련의 진보적인 인사정책을 채택하고 있음에도 불구하고 종업원들 사이에는 불평·불만이 고조되고 작업능률의 저하현상이 초래되었다. 그러므로 작업장의 환경을 조절하여 종업원의 불만요소를 제거하여 능률을 향상시키려 노력하였으나 노사관계는 원만하지 못하고 생산성은 저하되었다. 따라서 이 기업은 처음에는 능률전문가를 초빙하여 그 원인을 알고자 조사시켰다. 그들은 테일러와 포드의 실시방법과 동일한 수법으로 동작과 작업시간 및 휴식시간 변경 또는 전기광도의 조절 등을 실시하여 종업원의 긴장완화와 능률향상을 꾀하려고 하였으나 실패하였다. 즉 호손공장에서는 물리적 작업조건과 작업능률 간의 관계를 알기 위해 산업

심리학적 실험을 실시하였다.

1.4.3 호손실험(Hawthorne experiment)

인간관계론의 논리적 근거가 되었던 호손실험은 인간의 욕구나 감정 등은 고려하지 않고 오직 인간을 물적요소(인간을 기계시)로만 보아 온 전통적인 방식을 검증하려는 데 목표를 둔 실험이었다. 그러나 이 실험의 결과는 이 같은 가설을 전면적으로 부정하게 되었다. 호손실험에서 얻은 중요한 발견을 정리하면 첫째, 생산능률(생산성)은 근로자의 태도나 감정, 즉 인간적 반응에 크게 의존한다는 사실이다. 즉 작업의 난이도·물리적 조건·시간이나 환경, 어떤 경우에는 임금이나 복지보다는 근로자가 자기의 작업·동료·상사 및 회사에 대해 갖고 있는 태도나 감정이 생산성에 크게 영향을 미친다는 사실이다. 둘째, 근로자들의 태도나 감정은 그들이 소속하고 있는 직장내 분위기와 밀접한 관련이 있다는 사실이다. 그들이 소속하고 있는 집단의 행동양식이나 사고방식과 깊은 관련이 있으며 상급자의 감독 및 지도방침이나 행동에 의해 그들의 태도나 감정 및 신념이 크게 변화한다. 셋째, 비공식 집단의 발견이다. 조직성원들은 직장 내에서 공생을 위한 자생적인 비공식 집단을 형성한다. 비공식 집단은 집단규범을 만들고 이 집단규범은 구성원의 태도와 작업장에서의 행동에 직접적인 영향을 미치며 생산성을 좌우한다. 넷째, 생산성은 집단의 팀워크(teamwork)와 협동 정도에 직접적으로 관련되어 있다.

2. 근대적 경영이론

2.1 근대적 관리이론의 유형

2.1.1 조직론적 관리이론

인간관계론은 테일러나 포드가 앞세웠던 과학적 관리법의 보완책으로 나타난 이론이다. 인간관계론은 인간의 심리적이며 사회적인 측면에만 너무 지나친 나머지 공식 조직보다는 비공식 조직에 큰 관심을 두게 되었다. 인간관계론이 태동하기 시작하던 무렵에 나타난 관리이론이 바나드(C.I. Barnard)와 사이먼(H.A. Simon)의 조직론적 관리이론이다. 그들은 경영의 주체로서 인간에 초점을 두되, 비공식조직과 함께 공식조직에도 커다란 관심을 두게 된 것이다. 과학적 관리론이 인간을 경시한 이론이며, 또 인간관계론은 공식조직의 문제를 경시한 이론인 데 비해 조직론적 관리론은 이 양자를 통합한데서 그 의의가 있게 된다. 따라서 조직론적 관리이론은 인간관계론에서 무시되었던 공식조직을 중요시 여기는 데서부터 시작된다.

(1) 조직론의 등장배경

조직론적 관리이론의 시작은 1938년 출판된 바나드의 <경영자의 역할(*The Function of the Executive*)>에서부터이다. 1930년대의 미국은 대공황의 시기였다. 당시 미국의 공업생산고는 1905~1906년의 수준까지 후퇴하고 실업자의 폭증·공장스트라이크·대중농민운동 등 노동 불안·사회불안이 심각하였다. 이 위기에 대한 국가적인 대응책이 뉴딜정책이었고, 이것을 계기로 하여 복지국가의 이념이 제시되었다 이러한 위기에 바나드는 경영일선에서 몸소 체험한 것을 기초로 경영자는 무엇을·어떻게·왜 행동해야 하는가를 밝히고자 하였다.

(2) 경영자의 역할

바나드의 저서인 <경영자의 역할>에는 협동체계론·공식조직론·조직균형론·의사결정론 등 크게 4가지 분야에 대해 언급하고 있다. 특히 협동체계론을 주장한 것은 1935년의 뉴딜정책과 노동조합운동이 활성화되기 시작한 시대적 배경이 크게 영향을 미쳤다. 바나드는 조직의 존속을 위해서는 조직 참가자의 협동이 매우 중요할 수밖에 없다며 '협동의욕'을 강조하게 된다. 협동의욕 또는 공헌의욕은 조직구성원들이 협동하려는 의지가 없으면 발휘될 수 없다고 그는 주장했다. 이는 조직에는 공통의 목적이 있지 않으면 안된다는 것을 의미한다. 여기서 조직에 공헌하려는 의욕을 확보하기 위해서는 조직이 조직구성원에게 유인(inducement)을 충분히 제공되어야만 한다. 조직이 존속하기 위한 유인에는 금전적인 것뿐만 아니라 사회적 유인이나 심리적 유인도 포함된다.

(3) 의사결정이론

조직에서 경영자의 의사결정에 대해 중요성을 강조한 사람은 바나드이고 바나드의 의사결정론을 더욱 발전시킨 사람이 사이먼(H.A. Simon)이다. 사이먼은 카네기 메론(Carnegy Meron)대학의 교수로서 1978년도에는 노벨경제학상 수상자이기도 하다. 사이먼의 대표적인 저서인 <경영행동(*Administrative Behavior*, 1945)>의 부제인 '관리조직에 있어서의 의사결정의 연구'에서 보듯이 그의 이론의 중심은 의사결정론이다. 그는 조직의 중심이 되는 것이 바로 의사결정이라고 하고, 경영관리는 의사결정과 동의어로 간주되어야 한다고 주장한다. 사이먼은 의사결정을 강조한다고 해서 그의 이론을 흔히 조직론적 의사결정론이라고 일컫기도 한다. 의사결정론적 접근기법은 오늘날의 미국경영학에 있어서 핵심이 되고 있다고 할 만큼 현대경영학 연구에 커다란 관심 대상의 하나가 되고 있다.

2.1.2 행동과학적 접근이론

(1) 행동과학의 등장

인간관계론에 관한 연구 이후의 연구자들은 인적 요소가 조직에서 차지하는 역할을 체계적으로 연구하기 위해 심리학·사회학·인류학 등의 사회과학을 종합한 접근방법을 사용하였다. 경영현상을 설명하고 경영문제를 해결하기 위해 이들이 사용한 연구방법을 행동과학적 접근이라 한다. 행동과학이 인간관계론의 영향을 받은 것은 사실이며 두 이론은 유사한 내용으로 구성되어 있다. 그러나 인간관계론의 핵심이 인간이라면 행동과학적 접근의 핵심은 조직이다. 즉 행동과학자들은 인적자원의 유효성을 증대시키는 것이 조직의 유효성을 증대시키는 것이라고 보았다.

(2) 행동과학의 개념

행동과학(behavior science)은 인간행동에 관하여 객관적인 방법으로 수집한 경험적 증거에 의해 입증된 일반적인 법칙을 확립하고 인간행동을 과학적으로 설명하며 예측하는 것이다. 행동과학을 넓은 의미로 해석하여 "행동과학은 인간행동의 모든 측면을 연구하는 많은 분야의 결합된 노력이며, 개인으로서의, 또는 사회관계에 있어 인간의 이해를 유도하는 것이다. 그러므로 행동과학은 인류학·생화학·경제학·유전학·지리학·역사학·언어학·수학·신경의학·양학·생리학·정치학·정신의학·심리학·사회학·통계학이다"라고 정의하기도 한다. 행동과학이란 인간의 행동을 이해·예측·통제하기 위한 학문이라 볼 수 있으며, 인간의 행동을 설명하는데 어느 특정 학문으로서는 설명이 부족하므로 여러 학문이 종합적으로 접근되고 있음을 알 수 있다.

(3) 행동과학의 유래

인간행동의 본질을 파악하려고 하는 학문에 행동과학이란 명칭이 사용되기 시작한 것은 1951년이다. 1951년 사회과학의 발전에 주력한 포드재단이 '개인행동과 인간관계'라고 하는 연구계획을 발표하였다. 이 명칭을 간추려 행동과학계획이라고 불렀는데, 그 이후 행동과학이라는 명칭이 일반적으로 사용되기 시작했다.

(4) 행동과학의 특징

행동과학의 특징은 첫째, 행동과학의 연구대상은 인간의 행동이다. 인간은 어떠한 형태로든 조직과 밀접한 관계를 맺으며 생활하거나 어떤 조직에 소속되어 있다. 따라서 조직내외에 있어서 인간관계, 인간과 조직과의 관계, 조직의 의사결정자로서의 인간의 연구 등과 같이 조직과 관련이 있는 인간의 행동을 연구하는 것이 행동과학의 중심이다.

둘째, 행동과학은 학제적 접근방법(interdisciplinary approach)에 의한다. 인간의 행동은 너무나 다면적이기 때문에 종래의 사회과학의 어느 하나만으로는 해명되지 않는다. 따라서 인간행동에 대한 연구를 위해서는 여러 과학의 결집이 필요하게 된다. 행동과학에 깊은 관심을 가지고 있던 사람은 심리학자·정신병학자·사회학자·문화인류학자들이었다.

셋째, 행동과학은 기술적이고 규범적이다. 행동과학의 목적은 인간행동에 있어서 일반적인 법칙을 찾아내어 인간행동을 이해하고 예측하고 통제하는 데 있다. 이러한 예측은 보편타당한 법칙성을 발견하였을 때 가능하므로 예측을 위해서는 무엇보다 법칙성을 발견해야 한다. 법칙성은 기술과학적 연구에 의해서 발견된다. 기술적이라고 하는 것은 현상을 단순히 있는 그대로를 서술하는 것을 뜻하는 것이 아니라 현상을 관찰, 분석하여 하나의 가정을 세우고 이를 검증함으로써 이론이 성립된다고 하는 자연과학적인 실증절차를 이용하는 것을 뜻한다. 이러한 의미에서 행동과학은 기술과학이 된다. 또한 규범적이라고 하는 것은 일정한 목표를 달성하기 위하여 무엇을 어떻게 하지 않으면 안되느냐 하는 규범을 제시하여 이것을 체계화하려는 것이다. 그래서 행동과학은 기술과학뿐만 아니라 규범과학적인 측면도 가진다. 즉 인간은 이러한 조건하에서 어떻게 행동하는가라는 명제에 의거 인간행동의 법칙성이 발견되면 그것은 기술과학적 연구라 할 수 있지만 인간에게 좋은 행동을 하도록 하자면 어떠한 조건을 갖추어야 하는가를 연구하려면 그것은 규범과학적이라 할 수 있다.

넷째, 행동과학은 응용과학·실천과학·정책과학이기도 하다. 인간이 어떠한 조건하에서 어떤 행동을 할 것인가를 과학적으로 설명된 것을 기업경영에 응용한다면 이것은 응용과학이다. 현실의 문제를 해결하기 위해 이용되는 것을 목적으로 한다면 이는 실천과학이다. 또한 국가 간의 외교, 국민 전체의 사기 등에 관한 문제까지도 행동과학을 취급하는데 이때에는 정책과학이 된다. 마지막으로 행동과학은 경제적 목표를 지향한다. 행동과학은 인간의 잠재적 능력을 최대한 활용함으로써 조직의 유효성을 증대하는데 기여하도록 하는 데 목적이 있다.

(5) 행동과학의 영역

행동과학의 영역에 대해서는 정설이 없다고 보는 것이 옳을 것이다. 인간행동의 본질을 파악하는데 어느 학문의 영역만으로는 불가능하기 때문이다. 베렐손(Berelson)과 스타이너(Steiner)는 행동과학의 영역으로서 심리학·사회학·인류학·경제학·정치학 및 역사학 등을 열거하고 있다. 행동과학에 밀접한 관련을 갖는 학문적 영역으로는 심리학·사회학·인류학 등을 들 수 있는데 이를 행동과학의 3대 영역이라 한다.

2.1.3 시스템 이론

(1) 시스템의 개념

시스템이론은 세계 2차대전 후, 독일의 생물학자인 베르탈란피(Ludvig Von Bertalanffy)가 여러 학문을 통합할 수 있는 공통적인 사고와 연구의 틀을 찾으려는 노력 끝에 발표한 이론이다. 그는 과학이 발달하고 인류의 문화가 발전할수록 여러 학문분야 간에 교류가 더욱 증진되어야 함에도 불구하고, 도리어 학문별 사고방식, 연구의 초점과 방법 등이 점점 달라져서 학문 간의 대화와 상호간의 이해 그리고 교류가 점점 어려워지는 것을 느꼈다. 그리하여 생물학·물리학·화학 등 자연과학분야는 물론 사회과학으로 포함한 모든 학문분야를 통합할 수 있는 이론으로서 시스템 이론을 발표하게 된 것이다. 여러 학문분야를 통합하는 이론체계에 대한 관심은 1950년대 들어와 여러 학문분야로 급속히 확대되어 가던 중 경제학자인 보울딩(Kenneth Boulding)이 시스템 이론의 목적과 기본적인 골격을 작성하여 일반 시스템 이론을 체계화하였다.

시스템은 어떤 하나의 목적을 성취하기 위하여 여러 구성인자가 유기적으로 연결되어 상호작용하는 집합체를 말한다. 즉 시스템이란 목표를 달성하기 위해 통일된 전체를 구성하고 있는 상호의존적인 부분들의 집합이라고 할 수 있다. 시스템의 정의에는 세 가지 중요한 부분으로 이루어져 있다. 하나는 시스템이 되기 위해서는 어떤 시스템이든지 뚜렷한 목표가 있어야 한다. 즉 시스템은 추구하고자 하는 목적이 있어야 한다. 두 번째는 시스템을 구성하고 있는 구성인자들은 상호간에 유기적으로 연결되어 있어야 한다. 세 번째는 이들 구성인자들은 시스템의 목적을 성취하기 위하여 상호작용을 해야 한다. 우리들이 살고 있는 사회나 국가도 하나의 시스템이며 자동차나 공장 및 사람의 인체도 하나의 시스템이다. 이들 시스템은 외부로부터 어떤 투입물을 받아들여 그 투입물을 변형시켜 산물을 만들어 외부로 내보내는 과정을 반복하면서 생존을 유지한다.

(2) 시스템의 속성

표 3.2 시스템의 속성

목적추구성	시스템에는 그 특유의 목적이 있다. 이들 목적은 단일목적도 있으며, 서로 모순되는 다수의 것도 있다.
집합성	시스템은 두 개 이상의 식별 가능한 요소 또는 하위시스템으로 구성된다. 예를 들면, 생산 시스템은 원자재·작업자·기계설비 등으로 구성된다.
상호관련성	시스템을 구성하는 단위체(하위요소들) 간에는 서로 관련되어 있거나 서로 의존하며 상호 작용한다.
환경적응성	시스템은 시스템을 둘러싸고 있는 외부환경과 물질·에너지·정보의 교환을 통해 존립한다. 시스템이 환경과의 관계에 적응하며 교환작용을 할 때 개방시스템이라 하고, 교환하지 못할 경우 폐쇄시스템이라 한다.

(3) 폐쇄시스템과 개방시스템

시스템을 외부환경과의 관련하여 분류할 때, 외부환경과의 상호작용 여하에 따라 시스템을 폐쇄시스템과 개방시스템으로 구분할 수 있다. 폐쇄시스템(Closed System)은 시스템이 환경과 상호작용을 하지 않고 환경으로부터 격리되어 있다는 데 있다. 즉 시스템이 구성부분만 있고 그 자체로서 모든 것이 충족된다고 가정된다. 그런데 실제의 경우 폐쇄시스템이라는 것은 단순한 가정에 불과하다. 실제의 경우 폐쇄시스템이라는 것은 현실적으로 존재하지 않는다. 시스템의 구성요소는 어느 정도는 시스템 외부로부터 영향을 받는다. 그러나 어떤 기업조직이 외부환경과 교환작용을 하지 않고 자기 충족적인 것처럼 행동한다면 그 조직은 폐쇄시스템이라고 볼 수 있다. 이에 반하여 개방시스템(Open System)은 외부환경과 상호작용을 하여 시스템 자체가 유지, 존속하려는 것이다 개방시스템은 외부환경으로부터 자원·에너지·정보를 받아들이고 이를 재화와 서비스의 형태로 변환시켜 환경으로 산출시킨다. 이를 계속적으로 피드백하여 환경과의 균형 상태를 유지하게 된다.

2.1.4 상황론적 접근이론

(1) 상황론의 의미와 성립

상황론(contigency)이란 기업조직의 목표를 가장 효율적으로 달성하기 위하여 특정 상황에 부합되는 경영기법과 개념을 적용하는 것이다. 상황이론을 조건적합이론, 환경적합이론 등 다양하게 쓰이나 포괄적인 의미로서 상황이론이라는 용어로 사용되고 있다. 상황론은 시스템이론의 추상성을 극복하고 이를 조직이나 기업경영에 보다 현실적인 이론으로 변형시킨 것이다. 시스템이론은 분석적인 측면이 강한 반면에 상황이론은 응용의 의미를 내포하고 있다. 즉 시스템 이론이 조직의 구성요소를 분석하는 데 사용되는 개념이라면 상황이론은 이를 바탕으로 구성요소 간의 적합관계를 모색해 조직 유효성 증대를 도모하는 응용이론의 성격을 지니고 있다.

초기의 경영이론에 있어서 기업조직구조는 외부환경이나 기원내부의 여러 하위시스템과의 관계를 고려함이 없이 보편적인 타당성을 갖는 것으로 생각되었다. 그러나 기업조직은 외부환경이나 기업 내의 다른 하위시스템의 영향을 받는다는 사실들이 밝혀지게 되었다. 상황이론은 사회·문화·경제·정치 등의 외부환경은 기업조직에 영향을 미치고 기업조직 내의 기술이나 전략 등은 하위시스템에 영향을 미친다는 기본전제하에 출발하고 있다.

이러한 시스템적인 관점에서 조직외부의 어떤 환경이 조직시스템과 하위시스템에 어떤 영향을 미치며, 조직시스템과 하위시스템에 어떠한 관계에 이를 때 조직의 효율성이 높아질 수 있는가, 그리고 각 변수 간의 적합적인 관계란 환경요인과 조직 또는 각 시스템이 어떠한 관계에 있는 것인가 하는 문제에 해명을 기하려는 것이 상황이론이다. 상황론이라는 새로운 명칭이 일반화하게 된 것은 로렌스(P.R. Rawrence)와 로쉬(J.W. borsch)의 연구가 계기다. 그들은 상황론의 조건으로서 다음 4가지를 들고 있다.

① 체계적으로 수집된 경험자료를 기초로 한 조직에 관한 연구일 것
② 분석방법이 다변량적인 연구일 것
③ 조직이 상이한 상황하에서 어떻게 기능하는가를 이해하고 설명하려는 의미에서 상황 이론은 조건적일 것
④ 조직을 연구대상으로 하고 있는 한 특정한 조사방법, 특정한 학문영역 또는 개념적인 틀에 구속되지 않을 것

이는 상황론이 종합과학적 특성 또는 개방성을 나타내는 것이다.

(2) 상황론의 특징

상황론의 특징은 다음과 같다.

① 객관적인 결과를 중시한다. 상황이론은 객관적인 결과로서 조직성과를 추구하기 위해 상황과 조직특성의 적합관계를 해명하려 한다.

② 조직의 환경적응을 중시한다. 상황이론은 조직과 환경과의 관계를 중요시한다.

③ 상황이론은 조직에 대한 실증분석, 특히 조직의 비교분석을 통한 경험적인 이론 구축을 지향한다. 즉 상황이론은 조직에 대한 실증연구를 통해 검증 가능한 명제를 축적하고 그중에서 통합적인 이론을 만들어 내려는 것이다.

2.1.5 경영과학 접근이론

(1) 경영과학의 등장배경

2차 세계대전 직후 경영관리에 새로운 접근법이 등장했다. 수학적인 모형에 기초를 둔 과학적인 접근방법을 이용하여 기업 내의 작업의 문제와 인간의 문제를 해결하려고 하였다. 이러한 경영과학(Management Science: MS)이 독자적인 연구 분야로 확립되기 시작한 것은 2차 대전 중 영국과 미국에서 작전연구(Operational Research: OR)로 사용한 데서 유래되었다. OR은 군대에서 행하여졌던 군사전략이나 군수물자의 수송문제 해결에 계량적인 방법의 적응가능성을 연구하기 시작한 데서 비롯된다. 최초의 연구 프로젝트는 적의 잠수함으로부터 손실을 최소화하기 위한 상선의 호위를 여하히 전개할 것인가 하는 문제였다. 이후에는 폭탄투하의 정확성을 증진시키는 방법, 적의 잠수함의 위치를 탐색하는 방법, 군수물자와 장비를 필요한 장소에 수송하는 최선의 방법 등의 연구들이 포함되었다.

이와 같은 연구프로젝트 대부분은 다방면의 학문영역(수학, 공학, 통계학, 경제학, 심리학, 정치학 등)에서 선발된 학자들로 구성된 연구팀에 의해 수행되었다. 전쟁이 끝난 후 OR은 산업분야로 확장되었다 먼저 정유공장·철강 및 종이공장과 같은 공장형태의 산업에 적용되었다. 이러한 산업들은 소품종 대량생산의 특징을 지니고 있다. 따라서 제품단위당 비용 절감액은 얼마되지 않아도 대량생산에 의해 상당한 액수의 비용절감을 가져왔다. 뿐만 아니라 이러한 산업은 자본집약적이므로 종업원들의 수가 적으며, 이들의 업무는 감독·통제 및 보전 등의 활동이 주가 된다. 따라서 종업원들의 변화에 거의 저항을 보이지 않았다. 2차대전 후 OR/MS는 거의 모든 산업과 서비스분야에 침투되어 그 기법은 발전과 쇄신을 이룩하였다. 더욱이 OR/MS는 더욱 복잡하게 된 관리상의 문제해결을 위해 시뮬레이션기법과 대규모의 능률적 계산시스템을 도입하였다.

1980년대에는 경영과학을 경영정보시스템(Management Information Systems: MIS)과 결합시킴으로써 새로운 차원을 열어 놓았고, 이 결합은 다시 의사결정 지원시스템(Decision Support Systems: DSS)이라 불리는 영역으로 발전하였다.

(2) 경영과학의 의미와 특성

경영과학이란 관리의 의사결정문제의 분석과 합리적인 해답을 얻기 위해 과학적 방법을 적용하는 것이다. 즉 경영과학은 기업시스템 운용에 관한 문제에 과학적인 방법·기법·도구 등을 적용하여 시스템운용의 최적해(optimum solutions)를 제공하는 것이다. MS 대신에 OR이라는 용어를 흔히 사용하기도 하나 이들의 내용은 거의 같은 것이다. 이 외에도 경영과학을 응용분석·계량분석·계량적 방법·의사결정분석·의사결정과학이라 불리워지기도 한다.

경영과학의 특성은 다음과 같다.

① 경영과학은 관리적 의사결정에 관심을 둔다.
② 경영과학은 과학적 접근법을 활용한다.
③ 경영과학은 시스템분석을 이용한다.
④ 경영과학은 학제적 접근에 의한다.
⑤ 경영과학은 수학적인 모형을 이용한다.
⑥ 경영과학은 컴퓨터를 이용한다.

(3) 경영과학의 장점

경영과학의 장점은 다음과 같다.

① 경영과학은 의사결정에 대한 체계적이며 논리적인 접근이다.
② 경영과학은 수많은 대체안의 선택에 대한 철저한 분석을 가능하게 한다.
③ 경영과학은 불확실성이 내포된 상황을 평가할 수 있게 한다.
④ 경영과학은 주어진 문제에서 얼마만큼의 정보가 수집되어야 하는가를 판단할

수 있게 해 준다.

⑤ 경영과학은 의사결정의 효율성을 제고하여 준다.

⑥ 경영과학은 수많은 대체안을 신속하고 저렴하게 검토하게 한다.

⑦ 경영과학은 모형으로 실험함으로써 실제상황에서 발생할 수 있는 과다한 비용을 제거한다.

2.2 관리이론의 통합

2.2.1 통합론의 배경

학문에 국경이 있는 것은 아니지만 그 나라의 여건에 따라 경영이론도 나라마다 특색을 가지고 있다. 미국은 존 듀이의 시대부터 실용주의 사상이 강한 나라로서 실천적 지향성을 갖는 이론으로 발전되어 왔다. 20세기 초에 테일러의 과학적 관리법이 제시된 이래 실천적 경영관리이론이 가장 성행한 나라이다.

미국은 1950년대를 전후해서 지금까지의 고전적 관리이론이나 인간관계론의 문제점을 보완하면서 출현하게 된 관리이론은 더욱 발전하기 시작한다. 그러나 1950년대 후반에 들어 사회변혁을 요구하는 사회운동, 예를 들면 소비자 운동·인종평등화운동·반전운동·환경보호운동·여성해방운동 등 갖가지 형태의 사회운동이 일어남에 따라 1960년대에 들어 미국의 경영학은 기업의 관리적 측면 이외에 연구의 대상영역과 접근방법이 보다 확대하는 경향이 두드러지게 된다. 이러한 결과로 과거에는 취급되지 않았거나 취급할 수 없었던 문제까지 연구대상이 확대되면서 미국경영학 내용은 다양화의 극치를 이루게 된다.

2.2.2 관리이론의 분류

(1) 관리과정 접근

이 접근방법은 페욜(H. Fayol)을 시조로 쿤츠와 뉴맨 등에 의하여 계승된 것으로 기업이나 관청·병원·군대 등 조직의 종류를 불문하고 모든 조직과 조직 내의 모든 계층에 필요한 보편적인 기능이라고 한다. 경영관리를 계획·조직 지휘·조정·통제의 과정으로 보고 각 과정에 대해 실천적으로 유효한 관리원칙을 도출하려는 것이다. 페욜은 관리기능을 계획·조직·명령·조정·통제의 여러 과정을 쿤츠는 계획조직·요원화·지휘통제를 제시하고 있다.

(2) 경험을 중심으로 한 접근

경험적인 접근은 관리원칙의 보편주의를 부정하고 실제 기업의 성공사례 또는 실패사례를 분석하여 조건이 다른 각 기업의 특수한 관리원칙을 적용하려는 접근방법이다.

(3) 인간행동 접근

인간행동 접근은 경영에 있어 인간적 측면에 중심을 두고 경영의 목표를 달성하기 위해서는 집단 내에서 인간의 상호협동을 통해서만 가능하므로 반드시 인간의 행동을 이해하지 않으면 안된다는 원리에 입각하고 있다. 그러나 인간은 너무나 다양하고 다면적이기 때문에 지금까지의 어느 학문 하나에 의해 규명될 수 없다. 따라서 심리학·사회심리학·문화인류학 등 여러 과학의 연구가 종합될 필요가 있다. 이는 인간관에 초점을 둔 것으로 메이요(G.E. Mayo) 등에 의한 호손실험에 기초를 둔 인간관계가 그 원류가 되었다.

(4) 사회체계 접근

이 접근방법은 조직의 인간적 측면에 중점을 두기도 하지만 조직을 하나의 사회적 시스템으로 보고 사회학적 관점에 중점을 두고 있다. 조직을 하나의 사회집단의 문화적 제 관계가 통합된 사회적 시스템으로 보고 그 문화적 여러 관계의 본질을 해명하려는 것이다. 이 접근방법의 시조는 바나드(C.I. Barnard)이며 후계자로서 사이먼(H.A. Simon), 마치(J.C. March) 등을 들 수 있다. 바나드는 조직을 협동시스템으로 파악하고 그 중심적인 시스템으로서 공식조직을 들고 있다. 이 공식조직을 유지(존속)를 중심으로 이론을 전개한 것에 그 특징이 있다.

(5) 의사결정 접근

여기서는 관리의 핵심을 의사결정이라 보고 의사결정의 성격·과정·형태·기법 및 의사결정자의 특질 등을 연구한다. 의사결정의 질을 높이기 위해 실천적인 수학적인 기법을 개발하는데 여기에는 경영과학 등이 있다.

(6) 수리 접근

수리 접근이란 경영현상을 수학적 모델 내지 수식연산과정에서 파악하려는 것이다. 이러한 수학적 통계적 분석방법을 경영문제해결에 적용하려는 것은 중요한 경향 중의 하나다.

제 Ⅱ 부
기업활동과 경영관리

제4장

경영환경

장강의 물결 앞에 선 경제 3주체

유통가 휩쓰는 선제적 구조조정
거스를 수 없는 기업의 생존전략
정부, 기술혁신 따라 재교육하고
성장 발목잡는 규제 완화 힘써야

심희정 생활산업부장

15일 롯데월드타워에서 열린 올해 첫 롯데사장단회의. 신동빈 롯데그룹 회장은 100명의 임원진이 모두 모인 자리에서 "현재와 같은 변화의 시대에 과거의 성공 방식은 더 이상 유효하지 않다"며 과거의 것을 버리고 스스로 새로운 시장의 판을 짜야 한다고 역설했다. 지난해 말 진행된 대규모 임원 인사에서 젊은 리더들을 전진 배치한 가운데 뼈아픈 성찰과 변화의 의지를 결연하게 촉구하는 그의 발언에서 곧 그룹 전반에 대대적인 구조조정 바람이 불어닥칠 것을 감지할 수 있다. 이미 롯데마트와 슈퍼를 결합하는 대수술과 롯데e커머스 인력 구조조정 얘기도 함께 흘러나온다.

지난해 강희석 신임 이마트 대표이사를 외부 영입하며 변화의 닻을 올린 이마트는 연말 인사 공고 잉크가 마르기도 전에 기존 점포의 30% 이상을 리뉴얼하고 비효율적인 전문점과 저효율 점포를 폐점하는 구조조정을 진행한다고 선언했다. CJ도 지주사 임직원의 30%를 계열사로 대거 재배치하며 인력과 사업 구조조정을 가속화하고 있다.

지난해 말부터 가시화된 유통업계 구조조정 바람은 모바일·인공지능(AI)·주52시간근로제 등 유통환경의 급속한 변화에 따른 피할 수 없는 산물이다. 이는 단연 유통업계에만 국한된 것이 아니다. 앞으로도 지속적으로 유통·산업·금융·정보기술(IT) 전반에 걸쳐 혁신과 구조조정이 자웅동체처럼 우리 사회를 흔들어놓을 것이다. 그렇다면 우리는 급변하는 사회 환경의 한 축으로 자리 잡고 있는 구조조정의 바람에 어떻게 대응해야 할까. 과거 해운업 사례에서처럼 이를 거부하며 사회·경제 구조개혁의 골든타임을 놓치고 함께 침몰해야 할까. 장강의 뒷물결이 앞 물결을 도도히 밀어내는 시대의 도도한 강물을 거스를 수는 없는 법이다. 예전이나 지금이나 앞으로도 변화는 시대적 소임일 수밖에 없다.

국민·정부·기업의 경제주체들은 생존하기 위해 변화를 선택하며 선제적 구조조정을 통해 부작용을 최소화하는 노력을 각자의 위치에서 해야 한다. 우리가 1~2년에 한 번 건강검진을 하며 나의 건강 상태를 확인하고 선제적으로 질병에 대응하듯 경제주체들도 스스로 생존을 위한 생산성 향상을 위해 노력하지 않으면 도태를 넘어 패망에 이를 것이 명백하다.

우선 자본주의 경제의 가장 큰 첨병인 기업은 주52시간제 및 공유경제시대와 같은 급격한 노동환경의 변화, 내수 경기 불황과 포화, AI와 모바일 등의 새로운 기술과 같은 세 가지 변화에 맞는 새 옷으로 갈아입어야 한다. 이 과정에서 기업은 해외 비즈니스와 같은 새로운 시장을 개척하는 등 생산성 향상을 위한 노력과 더불어 거대한 구조조정을 일으킬 수밖에 없을 것이다.

일하는 주체들도 변해야 한다. 예컨대 도로 위 마차가 '말 없는 마차'인 자동차로 대체되는 데 10년이 채 걸리지 않았듯 영화 속 장면처럼 느꼈던 '자율주행차' 시대도 곧 도래한다. 자율주행차 시대가 오면 교통사고 확률이 크게 줄어 보험사의 위기도 예상되는 바다. 이에 부응하는 인력들은 살아남을 것이고 맞추지 못한 인력은 고배를 마시게 될 것이다.

그렇다면 정부는 무엇을 해야 하는가. 변화의 흐름에서 도태되거나 생존에 실패한 인력을 산업현장에 재배치를 통해 생산인력의 선순환 구조를 만드는 데 힘쓸 필요가 있다. 대기업의 잉여인력을 되레 인력난을 겪고 있는 중소기업으로 연결해주는 프로그램을 운영하거나 실직자의 재교육제도를 구축하거나 보완함으로써 끌어안는 노력을 생각해볼 수 있다. 아울러 규제 샌드박스를 통해서건, 포지티브 규제를 통해서건 기업의 생산성을 높이는 데 발목을 잡는 규제를 완화하는 기업의 생존력 강화 지원책은 필수불가결한 요소다.

(https://www.sedaily.com/NewsView)

1. 기업환경의 개념

1.1 기업환경의 의의

기업은 주변을 둘러싸고 있는 환경과 상호작용함으로써 존속과 발전을 거듭한다. 즉 기업은 환경 속에서 살고 있는 생명체라고 볼 수 있다. 생물은 주위 환경과 항상 에너지 및 정보를 교환하고, 그 환경이 변화하면 생존을 위해 변화에 적응해야 한다. 기업 또한 존속과 발전을 위해 주변을 둘러싸고 있는 환경에 적응하고, 그 과정에서 발생하는 문제를 해결해 나가야 한다. 기업이 변화하는 환경에 적응하지 못할 경우, 아무리 좋은 기술을 가지고 있더라도 도태되고 쇠퇴할 것이다.

이전의 고전적 경영이론에서는 기업을 환경의 변화로부터 영향을 받지 않는 폐쇄적 시스템으로 여겼기 때문에 기업내부의 기술과 물적 기구, 내부의 능률향상에만 전념하였다. 따라서 기술의 변화, 산업구조의 변화, 사회환경의 변화, 인간의 가치관, 국제정세의 변화에 적응하지 못하고 도태되는 기업들이 생겨났다. 오늘날 기업은 급격하게 변화하는 환경요인에 제약을 받기도 하고, 그러한 환경에 적응하기 위해 부단히 애쓴다. 오늘날과 같은 기업의 시장환경·경제환경·기술환경·국제환경의 변화가 심하고 기업환경의 불확실성이 높아지고 있는 시대에는 기업이 얼마나 능동적이고 혁신적으로 기업환경에 적응하느냐가 기업의 생존과 성장에 지대한 영향을 미친다. 따라서 기업 내외에서 일어나는 변화에 대해 기업의 활동을 어떻게 적응시켜 가느냐 하는 문제를 해결해야만 한다. 기업은 환경변화를 예측하고, 기업내부에서 끊임없는 혁신적 기능을 수행함으로써 다각도의 변화에 적응할 수 있다.

넓은 의미에서 기업환경은 기업의 내부 및 외부에서 기업의 활동에 영향을 미치는 모든 요인이라 할 수 있다. 좀더 범위를 좁히자면 기업과 그 요인사이에 유의적인 관계를 가질 때에 비로소 의미를 갖는다. 기업환경에는 외부적으로 경제적·사회적·문화적·정치적·법률적·자연적 제약요인들이 있고, 내부적으로는 주주·노동자·유통업체·기업내부적 상황과 요인 등이 있다. 오늘날 기업환경은 기업에게 성장과 발전의 기회를 제공해 줌과 동시에, 기업이 수행하는 활동에 제약하거나 위협이 될 수 있다. 따라서 기업은 기업과 환경과의 관계를 깊이 이해하여 존속, 성장할 수 있는 기틀을 마련해야 한다.

1.2 기업환경의 중요성

기업은 환경적 요인이 기업에 미치는 영향을 파악하여 정책이나 경영전략 수립과정에 반영시켜야 한다. 즉 기업을 성공으로 이끄는 경영전략은 환경요인이 기업에 미치는 영향을 인식하는 것으로부터 시작되어야 한다. 기업경영자가 기업환경에 대한 충분한 지식을 갖고 올바르게 이해하여야만 급변하는 시대에 대응할 수 있다.

오늘날 기업에 미치는 주요한 요인과 배경을 살펴보면, 먼저 대규모 기업이 속출하고, 그 활동이 인간생활에 미치는 영향력이 증대됨에 따라 기업의 사회적 책임이 강조되고 있다. 또한 기업이 하나의 시스템을 이루고 있는 것과 같이 환경도 하나의 시스템을 이루고 있어서 기업의 상위시스템으로써 환경에 대한 이해는 매우 중요하다. 이외에도 급속한 문화적·사회적 변화로 인한 소비성향의 변화로 기업의 경제활동을 규제할 필요성이 생겼고, 기업경쟁의 격화로 인한 환경변화문제도 대두되었다.

1.3 기업과 환경의 관계

기업환경은 기업에게 기회와 위협이라는 영향을 미치고 조직은 이에 적응하여 시스템적 균형과 안정을 유지한다는 측면에서 기업과 환경의 관계를 상황적합적으로 볼 수 있다. 특히 시스템 이론 관점에서 보면 기업환경을 조직의 내부효율성에 영향을 미치는 상황변수로 인식하여 기업은 환경에 적응하면서 내부적 적응과정을 진행시킨다. 그러나 시스템 이론 이외의 조직이론에서는 기업과 환경과의 관계를 서로 다르게 설정하고 있기 때문에, 기업을 단순히 수동적인 조직으로 이해해서는 안된다.

1.3.1 전략적 선택관점

전략적 선택관점에서 환경은 기업의 전략에 의해 선택적으로 기업과 관계를 갖게 된다. 여기에서 전략적 선택이란 의사결정자들이 선택의 재량을 어느 정도 가지고 있다는 것을 말한다. 전략적 선택관점에 의하면 경영자들의 필요에 의해 조직특성을 환경에 적응시키고 환경 그 자체를 기존조직에 적합하도록 조정한다. 즉, 이 관점에 따르면 최고경영자가 기업과 환경을 연결하는 중요한 역할을 한다. 조직설계에 관한 의사결정은 단순한 상황적응만의 문제가 아니라 관련 당사자들의 전략적 문제이며, 관련 당사자들이 참여하는 정치적 과정의 산물이라는 것이다.

1.3.2 자연적 도태관점

자연적 도태관점은 환경에 따라 조직의 경영활동이 선택된다는 것을 의미한다. 이러한 관점은 환경가능론과 반대되는 환경결정론의 입장을 취한다. 자연적 도태관점에서 볼 때, 경쟁기업들 사이에서 환경에 가장 잘 적응한 기업이 선택받고, 선택받은 특정기업만이 그 속에서 생성·발전할 수 있다는 것이다. 이 관점은 결국 기업 조직에 적자생존 원리를 적용한 것이다.

1.3.3 집합적 행동관점

집합적 행동관점은 환경으로부터 제약과 규제를 받지만, 그 환경을 수정하거나 구축함으로써 상호작용하는 것을 의미한다. 즉, 환경은 기업에 영향을 미치고, 기업의 조직구성원과 권력 연합체 간의 집합적 행동을 통해 환경을 새로이 창조한다.

2. 기업환경의 종류

2.1 기업환경의 분류

기업환경이란 기업에 영향을 미치는 모든 요인과 기업활동에 영향을 미치는 모든 영역을 포함한 상황 전체라고 할 수 있다. 기업환경은 어떤 관점에서 보느냐에 따라 다양하게 분류할 수 있지만, 크게 내부환경과 외부환경으로 분류할 수 있다. 여기서 내부환경이란 기업내부에 존재하는 특성이나 분위기를 포함하는 내부적으로 통제 가능한 환경요인을 의미하고, 외부환경이란 조직의 외부에 존재하면서 조직의 전략수립, 조직설계 및 조직관리에 영향을 미치는 요인을 말한다. 그러나 기업환경이란 흔히 외부환경으로 한정하는 경우가 많다.

외부환경에 대한 분류는 매우 다양하지만, 그중에서도 환경요인이 기업에 미치는 영향이 직접적인지, 간접적인지에 따라서 직접적 환경과 간접적 환경으로 나눌 수 있다. 직접적 환경에는 과업환경과 제약환경이 있고, 간접적 환경에는 거시환경이 있다. 여기서 과업환경이란 특정 조직의 활동과정에서 직접적으로 상호 작용하는 이해관계자 집단과의 관계라 할 수 있고, 제약환경이란 기업활동에 있어 제약되는 요인을 의미한다. 직접적 환경은 기업이 목적달성을 위해 수행하는 기업활동과 직접적인 관련이 있다. 반면 거시환경은 기업활동에 대해 간접적인 영향을 미치는 요인인데 경제적·기술적·사회적·문화적·법률적·정치적·자연적 요인들이 여기에 속한다.

오늘날에는 외부환경을 다룰 때, 국내환경과 국제환경을 심도있게 고려할 필요가 있다. 국제환경이란 국제적 관계의 변화, 각국의 정치·경제·사회·문화 등의 변화가 가져오는 환경요인을 가리킨다. 오늘날 정보기술의 발달과 무역 및 자본거래의 자유화가 확대됨에 따라, 기업은 국내뿐만 아니라 국제를 무대로 경쟁하지 않으면 안된다. 그 결과 국제환경이 기업활동에 미치는 영향도 점차 확대되고 있는 추세이다.

2.2 외부환경

2.2.1 과업환경

과업환경은 기업의 경영활동에 직접적인 영향을 미치는 환경으로, 여기에는 공급업자·유통업자·고객/소비자 등이 있다.

(1) 공급업자

기업이 경영활동을 수행하는 데 필요한 자원을 공급하고, 이 공급업자의 자원공급능력 및 가격안정성은 중요하게 고려되어야 한다. 공급업자는 납품시기·품질·납품단가 및 후속조치 등의 이해관계가 있고, 어떤 자원을 공급하느냐에 따라 다음과 같이 나누어진다.

- 납품업자: 원자재·설비·시설 등을 포함한 물적 자원을 제공한다.
- 주주: 조달자금 중 자기자본에 해당하는 부분을 제공한다.
- 채권자: 조달자금 중 타인자본에 해당하는 부분을 제공하는 사람 또는 기관으로서 금융업·보험업 등이 포함된다.
- 노동자: 인적 자원인 노동력을 제공한다.
- 서비스업자: 소비자에게 상품이나 서비스가 원활히 유통, 판매되도록 서비스를 제공하고 광고업·운송업·보관업 등이 포함된다.

(2) 유통업자

유통업자는 기업이 생산한 제품이나 서비스를 소비자에게 유통·판매하는 사람이나 조직을 의미하고 크게 도매상과 소매상으로 나눌 수 있다. 도매상은 물건을 구입하여 재판매하거나 사업을 목적으로 구입하는 사람들에게 제품이나 서비스를 판매하는 개인이나 조직을 말하고, 사전에서의 뜻을 살펴보면 생산자에게 대량으로 재화를 사들여 소비자에게 판매하기보다는 다른 분배자에게 물건을 파는 일을 하는 사람으로 정의되어 있다. 반면 소매상은 비영리적 목적으로 재화나 서비스를 이용하려는 최종 소비자에게 직접 판매하는 개인이나 조직을 의미한다.

(3) 고객/소비자

고객은 기업의 제품과 서비스를 이용하기 위해 화폐를 지불하는 주체로서, 고객이 없는 기업은 존재할 수 없기 때문에, 과업환경 중에서 가장 큰 영향을 미치는 요인이라고 할 수 있다. 오늘날 기업들의 대량생산체제가 본격화되고 경쟁이 격화됨에 따라 판매자시장에서 구매자시장으로 상품시장의 성격이 변화하게 되었고, 상대적으로 소비자의 중요성이 강조되고 있다.

한편, 고객과 소비자는 구분될 필요가 있다. 고객이란 현재의 시장을 구성하는 사람들이며, 소비자란 장래의 시장을 구성하게 되는 사람들이다. 넓은 의미에서 고객과 소비자는 일반 소비자로 총괄할 수 있지만, 그 핵심은 직접적 환경으로서의 고객이라 할 수 있다.

2.2.2 제약환경

제약환경이란 기업활동을 수행할 때 제약을 가하는 환경이다. 여기에는 경쟁기업·정부 및 공중 등이 속하는데 이를 살펴보면 다음과 같다.

(1) 경쟁기업

경쟁기업은 특정 기업이 제공하는 상품이나 서비스와 유사한 상품이나 서비스를 다른 기업이 판매하는 것을 의미한다. 기업은 기업활동을 수행할 때 경쟁기업의 형태·수 및 활동 등을 고려하여 경쟁자의 변화에 맞는 적합한 대응을 할 필요가 있다.

(2) 정부

정부는 정치적·법률적·사회적 환경요인을 포함한 거시환경요인에 결정적 역할을 하고 기업에게 기회를 제공함과 동시에 규제를 가하는 주체이다. 정부는 기업활동에 간접적 영향을 미치기도 하지만, 지원정책 및 규제정책을 통해 직접적 영향을 주기도 한다. 그리고 경제 발전으로 인해 정부가 기업에 영향을 미치기도 한다.

(3) 공중

공중(public)은 실제적·잠재적으로 기업과 이해관계를 갖는 기업 내부 및 외부의 모든 환경집단을 의미한다. 공중은 기업에 대한 여론과 직접적인 이미지를 형성하는 결정적 역할을 한다. 기업은 기업목적을 달성하기 위해 기업과 공중과의 바람직한 관계를 형성하기 위한 노력을 해야 하고, 그러지 못할 경우 이의 개선을 위해 홍보활동이 필수적이다.

2.2.3 거시환경

거시환경이란 전반적인 기업활동에 간접적으로 영향을 미치는 환경요인을 말한다. 거시환경을 일반환경 또는 간접환경이라고 부르기도 한다. 거시환경은 경제적 환경·사회적 환경·문화적 환경·기술적 환경·자연적 환경·법률적 환경·정치적 환경으로 구분할 수 있고 각각의 환경에 대해 살펴보면 다음과 같다.

(1) 경제적 환경

경제적 환경이란 기업활동에 직접적인 영향을 미치는 경제제도 전체를 의미한다. 기업환경에서 가장 중요한 위치를 차지하고 있는 것이 경제적 환경이라 할 수 있다. 기업활동에 영향을 미치는 경제시스템 전반을 의미하기 때문에 이에 해당하는 환경요인은 다양하다. 재정정책·정부의 경제계획·소비 패턴·은행제도 등이 이에 포함된다. 일반적으로 주주·채권자·공급자·종업원·고객과 같은 이해자집단이 자본시장·노동시장·구매시장·판매시장을 각각 대표하고 있으며, 경제적 환경을 구성한다고 볼 수 있다. 이렇게 보면 시장이 경제적 환경의 주축이라고 할 수 있다. 시장을 통해 생산에 필요한 원자재나 설비·기계·노동·자금 등을 조달하고 있고, 이 시장을 통해 생산한 상품이나 서비스를 판매하고 있다.

(2) 기술적 환경

기술적 환경은 기업이 재화 및 서비스를 생산하는 데 사용하는 지식과 정보를 제공하는 환경 요인이다. 기업이 속해 있는 사회의 기술수준과 정보전달체제는 경영활동을 수행함에 있어 결정적인 영향을 미치기 때문에 기업은 기술변화를 신속하게 파악하여 필요한 정보를 수집하고 지속적으로 새로운 기술을 개발하여야 한다.

(3) 사회적 환경

사회적 환경이란 사회와 집단을 구성하고 있는 개인의 행동에 영향을 미치는 사회적 제도와 사회적 태도 등을 말한다. 문화·가치관·생활양식·전통·관습을 포함하는 사회적 환경은 기업에 종사하는 구성원의 행동뿐만 아니라 기업이 생산한 제품이나 서비스를 구입하는 소비자의 행동패턴에도 중요한 영향을 미친다. 예를 들어 노령인구가 증가함에 따라 기업들은 그에 맞는 제품과 서비스를 제공한다.

(4) 문화적 환경

문화적 환경은 지식·신념·예술·윤리·도덕·관습 등을 포함한 사회의 가치 및 태도를 의미한다. 문화적인 조건의 차이에 따라 사회와 집단구성원의 행동과 가치관은 달라지게 되고 이러한 문화적 환경이 소비패턴에 영향을 줄 수 있기 때문에, 어떤 개인이나 조직의 행동은 그 문화적 배경과 관련하여 이해될 필요가 있다.

(5) 법률적 환경

법률적 환경은 기업활동을 수행하는 국가의 헌법과 법률 그리고 법률 실무를 의미한다. 기업은 여러 측면에서 직·간접적으로 법의 규제를 받고 그 틀 속에서 잘 적응해 나가야한다. 결국 기업은 법의 테두리를 벗어날 수 없기 때문에 기업활동과 관련한 법률로는 어떤 것이 있으며, 어떠한 영향을 미치는지 인지해야만 한다.

(6) 정치적 환경

정치적 환경은 기업이 활동하고 있는 국가의 정치적 이념, 정치적 안정성, 국제 관계 등과 관련된 환경요인이다. 기업의 경영자들은 복잡한 과업환경에 잘 적응하기 위해 다섯 가지의 정치적 전략(협상·로비·협력·참여·사회화)을 사용하곤 한다.

(7) 자연적 환경

자연적 환경은 기업을 둘러싼 자연자원 및 자연환경조건을 의미한다. 기업이 제공하는 상품이나 서비스에 따라 영향을 미치는 자연적 환경은 서로 다르다. 즉, 자연적 환경은 한 나라의 경제나 기업의 발전, 성장과 밀접한 관련이 있기 때문에 환경오염 및 자연재해와 같은 이슈는 기업에게 민감한 문제일 수밖에 없다.

2.2.4 국제환경

국제환경은 국제적 관계와 각국의 제도 변화 및 기술적 변화가 가져오는 요인을 의미한다. 유엔·국제통화기금·세계무역기구 등과 같은 국제기구가 여기에 포함된다. 국제환경은 신규시장에 제품을 판매할 수 있는 기회를 제공함과 동시에 기업의 원자재 및 자금을 외국에 의존하는 경우에는 위협이 될 수도 있다.

이러한 국제환경 속에서 다국적기업은 증가는 필연적이다. 다국적기업에게 있어 국제환경은 점차 중요한 요인으로 작용하고 국내기업에 비해 훨씬 복잡하고 다양한 환경에서 적응하며 기업활동을 영위해 나가야 한다.

2.3 내부환경

내부환경은 기업의 내부적 요인임에도 불구하고 외부환경과 같이 임의로 통제할 수 없다. 또한 내부환경은 시간의 경과함에 따라 변화할 수 있고, 기업활동과 밀접한 관계를 가진다. 이러한 내부환경은 다양한 시점으로 분석할 수 있는데, 그중 하나는 조직문화의 관점으로 보는 방식이다. 조직문화는 한 조직의 구성원들이 가진 가치관·신념·이념·관습 그리고 지식과 기술 등을 의미하고 조직활동에 결정적인 영향을 준다. 다른 하나는 조직의 구성원들을 집단으로 분류하여 보는 방식이다. 예를 들어, 조직을 종업원·소유자·관리자·이사 등의 집단으로 나눌 수 있다. 경영자는 기업경영을 원활히 하기 위해 이들 집단의 서로 다른 목표·가치관·신념·욕구 등을 조율해야 한다.

3. 기업환경의 불확실성

기업은 일반적으로 기업환경의 불확실성 문제에 직면하게 된다. 소비자·공급자·경쟁자·정부 및 기술을 포함한 기업 외부의 환경요소들은 끊임없이 변화하고, 조직은 이러한 변화에 적응하기 위해 노력한다. 불확실성이란 의사결정자가 불규칙적인 환경변화로 인해 미래에 전개될 상황을 예측하지 못하는 상태를 의미한다. 즉, 의사결정의 행동노선에 영향을 미치는 요인이 가변적이거나 충분한 정보를 갖지 못하는 경우이다.

이러한 기업의 불확실성은 지각환경·결과·반응의 불확실성으로 유형을 나눌 수 있다. 첫째, 지각환경의 불확실성은 기업활동에 영향을 미치는 환경요소를 제대로 예측하지 못할 경우 발생한다. 둘째, 결과의 불확실성은 기업활동에 영향을 미치는 환경요소의 변화를 예측하지 못할 경우 발생한다. 셋째, 반응의 불확실성은 기업활동에 영향을 미치는 환경변화에 대응하기 위한 대안들에 대한 지식이 부족하거나 그 대안들이 초래할 결과를 예측하지 못할 경우 발생한다.

3.1 환경의 동태성

환경의 동태성이란 기업이 기업활동을 수행할 때 고려하는 환경요소들의 변화정도를 나타내는 개념이다. 환경이 수시로 변화하거나 일관되지 못한 경우 동태적, 변화가 비교적 적거나 거의 변화하지 않고 동일한 경우 안정적이다라고 할 수 있다.

3.2 환경의 복잡성

환경의 복잡성이란 기업이 기업활동을 수행할 때 고려해야 하는 환경요인의 수가 많은지 적은지에 대한 개념이다. 기업이 의사결정시에 고려해야 할 환경요소가 많은 경우 '환경이 복잡하다'라고 표현하고, 반대로 고려해야 할 환경요소가 적은 경우 '환경이 단순하다'라고 말한다.

예를 들어 통신회사를 살펴보면 그들의 환경이 복잡하다고 할 수 있다. 전국의 모바일 수요자, 다른 경쟁사의 기술 및 마케팅전략, 정부의 통신정책, 정보기술을 포함한 기술변화와 같은 기업환경을 고려해야만 한다. 이와 같이 통신회사의 기업활동은 수요자·공급자·경쟁자·정부·기술·사회·문화 등과 같은 다수의 환경요소와 밀접한 관련이 있음을 알 수 있다.

3.3 환경의 특징과 불확실성

기업환경의 동태성과 불확실성은 다음과 같이 네 가지로 구분한다.

첫째, 기업이 소수의 환경요소들을 고려하고 이 환경요소들이 거의 변화하지 않는 경우, 환경의 불확실성이 낮게 나타난다. 예를 들어 컨테이너 제조업과 음료병 제조업은 수요와 경쟁기업의 수가 매년 거의 변화가 없고 제조기술 또한 거의 일정하다.

둘째, 기업이 다수의 환경요소들을 고려하지만 이 환경의 동태성은 낮은 경우, 환경의 불확실성은 다소 낮게 나타난다. 예를 들어 대학과 병원의 환경은 고려해야 할 환경은 복잡하지만 그 요인들이 크게 변화하지 않는 것을 알 수 있다.

셋째, 기업이 소수의 환경요소들을 고려하지만 이 환경요소들이 빠르고 크게 변화하는 경우, 다소 높은 불확실성을 갖는다. 예를 들어 패션의류와 장난감 제조업은 특정계층의 기호와 취향에 민감하게 반응해야 하고 기술의 변화 또한 예측하기 힘들 정도로 변화한다.

넷째, 기업이 다수의 환경요소들을 고려하고 환경이 동태적인 경우, 불확실성이 높게 나타난다. 전자산업과 자동차산업과 같은 첨단산업의 경우 국내외 제조업체·소비자·부품의 기술변화 등 고려해야 할 환경요소가 많고, 이 환경요소들의 변화 또한 하루가 다르게 급속하게 변화한다.

지금까지 살펴본 환경의 동태성과 복잡성의 정도와 환경의 불확실성 간의 관계는 [표 4.1]과 같다.

표 4.1 환경의 특징과 불확실성

Ⅰ. 환경의 동태성: 안정적 환경의 복잡성: 단순	Ⅱ. 환경의 동태성: 안정적 환경의 복잡성: 복잡
1. 소수의 환경요소 2. 환경요소의 낮은 변화성 3. 예: 컨테이너 제조업, 음료병 제조업	1. 다수의 환경요소 2. 환경요소의 낮은 변화성 3. 예: 대학, 병원
Ⅲ. 환경의 동태성: 동태적 환경의 복잡성: 단순	**Ⅳ. 환경의 동태성: 동태적 환경의 복잡성: 복잡**
1. 소수의 환경요소 2. 환경요소의 높은 변화성 3. 예: 패션의류 제조업, 장난감 제조업	1. 다수의 환경요소 2. 환경요소의 높은 변화성 3. 예: 전자산업, 자동차산업

제5장

기업의 이해

[음재훈의 실리콘밸리 인사이더]
창업 생각하는 당신, 사람 끌어들이는 매력 있는가

창업자, 사업 성공 위해 좋은 인재·투자자 모두 끌어들여야 해
투자 확률 1%… 100개 업체 만나면 투자 검토 10개, 실제 투자 1개
벤처 투자자, '日常' 없어… 창업자 만나 하루 수차례 롤러코스터

음재훈 (실리콘밸리 벤처투자가)

벤처 투자자가 되고 싶어 하는 분들이 많이 하는 질문 중 하나는 '하루 일과가 어떻게 되느냐'는 것이다. 단도직입적으로 이야기하면 벤처 투자자에게 정해지고 예상되는 일상(日常)이란 것은 없다. 하루에도 워낙 다양한 종류의 미팅을 하다 보니, 회의실에 들어갈 때마다 뇌를 완전히 리부팅(rebooting·껐다 켬)해야 할 정도다. 가장 일반적인 것은 창업자를 만나 회사 소개를 받는 것이다. 때로는 업계 전문가를 만나 투자를 고려 중인 업계나 업체에 대한 설명을 듣는다. 다른 벤처 투자자를 만나 서로 투자한 업체를 소개하기도 한다. 평균적으로 100개의 업체를 만난다면 그중 투자 검토에 들어가는 곳은 10개, 실제 투자로 이어지는 경우는 1개 정도다. 투자 확률이 1% 정도인 셈으로 어찌 보면 매우 비효율적인 업무다. 그래서 벤처 투자자에게는 새로운 분야를 배우고, 사람을 만나는 것에 대한 호기심과 열린 자세가 필수다.

매년 나는 '미래 성장성'과 '투자 타이밍', 두 조건으로 투자 분야를 선정한다. 그리

고 가능한 한 해당 분야의 모든 업체를 만나 가장 좋은 업체에 투자하려고 한다. 지난 20년간 페이팔(PayPal)과 같은 닷컴 업체를 비롯해 반도체, 통신장비, 최근에는 인공지능(AI), 로봇, 가상현실(VR), 블록체인에 이르기까지 다양한 분야에 투자했다. 이 과정에서 국적, 인종, 경력, 성격도 모두 제각각인 다양한 창업자들을 만났다. 내 경험상 능력 있는 창업자의 공통점은 '사람을 끌어들이는 묘한 매력'이다. 사업 성공을 위해선 좋은 인재와 투자자 모두를 끌어들일 수 있어야 하기 때문이다. 지금도 첫 만남이 기억나는 창업자들이 있다.

2012년 한국 언론사의 행사에 초청받아 발표를 마친 뒤였다. 인상 좋은 젊은 창업자가 다가와 자신의 회사를 소개하며 미국으로 돌아가기 전 다시 만나기를 청했다. 다음 날 귀국이었는데 오전 8시 조찬부터 스케줄이 빡빡한 상태였다. 그는 "오전 7시라도 좋으니 꼭 한 시간만 시간을 내달라"고 했다. 보통 이런 경우 정중히 거절하는데 워낙 적극적인 데다 예의도 바르고, 뉴욕으로 이민 가서 맨손으로 창업했다는 얘기에 한번 만나 보기로 했다. 다음 날 잠이 덜 깬 상태에서 미팅을 했는데 창업 스토리를 듣다가 한 시간이 금방 지나갔고, 나도 모르게 이 친구에게 도움을 주고 싶어졌다. 결국 자문역을 맡기로 했고 1년쯤 뒤에는 투자도 했다.

이미 투자한 업체를 지원하기 위한 미팅도 많다. 실리콘밸리의 쟁쟁한 벤처 투자사들은 투자 이후에도 상당한 조언과 지원을 제공한다. 분기마다 정기 이사회를 하지만, 별도로 한 달에 한 번 이상 창업자를 따로 만나 경영 현황을 듣는다. 브리핑을 받는 것 같지만 사실은 숙제를 받아오는 자리다. 특정 고객을 소개해달라거나 경영진 보강을 위한 인력 추천 혹은 다음 라운드 투자를 위한 투자자를 연결해달라는 등 숙제도 다양하다. 투자자는 모든 경험과 인맥을 총동원해 이를 지원해야 한다. 한번 투자한 이상, 사업을 성장시켜 성공적인 엑시트(exit · 매각 상장 등 투자금 회수)를 통해 수익을 내는 것이 목적이기 때문이다.

2008년 인공지능 기술회사에 투자했다. 투자 이후, 해당 업체는 음악을 들려주면 어떤 노래인지 찾아주는 음악 인식 앱을 출시해 전 세계에 3억 명 이상의 이용자를 확보하는 성공을 거뒀다. 2011년 차기작인 음성 인식 앱 출시를 준비할 때쯤 두 건의 인수 제의가 들어왔다. 인수 제안을 한 곳은 기업 가치로 세계에서 최고를 다투는 쟁쟁한 기업들이었다. 당대 가장 존경받는 CEO(최고경영자)들이 서로 구애(求愛)를 펼치는 상황이 된 것. 이사회에 곧바로 소식이 전해졌고 우리는 다음 미팅을 위한 협상 전략을 세웠다. 두 달간 숨 가쁘게 양쪽을 왔다 갔다 하며 경쟁적으로 인수 가격을 올리기 위해 노력했다. 하지만 두 업체 모두 우리가 원하는 가격을 맞추지 못했고, 인수는 없던 일이 됐다. 대신 해당 업체는 자체 음성 인식 기술을 출시해 시장에서 구글·아마존에 필적할 만한 업체로 인정받았다. 수많은 글로벌 기업으로부터 전략적 투자를 받아 현재는 당시 인수 제안가보다 훨씬 높은 기업 가치인 10억 달러(1조1,600억원) 이상의 유니콘(unicorn) 기업이 됐다.

이렇게 벤처 투자자에겐 하루에도 수차례 여러 기업의 다양한 성장 곡선 속에서 롤러코스터를 타는 듯한 묘미가 있다. 20년 넘게 벤처 투자 한길을 걷고 있지만, 매일 아침 신나는 마음으로 새 일상을 기대하는 이유다.

(조선일보, 2020. 1. 28)

1. 기업의 개념

1.1 기업의 기능

기업은 시장경제 체제의 경제시스템을 구성하는 기본적인 단위로써 경제사업체를 의미한다. 또한 기업은 소유 주체와 노동을 분리하는 것을 기본으로 하며 영리를 추구하기 위해 존재하는 독립적인 경제 주체이다. 이러한 특성을 기반으로 기업을 "영리 추구를 위해 생산수단을 소유하고 노동력 고용을 통해 제품 및 서비스를 창출하는 생산 경제단위"로 정의할 수 있다.

현대사회에서 기업이 수행하는 기능들은 다음과 같다.

① 인류가 요구하는 제품 및 서비스를 공급하는 생산기능을 수행한다. 기업의 생산기능을 유지하는 것은 이익 창출에 대한 기대이며, 기업은 가능한 큰 이익을 창출하기 위해 경제적·합리적으로 판단 및 활동한다. 즉 인류의 필요가 기업의 이윤 추구와 평형점을 이루는 지점에서 생산기능이 이루어진다.

② 기업의 이윤 추구는 경제적으로 가치를 창출한다. 실질적인 가치를 가지는 이익을 창출하지 못하는 기업은 사회자본의 낭비 혹은 손실을 유발하며, 궁극적으로는 시장에서 탈락한다.

③ 생산과정에서 기업은 노동력을 필요로 하며, 사회 내에서 고용기능을 수행하게 된다. 고용된 인력에게 기업은 생활기반을 제공하며 이는 자본주의 사회가 유지되기 위한 기초적인 기능이라고 할 수 있다.

④ 한 국가 내의 기업들은 이윤 극대화를 위해 새로운 제품 및 서비스를 개발하고, 이러한 활동들은 궁극적으로 국가 단위의 발전과 경제적 성장을 가능하게 한다. 기업 스스로의 성장이 곧 국가발전기능을 수행하는 것으로 이어진다.

⑤ 기업은 영리 추구 목적을 달성하기 위해, 기업이 속해있는 사회 내의 이해관계 및 요구에 민감하게 반응한다. 따라서 기업들은 일반적으로 이러한 사회적 요구에 적극적으로 참여하려고 하는 경향이 관찰되며, 이는 사회적 욕구충족 기능을 수행하는 것으로 이어진다.

1.2 기업의 형태

1.2.1 개인기업

기업의 형태는 출자자와 경영자 그리고 책임형태의 유형으로 구분한다. 경영인이 직접 출자하여 기업을 설립하고 기업의 위기상황에 대해 절대무한의 책임을 지는 형태를 개인기업이라고 한다. 개인기업은 개인이 감독할 수 있는 규모의 한계 때문에 기업 규모가 커질수록 수익체감현상이 발생한다. 그리고 최초 종업원의 수가 없거나 적기 때문에 종업원의 증가할 때 요구되는 비용이 큰 편이다. 개인기업은 일정 수준 내에서 감독을 강화하였을 때 수익 증가가 더 크거나, 기업의 이윤이 극대화될 가능성이 높은 경우 설립되는 형태라고 할 수 있다. 개인기업의 사주는 기업의 이익이 늘어나는 것이 직접적으로 자신의 수익을 증가시키기 때문에 목표 달성에 대한 인센티브가 강한 경향을 보인다. 한편 기업의 규모가 작고 수익에 민감한 특성으로 인해 종업원들에게 가해지는 감독의 강도가 강한 편이다. 따라서 개인기업의 종업원은 주로 가족·친척 또는 친구 등 사주와 경제적으로 밀접한 인력으로 구성되는 경우가 많으며, 유능한 종업원에게 부과되는 높은 노동강도를 보상하기 위해 강한 인센티브를 제공하는 경우가 많다. 그러나 개인기업은 기업의 규모가 일정 수준 이상으로 성장하면 감독의 효율성이 급격히 감소하고, 종업원들의 몰입도가 감소하여 정체기를 겪게 되는 문제점이 존재한다.

관리감독의 문제와 더불어 기업의 이익이 증가하면 사주 개인의 소득으로 집계되기 때문에 기업규모 확대는 곧 사주의 세금 부담 증가로 이어지고, 이 외에도 각종 금융상의 제약, 인력확보의 어려움 등 다양한 문제가 발생한다. 따라서 개인기업은 일정 규모 이상의 확대를 의도적으로 기피하거나, 회사기업으로 전환하게 된다. 일반적으로 개인기업이 주로 소규모로 운영되는 것은 이러한 이유 때문이다.

1.2.2 조합기업

조합은 두 명 이상이 조합계약을 체결하고 각각 출자하여 손익을 분배하는 공동사업 조직체이다. 다수의 사람이 경영주체가 될 수 있으나 대외적으로 활동할 때에는 단일 회사·조합으로 행동하지 않고 별개의 조합원으로 행동한다. 조합은 연대무한의 책임을 지기 때문에 합명회사와 유사하다고 할 수 있으나, 조합원 각자가 사업주체로 해석되기 때문에 법인이 아니다. 또한 재산이 조합의 재산이 아니라 조합원들의 공동재산에 속한다.

(1) 민법상의 조합

민법에서는 조합을 2명 이상이 공동으로 출자 및 사업을 경영할 것을 약정하여 효력이 발생한다고 정의한다. 조합원 각자는 모두 출자의 의무가 있으나, 금전 이외에도 노동력·재산 등의 출자 또한 가능하다. 조합원들은 연대 무한의 책임이 부과된다. 조합 자체는 사업 주체가 될 수 없고 조합원 개개인이 사업 주체이다.

(2) 익명조합

업무를 담당하면서 무한책임을 지는 현명조합원과 유한책임이 부과되는 익명조합원으로 구성된 조합이다. 출자와 동시에 업무를 담당하는 영업자가 존재하고, 익명조합원이 추가로 출자를 하며 그 이익분배에 참여하는 형태이다.

(3) 협동조합

협동조합은 조합원의 경제적 이익 도모를 목적으로 상부상조의 정신에 따라 설립된 것이다. 협동조합은 경제적 약소자인 소비자·생산자 또는 민간인들이 경제적 약점을 보완하기 위해 상호 협조와 협동정신으로 공동 출자하여 조직하는 공동기업의 성격을 가지며, 영리기업과 마찬가지로 구매·생산·판매 등의 각종 사업을 영위할 수 는 있으나 그 자체로 기업형태라고는 할 수 없다. 출자자들이 스스로 이용하기 위해 설립된 사업체이다.

1.2.3 회사기업

(1) 합명회사

출자자와 경영자가 동일인으로서 손실에 대해 무한책임이 부과되지만, 출자 및 경영을 담당하는 사람, 즉 동일인이 다수인 기업을 합명회사라고 한다. 개인기업은 개인의 출자액과 감독범위 이내에서 운영되기 때문에 규모에 기인하는 한계를 가지고 있으며, 합명회사는 이를 극복하기 위해 도입된 개념이다. 여러 사람이 모여 출자액을 증가시키고 효과적인 경영감독이 가능하여 더 큰 규모의 기업 운영이 가능하다. 합명회사의 출자자는 다른 출자자가 연대하여 무한책임을 진다. 따라서 공동출자자들은 상호간에 충분한 신뢰관계를 가져야 기업이 성공적으로 운영될 수 있다. 특히 다수의 출자자가 존재할 경우 기업의 이윤 증대에 한 개인의 기여가 크다고 하더라도 이익이 공동 분배되기 때문에 도덕적 해이가 나타날 가능성이 높다. 이러한 특성으로 인해 초기의 합명회사는 혈연관계 또는 절친한 친구 등 밀접한 관계를 가진 사람들로 구성되는 경우가 많다.

(2) 합자회사

합자회사는 무한책임사원과 유한책임사원으로 구성된 회사를 말한다. 무한책임사원은 경영에 참여하는 출자자이고, 유한책임사원은 경영에는 참여하지 않는 재산을 출자한 출자자이다. 유한책임사원은 자신이 출자한 자본금 범위 이내에서 책임을 지기 때문에 많은 자본을 동원하는 장점이 있다. 그러나 합자회사의 지분양도에는 무한책임사원 전원의 동의를 요구하기 때문에 주식회사에 비해 자본의 교환성이 떨어진다. 주식회사의 일반주주와는 달리, 합자회사의 유한책임사원은 회사를 경영하는 무한책임사원과 밀접한 인간관계를 가지며, 그의 경영능력을 신뢰하는 속에서 자본을 출자한다고 할 수 있다. 따라서 불특정다수로부터 자본 조달이 가능한 주식회사에 비해 회사의 규모를 확장하는데 한계가 있지만, 유한책임사원에 대한 감시비용이 적다는 장점을 가지고 있다.

(3) 유한회사

유한회사는 출자액 한도 내에서 책임을 지는 유한책임사원만으로 구성된 회사이다. 모든 사원이 유한책임을 지며, 사원총회가 최고 의사결정권을 갖는 등 주식회사의 성격이 강하다. 그러나 자본 규모 확대에 한계가 있고, 지분 양도시 사원총회의 승인을 받아야 하는 등의 제약이 존재한다.

유한회사는 합명·합자회사와 달리 인적 결합보다 물적 결합의 성격이 크게 나타난다. 큰 규모의 자본을 조달하기 힘든 만큼 상대적으로 소수의 사원과 자본으로 운영되기 때문에 중소기업의 경영에 적합한 기업형태라고 할 수 있다. 현행 상법에서는 유한회사의 사원수를 2명 이상~50명 이내, 자본금 1천만원 이상으로 제한하고 있다.

(4) 주식회사

주식회사는 합명회사나 합자회사가 가지고 있는 한계를 극복하기 위한 조직 형태이다. 주식회사에서는 출자자와 경영자가 분리되고 있어 출자자는 자신의 출자범위 이내에서만 책임을 진다. 따라서 기업경영에 직접 참가할 수 없는 일반자본가로부터 자금을 대규모로 동원할 수 있어 사업을 확장하는 데 적합하다.

주식회사의 출자자는 기업에 적자가 나더라도 자기가 출자한 금액 한도 내에서 손해를 보게 되며, 상장이나 등록기업의 경우에는 언제든지 주식을 증권시장에서 판매할 수 있기 때문에 일상적인 기업경영에 대해서는 크게 신경 쓰지 않아도 된다. 또 일반적으로 주주의 수가 매우 많기 때문에 이들이 모두 경영에 참가하는 것은 불가능하다. 따라서 주식회사에서는 주식을 전혀 소유하지 않더라도 경영능력이 뛰어난 사람에게 기업경영을 의뢰할 수 있는데, 이들을 일반적으로 전문경영인이라고 부른다.

2. 기업지배구조

2.1 기업지배구조의 의의

기업지배구조란 크게 경영을 지속하기 위해 이루어지는 의사결정에 영향을 미치는 요소들을 총칭하는 것으로 이해할 수 있다. 통상적으로 의사결정방식, 이사회 및 감사의 역할 및 기능, 경영자 주주 등 기업 내 주요 주체들의 관계, 기업이 속해있는 내·외부의 경영환경 등을 생각할 수 있다. 경영환경에는 내부적인 의사결정방식을 포함하여 외부적 요소, 즉 시장의 상태·규제·금융감독·관행 등 의사결정에 영향을 미칠 수 있는 모든 것이 포함된다. 기업 내부에 초점을 맞추어 좁은 의미로 해석하면 경영자가 기업의 이해관계자의 이익을 극대화하기 위해 기업을 관리감독하는 체계 자체를 의미한다. 우리나라의 경우 수출 의존도가 높고 거대기업이 경제에 미치는 영향이 크기 때문에 효율적이고 투명한 기업지배구조의 필요성이 높다고 할 수 있다. 따라서 사외이사제도, 감사의 독립성, 선진적 회계제도, 주주권리 강화, 금융감독체계 강화 등 기업지배구조를 개선하기 위한 노력이 이루어지고 있다.

2.1.1 내부지배구조

기업지배구조는 기업 내부와 외부 환경에 따라 분리하여 생각할 수 있다. 이 중 내부지배구조는 대체로 경영자의 대리인 문제를 경감시키기 위해 기업 내 제도를 조정하는 방법을 뜻한다. 즉, 경영자가 주주들에게 최대한의 이익을 실현할 수 있도록 회사를 운영하게 하는 것이다. 대표적으로 감사인 제도를 들 수 있다. 감사인은 경영인이 바람직한 경영상태를 유지하고 있는지 지속적인 모니터링과 주주들에게 정기적인 보고를 실시한다. 이 외에도 주주의 이익을 극대화할수록 경영자의 보수 또한 극대화되는 제도를 도입할 수도 있다. 대표적으로 성과급, 스톡옵션(Stock option) 등이 있다.

2.1.2 외부지배구조

경영자의 대리인 문제를 줄이기 위해 기업 외부 제도를 사용하는 것을 외부지배구조라고 한다. 우선 기업에 자금을 공급하는 채권자(은행, 금융기관)가 경영자를 감시한다. 원활한 자금회수를 위해 이들은 항상 기업의 경영상태를 감시한다. 또한 대리인 문제의 대두로 기업 경영성과의 악화가 예측될 경우 미리 대여자금을 회수하는 작업에 착수한다.

이 외에도 시장논리에 의한 방법이 존재한다. 기업 인수를 원활하게 하면 경영성과가 나쁜 기업은 적대적 인수합병에 의해 경영권을 박탈당하게 된다. 경영자 시장이 존재한다면 시장논리에 의해 무능력하다고 인식된 경영자는 도태되므로 대리인 문제의 위험이 감소한다.

3. 기업의 창업

3.1 기업창업의 의의와 방법

창업이란 재화나 서비스를 생산·판매하는 하나의 시스템을 구축하는 것이다. 좀더 일반적인 언어로는 새로운 사업을 일으키는 것을 창업이라고 한다. 사람들이 창업을 선택하는 가장 큰 동기는 무엇보다도 이익 추구가 가장 크고 기본적이라고 할 수 있다. 그러나 이 외에도 기업 지배권 획득, 사업을 통한 봉사 및 사회적 기여, 자산 유지수단, 자아실현 등 다양한 동기가 있을 수 있다.

창업에 있어 필수적인 요소로 창업자·자본·사업 아이디어가 있다. 창업의 방법에는 기업인수, 완전히 새로운 기업을 설립하는 신규창업 그리고 유산으로 기업을 물려받는 방법 등이 있다.

표 5.1 인수와 창업의 장단점

	장점	단점
기업인수	• 해당 기업의 장점을 흡수 • 잠재적 불확실성 감소 • 창업에 요구되는 시간 및 경비 감소	• 전반적 분야에 대한 창의성 결여 • 보유 자본에 걸맞는 기업 선정 어려움 • 독자적 시장개척능력에 많은 시간 소비
신규창업	• 전반적인 분야에 독창성 반영 • 자본형편에 맞는 규모 • 독자적 시장개척계획에 따른 제도 반영 가능	• 설립에서 운영까지 시간·경비 소요 • 잠재적 불확실성이 크기 때문에 높은 부담

3.2 기업조직의 생명주기

3.2.1 출생단계

창업자의 창업의지로부터 시작되는 초기단계를 일컫는다. 아직 체계가 잡히지 않았기 때문에 조직구조와 운영시스템에 허점이 많으며, 창업자에 의한 총체적인 조직관리가 이루어진다. 기업의 매출과 이익이 적으며 불확실성이 매우 높은 상태이다.

3.2.2. 성장단계

사업 아이디어가 적절하여 시장 내 일정 영역을 확보하면 급격한 매출 및 이윤 증대를 경험하게 된다. 인력 수요가 증가하여 다수의 신규채용이 발생하며, 구성원들의 의욕 또한 매우 높은 상태이기 때문에 신제품 개발 및 서비스 역시 활발하게 기능한다. 창업자에게 집중되어 있던 조직관리와 경영방법이 분권화되어 시스템에 의한 경영이 이루어진다. 따라서 이 단계에서 경영활동은 더 이상 개인의 특성에 좌우되지 않으며 비개인적 특성에 따라 이루어지게 된다.

3.2.3 성숙단계

목표시장 규모의 한계, 경쟁자의 등장, 제도의 고착화로 인한 조직의 경직 등으로 성장세가 멈추는 단계이다. 성숙단계는 현재 시장에서 성장의 정점임과 동시에 기업 쇠퇴의 시작단계라고 할 수 있다. 조직의 체계는 이 단계에서 혁신을 방해하는 장애물로 작용한다.

성숙단계에서 기업은 도태를 피하기 위해 새로운 시장 개척이 강제된다. 새로운 시장 개척의 성공 여부에 따라 기업은 새로운 성장기를 맞이하거나 쇠퇴단계에 돌입하게 된다.

3.2.4 쇠퇴단계

기업이 새로운 시장을 개척하지 못하고 정체할 경우 우선 매출 하락이 발생한다. 매출 하락, 관리상의 혼란 등 다양한 징후를 통해 구성원들은 기업이 쇠퇴하고 있음을 알아차리게 되며, 뚜렷한 비전을 제시하지 못할 경우 핵심인재들이 우선적으로 조직을 이탈하게 된다. 새로운 시장을 찾지 못할 경우 경영진의 교체나 합병 등의 방법을 통해 비전을 제시하려고 하는 시도가 발생한다.

3.2.5 사멸단계

기업이 창출하는 이익이 규모를 유지하는 데 필요한 비용보다 작아지면서 부채를 상환하지 못하고 악성재고가 발생하는 등 실질적인 증상이 나타나기 시작한다. 수익성이 급격히 감소하며 조직 구성원들의 불안감이 고조되고 대규모 조직이탈이 발생한다. 결과적으로는 조직이 완전히 와해된다.

3.3 기업의 규모

3.3.1 기업규모의 의미와 최적규모

기업의 규모란 기업을 유지하는 데 요구되는 비용이라고 할 수 있다. 같은 매출을 올릴 수 있다면 가능한한 기업의 규모가 작을수록 좋을 것이라고 생각할 수 있다. 그러나 기업규모가 커질 경우 관리비용이 증가하지만 규모의 경제에 의해 대량생산에 의한 원가절감 효과를 기대할 수 있기 때문에 이들 모두를 고려하여야 한다. 또한 기업의 규모가 클수록 일반적으로 큰 이익 실현을 도모할 수 있기 때문에 무조건 소규모의 기업이 유리하다고 할 수도 없다. 따라서 규모의 경제를 실현할 수 있는 범위 내에서 관리비용이 증가하는 효과를 상쇄할 수 있는 기업규모가 최적규모라고 할 수 있을 것이다.

일반적으로 기업은 그 규모에 따라 대기업과 중소기업으로 분류한다.

3.3.2 기업규모에 따른 특성

기업규모에 따른 특성은 [표 5.2]와 같다.

표 5.2 중소기업과 대기업의 특성

중소기업	대기업
• 소유자가 경영담당	• 소유와 경영 분리
• 단순한 조직구조	• 복잡한 조직구조
• 전문경영인의 부재	• 전문경영인 활용
• 자본의 한계	• 풍부한 자본
• 시장 범위의 한계	• 유연한 시장 확대
• 높은 불확실성	• 낮은 불확실성
• 대기업에 대한 종속성	• 타 기업에 대한 독립성
• 단조로운 경영관리기법	• 다양한 경영관리기법 활용 가능성

3.4 기업의 성장

3.4.1 기업성장의 의의

기업성장이란 기업이 동질성을 유지하면서 그 규모나 능력의 변화가 발생하는 것을 의미한다. 이는 경영자의 능동적인 역할에 기반한 의사결정의 결과이다. 기업성장은 경영자의 의사결정에 따라 그 규모나 능력이 변화하는 자력성장과 국가의 특정산업에 대한 육성·지원과 같은 외적 환경요소에 기반하여 이루어지는 성장이 있다. 또한 성장은 규모·매출 등 수치적인 변화를 의미하는 양적 성장과 양적 성장을 포함하여 장기적으로 기업이 높은 이익을 창출할 수 있도록 하는 기술 개발·인재 양성 등의 기업의 능력 향상을 뜻하는 질적 성장으로 구분할 수 있다.

3.4.2 기업성장의 유형

(1) 기업 다각화

기업 다각화는 기존의 시장 이외에 새로운 시장을 개척하여 서로 다른 업종의 사업을 병행하는 것을 뜻한다. 좁은 의미로서 기업 다각화는 새로운 업종, 산업에의 진출을 뜻한다. 그러나 넓게 보면 기존 사업에서 발생하는 부산물을 판매하는 시장을 개척하는 수직적 다각화, 동종업종 내에서 새로운 항목을 제조·판매하는 수평적 다각화 역시 기업 다각화의 일종으로 볼 수 있다.

(2) 기업의 계열화

기업계열화란 기술혁신·판매경쟁 등 각종 경쟁이 심화되는 시장환경에 대응하여 대기업이 중소기업을 의도적으로 육성·강화하면서 하청공장 및 판매점 등을 영향권 내에 포함시키는 기업 간의 결합을 의미한다.

일반적으로 판로 확보, 고정설비 활용 및 절약, 우수기술 전수 등을 통해 이루어진다. 따라서 기업계열화는 대기업이 중소기업을 자신에게 종속시키려는 시도가 아니라 서로의 장점을 살려 역할을 분담한다는 의미로 이해하여야 하며 상생이 목적이라고 할 수 있다. 물론 현실적으로는 공정하지 못한 관계 설정으로 취지가 퇴색되고 종속이나 기술강탈 등의 문제가 발생하기도 한다.

기업계열화는 대기업과 중소기업 간에서의 계열화뿐만 아니라 대기업간 주식의 상호 보유·상호 융자·임원 상호 파견과 같은 인사교류·기술제휴·특정은행을 중심으로 하는 융자를 통해 금융적 결합 등의 경우도 포함한다.

(3) 기업의 전문화

특정 업무에 대한 높은 숙련도를 갖추고, 작업의 성과가 질적, 양적으로 증대되는 현상을 기업의 전문화라고 한다. 시장·제품 또는 생산기술 중의 하나를 대상으로 전문화가 이루어진다. 기업이 자신들의 성장을 전문화를 통해 이루고자 한다면 핵심능력의 개발이 요구된다. 핵심능력은 성장과정에서 기업이 생산기법을 구축하고, 여러 기술을 통합하면서 얻게 되는 다양한 지식과 학습을 통해 얻게 된다.

3.5 기업의 집중

자본주의 시스템 내에서 성장하는 기업들에서는 기업 집중이라는 특징적인 현상을 발견할 수 있다. 기업 집중이란 기업 상호간의 합의를 통해 과당경쟁의 가능성을 줄이고 자본적으로 결합함으로써 상호 기업의 안정 및 안정적인 시장점유를 추구하는 행위를 뜻한다. 기업은 기업 집중을 통해 시장통제·경영합리화 및 원활한 자본조달 능력 등을 기대할 수 있다.

3.5.1 카르텔(kartell)

동종이나 유사항목을 제조하는 기업들이 기존 시장 내에서 상호간의 평형상태를 유지하고 새로운 경쟁자의 발생을 억제하여 시장의 독점적 지배를 유지하는 것을 목적으로 하는 기업 간의 결합형태이다.

3.5.2 트러스트(trust)

같은 시장 내에서 경쟁으로 인한 손실을 배제하고 시장을 독점하기 위해 둘 이상의 기업이 새로운 기업으로 합동하는 결합형태이다.

3.5.3 콘체른(konzern)

다수 기업이 개별 기업의 독립성을 유지하되 상호 주식 소유 또는 상호간의 자금조달 등 금융적 방법을 통해 서로의 이익을 일치시킨 기업결합형태를 뜻한다.

4. 벤처기업

4.1 벤처기업의 개념과 특성

벤처기업의 의미에 대해서는 크게 두 가지 관점이 있다. 신기술·첨단기술에 기반한 수익모델을 만들어 창업한 중소기업을 의미하는 관점과, 혁신적인 아이디어나 경영방법을 기반으로 창업하는 중소기업을 의미하는 관점이 있다.

학계에서도 벤처기업의 정의는 다양하게 제시되고 있다. 보링거, 홉, 어터백(Bollinger, Hope and Utterback)은 벤처기업을 소수의 핵심인력들이 혁신적 기술의 개발과 기술의 상업화를 기본적인 동기로 설립한 기업으로 정의하였다. 쿠퍼(Cooper)는 연구개발을 중요하게 여기고 새로운 기술적 지식을 활용하는 기업이라고 정의하였다.

학계에 제시된 다양한 벤처기업의 정의를 종합하면 기존의 공업화 사회에서 탈피하여 기술 혁신을 추구하고, 그로 인한 차별화된 기술 및 지식을 경쟁의 원동력으로 하는 연구개발중심적인 신규기업이라고 할 수 있다. 벤처기업은 하이테크기업·연구개발형 중소기업·벤처기업·모험기업 등 다양한 명칭으로 불리우고 있다.

일반적으로 벤처기업은 기존에 없던 새로운 연구 성과를 상업화한다는 점에서 높은 불확실성을 내포하고 있다. 따라서 벤처기업의 창업자에게는 높은 수준의 기업가정신이 요구된다.

이러한 벤처기업의 성질에 따라 벤처기업의 특징은 다음과 같이 정리할 수 있다.

첫째, 창업자가 높은 수준의 지적능력을 가지고 있는 경우가 많다. 벤처기업은 새로운 연구 성과를 기반으로 하는 경우가 대부분이기 때문에 이러한 연구들에 대해서 이해하고 상업화할 수 있는 지점을 찾아낼 수 있어야 창업이 가능하다.

둘째, 주로 대기업·연구소·대학 등에서 경력을 쌓은 사람들이 창업하는 경우가 많다. 대기업·연구소·대학은 새로운 기술에 대한 연구가 가장 활발하게 이루어지는 곳으로, 상업화 가능한 연구 성과에 대해 가장 접하기 쉬운 장소들이다.

셋째, 경영조직이 역동적이다. 벤처기업의 창업자들은 조직에 소속되기 위하여 창업한 것이 아니라 그들의 목적을 위해 조직을 형성하였다는 목적의식이 분명하다.

넷째, 벤처기업은 보통 성장단계까지의 기업을 일컫는 용어로 한정된 자원을 기반으로 경영해야 한다. 따라서 경영관리과정을 가급적 단순하게 하여, 연구·개발·생산 단계까지 이루어지는 벤처기업과 생산에 이어 판매까지 수행하는 기업으로 나누어진다.

마지막으로 벤처기업은 첨단기술을 상업화하는 데 초점을 두는 첨단기술지향형과 기존기술의 새로운 활용 또는 조합을 통한 새로운 상품을 개발하는 등의 기존기술지향형 두 형태를 보인다.

우리나라는 벤처기업을 정부주도적으로 육성하고자 법률에 의하여 개념을 정의하게 되었다. 개념상의 혼란은 정책지원의 대상과 지원방법에 대한 불명확성을 초래하여 정책수립과 집행의 효과성과 효율성을 저해할 우려가 있기 때문에 보다 명확하게 정의하고자 하는 노력을 기울여 왔다. 벤처기업을 첨단기술이나 신기술에 기반을 둔 기업으로 좁게 정의할 경우 정책적 지원대상은 비교적 명확하고 집중화되는 이점이 있다. 그러나 엄밀한 의미에서 첨단기술이나 신기술에 기반을 둔 중소기업이 극소수에 불과하고, 이들만을 지원대상으로 삼을 경우 실제로 얼마나 경쟁력 있는 벤처기업이 육성될 수 있겠는가에 회의적일 수 있다. 또한 첨단기술이나 신기술에 대한 명확한 정의 자체가 어렵기 때문에 이러한 구분은 현실적으로 적용상 문제가 있다고 하겠다. 반면, 혁신성이나 지식집약성을 기준으로 벤처기업을 정의할 경우 범위가 너무 넓어져 정책지원의 선정뿐만 아니라, 벤처기업에 대한 개념이 불명확해질 우려가 있다.

따라서 우리나라에서는 이와 같은 점을 고려하여 1997년 10월 제정된 '벤처기업 육성에 관한 특별조치법 및 동 시행령'에서 벤처기업을 다음과 같이 정의하고 있다.

① 중소기업 창업투자회사 등 벤처캐피탈 회사의 투자 총액이 당해 기업자본금의 20% 이상이거나, 벤처 캐피탈 회사의 주식인수총액이 자본금의 10% 이상인 기업
② 당해기업의 직전년도 총매출액에 대한 연구개발비의 비율이 5% 이상인 기업
③ 특허권과 실용신안권 또는 의장권을 주된 부분으로 하여 사업화하는 기업
④ 공업발전법에 의한 공업기반기술 개발사업의 성과를 기업화하는 사업, 정보화촉진법에 의한 정보통신기술 개발사업의 성과를 기업화하는 사업 및 기타 신기술을 이용하는 사업 중 벤처기업 활성화 심의위원회 심의-의결을 거친 사업

이와 같은 벤처기업의 정의는 법으로 시행하기 위하여 벤처기업의 범위를 정한 것으로 비교적 객관성을 가진 선정기준을 마련한 것으로 볼 수 있으나, 많은 기업들이 벤처기업으로 선정됨으로써 자금조달이나 정책적 지원의 혜택을 얻고자 갖가지 편법을 사용하여 위와 같은 기준을 맞추어 벤처기업으로 변신하는 부작용을 낳기도 한다.

4.2 벤처기업 발전의 환경요소

벤처기업이 생성되기 위해서는 경제-산업적 환경, 사회-문화적 환경, 과학기술 및 교육환경, 법적-제도적 환경이 형성되어야 한다. 경제-산업적 환경으로는 주식거래시장의 활성화, 개인투자자의 활발한 투자, 신제품을 판매할 수 있는 대규모 시장의 존재 여부 등이 있다. 사회-문화적 환경에는 높은 불확실성에도 불구하고 신기술의 전파와 그로 인한 이익 극대화에 대해 긍정적인 사회 분위기, 바람직한 경제사회질서, 기술 보유자들이 창업의욕을 고취시킬 수 있는 풍토 등이 있다. 과학기술 및 교육환경에는 높은 수준의 연구개발 투자, 활발한 인적 교류 기회 제공, 지속적인 창업교육 등을 들 수 있다. 법적-제도적 환경으로는 기업에 대한 규제와 실패에 대한 위험을 완화시키고, 지원 네트워크를 강화하며, 투자자 및 기업가에 대한 네트워크를 구축하는 등을 들 수 있다. 이러한 환경을 기반으로 정부의 지원이 뒤따르면 벤처기업이 활발하게 발생한다고 할 수 있다.

표 5.3 벤처기업 발전의 환경요소

구분	환경요소
경제-산업적 환경	• 벤처기업 주식거래시장의 발달 • 개인투자자의 투자활성화 • 신제품에 대한 대규모 시장 존재
사회-문화적 환경	• 기업가정신을 고취하는 사회분위기 • 과학기술자의 적극적인 창업의욕 • 신뢰를 바탕으로 한 경제사회질서
과학기술-교육 환경	• 연구개발투자에 의한 지속적인 기술혁신 • 산학협동을 통한 활발한 인적교류 • 창업 및 기업가적 능력개발을 위한 교육
법적-제도적 환경	• 기업에 대한 규제 및 퇴출장벽 완화 • 지역별 지원 네트워크 및 창업보육기능 • 투자자와 기업가의 정보 네트워크

4.3 벤처캐피탈

벤처캐피탈(venture capital)이란 전통적인 금융기관으로부터 자금공급을 기대하기

표 5.4 벤처캐피탈과 일반금융기관의 비교

구분	지원형태	담보	자금회수	성과보수	위험
벤처캐피탈	투자	없음	지분매각	기업성과에 따라	큼
일반금융기관	융자	있음	원금회수	일정률의 금리	적음

어려운 벤처기업에 대하여 설립초기단계에 위험부담을 분담하고 반대급부로 경영관리·자본참여 등을 통해 기업을 보다 안정적으로 육성하여 미래의 자본이득을 추구하는 자본 및 영업형태, 이를 행하는 투자가 및 투자회사를 의미한다.

벤처캐피탈은 기업에 자금을 조달하는 금융활동을 수행하는 측면에서는 일반 금융과 유사하지만, 투자기업의 성장이 자신들의 이익 실현에 밀접한 영향을 미치며, 기업의 초기 위험성을 분담하기 때문에 상대적으로 수동적인 은행의 융자와는 뚜렷한 차이를 보인다.

벤처캐피탈의 활동은 주로 자본 조달의 대가로 주식을 얻는 투자 형태로 이루어진다. 해당기업의 경영지배권을 침해하지 않는 범위에서 자본 조달이 이루어지기 때문에 지주회사와는 구분된다. 즉, 벤처캐피탈의 투자의 목적은 경영권과는 거리가 멀다. 벤처캐피탈의 자금은 높은 위험을 감수하고 높은 수익을 지향하는 강한 투기적 성향을 나타내어 일반 금융기관의 안정 지향적 성향과 뚜렷하게 구분된다. 이러한 특징은 투자심사 과정에서도 드러난다. 일반 금융기관은 기업의 안정성·재무상태·담보능력 등 불확실성을 제거하는 쪽에 중점을 두는 반면, 벤처캐피탈은 기업의 기술성·성장성·수익성 등을 중요하게 평가한다. 또한 벤처캐피탈은 자신들의 투자에 대한 이익을 주로 배당금보다는 주식 매각을 통해 실현한다. 즉, 기업이 어느 정도 성장한 이후 가치가 증대된 주식을 매각하여 차익을 통해 수익을 실현하는 것을 전제로 투자에 임한다.

5. 기업의 도산과 파산

5.1 기업의 실패

질맨(S. Gilman)은 기업실패의 원인에 대한 실태조사에서 기업 경영의 불량한 징후의 예시로 순이익의 부족·재고자산 과다투자·매출채권에 대한 과대 투자·고정자산에 대한 과대투자·자본부족을 들었다.

첫째, 순이익의 부족을 들 수 있다. 이것은 이윤 추구를 목적으로 운영되는 조직체인 기업에 있어서 수익성이 낮다는 것은 어떤 이유에도 불구하고 기업의 목숨을 위태롭게 하기 때문이다. 현대의 기업들은 성장, 발전하기 위해서 막대한 자본을 필요로 하는데, 그 소요 자본을 자본 시장에서 조달하기 위해서 충분한 이익을 만들어야 한다. 하지만 현재의 재무구조나 재무유동성의 면에서 다소 상황이 나쁘다고 하더라도, 향후 기업이 고도의 수익률을 보장할 만한 전망이 있다면, 미래의 수익성은 높게 평가될 수 있다. 또한 재무유동성이나 재무구조의 안정성 역시 쉽게 개선될 수 있다. 그 이유는 기업이 성장과정에 위치하고 있을 때에는 많은 설비투자와 연구개발 비용 등으로 말미암아 현금 흐름이 마이너스가 될 수 있기 때문이다.

둘째, 재고자산의 과다투자를 들 수 있다. 기업이 보유하는 재고자산은 원재료·제품·상품 등으로 대차대조표 차변인 자산 중 유동자산 안의 재고 자산 부분이 이에 해당한다. 이 재고 자산의 비율이 정상 수준보다 많아질 경우 문제가 발생한다.

기업이 재고자산에 과다하게 투자하여 재고가 지나치게 많을 경우, 자금을 사장하게 되어 자금의 핍박을 가져옴은 물론 재무유동성을 악화시킴으로써 재무안정성도 해친다. 더하여, 제품·원재료의 변질·파손·부패와 진부화에서 오는 경영상의 손실도 입게 된다.

특히 제품의 재고가 많을 경우는 그 제품이 시장에서 고객들에게 독특한 이점을 제공하지 못하고 있다는 사실을 증명한다. 따라서 마케팅 철학에 상기하여, 고객의 욕구를 충족시켜줄 수 있는 제품 개발에 힘을 쓰거나, 제품을 개선한 후 판매노력을 적극화하여 제품이 시장에서 잘 팔릴 수 있도록 해야 한다.

과잉재고가 누적될 때에는 기업은 최소의 자금이라도 회수하기 위하여 덤핑판매를 하는 경우가 많은데, 이 결과로 조업수준을 메울 수는 있으나 적자경영은 물론 기업의 평판과 이미지를 손상하여 결국에는 기업을 파산의 길로 이끈다.

셋째, 매출채권에의 과다투자이다. 기업이 수익성을 제고시키기 위해 외상 매출금이나 받을 어음 등 매출채권으로 신용판매를 하는 경우가 많은데 매출채권으로 판매가 실현되었더라도 그것이 부실채권이 되어 대금회수가 불가능하게 될 때, 기업은 자금 부족에 이르게 됨에 따라서 다음의 원재료 구입 등 매출금에 대손이 발생되거나 받을 어음이 부도 어음화되는 경우, 기업의 판매 노력은 경영을 어렵게 하는 원인이 되는 것이다. 따라서 신용 판매는 일정 비율을 유지하도록 노력해야 하며, 너무 많은 비율을 차지하는 일이 없도록 하여야 한다. 다수의 기업들이 매출채권에 대한 과대투자 때문에 흑자 도산을 하는 경우가 많다.

넷째, 고정자산에 대한 과다투자이다. 기업은 대부분 규모의 경제 실행 또는 대량생산 체제를 유지하기 위하여 시설투자를 한다. 그 경우 시장에서의 판매 가능성을 충분히 생각하지 않고, 시설에 투자함으로써 기업 파산의 위기에 부딪히게 된다. 또한 기업은 시설투자 시, 그 자금의 원천에 대해서도 고려하여야 한다. 원래 고정 자산에 대한 투자는 자기자본의 범위 내에서 실행하여야 하는 것이 원칙이지만 시설 위주의 기업의 경우에는 예외로 자기자본과 장기차입금을 이용할 수 있다. 즉, 고정비율이 100% 이하가 되거나, 고정장기적합률이 100% 이하가 되어야 한다.

과대투자란, 고정자산이 자기자본과 장기차입금을 합친 액수를 초과한 것으로써, 기업이 시설 및 운영자금의 일부를 유동부채로 충당했다는 것으로 이는 유동성을 악화시켜 지급불능의 사태를 초래하게 되어 기업은 파산하게 된다.

마지막으로 자본 부족을 들 수 있다. 기업이 안고 있는 문제 중에서 자본 부족은 고질화된 난치병이다. 기업 자본을 조달하는 원천은 대차대조표의 대변 부분인 타인 자본(부채)과 자기자본인데 자기자본보다 부채가 클 경우, 차금회사라는 부실 기업의 특성을 면치 못하게 된다. 더하여 자본 구성의 안정성도 흔들리게 된다.

자기자본보다 부채가 클 경우, 자본 구성은 최악의 조건이 됨으로써 운영자금이 부족의 압박을 받아 경영은 어렵게 된다. 즉, 부채 등 차입금은 원금의 상환과 더불어 확정이자를 지불해야 하기 때문에 기업은 자금 압박을 받게 되는 것이다. 기업이 자본을

표 5.5 기업의 불량징후

- 순이익의 부족
- 재고자산 과다투자
- 매출채권에의 과대투자
- 고정자산에 대한 과대투자
- 자본 부족

→

- 기업실패
- 기업의 파산 및 도산

충분히 갖추고 있지 못하면, 자본 부족에 의한 차입금의 증대는 기업의 채무구조를 악화시키고, 결국 기업의 지급능력인 유동성을 해치며, 이 같은 악순환의 반복으로 기업의 자금부족은 더욱더 심화된다.

5.2 기업 파산의 원인

5.2.1 미국 기업개선국의 견해

경영 부실의 원인으로 불황·자본 부족·과다 경쟁을 들고 있으며, 경영자들 자신이 그들의 경영 능력 부족이나 경영의 부실보다 외적인 경영 여건의 제대로 갖추지 못한 환경을 더 강조하고 있다. 우리나라의 경우는 경영자의 관리 능력 부족, 경영여건의 악화 등 기업경영을 건전하게 이끌 수 없는 인적·환경적 압력 요건이 크다. 그러나 위의 요인 중에서도 역시 경영자의 판단능력의 부족이나 경영 정보의 부족 그리고 관리 능력의 부족에 의해서 기업이 파산되는 경우가 아주 많다는 현실에서 경영자의 자질 향상과 이의 활동에 대한 필요성이 무엇보다도 중요하다.

5.2.2 우드러프에 의한 기업파산의 예

잘못된 재무계획에 의해서 자본 조달과 자본운용에 결함이 생기고, 자본 구조 및 자본 배분에서도 부적합성이 드러나서 기업이 파산되었음을 지적한다. 또한 제도와 판매의 부조화, 즉 마케팅 철학이 부재함으로써 생산된 제품이 판매되지 못함으로써 경영이 실패하게 된다는 점도 지적하고 있다. 경영결함의 원인은 인사관리의 불합리성에서도 나타난다.

인적자원을 한정된 공급원에서 충원하여 유능한 인적자원을 확보하지 못한다거나, 확보된 경영인적자원을 잘 관리하지 못함으로써 그들의 능력을 효율적으로 활용하지 못할 때 경영이 실패한다. 더하여 사내에 조직적 마찰이 발생하고, 그것이 불협화음이 되어 의사소통마저 단절시키고, 최고경영자의 보여주기식 경영에 의해서 기업의 분위기가 독재화될 때, 구성원들은 협동심을 잃고 분열한다. 따라서 경영은 갈등의 장으로 전락하고, 경영성과도 기대할 수가 없게 된다.

표 5.6 우드러프에 의한 기업파산의 예

구분	내용
A. 재무회계의 불합리	1. 재무경영기록의 부적절 2. 재무비율의 부실 3. 세금지급의 태만 4. 고정비의 과대 5. 과도한 설비 확장
B. 제조, 판매 간의 부조화	1. 제품개발의 부족 2. 제품다양화의 결여 3. 시장자료의 부족 4. 제품 판매망의 한정 5. 시장조사의 부족 6. 스타상품 부재 7. 특허권을 둘러싼 쟁의
C. 관리상의 문제	1. 연고자 편중인사 2. 사내 의사소통의 미숙 3. 보여주기식 경영 4. 경영기술지식의 부족 5. 경영자 간의 부족

제6장

경영자의 역할과 사회적 책임

AI 프로젝트, 코딩전문가 아닌 기업관리자에 맡겨라

‘인공지능 업무 혁신’ 누가 주도해야 하나

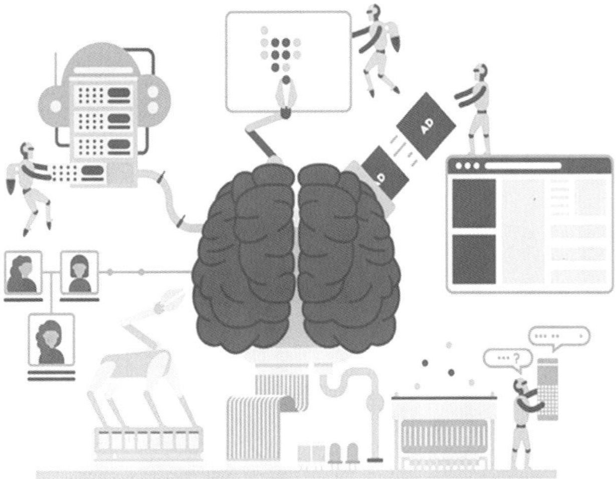

인공지능(AI) 소프트웨어를 이용해 온라인 서비스센터를 운영하고, 법조문이나 의료기록을 분석하고, 금융상품을 거래하는 기업들이 늘어나고 있다. 이런 첨단 기능을 도입하려면 고도의 공학적 지식이 필요한 것 아니냐고 생각하는 사람이 많다. 하지만 AI는 소수의 전문가 집단만을 위한 분야가 아니다. 철학, 문학, 예술을 전공한 사람도 교육만 받으면 얼마든지 AI를 활용해 기업 활동을 혁신하고 경쟁력을 높일 수 있다.

예를 들어 법률회사에서 AI를 도입해 업무 혁신을 추진한다면 누가 그 프로젝트를 주도해야 할까. AI 전문가를 채용해서 지휘권을 맡길 수도 있을 것이다. 아니면 법을 잘 아는 변호사 직원에게 AI를 교육해서 이 프로젝트를 이끌도록 할 수도 있을 것이다. 하지만 장기적 관점에서라도 두 방법 중 후자가 더 바람직하다.

기업에서의 AI 도입을 위한 필수 역량은 컴퓨터 프로그래밍 능력이 아니라, 해당 산업과 직무에 대한 이해력이기 때문이다. 현업에서 일어나는 여러 가지 일의 인과관계를 인지하고 있어야 AI를 비즈니스에 제대로 활용할 수 있다.

또 요즘은 정보기술 선도 기업들이 앞장서서 AI 기술의 대중화와 보편화를 이끌고 있다. 마이크로소프트의 애저(Azure) 머신러닝 스튜디오나 삼성SDS의 브라이틱스(Brightics) AI 등의 도구를 활용하면 코딩(프로그래밍)을 할 줄 모르는 기업 관리자들도 얼마든지 AI

프로젝트의 매니저가 될 수 있다. 즉, 기업이 굳이 AI 전문가를 채용하지 않고도 내부 직원 육성을 통해 AI를 활용할 수 있는 길이 열리고 있다.

○ AI 지식보다 중요한 건 산업 전문성

뉴질랜드의 한 낙농 기업에서 있었던 사례를 보자. 생우유를 가공해 가루우유를 생산하는 업체다. 이 회사는 생우유의 지방과 단백질 성분의 비율, 묽기, 공장의 내외부 온도 등을 입력하면 최종 생산되는 가루우유의 품질을 예측해주는 AI 프로그램을 구축하기로 했다. 이 프로젝트가 성공하면 가루우유 품질을 획기적으로 높일 수 있을 것으로 기대하고, 세 곳의 공장에서 무려 6년 동안 수집해 두었던 데이터를 투입했다.

기대는 컸지만, 이렇게 만들어진 AI 프로그램은 정확도가 심각하게 떨어져서 현업에서 활용할 수가 없었다. 외부에서 온 컴퓨터 전문가들만 있었다면 그 이유를 찾는 데 어려움을 겪었을 것이다. 다행히 이 회사 내부의 유제품 전문가들이 신속하게 개선안을 제시했다.

유제품 전문가들은 우선 세 곳의 공장마다 환경과 운영 상태가 각기 다른 것이 문제일 것이라고 봤다. 그래서 공장마다 AI 예측 모델을 독립적으로 구성하자고 제안했다. 또 같은 공장이라 하더라도 해마다 기후가 바뀌기 때문에 연도별 기후 데이터도 추가 변수로 반영해야 한다고 주장했다.

위 두 가지 제안 사항을 반영하자 예측 정확도가 평균 93% 이상으로 껑충 뛰었다. 회사의 실적 향상에도 큰 도움이 됐다. 만일 유제품 제조 경험이 없고 공장의 현실을 잘 모르는 컴퓨터 전문가들이 개선 작업을 주도했다면 어떤 데이터가 부족한지 알아채기 어려웠을 것이다. 시행착오 기간이 길어지고 비용도 훨씬 더 많이 들었을 것이다. 프로젝트가 좌초했을 수도 있다.

이 사례에서 보듯, 기업에서 AI를 도입할 때 대부분의 일은 해당 기업의 경영 관리자들이 주도할 수 있고, 또 주도해야 한다. 우리 회사의 어떤 비즈니스에 AI를 적용할 수 있을지, AI 도입으로 우리가 이루려 하는 것이 구체적으로 무엇인지, AI 활용을 위해 어떤 데이터를 수집해야 하는지, 시범 모델을 어떻게 만들 것인지 등을 판단하는 것은 모두 경영 관리자들의 몫이 되어야 한다. 이런 작업들이 모두 완료되고 나서 마지막으로 AI 상용화 모델을 구축할 때만 AI 전문가, 즉 엔지니어들이 지휘권을 잡는 것이 바람직하다.

○ 조직원 부담 적은 사업부터 단계적 도입해야

기업이 AI를 실무에 도입할 때 또 주의해야 할 점이 있다. 내부 반발 문제다. 처음에는 사내에서 여러 이견(異見)이 제기될 것이다. 심지어 AI에서 가장 앞서가는 구글에서도 최신 딥러닝(deep learning) 기술을 핵심 사업에 적용하는 것에 대해서 회의적인 시각을 가진 직원이 많았다고 한다.

그래서 구글 경영진은 상대적으로 관심을 덜 받는 사업 분야인 음성인식에 AI를 먼저 도입했다고 한다. AI의 힘을 전 조직원이 큰 부담 없이 체감할 수 있도록 유도한 것이다. 그런 다음에야 자사의 핵심 비즈니스인 광고, 지도 등의 분야로 AI 도입 프로젝트를 확장해갔다.

기업은 왜 AI에 관심을 가져야 하는 걸까? 현대 기업 간 경쟁에서 AI가 진짜 무서운 이유는 선순환 구조다. AI 기술은 경쟁사보다 나은 제품과 서비스의 출시를 가능케 하고, 이로 인해 더 많은 고객과 더 많은 데이터를 확보하게 한다. 데이터가 많아지면 AI를 더욱 고도화시킬 수 있고 이는 다시 더 나은 제품과 서비스로 이어진다. 네트워크 시대에는 데이터를 얼마나 확보했느냐가 곧 시장 경쟁력이다.

(DBR, 2019. 11. 20)

1. 경영자

1.1. 경영자의 의의

경영자란, 경영활동을 수행하는 사람을 의미하는데, 경영자는 조직에서 목표를 설정하고 그 목표의 달성을 위해 조직의 자원을 적절히 조직·분배하고 조직을 지휘·통제하는 역할을 한다. 즉, 경영자는 계획수립자·조직화 담당자·리더·통제자의 역할을 맡게 된다. 경영자의 이러한 역할을 고려하면 경영자는 조직을 이끄는 것을 주요한 임무로 하기에 조직과 경영자는 필수불가결한 관계에 있다고 할 수 있고, 조직을 제외하고는 경영자를 논하기 어렵다. 또한 경영자는 조직을 경영하는 과정에서 주요한 의사결정을 해야 하고, 이를 통해 조직의 목표를 달성해 나가기에 의사결정자(Decision-maker)의 역할도 담당한다.

조직 내에서 경영자의 성격은 다음과 같다.

- 다른 사람과 함께 조직을 통해 과업을 수행함
- 자신의 직무에 대해 책임을 짊
- 여러 목표들간에 균형을 유지하게 하고, 우선순위를 설정함
- 분석적·개념적 사고를 할 줄 앎
- 조직 내에서 중재자의 역할을 맡음
- 대외관계에서 정치가 역할을 맡음
- 외교관의 역할을 맡음
- 조직의 상징적 역할을 맡음
- 각종 어려운 의사결정을 맡음

1.2. 경영자의 역할

민츠버그(Mintzberg)에 따르면, 경영자는 조직 내에서 세 가지 역할을 맡는다. 첫째, 대인적 역할은 대표자·리더·섭외자로서의 역할을 말한다. 둘째, 정보적 역할은 정보탐색자·정보전파자·대변인 역할을 말한다. 셋째, 의사결정적 역할(Decisional role)은 기업가·혼란수습자·자원배분자 및 협상자 역할을 말한다.

또한 경영자는 위계수준에 따라 최고경영층·중간경영층 및 하위(일선)경영층으로

구분되고, 각 위계별로 필요한 능력과 관련하여 세 가지 능력 분류가 유용하고, 이는 다음과 같다. 우선 개념적 능력, 개념화 능력으로 현상을 보고 본질을 파악하는 능력이다. 이는 기업 전체적 활동과 이해관계를 조정 및 통합할 수 있는 능력으로, 최고경영층에게 주로 요구된다. 다음은 인간적 능력, 대인관계의 능력으로 종업원들과 의사소통을 하며 동기부여를 하는 능력이다. 이 능력은 모든 경영층에게 요구되나, 특히 중간경영층에게 더욱 요구되는 능력이다. 마지막으로 기술적 능력, 직능 분야의 고유 기술·기법·절차 등에 관한 것으로, 주로 하위경영층에게 요구된다.

1.3 경영자의 자질

경영자가 기업을 성공적으로 이끌기 위해서는 과업을 추진하는 능력과 자질을 보유해야 한다. 성공한 경영자들에게 공통적으로 나타나는 자질에 대해 여러 주장이 있으나, 보통 경영학에 대한 학문적 기반과 기업경영과 관련한 실무경험 그리고 다음과 같은 자질·속성을 가져야 한다고 본다.

1.3.1. 경영자의 기본 자질

(1) 추진력

추진력이란, 당면한 과업을 적극적인 자세로 수행하고자 하는 능력이다. 추진력은 책임감·주도적인 자세·노력·열정·인내 등이 결합될 때 더 효과적이기에, 경영자는 기업 경영 및 사업 진행에 있어 열정과 에너지를 가지고 있어야 한다. 또한 구체적인 경영활동을 하는 과정에서 경영자에게 주도적인 역할을 할 것이 요구된다.

(2) 정신력

정신력이란, IQ·EQ·창조적·분석적 사고력 등을 포함하는 능력이다. 경영자는 기업을 경영하는 과정에서 다양한 문제에 부딪히게 되는데, 이 때 경영자는 정신력에 기반한 다양한 능력을 발휘하여 문제상황을 분석하고 창조적인 문제해결책을 제시하여 문제를 합리적으로 해결할 수 있어야 한다.

(3) 인간관계능력

인간관계능력이란, 대인관계에 관한 사교성·배려·감정이입·안정 등을 포함하는 능력이다. 이는 고객뿐만 아니라 종업원에 대한 이해도 역시 증대시키기에 기업경영 전반에 도움이 된다. 또한 경영자는 고객 및 종업원 외에도 기업을 둘러싼 각종 이해관계자들에 대해서도 대처해야 하기에, 이들과 좋은 관계를 유지할 수 있도록 돕는 인간관계 능력은 기업경영에 있어 매우 중요하다.

(4) 기술에 대한 지식

기술에 대한 지식이란, 기업의 주요 제품 및 서비스를 생산하는 데 있어 필요한 기술을 인식·숙지하고 있는지에 대한 능력이다. 기술에 대한 지식은 보통 제품제조·설비가동·판매·재무분석기법 등을 포함하는 광범위한 개념으로 이해된다.

(5) 커뮤니케이션 능력

커뮤니케이션 능력이란, 경영자를 둘러싼 인간관계, 즉 고객·종업원·거래처·채권자 등 다양한 사람들과 효과적으로 의사소통을 할 수 있는 능력을 말한다. 의사소통에 문제가 생기면 경영자의 능력이 아무리 좋다 하더라도 그 능력이 제대로 발휘되기 어려워 기업경영을 효과적으로 수행하기 어려우므로, 커뮤니케이션 능력은 기업경영에 있어 중요한 요소이다.

1.3.2 경영자의 부수적 자질

(1) 개념적 능력

개념적 능력이란, 복잡하게 얽혀있는 상황·현상 속에서 그 핵심을 파악하여 문제를 재구성하고, 문제에 대한 해결책을 발견·제시할 수 있는 능력을 뜻한다. 경영자에게는 사업의 전반에 대한 통찰이 요구되기에, 개념적 능력을 통해 핵심을 파악하는 능력이 요구된다.

(2) 의사결정능력

의사결정능력이란, 경영자가 기업운영과 관련하여 제기되는 문제에 대해 다양한 해결책을 비교·평가하여 최고의 안을 선택하는 능력이다. 기업을 경영하는 과정에서는 많은 문제들이 발생하고, 이를 해결할 수 있는 안도 여러 가지이다. 경영자의 의사결정은 이런 문제 상황을 효과적으로 해결하고 회사가 나아가야 할 길을 제시하기에, 경영자에게 의사결정능력이 요구된다.

(3) 혁신 경영 능력

혁신 경영 능력이란, 기존의 경영을 그대로 답습하는 것이 아닌 창의성·혁신성을 동반하여 창업 및 기업경영 과정을 수행할 수 있는 능력이다. 기업을 둘러싼 환경은 지속적으로 변화하기에, 경영자는 창의력·혁신성·경영기술·노하우를 모두 보유하고 이를 이용해야 할 필요가 있다.

2. 소유와 경영

2.1 소유와 경영 분리의 장점

초기 회사에서는 1인 또는 몇 명의 자본가가 회사의 전 자본을 소유하며 직접 경영하는 소유자 지배 형태였지만, 경영규모의 확대와 자금수요의 증대로 다수의 투자자들에게 자본을 의존하게 되었다. 이러한 투자자들 대부분은 경영참가보다 주식의 배당 또는 매매차익에 의한 이익이 목적이어서 대주주인 경영자에게 경영을 위임하고, 이 경우 대주주가 과반수의 주식을 소유함으로써 경영을 지배한다. 이러한 경영형태를 과반수지배라고 한다. 반대로 전주식의 과반수를 소유하지 않더라도 주주총회에서 부재소유자의 백지 위임장을 모아서 의결이 가능하기 때문에 이를 소수지배라고 한다.

기업의 경영규모가 확대됨에 따라 경영의 내용이 복잡해지면 경영관리에 필요한 지식이나 기능이 고도로 전문화되므로 이를 갖춘 경영자에게 소유자가 경영을 대행시키게 되었다. 전문경영자의 기용으로 소유자의 직접관리는 간접관리로 이행하여 소유와 경영이 분리되고, 소유자는 경영면에서 한발 물러서게 되었다.

전문경영자의 출현은 회사의 지배를 소유자에서 경영자로 전환하는 계기가 되었다. 기업이론의 주요한 가정 중 하나인 "기업의 이윤극대화"에 대한 비판은 아담 스미스(A. Smith)의 <국부론> 중 파트너십회사에 대한 고찰에서 처음으로 제기되었다. 아담 스미스는 회사의 경영인들이 자신의 자본만이 아닌 타인의 자본도 관리하므로, 투자자들을 위해서 자신의 일처럼 열심히 일하기를 기대하기 힘들다고 주장하였다. 이러한 아담 스미스의 통찰은 대리인 비용이라는 개념을 통해 기업의 활동을 설명하는 새로운 분야를 열었고, 이 후 대리인 비용이라는 개념은 홀름스트룀(Holmström) 등의 경제학자들에 의해서 경영자의 자발적인 노력을 유도하기 위한 성과급체계의 설립, 아웃소싱이론 등 기업의 조직이론으로 발전하게 된다.

기업의 지속적 발전을 위해서 자질 있는 경영자를 필요로 한다. 기업의 창업자가 거대기업을 형성했을 때에는 상당한 자질을 갖추었다고 볼 수 있지만, 창업자의 은퇴 후에 직계자손을 포함한 전문경영인의 선출은 기업의 성공확률을 낮출 가능성이 높다.

따라서 이 자산을 효율적으로 관리하기 위해서 소유와 경영의 분리는 반드시 필요하다는 것이 재벌 총수의 경영을 비판하는 논리이다. 실제로 많은 2세들이 선친이 이룩해놓은 가업을 발전시키지 못하는 예를 보면 이러한 비판은 일리가 있다. 하지만 반대의 경우, 창업자의 기업을 훌륭하게 계승하고 번창하게 만드는 2세도 많음에 비추어볼 때 어떤 규칙성을 체계화한 주장으로 볼 수 없고 단지 상대적인 의미만을 지닌다.

다른 나라에 비해 비교적 낮은 한국의 전문경영인 비율을 비평하는 목소리도 있지만, 각국의 역사적 배경이 다르기 때문에 절대비율만을 가지고 문제를 제기하기는 어렵다.

2.2 소유와 경영 분리의 단점

최근 유럽과 미국에서 오히려 과도한 소유와 경영의 분리가 문제시되는 것을 주목할 필요가 있다. 경영자가 주주의 이익을 무시하고 자신의 이익만을 추구하여 기업의 효율성을 떨어뜨린 사례도 있다.

이러한 시각에서 최근 학계의 일부에서는 대규모 기업집단의 경우에도 소유와 경영이 일치하는 한국식 경영의 강점을 강조하기도 한다. 총수가 최대주주이자 최고경영자가 되는 책임경영이 이루어지고, 심지어 총수 1인에게 집중된 권한으로 의사결정이 빠르고 대규모 투자가 적시에 이루어지는 장점이 있다.

소유와 경영의 분리에 대한 문제는 제3의 시각으로 볼 수도 있다. 한국 재벌의 문제는 오히려 소유와 경영이 분리되었기 때문에 발생한다는 것이다. 지금까지의 주장과 완전히 다른 주장이라 정확한 설명이 필요하다.

한 기업이 사용하는 자본은 출처에 따라 자기자본과 타인자본으로 나눌 수 있다. 자기자본은 주주들이 제공한 자본과 이익금을 사내에 유보한 자금 등이 포함되어 있고, 타인자본은 은행대출금과 회사채 등을 발행하여 조성한 자금 등을 포함한 외부에서 빌려온 자본이다.

한국 기업의 재벌 총수는 자신이 소유한 적은 자본을 바탕으로 수십 배에 달하는 타인자본을 운영하는 전문경영인으로 보는 것이 옳을 수도 있다. 그렇다면 한국 기업도 소유자와 경영이 분리되었다고 보고 문제가 발생한 것은 아닌지 생각해볼 문제이다. 물론 타인자본은 원천적으로 경영참여권이 봉쇄되어 있기 때문에 이를 소유와 경영의 분리로 규정하는 것은 정확한 표현이 아니다. 외국과는 달리 금융기관의 감독이 제대로 이루어지지 않는 한국적 현실을 반영하는 표현으로 받아들여야 한다.

3. 기업의 사회적 책임

우리나라는 1970년대를 기점으로 산업화가 진행되면서 기업에 의해 발생하는 고용이 매우 강조되어왔다. 수출 위주의 국가 경제 구조로 기업이 경제 체제 내에서 위상이 높았기 때문에 그 반대급부로 사회적 책임은 그 중요성이 낮게 인식되어 온 것이 사실이다. 이러한 현상은 기업의 방만한 운영을 묵인하는 사회풍토를 조장하였고 그 결과 우리나라는 1997년 외환위기로 인해 수많은 기업들이 도산, 경제체제 자체가 무너질 뻔한 경험을 겪었다. 기업의 비도덕적인 행위가 사회와 개인에게 어떠한 영향을 미치게 되는지 이 사건을 통해 비로소 깨닫게 되었다고 해도 과언이 아닐 것이다.

3.1 사회적 책임의 의의

사회적 책임이란 기업이 자신들과 관련된 사회적 문제가 존재할 경우 문제의 해결을 위해 가용한 자원을 지원하여 사회에 이바지할 책임을 가지고 있음을 뜻한다. 사회적 문제와 연관있는 이해관계자 집단이 기업에 가지고 있는 기대에 부응하는 행위를 추구하여야 한다는 것으로, 이러한 의사결정을 통해 발생할 사회적·경제적 효과를 고려하는 것이다. 사회에 유익한 영향을 미치는 것으로 기업은 이미지 제고 등 긍정적 효과를 기대할 수 있으며, 이러한 기능을 잘 수행하기 위해 현재의 경영환경에 기업의 상황을 연관시킬 수 있는 능력이 요구된다. 그러므로, 사회적으로 책임 있는 기업은 의사결정을 할 때, 그 결정이 기업의 이익만을 생각하는 것이 아니라 기업이 속한 사회 또는 국가 전체의 이익을 항상 고려하여야 한다는 것이다.

3.2 사회적 책임의 대두

사회가 고도화되면서 기업의 경영환경은 다양한 요인들이 복잡하게 연결되어 있고, 또한 빠르게 변화하고 있다. 따라서 경영은 이러한 변화와 복잡한 요인들에 적응할 수 있는 메커니즘이 필요하다. 경영주체는 단순히 경영자와 이해관계자들의 수익 창출을 내는 것으로 그 영향력이 제한되는 것이 아니라 사회 내에서 더 큰 파급력을 가지고 있기 때문이다. 경영환경의 특성요인들이 변화할 경우 경영주체가 인식하는 사회에 대한 책임과 내용 또한 적절하게 변화하여야 한다. 따라서 경영자의 사회적 책임은 기업 환경의 요소와 시간에 따라 능동적으로 변화하는 특성을 가진다고 말할 수 있다. 또한 기업이 성장하여 사회 내의 비중이 확대됨에 따라, 기업이 인식하여야 하는 책임감 역시 무거워진다.

기업의 사회적 책임이 중요시된 이유들은 다음과 같다.

우선 사회가 요구하는 가치가 이전에 비해 다양해진 것을 들 수 있다. 과거 기업은 수익을 창출하는 것 이외의 특별한 가치를 요구받지 않았으나, 사회의 복잡성과 다양성이 증가할수록 보다 다양한 가치들이 기업에 요구되고 있다.

또한 방만한 경영 풍조가 확산될 경우의 어떠한 문제가 발생하는지 역사적으로 입증되어 사회적 책임을 게을리 하는 기업은 정부의 규제로부터 자유로울 수 없다. 이러한 사상은 현대의 윤리개념과도 밀접한 관련을 가진다. 기업은 책임가능범위 내의 행동을 취할 것이 요구된다.

3.3 기업의 사회적 책임의 종류

사회적 책임은 크게 경제적 책임·법률적 책임·윤리적 책임·자선적 책임 등의 4가지로 제시되고 있다.

첫 번째, 경제적 책임은 기업이 자신들의 제품이나 서비스를 제공할 때 적정한 가격에 기반하여 제공하여야 하며, 이 과정에서 획득한 이익이 기업에 투자한 사람들에게 공정하게 보상되어야 한다는 것이다.

두 번째, 법률적 책임은 경영활동이 이루어지는 과정에서 위법한 행위를 행해서는 안된다는 것이다. 대표적으로 최저임금을 예로 들 수 있으며, 근로기준법·환경보존법·소비자보호법 등 기업활동과 연관된 법률을 준수하여야 한다.

세 번째, 윤리적 책임이다. 법률로 세세하게 규정되어 있지는 않지만 기업이 속한 경영환경 내에서 통용되는 기준·기대·사회 통념 등의 윤리적 기준을 자발적으로 준수하는 것을 뜻한다. 윤리적 책임을 회피한다고 하여 기업에게 외부적으로 규제를 가할 수는 없으나 다양한 사회 내 세력의 견제를 받을 수 있다. 이러한 견제의 사례로 대표적으로 소비자운동·환경운동·민권운동 등이 있다.

네 번째, 자선적 책임이다. 자선적 책임은 사실 기업에 요구되는 책임이라고 보기 어려우며 기업이 자발적으로 수행하는 것이다. 일반적으로 법률적·윤리적으로 요구되지 않으며 사회에서 기대되지 않으나 기업이 자발적으로 수행하는 것을 뜻하며 경영활동과도 직접적인 영향이 없다. 대표적으로 문화활동·복지프로그램·자원봉사·기부 등의 행동이 있다.

기업 경영자라는 특정 사회주체가 가지는 사회적 책임을 3차원적으로 구분하는 방법 또한 제시되고 있다. 1차에서 3차적 책임으로 구분된다. 1차적 책임은 기업을 유지발전하여 영속성을 확보하기 위해 노력해야 함을 뜻한다. 가장 본연의 책임이라고 할 수 있으며 기업의 본질적 책임이라고도 한다. 2차적 책임은 대외적 책임이다. 넓게 보면 기업 또한 사회의 구성원이므로 이해관계자들 사이에서 조정이 필요한 경우 적극적으로 이에 임할 의무가 있다. 마지막으로 3차적 책임은 간접적 책임이라고도 한다. 기업은 자신이 속한 사회가 더 나은 방향으로 발전하기 위해 노력해야 한다.

3.4 기업의 사회적 책임과 공유가치 창출

3.4.1 기업의 사회책임(Corporate Social Responsibility: CSR)

기업은 사회의 구성원으로서 더 나은 사회를 추구하기 위한 행위를 추구해야 한다. 이를 사회책임이라고 한다. 기업은 경영방침을 설정함에 있어 기업이 속한 경영환경에 적절한 윤리적 기준을 충족하고, 생산과정에서 발생할 수 있는 환경적, 인권적 제반 문제들을 고려하여야 한다. 경영활동 중 발생할 수 있는 잘못에 대한 보상체계를 갖추고 있어야 하며 국가와 지역사회에 공헌해야 한다. 즉 기업의 사회적 책임은 윤리경영보다 더 진보한 개념이라고 할 수 있다. 사회적 책임이라는 개념이 제시된 것은 서구 선진국의 기업들이 국제화를 추구하는 과정에서 상대적으로 낙후된 국가에 진출하여 아동착취, 환경파괴 등 문제를 야기하면서 이를 지적하면서 발생하였다. 1990년대 후반 유럽에서 처음으로 제시되었고, 2001년 미국의 엔론사가 저지른 회계부정사건을 계기로 대중에게 일반적인 개념이 되었다. 사회적 책임 개념은 이후 체계적으로 정립되어 국제표준화기구(ISO)는 이를 정리한 국제규격 ISO26000을 공표하였다. ISO26000에는 환경경영·정도경영·사회공헌을 주요 골자로 하고 있다.

3.4.2 공유가치 창출(Creating Shared Value: CSV)

일반적으로 기업은 발생한 수익에서 여유 자원을 활용해 사회 공헌 활동을 수행한다. 그러나 사회적 가치 창출을 주요 활동 영역으로 삼으면서 이윤 추구 또한 병행하는 행위를 공유가치 창출이라고 한다. 공유가치의 개념은 기본적으로 기업이 경쟁력을 확보하기 위해서는 기업이 속한 경영환경, 특히 기업이 포함된 공동체의 번영이 전제되어야 한다는 인식을 기반으로 한다. 하버드대학교 경영학과 마이클 포터 교수는 2011년 공유가치 창출 개념을 처음 제시하였다. 또한 필립 코틀러는 이성에 기반한 시대와 공감, 감정에 호소하던 시대를 지나 소비자의 영혼에 호소하는 시대가 도래하였다고 주장한다. 미래에는 소비자와 기업의 가치뿐만 아니라 사회적으로 중요시되는 가치들이 모두 어우러지는 기업가정신을 추구해야 한다는 의미이다.

공유가치 창출은 사회적 책임의 개념과 유사하나 가치를 창출해 낸다는 지점에서 차이를 보인다. 기업의 사회적 책임은 기업의 수익추구와는 무관한 행위이지만 공유가치창출은 경제적·사회적 이익을 병행 추구하는 것이기 때문에 기업의 사회적 책임보다 공유가치창출이 좀더 고도의 개념이라고 할 수 있다.

국제적으로도 공유가치창출에 기반하여 기업이 해당 지역 공동체의 경제 상태에 관심을 갖고 기여하는 사례들이 늘고 있으며, 지역 사회단체와의 연계를 통해 사회적 가치를 창출하고 기업과 지역이 상생할 수 있는 프로젝트들이 빈번하게 관찰된다. 대표적 사례로 통신 기업인 보다폰은 아프리카 케냐에서 휴대전화를 활용한 모바일 송금 서비스를 제공하고 있으며 네슬레는 아시아의 저소득층을 타깃으로 하여 단가를 낮추고 높은 영양을 확보한 제품을 전략적으로 출시하기도 하였다. 국내에서도 공유가치를 창출할 수 있는 사업모델이 활성화되고 있는 추세이다.

공유가치를 창출하고 이를 통해 기업이 수익을 추구하기 위해서는 기업의 행위가 공동체의 구성원들에게 단순히 수익을 추구하는 상술로 비춰지지 않는 것이 중요하다. 즉 기업이 진정성을 가지고 해당 지역사회에 접근하지 않으면, 단순한 요식행위로 인식될 가능성이 크다. 1990년대 초반 맥도날드가 진행한 어린이 비만 퇴치 운동이 그 대표적 사례라고 할 수 있다. 기업의 전략과 거리가 있는 마케팅을 진행하여 소비자들은 이를 요식행위로 받아들였고 불매운동은 가속화되었으며 오히려 슬로푸드 운동이 더 활발해지는 계기가 되고 말았다.

3.5 사회적 책임에 관한 찬반론

기업의 사회적 책임이란 기업이 사회의 목적이나 가치에 비추어 바람직한 정책을 세우고 결정을 하며 행동을 하는 것이라고 정의할 수가 있다. 그러나 어떠한 정책 결정행동이 사회적 책임을 수행하는 것인가에 대해서는 통일적 견해가 없다. 이에 대한 상반되는 두 견해를 살펴보자.

3.5.1 사회적 책임에 대한 반대론

기업은 경제적 조직체이므로, 기업의 유일한 책임은 그 소유주를 위하여 가능한 한 많은 이윤을 창출하여야 한다. 그리고 기업은 그 본래의 사회적 기능인 생산적 활동범위, 즉 경제활동에 한정시키고 그 이상의 과업환경주체의 요청은 정부나 기타 제도에 맡겨야 된다는 견해이다.

3.5.2 사회적 책임에 대한 찬성론

기업이 적극적·자발적으로 과업환경주체(이해관계집단)의 요청을 받아들여 이에 대응하는 것이 기업 자체의 존속, 성장에 필요하다는 견해이다. 즉, 현대기업은 사회적 요구를 받아들이고 과거와 같은 선한 행위라는 관점에서 벗어나, 기업의 장기적 생존과 이익을 위해 사회의 주요 문제를 해결하고, 여러 사회적 가치에 적합한 행동을 하려는 주체적이고 자발적인 의지를 표명해야 한다.

표 6.1 사회적 책임에 대한 찬·반론

찬성론	반대론
• 사회에 대한 배려와 조치는 유익한 것이다. • 지역사회와의 관계개선을 위하여 필요하다. • 사회적 책임은 윤리적 사항에 해당한다. • 기업의 이미지를 개선한다. • 사회·문화적 규범은 이것을 필요로 한다. • 질서정연한 법률사회를 유지하기 위해 필요하다. • 기업은 사회문제를 해결하기 위한 주요 기구이다. • 문제의 예방은 치료보다 낫다.	• 사회적 책임에 관한 규정은 불법이다. • 사회적 활동은 측정할 수 없다. • 이윤극대화를 파괴한다. • 사회적 책임수행에 따르는 비용은 제품 가격을 상승시킨다. • 기업은 사회적 책임문제를 해결할 사회적 기술이 없다. • 기본적 목적을 약화시킨다. • 사회적 책임을 다해도 공공으로부터 지지를 받기 어렵다.

제7장

조직목표와 경영전략

"섹시? 내 몸 편한 속옷 입어요" 보디 포지티브 열풍

여성 속옷시장 새 트렌드
착용감 좋고 편한 제품 인기 끌자
티셔츠-브라 기능 합친 '숨바꼭티', 후크-어깨끈 없는 '편해브라' 등
노와이어-브라렛 잇달아 선보여

언더· 홈웨어 브랜드 슬림9에서 출시한 '숨바꼭티' 맨투맨 티셔츠는 안쪽에 에어패드를 장착해 브라와 티셔츠를 하나로 합친 제품이다. 슬림9은 이 외에도 봉제선이 없는 '편해브라', '네모팬티' 등 편안함을 추구하는 '보디 포지티브' 제품을 선보이고 있다. 슬림9 제공

자신의 몸을 있는 그대로 사랑하고 가꾸자는 뜻의 '보디 포지티브'가 국내외 소비자들에게 각광받으면서 여성 속옷 시장에도 변화의 바람이 불고 있다. 편안함을 전면에 내세운 중소 단일 브랜드들이 괄목할 만한 성장세를 나타내는가 하면 기성 속옷 브랜

드도 와이어나 패드 없이 가슴을 받쳐주는 노와이어·브라렛 라인을 잇달아 선보이고 있다.

보디 포지티브 움직임은 해외에서 시작됐다. 천편일률적인 아름다움의 기준에 자신을 가두지 않고 스스로의 모습을 받아들이며 사랑하겠단 의미의 새 트렌드다. 이런 흐름에 지난달 섹시함을 강조해 온 글로벌 속옷 브랜드 '빅토리아 시크릿'은 해마다 진행해 오던 패션쇼를 올해부터 중단하기로 했다. 빅토리아 시크릿은 저조한 판매 실적이 이어지면서 올해에만 북미에서 53개 매장을 닫았다.

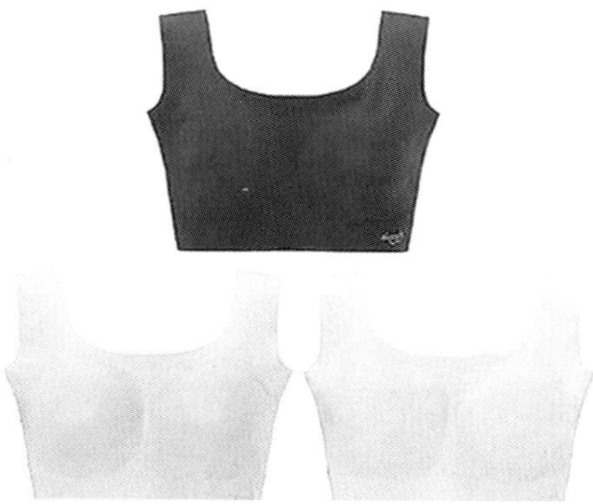

'슬로기 제로 필'의 노와이어 브라. 트라이엄프 제공

이와 같은 기류는 국내에서도 감지되고 있다. 롯데백화점에 따르면 노와이어·브라렛 등 기능성 속옷 매출은 올해 1~11월 전년 동기보다 10% 이상 증가했다. 한국섬유산업연합회가 올해 상반기 국내 여성들을 대상으로 조사한 결과, 전 연령층에서 내의 구매 시 가장 중요한 기준으로 '착용감'과 '활동성' 등 편안함을 1위로 꼽았다. 이에 와코루, 비비안, 비너스와 같은 기성 여성 속옷 브랜드도 브라렛이나 노와이어 속옷을 출시하고 있다. 기성 속옷 브랜드 트라이엄프의 경우 아예 '슬로기(Sloggi) 제로 필(Feel)'이란 와이어리스 제품 라인을 별도로 만들기도 했다. 이런 흐름을 타고 온라인 판매 채널에선 편안함을 내세운 단일 브랜드들이 약진하고 있다. 티셔츠 안쪽에 2mm의 에어패드를 봉제로 장착해 티셔츠와 브래지어의 기능을 합한 '숨바꼭티', 와이어·후크·장식·봉제선·어깨끈 등이 없는 '편해브라' 제품을 선보이고 있는 슬림9에 따르면 해당 제품군의 매출액은 전년 대비 924%가 성장했으며 2018년 매출은 전년 대비 181%가 증가했다.

신세계백화점이 만든 란제리 중심 편집매장 '엘라코닉'은 전체 제품의 90%가 노와

이어 브래지어로 구성돼 있다. 신세계백화점에 따르면 엘라코닉은 2017년 처음 문을 연 이후 편안한 속옷의 인기에 힘입어 오픈한 지 2년 6개월 만인 12월 현재 매출 규모가 6배 넘게 증가했다. 특히 전체 매출에서 브라렛이 차지하는 비중은 70%가 넘는다. 이는 올해 초보다 30%포인트 늘어난 수치다.

'언컷'의 브라렛. 언컷 제공

특히 엘라코닉의 PB브랜드 '언컷'에서 출시하는 제품은 모두 노와이어 디자인이다. 신세계백화점 측은 "엘라코닉은 SSG닷컴과 29CM, W컨셉 등 온라인몰에서도 반응이 뜨겁다"며 "올해 상반기 온라인 매출은 전년 동기 대비 3배가 늘어났다"고 말했다.

업계에선 이 같은 편안한 속옷 열풍이 내년까지 이어질 것으로 전망하고 있다. 속옷업계 관계자는 "보디 포지티브는 이미 세계적인 흐름"이라며 "편안하면서도 아름다움을 찾을 수 있는 속옷을 경험한 소비자들이 다시 와이어나 강한 압박으로 몸을 옥죄는 제품으로 돌아가기는 쉽지 않을 것"이라고 말했다.

(동아일보, 2019. 12. 24)

1. 조직목표의 의의

1.1 조직목표의 형태

기업의 조직목표는 전통적인 것으로부터 현대 기업환경을 반영하는 것에 이르기까지 다양한 형태로 나눌 수 있는데, 그중 몇 가지를 살펴보도록 한다.

1.1.1 이윤의 극대화

전통적 경제학의 관점에서는 기업의 목표를 이윤의 극대화로 보기 때문에 기업이 추구해야 할 가장 본질적이고 궁극적인 목표로 가정한다. 따라서 기업은 기업이념을 실현하기 위해 가능한 많은 이익을 창출하려고 애쓴다.

1.1.2 고객의 창조

피터 드러커(Peter Drucker)는 "기업의 목적은 바로 고객의 창조이다"라고 하였다. 기업은 고객이 있어야만 생존하고 성장할 수 있다. 즉, 이윤·기업가치·사회적 책임 등 다양한 관점에서 기업의 목적을 달성하기 위한 전제 조건은 바로 고객이라는 것이다.

1.1.3 유기적 조직체의 자기보존

조직은 자연시스템의 유형에 따라 자신의 욕구와 목표를 갖는 유기적 조직체의 성격을 띤다. 이러한 유기적 조직체는 조직의 설립자들이 계획한 목표와 달리 자기보존을 목표로 가지고 있다.

1.1.4 이익 당사자에 따른 조직의 목표

조직의 목표는 이익을 보는 당사자에 따라 형태를 나눌 수 있는데, 기업의 이익 당사자는 소유주이다.

1.1.5 이익·성장 및 생존

오늘날 보편적인 목표의 정의는 이익·성장·생존의 개념을 내포하고 있다.

1.2 조직목표의 성질

조직목표는 관리의 개념과 같이 자신의 고유한 성격을 지니고 있다. 목표는 측정가능하고 계층을 형성하며, 조직 내에서 네트워크를 구성한다. 또한 다양하고 복합적인 목표를 가질 수 있고, 기간에 따라 단기·중기·장기 목표로도 나눌 수 있다.

1.2.1 측정가능성

조직운영의 효율성과 경제성을 위해 조직의 목표는 측정이 가능해야 한다. 조직의 목표는 업적평가의 객관적 기준이 되어야 하므로, 목표의 측정가능성은 중요한 의미를 갖는다. 달성해야 할 목표를 계량적으로 표시함으로써 조직구성원들에게 명확한 목표 의식을 심어줄 뿐만 아니라 진척사항을 좀더 가시적으로 느낄 수 있게 한다.

1.2.2 계층형성

조직 각 계층의 목표들은 계층별로 구조화되어 있고, 이는 한 계층의 목표가 다음 계층의 목표 달성을 위한 수단이 됨을 의미한다.

1.2.3 네트워크 구성

목표의 계층성은 수직적 관계를 이루고, 목표의 네트워크를 구성하는 것은 수평적 관계를 의미한다. 즉, 조직의 목표는 수평적으로도 상호 연결되어 있어야 한다. 조직의 목표가 긴밀한 네트워크를 유지하지 못한다면 각 계층의 개별목표만을 추구한 나머지 조직 전체의 목표 달성에 해가 될 수 있다.

1.2.4 목표의 다양성

기업은 일반적으로 하나 이상의 조직목표를 가지고 다양한 목표는 기업의 각 기능 분야에서 하나 이상을 내포한다.

1.2.5 단기·중기·장기의 목표

다양하고 복합적인 목표들을 달성하기 위해 조직의 계획과 결부되어야 한다. 단기목표는 보통 1년 이내에 달성할 목표를 의미하고 매우 구체적이다. 중기목표는 1년에서 5년 미만의 목표를 뜻하고 장기목표에 비해 환경변화를 적극 반영한다. 장기목표는 5년 이상의 목표로 종합적이고 조직 전체의 기본 구조에 영향을 미친다. 단기·중기·장기의 목표들은 상호 긴밀하게 관련되어야만 한다.

2. 목표의 유형

기업조직의 목표는 크게 전반적인 조직목표와 구체적인 조직목표로 나눌 수 있다. 전반적인 조직목표는 기업의 외부환경과 관련하여 제시되는 광범위한 조직목표이고, 구체적인 조직목표는 기업의 관리체계의 효율을 높이는 것과 관련하여 설정되는 측정 가능한 조직목표이다.

2.1 전반적인 조직목표

전반적인 조직목표는 주주의 이익을 위하여 장기적 안목으로 관리하는 데 초점을 맞춘 기업의 폭넓은 목표를 다루는 것이다. 기업은 이와 같은 조직목표를 달성하기 위하여 경제적 서비스의 목표, 폭넓게 제시되는 기업의 목표, 생존과 성장의 목표, 개별집단의 목표, 정치적·사회적 목표와 같은 사항에 주의를 기울여야 한다.

2.1.1 경제적 서비스의 목표

전통적 경영학 관점에서 이윤은 기업의 궁극적 목표였지만, 오늘날 이윤의 개념은 기업의 목적 그 자체가 아니라 그 목적을 얻는 수단으로 점차 인식이 변화하였다. 이윤은 투자를 촉진시키고, 시설이나 설비에 대한 대규모 투자는 제조원가를 절감시킴으로써 고객에게 저렴한 가격으로 상품이나 서비스를 제공가능하게 한다.

2.1.2 폭넓게 제시되는 사업목표

기업은 장기적 안목으로 판매할 제품과 제공할 서비스를 폭넓고 유연하게 규정할 필요가 있다. 예를 들어 미국의 철도산업은 고객의 수송산업이 아니라 단순한 철도사업으로만 사업목표를 한정지었기 때문에 고객을 다른 교통기관에 뺏기는 어려움을 겪기도 하였다.

2.1.3 생존과 성장의 목표

모든 조직의 공통된 중요 목표는 생존과 성장이다. 기업은 사회가 필요로 하는 제품과 서비스를 제공하여 손익분기점 이상의 운영을 하면서 생존하고 성장·발전한다.

2.1.4 개별집단의 목표

기업의 내·외부에는 다양한 개별집단들이 존재하고 각자의 개별목표를 달성하려고 한다. 개별집단들은 서로 상충되는 목적을 가질 수 있지만 조직 전체의 목표와 결부되었을 때 조직이 성장·발전할 수 있다. [표 7.1]은 기업 내·외부의 개별집단과 그들의 목표를 정리한 것이다. 기업 내·외부의 개별집단 목표가 다른 집단의 목표와 상충되고 있음을 알 수 있다.

표 7.1 기업 내·외부의 개별집단과 목표

집단	경제적 목적
경쟁업체	값싸게 이익을 올릴 수 있는 영업활동
고객/소비자	값싼 제품이나 서비스
은행	높은 대출 이자
주주	우선주 및 보통주의 많은 이익 배당
관리자 및 종업원	높은 경쟁적 임금
노동조합	정당한 보수
공급자	빈번한 주문 조달, 높은 원자재 가격

2.1.5 정부 및 사회의 목표

정부와 사회는 사회보장제도의 확립과 같은 공생, 공영을 위한 보편적인 목적을 가지고 기업을 간섭·통제하는 성격을 띤다. 기업은 사업을 제대로 영위하기 위해 이러한 정부의 규제와 간섭에 순응하고 사회적 목적에 기여해야 한다.

2.2 구체적인 조직목표

구체적인 조직목표는 측정 가능한 목표를 통하여 경영성과를 관리하고 평가하는 것과 관련이 있다는 점에서 전반적인 조직목표와 다르다. 기업은 효과적이고 경제적인 성과를 이루기 위해 명확한 목표를 규정하는 것은 필수적이다. 구체적인 조직목표를 설정하기 위해 경영자는 생산성의 목표·예산의 목표·양적인 목표·질적인 목표와 같은 사항에 집중해야 한다.

2.2.1 생산성의 목표

생산성(productivity)은 단순히 직원의 작업시간과 산출량으로 정의하기보다는 좀더 넓은 의미로 직원들의 지적 및 육체적 능력과 자본을 얼마나 잘 이용하는가에 대한 측정치로 이해할 수 있다. 따라서 효과적인 계획, 발전된 기술, 효율적인 설비와 같은 요소들로부터 생산성의 향상을 기대할 수 있다.

2.2.2 예산의 목표

예산이란 기업의 목표를 달성하기 위한 모든 기업활동을 수치화하여 대차대조표·손익계산서·현금예산·자금의 원천과 운용 등을 재무제표로 나타낸 것을 의미한다. 잘 계획되고 짜여진 예산은 기업운영의 핵심이 되고, 곧 기업의 운영목표라 할 수 있다.

2.2.3 양적인 목표

측정되어 입증할 수 있는 분명한 목표는 기업의 관리활동을 계획성있게 만들고 효율적인 업무 수행을 기대할 수 있다. 이러한 목표를 수립할 수 있는 방법 중 하나는 계량적인 용어로 목표를 표시하는 것이다. 계량적인 목표 중 매출과 이익 등을 막연히 얘기하는 것보다 구체적인 수치로 나타내는 것이 명확하게 알 수 있는 방법이다.

2.2.4 질적인 목표

모든 목표가 계량화될 수 없음에도 불구하고 기업목표를 지나치게 수치화시키려는 것은 오히려 위협이 될 수 있다. 목표가 계량화되지 않더라도 유용한 것들이 많은데, 경영조직의 계층이 높을수록 목표는 질적인 경향을 보인다.

3. 목표에 의한 관리

3.1 목표에 의한 관리의 개념

앞에서 제시한 구체적인 조직목표들을 '목표에 의한 관리'(Management By Objectives: MBO)에 적용시켜 작업환경 속에서 효과적으로 실행할 수 있다. 그런데 목표에 의한 관리는 계획·조직·지휘 및 통제의 기본기능을 수행하는 효과적인 방법이라고 규정할 수 있다.

3.2 목표에 의한 관리의 정의

목표에 의한 관리의 규정과 적용은 경우에 따라 다르지만 대체로 다음과 같이 정의할 수 있다. 목표에 의한 관리란 회사의 비전과 중장기적 경영전략 그리고 연간 사업계획을 달성하기 위해 주요한 관리활동을 체계적인 방법으로 통합하고, 일정 기간 이후 그 결과를 평가하며 계획과 성과를 점검하는 종합적인 관리 시스템이다. 작업목표를 설정할 때는 목표의 명료성·난이도·수용성과 같은 사항을 규정해야 성과를 거둘 수 있다.

3.3 목표에 의한 관리의 실행

목표에 의한 관리는 본부·부문·팀·팀원에 이르기까지 상급자와 하급자의 사전협의를 통해 기업의 목표를 설정하는 방법으로, 각 구성원은 상사의 도움을 받아 각자의 책임분야를 규정하고 기대되는 결과를 명시하는 목표를 설정한다. 그러므로 목표에 의한 관리는 목표의 설정, 실행계획의 개발, 정기적인 검토, 업적의 평가 등 4가지 기본적인 과정을 거친다.

3.3.1 목표의 설정

목표의 설정은 여러 단계를 거치게 되는데, 먼저 기업의 장기적 성공을 위해 중요하다고 생각되는 영역을 찾는다. 보통 시장상황·생산성·수익성·사회적 책임 등이 이에 속하는데, 이것은 다시 조직의 각 기능별로 구체화된다. 이들 주요 분야들이 명확히 구체화되면, 각 영역에 대한 성과의 척도를 결정한다. 여기에는 보통 생산량에 의해 측정되는 산출량, 고정비와 변동비에 의해 측정되는 생산원가, 제품의 매출액에 의해 측정되는 자원의 활용 등이 포함된다.

3.3.2 실행계획의 개발

목표가 계획수립과 주요 관리기능의 토대를 마련해주지만, 목적의 방향을 제시하는 실행계획으로 이어져야만 한다. 먼저 실행계획은 요구되는 모든 활동을 규정하고 단계별로 분할되어야 한다. 다음으로 그 활동에 대한 책임자·필요 자원·필요 기간 등을 판단하여 착수시기와 완료시기를 계획하고 설정할 수 있다.

3.3.3 정기적인 검토

목표에 의한 관리과정의 다음 단계는 통제 시스템을 설정하여 수행되는 활동을 정기적으로 검토하고 점검하는 것이다. 이는 관리자가 계획된 목표를 성취할 수 있는지, 얼마나 효율적으로 달성가능한지를 알아보는 단계이다. 이 통제시스템은 조직구성원들에게 목표에 대한 진척도를 알려주는 피드백을 제공하고 표준에 대해 크게 벗어난 편차는 평가와 수정을 위해 보고된다.

3.3.4 성과의 평가

목표에 의한 관리과정의 마지막 단계는 수행된 업적의 평가이다. 단편적인 프로젝트를 관리하는 경우, 그 성과의 평가가 곧 프로젝트의 완료를 의미할 수 있다. 연도별 평가는 결과(목표)에 초점을 맞추고 목표에 의한 관리 프로그램의 모든 면을 넓고 깊게 다루는 데 반하여, 기간별 평가는 대부분 상급자와 하급자 간에 개별적으로 시행된다.

3.4 목표에 의한 관리의 장단점

목표에 의한 관리가 일반적으로 널리 이용되고 있는 관리방법이지만 잘못 실행하거나 관리과정을 시스템으로 통합하지 않는 경우 좋은 결과를 기대하기 힘들다. 현실적인 시각에서 목표에 의한 관리과정의 장점과 단점을 다음과 같이 살펴보자.

3.4.1 목표에 의한 관리의 장점

명확한 목표의 설정은 조직구성원들의 동기를 유발하는 데에 큰 장점을 갖는다. 이 외에도 다음과 같은 장점들이 있다.

(1) 관리의 개선

목표에 의한 관리는 결과를 위한 계획을 수립하도록 하여 관리자로 하여금 목표를 달성하는 방법과 그가 필요로 하는 인적·물적 자원에 대해 생각해보도록 한다.

(2) 명확히 분산된 조직

목표에 의한 관리는 관리자로 하여금 조직의 역할과 구조를 명확히 하도록 하고, 주요 결과를 가져오는 영역을 중심으로 조직을 구축하게끔 한다.

(3) 개인 참여와 책임이행

목표에 의한 관리는 조직구성원들 각자의 개인목표달성에 전념하도록 하고, 계획수립에 자신의 의견을 개진할 수 있는 기회를 준다.

(4) 효과적인 통제의 개발

목표에 의한 관리는 목표 달성 여부를 확인하기 위하여 결과를 측정하고 계획을 벗어난 편차를 수정하는 통제에 대해서도 효과적으로 적용된다.

3.4.2 목표에 의한 관리의 단점

위와 같이 많은 장점을 갖는 목표에 의한 관리는 개념을 잘못 적용하여 나타나는 단점들도 존재한다.

(1) 목표에 의한 관리의 철학을 납득시키지 못함

목표에 의한 관리를 실행하는 관리자들이 부하직원들에게 목표에 의한 관리의 개념·작용 방법·수행 이유·업적 평가시 역할, 그 결과로 얻는 이득에 대해서 적절하게 설명해야 한다.

(2) 목표설정자에게 지침을 주지 못함

관리자는 계획의 전제조건과 기업의 주요 정책에 대해 알고 있어야 하고, 자신의 행위가 목표와 어떻게 조화를 이루는지 인지해야 한다.

(3) 목표설정의 어려움

목표를 설정할 때에 목표의 명료성·적절한 난이도·유용성 등을 고려해야 하는데, 이러한 사항이 잘 고려된 적절한 목표를 설정하는 것은 쉬운 일이 아니다.

(4) 단기목표만을 강조

대부분의 목표에 의한 관리 프로그램에서 관리자들은 1년 이상의 장기목표보다는 몇 개월 이내의 단기목표만을 강조한다.

(5) 탄력성의 결여

관리자들은 흔히 목표를 변경하는 것을 주저하지만 목표가 너무 자주 바뀌어 잘 계획된 결과를 얻지 못하는 것 또한 의미가 없다.

4. 전략

4.1 전략의 정의

전략(strategy)은 목표를 달성하기 위한 일반적인 행동계획이다. 전략은 계획에 방향을 제시하는 주요 기능을 수행한다. 전략은 조직이 앞으로 실행하려고 하는 미래지향적 관점과 행동의 시도 여부와는 상관없이 현재적 시각에서 보는 것으로 나눌 수 있다. 미래지향적 관점에서 보면, 전략은 '조직의 목표를 설정하여 달성하고, 그 목표를 실행하기 위한 광범위한 프로그램'으로 정의할 수 있다. 반면 현재적 관점에서 보면, 전략은 '시간의 흐름에 따라 변화하는 환경 속에서 조직이 적응하는 것'으로 정의할 수 있다.

4.2 전략의 특징

전략의 특징은 다양한 관점에서 설명될 수 있지만, 다음과 같이 요약할 수 있다.

(1) 기간

기간은 전략을 실행하는 데 걸리는 시간과 그 효과가 나타나는 데 소요되는 활동을 설명하는 데 이용된다.

(2) 효과

전략을 실행하여 얻어지는 결과가 분명하게 나타나지 않을 경우에도, 궁극적인 효과는 중요하다.

(3) 집중성

효과적인 전략으로 직원의 노력, 주의를 집중시킴으로써 다른 활동들을 위하여 이용될 수 있는 자원을 절감시킨다.

(4) 일관성

대부분의 전략은 시간이 흐름에 따라 일련의 결정이 계속적으로 이루어지고, 이러한 결정들은 일관성있는 형태를 따라야 한다.

(5) 보편성

전략은 자원할당 과정으로부터 일상의 업무에 이르기까지 다양한 활동을 포함한다.

이와 같은 5가지 특징을 포함한 전략은 중요한 조직의 행위를 보급하고 통제하는 중추적 역할을 한다.

4.3 경영전략의 개발

미국의 거대한 통신판매회사 시어즈 뢰백의 우드(Robert E. Wood) 사장은 앞으로 승용차 인구의 증가로 많은 사람들이 도시로 이동하고 직접 소매점을 찾게 될 것이라 전망하였다. 이러한 전망을 통해 시어즈는 소매연쇄점으로 전환하는 장기전략에 착수하였다.

4.3.1 전략수립의 유형

전략을 수립하는 데는 여러 가지 유형이 있으나 민츠버그(Henry Mintzberg)는 모험형·적응형·계획형의 3가지 유형을 제시하고 있다.

(1) 모험형

모험형은 한 명의 강력한 지도자가 대담하고 위험을 감수하는 결정을 내리는 것으로, 전략수립은 기업의 경영자 개인의 계획에 의하여 기회를 모색하는 데서 이루어진다.

(2) 적응형

적응형은 환경의 변화에 순응하고 한 단계씩 조심스럽게 나아가고 경쟁자의 행위에 방어적으로 대하는 경향을 나타낸다. 반면 모험형 기업가는 환경을 강력하게 통제하고 진취적 도약을 꾀하며 경쟁자보다 앞서 기선을 제압하려는 경향이 있다.

(3) 계획형

계획형은 최고경영자가 체계적인 절차와 과정을 밟으면서 조직과 환경을 분석하여 미래지향적인 계획을 세움으로써 강력한 방향감각과 확고한 지침을 제공한다. 경영자가 위험을 감수하는 결정을 내린다 하더라도 계획형의 경우에는 조직적이고 체계적이라 할 수 있다.

4.3.2 유형의 선정

위에서 제시한 3가지 전략수립의 유형들 중에 모든 조직과 모든 상황에 적합한 방법은 없기 때문에, 어떠한 방법을 선택할 것이냐 하는 문제는 간단치 않다. 신속하고 대담한 진척을 선호하는 강력한 경영자를 가진 개업 초기의 소규모 조직이나 모험적 행위가 필요한 조직에 대해서는 모험형이 적절하다. 반면 환원시킬 수 없는 투자를 했거나 서로를 견제하는 경쟁 집단의 관리체계를 가진 조직에는 적응형이 적절하다. 실제로 대부분의 조직은 관리자들의 개성에 따라 3가지 유형을 결합하여 이용한다.

4.4 전략의 종류

전략은 조직의 형태에 따라 여러 가지 종류로 나눌 수 있는데, 기업의 각 분야를 중심으로 전략의 종류를 요약하면 다음과 같다.

(1) 제품과 서비스

제품 및 서비스전략은 고객이 요구하는 새로운 제품과 서비스를 개발하는 것이다.

(2) 마케팅

마케팅전략은 제품과 서비스를 고객들에게 분배하고, 고객들이 구매를 결정하도록 설계하는 것이다.

(3) 성장

성장전략은 성장이 어느 정도·얼마나 빨리·어디에서 일어나야 하며, 그것이 어떻게 일어나야 하는 것과 관련이 있다.

(4) 재무

재무전략은 기업의 활동에 요구되는 운영 자금을 조달하기 위한 것이다.

(5) 조직구조

조직구조의 전략은 기업이 이용할 조직형태의 유형과 관련이 있다. '이것은 의사결정의 권한이 집중되어야 하는가?' '분산되어야 하는가?' '어떤 종류의 부서형태가 가장 적합한가?' '이익 책임을 갖는 사업부제를 개발하여야 하는가?' '매트릭스 구조를 이용하여야 하는가?' 그리고 '참모직제는 어떻게 설계하여야 하는가?'와 같은 실제적인 질문에 답하는 것이다.

(6) 인사·노무

인적자원분야에도 노사관계·임금·선발·고용·훈련·평가 같은 주제와 관련한 전략들을 수립한다.

(7) 광고·홍보

광보·홍보전략은 기업의 형태, 소비자와의 근접도 및 행정기관의 규제에 대한 민감도를 고려하여 설계되어야 한다.

5. 전략적 계획

5.1 전략적 계획의 특징

전략적 계획은 조직의 목표를 선정하고, 그 목표를 달성하는 데 필요한 방침과 프로그램을 결정하며, 그 방침과 전략적 프로그램이 반드시 실행되도록 하는데 필요한 방법과 절차를 설정하는 과정이다. 전략적 계획 대신 종합적 계획 또는 장기적 계획으로도 불린다. 전략의 5가지 성질을 토대로 전략적 계획의 5가지 특징을 살펴보면 다음과 같다.

(1) 기본적인 질문

전략적 계획은 기업의 형태·시장의 종류·고객의 유형과 같은 기본적인 질문을 다룬다.

(2) 일상적인 결정의 틀

전략적 계획은 보다 세부적인 계획과 일상적인 결정을 위한 틀을 제공한다.

(3) 장기간의 소요

전략적 계획은 다른 유형의 계획보다 장기적 계획의 성질을 갖는다.

(4) 에너지와 자원의 집중

전략적 계획은 조직의 에너지와 자원을 최우선 활동에 집중시킬 수 있도록 한다.

(5) 최고경영층의 활동

전략적 계획은 최고경영층이 조직의 모든 면에 관여하고 필요한 비전을 제시해야 하며 하부계층의 임무를 만들어 지원하는 등 적극적으로 관여해야 한다.

5.2 전략적 계획의 중요성

오늘날 기업경영을 위한 전략적 계획의 중요성이 크게 증대되고 있다. 대부분의 조직은 장기적인 성장·발전을 위한 전략적 계획의 중요성을 인식하고, 관리자들은 조직의 사명과 목표를 구체적으로 규정함으로써 그들이 조직의 지향할 방향을 보다 잘 제시할 수 있다. 결과적으로, 조직은 보다 잘 기능을 발휘하게 되고, 변화하는 환경에 한층 민감성을 띠게 된다. 결국, 전략적 계획은 조직의 기능과 민감도를 향상시킬 수 있는 조직활동의 기틀을 제공한다. 그러면 전략적 계획이 중요한 이유를 조직의 민감도 측면에서 살펴보면 다음과 같다.

5.2.1 조직활동 기능의 향상

전략적 계획의 도입이 조직의 기능향상에 어떠한 결과를 가져올지에 대해서 미국의 에비스 자동차 대여회사의 경우를 예로 들 수 있다. 이 회사는 여러 해 동안 적자운영을 하고 있다가 타운젠트(Robert Townsend)가 사장으로 취임하여 회사에 필요한 방향을 제시한 이후, 이 회사는 업계 2위로 성장하였다. 먼저 타운젠트 사장은 회사의 사명과 목표를 명확히 설정하고 지금까지 호텔·여관·여행사·관광회사 등과 같은 관련 업체의 취득을 고려하던 것을 모두 중지하였다. 다음으로 이 회사가 소형자동차의 대여와 임대업을 통한 이익을 가지고 가장 빨리 성장하는 회사가 되는 것으로 구체적인 목표를 설정함으로써, 조직 구성원의 집중을 비생산적인 활동에 허비하지 않도록 하였다. 그러므로 전략적 계획은 조직의 선명한 개념을 개발할 수 있게 하고, 조직을 그들의 목표로 근접시킬 수 있는 구체적인 계획과 활동을 할 수 있게 한다.

5.2.2 변화하는 환경에 대한 민감성

전략적 계획은 관리자들로 하여금 급격하게 변화하는 기업환경에 대한 준비를 하여 대응할 수 있게 한다는 점에서 중요한 의미를 갖는다. 오늘날 모든 기업환경들은 빠르게 변화하고 있고, 경험이 항상 신뢰할 수 있는 지침이 될 수 없기에 관리자들은 미래에 발생할 문제들에 대해서 새로운 전략을 개발해야 한다.

5.3 전략적 계획의 장단점

전략적 계획수립은 조직의 형태와 상황에 따라 변할 수 있다. 어떤 조직에서는 공식적인 전략적 계획수립을 위한 관리능력이 부족할 수도 있고, 전략적 계획수립 과정의 비용을 감당하지 못하는 중소기업에서는 불가능할 수도 있다. 이러한 경우에는 일상적인 업무를 토대로 비공식적으로 전략적 개념을 활용하지만, 공식적인 체계를 거치지 않으려는 경영자에 의해 오히려 큰 이득이 얻어질 수 있을 것이다.

여기서 전략적 계획의 장점과 단점을 분석해 보기로 하자.

5.3.1 전략적 계획의 장점

① 조직의 활동에 일관성있는 지침을 제공하고, 관리자들은 어떤 문제가 발생할 것인가를 예측하여 그 문제를 다룰 수 있다.

② 전략적 계획에 의한 치밀한 분석을 통하여 관리자들은 그들이 좋은 의사결정을 하는데 필요한 정보를 많이 얻을 수 있다.

③ 전략적 계획은 오류나 예기치 않은 어려움이 발생하는 것을 최소로 줄여주기 때문에 목표나 전략들은 잘못될 염려가 없다.

5.3.2 전략적 계획의 단점

① 계획입안자들이 기업의 제품이나 고객과 직접적인 접촉을 갖지 않는 경우, 적절한 전략적 계획을 수립할 수 없다.

② 전략적 계획시스템이 요구하는 시간과 돈 그리고 투자를 보상받는 것은 몇 년씩 걸리게 되고, 그 전략적 계획이 제대로 기능을 발휘하기 시작할 때까지 조직은 불투명한 상태에서 중대한 결정들을 하게 되므로 좋은 기회를 잃어버리는 결과를 초래할 수도 있다.

③ 전략적 계획시스템 덕분에 조직을 안정기반 위에 정착시켜 발전이 더딜 가능성도 있다.

6. 경영전략의 3가지 수준

6.1 경영전략의 3가지 수준

기업의 경영전략은 전사적 차원의 전략·사업 차원의 전략·기능 수준의 전략 등 3개 수준이 존재하고, 이들은 전사적 전략·사업전략(경쟁전략)·기능별 전략의 계층으로 분류할 수 있다.

6.1.1 전사적 전략

전사적 전략은 사업 분야의 선택과 자원 배치같은 장래 방향성에 관련된 것이다.

사업 영역·경쟁력의 원천·사업 조합의 형태·경영 자원의 배치 등을 결정한다.

6.1.2 사업전략

사업 전략은 개별 사업 분야에서 경쟁에 이기기 위한 전략으로 특정 시장에서 기업 각각의 경쟁을 분석하여 보다 구체적인 행동계획을 실시한다.

6.1.3 기능별(직능별) 전략

기능별 전략은 자원을 얼마나 효율적으로 이용하는가와 관련된 것으로, 기업 전략에 의해 배정된 경영 자원 중에서 업무 효율을 높이는 방법을 모색한다.

7. 전사적 전략

전사적 전략·사업전략·기능별 전략 모두가 유효가게 기능하기 위해서 가장 먼저 전사적 전략이 명확하게 책정되어야 한다. 전사적 전략이 사업 목표 설정의 제약요인으로 설정되고, 사업전략이 책정되어 기능수준에서의 기능별 전략으로 연결된다. 각 차원의 전략은 사업 확대와 다각화한 기업에서 각각 명확하게 분류되고, 동시에 서로 조화하는 일관된 것이 요구된다. 그러므로 전사적 전략을 기업 행동의 중심축으로 하여, 각 사업전략, 기능별(직능별) 전략에 균형있게 연계시키는 것이 중요하다. 전사적 전략은 자사의 경쟁적 지위를 확보하기 위해서 기업이 지향하는 쪽으로 전사적 자원 배분의 할당과 배분의 변경을 실시하는 것을 내용으로 한다. 여기에서는, 특히 중요한 제품시장 믹스·다각화 전략·PPM을 중심으로 전사적 자원 배분을 고려한다.

7.1 제품시장 믹스

기업의 성장 목표 방향으로 앞으로 생각할 전략 유형은 어떤 것인가? 이 문제 의식에 부응하려면, 도메인, 자원 전개, 시너지 등을 고려할 필요가 있다. 예를 들면, 기업차원의 전략, 제품시장 분야에 관한 전략의 유형을 보면, 가로축에 현재 및 새로운 제품 분야, 세로축에 현재 및 새로운 시장 분야를 취함으로써, 다음과 같이 전략을 식별할 수 있다.

표 7.2 제품시장 전략

	현제품	신제품
현시장	시장침투전략	제품개발전략
신시장	시장개발전략	다각화 전략

(1) 시장침투전략

현재 시장에서 취급하고 있는 제품의 판매를 늘려 시장침투력을 확대하는 성장전략이다. 예를 들면 기존 고객에게 광고나 할인 등을 통해서, 기존 제품을 더 살 수 있게 유도하는 방법이다.

(2) 시장개발전략

새로운 시장 또는 고객을 개척하여 기존 제품의 판매량을 늘리는 전략이다. 예를 들면, 기존의 상품 및 서비스를 해외에서 판매하는 방법이다.

(3) 제품개발전략

기존의 고객층에게 신제품을 개발하거나 모델을 변경하여 판매하는 전략이다. 예를 들면, 새로운 기종 또는 업그레이드된 가전제품 등을 판매하는 방법이다.

(4) 다각화 전략

새로운 제품과 서비스를 가지고 새로운 시장에 뛰어들어 사업을 전개하는 전략이다. 예를 들면, 컴퓨터 제조업체가 소프트웨어 개발에 참가하고, 대형마트사가 배달대행사업을 전개하는 경우이다.

7.2 다각화 전략

다각화 전략(diversification strategy)은 기업의 규모 확대에 따른 시장 점유율을 낮추기 위한 기업 분할, 단일 사업 구조에 의한 수요 변동과 계절 변화가 실적에 미치는 악영향 회피, 잉여 자원의 다각적 활용을 배경으로 전개되는 전략에서 사업 구조의 다양화 지향과 같은 상황이 발생하였을 때, 고려되는 전략이다. 기업은 경영상에 불가피한 위험을 안고 있고 이러한 위험에 대비하여 단일사업에만 의존하는 것이 아니라 복수의 사업을 전개하여 위험성을 회피하려 한다. 즉, 다각화 전략을 실시하는 최대의 이유는 경영위험의 분산이다. 다른 이유로 사업 상승효과의 추구가 있는데, 현대의 경영에서는 규모의 경제성·범위의 경제성·연결 경제성 등을 고려해야 한다.

규모의 경제성은 생산량의 증대에 따른 평균 비용의 감소로 이익률이 상승하는 것을 의미한다. 반면, 범위의 경제성은 기업이 복수의 제품을 개별적으로 생산할 때보다 한 번에 생산할 때의 총비용이 적게 드는 것을 나타낸다. 그리고 연결의 경제성은 네트워크를 활용한 기업간의 정보 공유 및 정보의 비대칭성을 활용하여 타사의 기술을 앞서 나가는 것을 의미한다. 이러한 이유들로 인해 기업은 사업의 다양화를 도모하고 결과적으로 다각화를 전개하게 된다. 다각화는 기존 사업과의 관련성에 따라 관련 다각화와 비관련 다각화로 나눌 수 있다.

(1) 관련 다각화

새로 전개하려는 사업이나 기존 사업과 관련성이 높고, 기존 기술과 유통채널, 관리 노하우 등을 공통적으로 활용할 수 있는 상태에서의 다각화를 나타낸다. 경영활동의 다양한 경험의 공유·핵심역량 강화·경영자원의 생산성 향상이라는 이점을 갖는다.

(2) 비관련 다각화

새로 전개하려는 사업이나 기존 사업과 관련성이 떨어지거나 전혀 존재하지 않는 경우의 다각화를 말한다. 사업 위험의 분산, 자금관리의 효율화라는 이점을 갖는다. 관련 다각화는 비교적 실행하기 쉽지만, 비관련 다각화의 경우 새 사업에 관한 경영 자원을 새롭게 획득, 배분해야 하므로 경영위험을 수반하고 있다. 하지만 비관련 다각화는 동종업계의 다른 기업들의 참가를 저지할 가능성이 높고 성공시의 수익이 크다는 매력을 가지고 있다.

그리고 업종의 확대와 대조적으로 수직 방향의 확대를 통합하는 움직임이 보이는데, 이러한 다각화를 축으로 하는 기업의 성장전략은 자사에서만 실시할 뿐만 아니라, 넓은 동업 타사와 관련 분야의 기업들과 전략적 제휴를 통하여 실현되는 경우도 많이 나타나게 되었다. 이 전략적 제휴(strategic alliance)란 다른 기업에서의 생산과 판매의 위탁, 공동 연구 개발이나 생산 및 판매, 기술 원조와 부품 공급 등을 구체적 내용으로 한다.

7.3 PPM 분석

PPM(product portfolio management)은 다수의 사업을 가진 기업의 전략적 강약점 분석을 위해 성장률과 시장점유율을 이용하여 적절한 경영 자원 배분을 위한 대응전략을 취할 수 있도록 해주는 기법으로 보스턴 컨설팅그룹이 개발한 PPM이 대표적이다. 이 PPM분석은 다각화한 기업의 효과적 자원배분과 기업의 제품 사업 조합에 대한 문제의 답을 제시해준다. 여기에는 다음의 개념들을 전제한다.

첫째, 제품이나 산업에는 탄생부터 쇠퇴에 이르는 일련의 프로세스가 존재하여 수명이 있다는 사실을 인정하는 것이다. 일반적으로 S자형 라이프 사이클을 겪는데, 도입기에는 성장률이 그다지 높지 않지만 시간의 흐름에 따라 그것이 높아지고 결국 다시 낮아지는 것을 나타낸다.

둘째, 경험곡선에 준거한다. 경험곡선은 기업 경영에서 경험이 축적되는 데 따라 비용이 감소한다는 경험효과의 현상을 계량적으로 측정한 것이다. 이 현상은, 제조비용뿐만 아니라 관리·판매·마케팅 등을 포함한 총비용에도 해당된다.

이러한 라이프 사이클과 경험곡선 2개의 전제로부터 유추되는 논리가 PPM이며, 이는 다음 그림과 같은 개념도로 나타낼 수 있다. 'BCG 매트릭스'는 기업의 제품개발과 시장전략을 위한 분석도구로 시장 성장률과 상대적 시장 점유율의 두 축으로 구성된다. 또한, 매트릭스의 각 셀은 각각의 독특한 이름으로 분류되고 그 특징은 다음과 같다.

그림 7.1 BCG 매트릭스

(1) Star Business

매출액과 성장률이 높아서 이에 따른 지속적인 투자가 필요한 사업이다. 시장점유율의 보호에 유의하면서 제품의 개선 및 시장범위 확대 등을 통해 경쟁자와의 경쟁에서 우위를 차지하는 것이 중요하다.

(2) Cash cow Business

시장의 성장률은 낮지만 기업제품의 점유율이 높아서 꾸준한 이익을 가져다 주는 사업이다. 또한 많은 자금의 투자를 필요로 하지 않기 때문에 현금이익을 크게 볼 수 있다.

(3) Question mark Business

시장 자체는 성장세에 있으나 시장점유율이 낮고 비용이 높게 소용되는 위험을 갖고 있다. 차후 Star Business가 되거나, Dog Business로 전락할 수 있는 위치에 있다.

(4) Dog Business

더 이상 성장하기 어렵고, 이윤과 현금흐름이 좋지 못한 사업이다.

한편, 2차원 매트릭스인 PPM의 한계는 다음과 같으며, 이 점에 대하여 유의하는 것이 현명하다.

- 각각의 사업에 대한 시너지가 고려되지 않는다.
- 현 시점에서 시장 성장률과 자사의 상대시장 점유율만 다룬다.
- 잠재적으로 성장 가능한 사업일지라도, 성숙시장에 속하는 사업(제품)에는 자원투입을 하지 않는 것을 전제로 하는 등의 문제가 발생할 수 있다.

8. 사업전략

기업은 개별 사업 분야에서 경쟁을 뚫기 위해 사업전략을 전개하여 스스로 성장하고 발전한다. 전사적 전략에서는 다수의 사업을 대상으로 하기 때문에 사업마다 경쟁기업과 고객이 다를 수 있지만, 사업전략에서는 구체적인 사업 분야를 다루기 때문에 특정 시장의 기업 경쟁력을 분석할 수 있다. 보다 구체적인 실행계획을 작성하고 실시하여 경쟁 우위성을 확립해야 한다.

8.1 경쟁 우위성을 위한 사업전략

1980년대, 홀(W.K. Hall)은 당시의 성숙 산업이었던 미국 8대 산업에 대해서 조사한 결과, 어려움 속에서도 좋은 실적을 거두고 있는 기업들은 해당 산업의 최저 원가 달성, 최고의 제품 및 서비스 품질 등에서의 차별적 지위의 구축이라는 공통점을 가지고 있었다. 이 사실로부터 원가의 우월성과 제품 및 서비스의 차별화가 기업경영에서 가장 중요하고 이를 통해 경쟁 우위성을 구축할 수 있다고 믿었다. 특히, 포터(M.E. Porter)에 의한 경쟁전략론 제기 이후 기업 경영의 중심적 과제는 경쟁전략으로서의 사업전략에 초점을 맞출 수 있게 되었다. 그가 제시한 기업이 경쟁 우위를 확보하기 위한 3가지 기본 전략에 따라 기업의 전략적 경영 방식을 전환시킨 포터는 나중에 산업 조직론에 근거하여 기업에 대한 수익을 초래할 산업 구조의 특성을 추출하였다. 그에 따르면, 5가지 요인의 존재가 실제 업계의 경쟁 구조를 결정한다고 하였다. 이들 여러 요인에 의해서 결정되는 업계의 수익성을 분석한 후, 가장 수익성 높은 업계(산업)를 기업이 선택하는 것이 중요하다.

- 신규 참가의 위협: 잠재적 참가 업체를 포함한 신규 참가 업체의 수와 규모가 초래하는 위협
- 대체 위협: 구매자의 욕구를 충족시키는 다른 제품의 출현을 초래하는 위협
- 구매자의 협상력: 고객이 미치는 수익에 대한 영향
- 판매자의 협상력: 원자재 구입처인 공급업체가 미치는 수익에 대한 영향
- 기존 기업과의 경쟁관계: 업계 내 경쟁업체와의 경쟁 상황이 초래하는 위협

그러므로 포터에 의한 경쟁전략은 업계에서 유리한 경쟁적 지위를 찾는 것에 의미가 부여되었고, 그 중심 개념은 '저비용화'와 '차별화'에 있다. 이들을 기초로 집중화를 추가함으로써, 기업이 취할 경쟁전략으로써 기본 유형은 저비용화 전략·차별화 전략·집중화 전략 등으로 구성된다.

8.2 가치사슬분석의 기본

가치사슬은 기업의 모든 활동을 전략적으로 분류하여 원가가 발생하는 원천과 자

그림 7.2 가치사슬분석의 기본모형

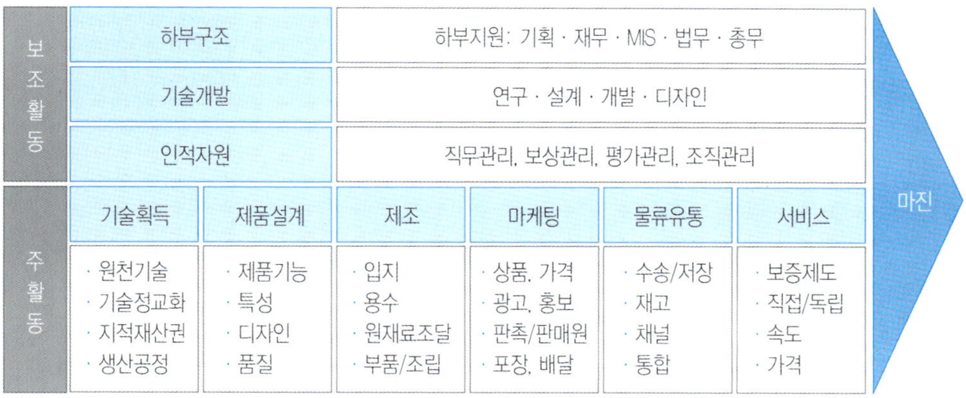

사의 제품을 경쟁사의 제품과 차별화시키는 원천을 밝혀내기 위해 도입된 개념으로 가치활동 각 단계에 있어서 부가가치 창출과 관련한 핵심활동을 규명하고, 그 핵심활동들의 차별화 요인을 분석하여 경쟁우위를 구축할 수 있다.

이러한 가치사슬은 주활동과 지원활동으로 나뉜다. 주활동은 제품이나 서비스가 고객에 도달하기까지 재료나 부품의 구매물류·제조물류·출하물류·판매·마케팅·서비스 등과 같은 현장업무 활동을 의미하고, 지원활동은 조달활동·기술개발·인사·재무·기획 등 현장활동을 지원하는 제반 업무를 의미한다.

가치사슬분석을 활용함으로써 기업의 전반적인 활동에 대한 혁신을 가져오고, 가치사슬과 연계요소의 분석을 통해 기업혁신을 도모한다. 또한 기업활동 내부의 낭비요소를 제거하여 원가를 절감하고, 제품품질을 향상시키며, 납기단축을 통하여 제품과 서비스를 고객에게 신속히 전달한다.

9. 기능별 전략

기능별 전략은 사업전략을 실현시키기 위해 기능별 관점에서 실시하는 전략을 의미하고 생산·마케팅·인사·재무 등의 기능에서 사용된다. 이는 가치사슬 기업이 활동한 최종적인 부가가치가 어떻게 만들어지는지 척도가 될 수 있다. 그러므로 기능별 전략에서는 각 기능의 능력을 최대한 끌어내는 전략을 구축해야 한다. 또한 각각의 기능을 따로 구축하는 것이 아니라 잘 결합시키고, 전사적 전략이나 사업전략의 책정과 정합성을 취하는 것이 중요하다. 기능별 전략은 생산·마케팅·인사·재무·연구개발 등 각 기능별 전략이다.

제8장

조직화

장동인 AiBB 대표 "韓 기업, AI 팀 조직 구축 넘어 업무 전반에 도입해야"

"각 분야에서 가장 똑똑한 인공지능(AI) 제품 하나, 많게는 둘 정도만 살아남을 것입니다. AI 독점 경쟁에서 밀리면 회사 운명도 위태롭습니다. AI 중요성을 인식하고 회사 전반에 도입해야 합니다."

장동인 AiBB 대표는 20일 서울 중구 정동1928 아트센터에서 열린 'CES 2020 리뷰 세미나'에서 이렇게 말했다. 세미나는 지난 7~10일(현지 시각) 미국 라스베이거스에서 열렸던 세계 최대 IT·가전전시회인 'CES 2020'을 정리하는 취지로 전문가들을 초청해 진행됐다. 조선비즈, IT조선, 한국능률협회가 공동 개최했다.

장동인 AiBB 대표가 발표하고 있다. / 조선비즈

장 대표는 AI가 모든 산업과 사람에게 영향을 줄 것이라고 설명했다. 그는 아마존의 AI 플랫폼 '알렉사(Alexa)'를 예로 들었다. 알렉사는 단순한 AI 비서 역할을 넘어 하나의 생태계를 형성했다. 스피커, 자동차, 시계, 거울 등 일상생활 전반에 탑재됐으며 연동 가능한 앱은 10만 개에 달한다.

장 대표는 "알렉사 규모는 최대 규모 검색 엔진인 구글에 맞먹을 정도로 이러한 AI 플랫폼 시장은 향후 어마어마하게 성장할 것"이라며 "한 조사에 따르면 2030년까지 AI가 세계 경제에 미치는 영향력은 1조 달러(1,159조원)에 달할 것이다"고 강조했다.

그는 한국 기업들도 AI 도입에 적극 나서야 한다고 역설했다. 학계 수준을 뛰어넘는 AI 기술력을 확보한 실리콘밸리 기업들과 달리 한국 기업은 AI를 효율적으로 활용하고 있지 못하다는 설명이다. AI를 연구·개발, 구매, 생산, HR 등 기업 업무 전반에 도입해야 한다고도 덧붙였다.

장 대표는 "실리콘밸리 기업을 방문해보니 그들은 AI를 자연스럽게 활용하고 있었다"며 "반면 우리나라 기업 대다수는 AI 팀을 만들고 그들이 알아서 하도록 내버려두기 마련인데 사실 AI 도입의 핵심은 부서 간 협업에 있다"고 말했다.

(조선일보, 2020. 1. 23)

1. 조직화의 개념

1.1 조직화의 정의

조직화(Organization)란, 집단이 그들의 공동 목표를 추구하기 위해 조직 구조를 형성하고, 조직 구성원에게 수행해야 할 직무를 분배하고, 이를 위한 조직 구조를 형성하는 일련의 활동을 뜻한다. 이러한 조직화는 관리 과정의 두 번째 단계로, 계획 과정에서 수립된 계획을 직접 실행에 옮기는 과정이다. 계획 과정을 통해 목표가 제시되면, 경영자는 그 목표의 달성을 위해 조직이 보유한 물적·인적 자원을 적절히 활용·분배하도록 한다.

조직이 목표를 달성하기 위해서는 경영자는 필요한 자원을 조달하고, 보유한 자원을 적절히 분배하여 목표를 달성할 수 있는 조직을 구성해야 한다. 조직의 구성원들이 조직의 공동 목표를 위해 효과적으로 일하려면, 경영자가 그에 적합한 직무 구조 및 조직을 설계·유지해야 한다. 이것이 경영관리의 직능인 조직화이고, 이러한 조직화를 통해 조직 구조가 만들어진다. 조직 구조에서 중요한 점은, 누가 무엇을 해야 할 것인지, 결과에 대한 책임은 누가 지는 것인지를 누구나 알 수 있도록 구성하는 것이다. 이때 조직화와 조직이 구분되는데, 전자는 경영관리 과정으로, 조직의 형성과 유지를 위한 관리 과정상의 기능을 가지며 동태적 표현으로 기능적 의미를 내포하고 있다. 반면 후자는 실체적인 조직으로, 경영자가 조직화 기능을 수행함으로써 형성된 것이며 정태적 표현으로 형태나 구조의 의미를 가진다.

1.2 조직화를 위한 준비

효율적인 조직화를 위해서는 조직 구성원들이 수행해야 할 직무·업무를 명확히 표현하고, 이에 관련된 책임소재가 명시되어야 한다. 또한 공동의 목표를 달성하기 위해 업무 흐름이 명확하고, 효율적인 의사소통, 적절한 행동체계의 설정 및 직무지침의 제시 등이 요구된다. 이러한 과정을 제대로 갖추기 위해서는 [표 8.1]과 같은 단계를 거쳐야 한다.

이와 같은 구상에는 두 가지 해결해야 할 문제가 존재한다. 조직 내 다양한 구성요소들을 어떻게 분할할 것인지, 그리고 통합시킬 것인지가 바로 그것이다. 즉, 이 문제는 조직 내 구성원들이 더욱 효율적으로 직무를 수행할 수 있도록 활동 단위를 결정하

표 8.1 조직화를 위한 준비

과업의 분할	조직화를 위해선 조직의 공동 목표달성을 위해 필요한 일련의 직무들을 더 작은 단위로 세분화시켜야 한다. 이 때 세분화 과정에선 구성원들의 전문성을 고려하여 장점을 살릴 수 있도록 해야 한다.
과업의 할당	세분화된 과업을 수행할 능력이 있는 구성원에게 적절히 분배하여 그들이 수행하도록 하여 효율적인 작업을 도모할 수 있고, 이를 통해 조직목표를 달성하게 된다.
필요한 지원과 자원할당	공동 목표 달성을 위한 일련의 활동들이 원활하게 수행될 수 있도록 적절한 지원과 자원할당이 요구된다. 이러한 과정에서는 효율적인 자원 분배 및 조직효과성을 고려해야 한다.
관련 과업의 결합	구성원에게 배분된 직무에 유사성이 있다면 이를 집단적으로 수행할 수 있도록 하여 직무가 효율적으로 수행되게 해야 한다. 이러한 일의 집단화를 부문화라고 한다.
과업활동의 조정	구성원 또는 각 부문사이에 과중된 업무분배가 없는지, 알맞게 분배되었는지 등에 대하여 적절한 조정이 있어야 한다. 이를 통해 긴밀한 협조·공조 속에 갈등 없이 목표를 향해 직무를 수행할 수 있다.

는 분업의 문제와 조직의 공동 목표를 효율적으로 달성할 수 있도록 조직 내 직무단위들을 어떻게 조정 및 통합할 것인지에 관한 통합의 문제이다. 조직의 공동목표를 효율적으로 달성하기 위해선 과업을 적절히 분할하고, 필요한 경우 이를 통합하는 것 역시 필요하기에 이들 문제는 복잡한 측면이 있다. 경영자들은 자원을 조직화하는 과정에서 이들 분할과 통합을 적절히 조정하여 조직의 공동 목표를 효과적으로 달성할 수 있도록 해야 한다.

2. 조직화의 형성요소

2.1 직무

직무란, 조직 구성원 각자가 목표달성을 위해 수행해야 하는 과업의 단위이다. 조직 목표 달성은 조직 구성원 모두의 노력을 요구하므로, 각 구성원의 직무는 상호관련성을 가진다. 따라서 각 직무 단위를 명확하게 할 필요가 있다.

2.2 권한

권한이란, 어떤 직무를 자신이 직접 또는 타인이 수행하도록 하기 위하여 필요한 공식적인 힘 또는 권리를 말한다. 권한은 직무를 수행하기 위한 것이므로 직무와 필수 불가결한 관계에 있다. 업무수행 과정에서 권한의 발생 근거가 중요성을 갖는다.

2.3 책임

책임이란, 어떤 직무를 주어진 권한 내에서 수행해야 할 의무를 말한다. 이 때 의무란, 조직의 공동 목표를 달성할 수 있도록 주어진 권한 내에서 일정한 직무를 수행해야 하는 의무를 말한다. 직무의 경우 일정한 권한과 함께 하위 구성원에게 위양할 수 있으나, 책임은 위양될 수 없다. 직무가 위양되었다 하더라도 상급자의 책임은 그대로 상급자에게 존속하는 것이며, 오히려 상급자는 하위 구성원이 위양된 업무를 적절히 수행하고 있는지에 대해 감독 책임이 있다.

2.4 직위

직위란, 직무를 수행하기 위해 특정 개인에게 부여되는 조직상의 위치, 지위를 말한다. 조직원에게는 공동의 목표 수행을 위해 일정한 직무가 할당되고, 직무 수행에 있어 필요한 권한이 부여되고 책임이 설정된다. 따라서 직위란 위에서 논의한 직무·권한·책임과 조직 구성원의 활동을 적절히 조화시키는 과정에서 발생한다.

3. 조직화의 원칙

3.1 권한과 책임의 원칙

권한과 책임의 원칙이란, 할당된 직무와 관련하여 책임과 권한 사이의 관계를 명확히 해야 한다는 원칙이다. 개인이 할당된 직무를 수행하기 위해서는 직무수행의 권한이 주어져야 하며, 그러한 권한의 행사로 인한 결과에 대해서는 책임이 수반되어야 한다. 권한과 책임은 서로 적절한 상호관계에 있을 때 조직 활동이 원활해질 수 있기 때문이다. 이러한 의미에서 권한과 책임의 원칙을 권한과 책임의 일치원칙이라고도 한다. 또한 직무를 수행하기 위해서는 권한과 책임이 반드시 수반되어야 하고, 직무 수행 담당자는 수행결과에 대한 보고의무를 가져야 한다는 점에서 이러한 권한·책임·보고 사이의 관계를 직무의 '삼면등가의 원칙'이라고도 한다.

3.2 전문화의 원칙

전문화의 원칙이란, 조직형성에 있어서 가능한 한 업무의 특성 및 종업원의 전문지식 및 기술을 고려하여 조직을 형성해야 한다는 원칙을 말한다. 보통 업무 전문화는 공정·거래처·제품·지역별로 이루어지며, 업무 수행자의 신체적·정신적 조건에 따라 분류되며, 이를 분업화의 원칙이라고도 한다.

3.3 조정의 원칙

조정의 원칙이란, 부문별 또는 기능별로 분화된 과업을 공동 목표를 달성하기 위해 이를 조정하여 질서 및 통일성을 도모하는 원칙이다. 이 원칙은 전문화된 과업활동을 조정하여 공동의 목표를 원활하게 달성할 수 있도록 조직을 통합·조정하여 조화를 이루어내는 것을 목표로 한다.

3.4 권한위양의 원칙

권한위양의 원칙이란, 권한을 보유한 상급자가 하급자에게 특정한 직무수행을 위임할 때, 그 직무를 효과적으로 수행하기 위해 직무에 수반되는 권한도 위양해야 한다는 원칙이다. 직무를 위임하는 과정에서 직무만 위임되고 권한이 위양되지 않는 경우 효과적으로 직무를 수행할 수 없고, 하급자의 의욕적인 직무수행 역시 기대할 수 없다. 따라서 직무에 수반되는 권한은 그 직무를 수행할 수 있는 비중만큼 위양되어야 한다. 이 원칙은 예외의 원칙과 일부 관련성이 있는데, 예외의 원칙이란, 반복·단순 업무는 하급자에게 위양하고 중요·비일상적 업무는 상급자가 맡음으로써 직무 수행의 효율을 높이는 원칙이다.

3.5 명령일원화의 원칙

명령일원화의 원칙이란, 조직의 공동목표를 효율적으로 수행하고 질서를 유지하기 위해서는 직무수행자는 자신의 직속 상급자로부터 명령을 받아야 한다는 원칙이다. 이는 명령통일의 원칙이라고도 불리는데, 이 원칙을 통해 능률적인 관리가 가능하고, 추구하는 목표의 통일성을 확보할 수 있다.

3.6 감독 범위의 원칙

감독 범위의 원칙이란, 한 사람의 관리자가 감독하는 부하의 수를 일정 정도로 제한해야 한다는 원칙이다. 소수의 관리자가 모든 종업원을 직접 지휘·통제하는 것은 능력적인 한계가 있다. 따라서 감독자의 관리능력에 맞게 적절히 부하를 배정하는 것이 중요한데 관리능력과 담당 직무·종업원 개인의 능력 등 다양한 요소를 고려해야 한다. 보통 상위 관리계층에서는 4~8명, 하위 관리계층에서는 8~15명이 적당하다.

3.7 탄력성의 원칙

탄력성의 원칙이란, 기업을 둘러싼 환경이 변화함에 따라 그에 따른 변화를 할 수 있도록, 조직 관리에 있어 적응성이 필요하다는 원칙이다. 이는 적응성의 원칙이라고도 한다. 보통 조직 구성원들은 직무를 둘러싼 조직 내의 변화를 불편하게 인식하기에, 환경 변화에 적응하지 못하는 비효율적인 직무수행방법을 유지하곤 한다. 따라서 효과적인 공동 목표 달성을 위해서는 탄력성이 반드시 필요하게 된다.

3.8 계층 단축화의 원칙

계층 단축화의 원칙이란, 계층화된 조직의 구조는 가급적 짧은 단계일수록 효과적이라는 원칙이다. 조직의 구조는 보통 중요도에 따라 피라미드 형태로 계층화되는데, 계층 단계가 길어질수록 의사소통이 왜곡되거나 관리비용이 증대된다. 이들 계층이 단축될수록 조직을 관리하는 비용이 절감되며, 보다 직접적인 의사소통이 가능하게 되어 의사가 왜곡되지 않고 효과적이게 되므로 계층 단축화는 중요하다.

4. 조직의 부문화

4.1 수평적 분화

조직은 목표달성을 위한 과정에서 다양한 분화를 필요로 한다. 초기단계에서 분화는 업무에 기반한 직무분화로 나타난다. 조직의 규모가 점점 커질수록, 전문적으로 분화해야할 필요성이 생겨 각 요소별 분화가 요구된다. 조직 발전이 고도화되는 단계에서 조직의 분화는 과정적 분화 및 단위적 분화로 나타난다. 조직 부문화 과정에 있어 직능적 분화의 형태로 나타나는 부문이 라인부문이다. 또한 스태프부문은 라인의 활동에 대해 전문적인 조언을 제공한다. 요소적 분화는 전문적 기술을 라인에 제공하여 스태프부문을 형성해주는 역할을 한다. 과정적 분화는 관리 과정에서 라인을 보조하여 스태프부문을 이루는 단계이다. 수평적 분화의 내용은 [표 8.2]와 같다.

표 8.2 수평적 분화

직능적 부문화	기업이 수행해야 할 직능에 따라 구분하는 것으로, 기업의 목적 달성을 위한 구매·재료·판매라는 일련의 과정에 따라 직능별로 분화한 것을 뜻한다. 이에 따르면 구매부문·제조부문·마케팅부문으로 나뉜다.
요소적 부문화	업무 수행을 위해 필수적인 요소에 따라 업무를 분화하는 것이다. 기업은 경영관리활동을 위해 기술·노동력·자금·물자 등 다양한 자원을 적절히 결합해야 하는데, 위와 같은 요소들을 기준으로 하여 분화하는 것이 바로 요소적 부문화이다. 이에 따르면 경리부·기술부·인사부·총무부 등으로 나뉜다.
부면적 부문화	직능적·요소적 부문화에 따라 나뉜 직무에 공통적으로 존재하는 국면, 즉 계획·조직·지휘·통제 등의 관리과정에 따라 분화하는 것을 말한다. 이에 따르면 기획부·조직부·통제부 등으로 나뉜다.
단위적 분화	조직을 독자적으로 과업을 수행할 수 있는 구성단위별로 분화하는 것으로, 보통 지역별·제품별·고객별 등으로 업무를 분화한다. 이에 따른 분화로는 사업부제 조직 등이 있다.

4.2 라인과 스태프의 부문화

4.2.1 라인과 스태프 부문

라인(Line) 부문이란, 기업 고유의 목적을 달성하는 데 있어 필수 불가결한 직능에 대하여 직접 담당하는 부문으로, 집행적인 업무를 담당한다. 가령 유통업을 예로 들면 판매 부문과 구매 부문이 라인 부문이 된다. 라인스태프 조직은 보통 생산·영업 등 라인 직능을 담당하는 라인 부문과 경리·기술·기획·인사·자재 등의 스태프 직능을 담당하는 스태프 부문으로 구성된다. 여기에 라인 부문인 영업 부문과 생산 부문 내에서도 영업기획 또는 생산관리 등의 스태프 부문도 발생하는데, 이를 라인내 스태프(staff)라고 한다. 스태프 부문은 과학적 경영 기업의 발전과 경영 환경의 불확실성이 증대될수록 더욱 증가한다. 이러한 스태프 부문은 서비스 또는 관리 직능을 담당하는 전문가에 의해 구성된다. 단, 스태프 부문은 라인 부문에 대해 조언 및 서비스를 제공하는 데 불과할 뿐, 라인 부문에 대한 지휘·명령권을 갖는 것은 아니다. 스태프 부문은 전문적인 지원 등의 서비스를 제공하고, 적절한 견제 및 내부통제·책임의 일원성을 유지하는 역할을 한다.

4.2.2 라인 권한, 스태프 권한

경영학 및 경영관리의 발전과 경영환경의 불확실성에 따라 직능은 고도로 분화되었고, 스태프가 생성 및 발전하게 되었다. 그 결과 라인 직능과 스태프 직능은 더욱 분화되었고, 이에 수반되는 관리권한도 라인 권한 및 스태프 권한으로 부문화되었다.

(1) 라인 권한

라인 직능을 수행하기 위한 권한으로, 기본적인 집행업무 영역에서의 경영관리 권한이다. 즉, 라인 권한이란, 집행활동에 대한 경리·작업·조직·인사상의 포괄적인 결정 명령의 권한을 말한다.

(2) 스태프 권한

스태프 권한은 라인활동을 더욱 촉진시키기 위해 라인 권한에 대해 또는 다른 스태프 부문에 대해 조언·조력하는 권한이다. 스태프 권한은 원칙적으로 명령적 효력 등 강제력이 있는 권한은 아니다. 단, 다른 부문 내지 권한에 대해 영향력을 줄 수 있다는 의미에서 넓은 의미의 강제력을 가지고 있다고 표현할 수 있다. 즉, 위 영향력은 지식적 측면에서 발생하는 것이나, 조력·조언을 위해 필요한 자료를 요구하는 등의 권한이 포함되기 사실상의 강제력이 있게 된다.

(3) 전문적 권한

전문적 권한은 특정한 전문적 사항에 관하여 다른 직위에 대해 어느 정도 강제력을 행사할 수 있는 권한이다. 이 때 강제력은 라인 권한의 그것과는 달리, 특정한 전문적 사항으로 한정된다. 따라서 강제력의 정도는 라인 권한의 그것에 비해 약하며, 보통 아무리 강한 강제력을 발휘하고자 하더라도 지시의 형태일 뿐이다. 그러나 약한 형태일지언정 강제력은 존재하기에, 스태프 권한과는 차이가 있다. 전문적 권한은 라인 부문 및 스태프 부문 모두에서 발생할 수 있다. 가령, 스태프 부문이 라인 권한 또는 다른 스태프 부문에 대해 조언을 하게 되고 그것이 전문적 분야에 관한 것일 때에는 전문적 권한을 가져 일정한 강제력이 있을 수 있다. 라인 부문도 라인 부문이 다른 라인 부문에 대해 전문적 분야에 관한 경우, 전문적 권한을 가질 수 있다.

4.2.3 수직적 부문화

조직이 목표를 달성하는 과정에서 업무의 중요도에 따라 관리 정도 및 책임 범위를 다르게 할 필요가 있고, 이에 따라 계층별 수직적 부문화가 발생한다. 수직적 부문화는 관리직능과 작업직능으로 부문화되고, 관리직능은 다시 최고관리직능·중간관리직능·현장관리직능으로 부문화된다.

(1) 관리직능의 부문화

① 최고관리직능의 부문화

이는 기업 전체적인 관점에서 기업의 목표를 설정하고 이를 이루기 위한 기본 방침 및 계획을 수립하고 이를 수행하며, 발생한 결과를 통제하는 최고관리직능의 분화를 말한다. 최고관리직능은 신탁직능과 전반관리직능으로 나뉜다. 우선 신탁직능이란, 주주총회를 통해 주주들의 재산이 효율적으로 운영되도록 신탁을 받아 이를 관리하는 직능으로, 이에 의해 수탁경영층이 형성되는데 이 부문을 이사회라고 한다. 전반관리직능이란, 신탁부문에 의해 결정된 기본 방침을 기반으로 기업경영 전반에 관한 계획을 수립하고 이의 수행을 통제하는 직능이다. 전반관리직능이 부문화되어 전반관리층이 형성된다.

② 부문관리직능의 부문화

이는 최고경영층에 의해 수립된 방침 및 계획에 따라 각 해당 부문에 대한 집행방침결정·실행계획수립·필요한 조직의 편성·실행결과의 통제 직능을 수행하는 부문관리직능의 부문화를 말한다. 이는 특정 부문에 직접적으로 관련된다는 점에서 기업 전반을 아우르는 최고관리직능의 부문화와 구분된다. 부문관리직능의 부문화로 인해 중간관리층이 형성된다.

③ 현장관리직능의 부문화

앞서 언급한 중간관리층에 의해 각 부문에 대한 방침에 수립되고, 실제 작업현장에서 이용되는 계획·조직·지휘·통제 등을 담당하는 것이 현장관리직능인데, 이의 부문화를 말한다. 현장관리직능은 현장 일선이라는 특징을 갖기에, 실제 업무진행과정 관련하여 감독기능이 중요하다. 현장관리직능의 부문화로 하위관리층이 형성된다.

(2) 작업직능의 부문화

작업직능이란 실제 작업현장에서의 작업을 중심으로 하는 직능으로, 이의 부문화를 작업직능의 부문화라고 한다. 가령 제조업의 경우 구매(원재료 구입)·제조(원재료 가공)·판매(마케팅) 등의 일련의 작업을 의미한다.

5. 조직구조의 형태

5.1 조직의 기본형

5.1.1 라인 조직

라인 조직이란, 최고경영자의 권한에 의한 명령이 수직적·단계적으로 현장에 배치된 종업원에게 전달되는 조직형태로, 군대식·수직적·직계식 조직이라고도 한다. 라인 조직을 조직화의 원칙과 관련하여 보면 페욜이 주장했던 계층의 원칙에 따라 형성된 형태로 볼 수 있고, 테일러는 라인 조직을 군대식 조직이라고도 하였다. 라인 조직은 1인의 직속상위자의 명령에 조직구성원들이 따르고, 직속상위자는 책임을 지는 형태이기에 명령일원화의 원칙을 중시한 형태이기도 하다. 라인 조직의 장점으로는, 각 구성원의 권한·의무·책임이 명확히 규정되어 그 구조가 단순하며, 경영 전반의 질서를 확립할 수 있다는 점이 있다. 단, 라인 조직은 1인의 감독자가 여러 업무에 대해 책임을 지게 되어 전문화가 어렵고, 감독자에게 다양한 능력을 요구하기에 감독자의 선정 및 양성이 어렵다는 점이 단점이다. 또한 각 부문 간에 강한 독립성이 있어, 부문간 유기적인 활동이 어렵다.

5.1.2 기능식 조직

기능식 조직은 직능식 조직이라고도 하는데, 이는 라인 조직의 단점을 보완하기 위해 테일러에 의해 창시된 조직형태이다. 라인 조직이 수직적 분화를 중시했음에 비해, 기능식 조직은 수평적 분화를 중시하고, 관리자의 업무를 기능적으로 분류하여 각 부문별로 전문적인 관리자가 지휘·감독하도록 하는 조직 형태이다. 테일러에 의하면, 기능식 조직에서는 각 작업자들에 복수의 전문 관리자가 지휘·명령권을 가지게 된다. 이 조직형태는 다수의 직능식 직장들이 그들의 전문지식·기술로 작업의 능률을 증대시키는 형태를 갖기에 직능식 조직이라고도 한다. 기능식 조직의 장점으로는, 직장 내 양성 기간의 단축·명확한 과업할당·작업지도가 쉬워 미숙련공의 활용이 가능하다는 점 등이 있다. 단, 명령·지휘 체계의 복잡성으로 인한 작업질서 문제, 책임소재의 불명확, 관리비의 증대라는 단점이 있다.

5.1.3 기본 형태의 변형

라인 조직과 기능식 조직은 산업발전 초기단계에서 일반적으로 나타나는 조직 형태를 예시로 든 것이다. 조직의 형태는 조직 기능의 필요 또는 경영자의 의사에 따라 언제든 변화할 수 있다. 이러한 변화를 반영한 조직의 형태는 다음과 같다.

(1) 라인스태프 조직

라인스태프 조직이란, 기능식 조직을 기초로 하여 기능화의 원칙 및 명령 일원화의 원칙을 부각시키고, 스태프 권한을 추가하여 조직의 효율적 활동을 노린 조직을 말한다. 라인스태프 조직 형태에서 라인에 관하여는 라인이 전형적으로 보유하는 명령·집행권한을 부여하고, 스태프에 관하여는 라인 활동에 대해 전문적 사항에 관하여 조언하는 권한을 부여하여 기존 기능식 조직의 단점을 보완한다.

(2) 위원회 조직

위원회 조직이란, 특정한 과제의 해결 또는 정책 결정을 위해 각계각층에서 관련된 사람을 선출하여 위원으로 임명하고, 이들이 모인 위원회를 사내 공식 제도로 활용하는 조직을 말한다. 위원회 조직은 특정한 문제에 대해 공동으로 판단하기에 문제 해결의 가능성이 높고, 다수인이 모인 위원회의 집단토론방법에 의해 해결하므로 어느 개인에 대한 권력집중화 문제가 발생할 가능성이 낮다. 따라서 이를 회의식 조직이라고도 하며, 위원회에서 결정된 사항은 관리활동에 적극적으로 반영되는 것이 보통이다.

(3) 집권적, 분권적 조직

집권적 조직과 분권적 조직은 권한위양 여부에 의해 구분되는데, 이들의 가장 큰 특징인 집권화는 의사결정권·지휘명령권이 최고경영자에게 집중된 경우를 말하고, 분권화는 의사결정권·지휘명령권이 하위자에게 위양되어 있는 것을 말한다. 따라서 집권적 조직은 집권화에 의해 형성된 조직을 말하고, 분권적 조직은 분권화에 의해 형성된 조직을 뜻한다.

오늘날 조직의 규모는 점점 확대되어 가고 있고, 대규모 조직은 복잡성·의사소통과 조정의 어려움·관료화 현상·불확실성·조직 환경의 변화·기술혁신의 요구 등 다양한 문제에 직면해 있기에, 이에 능동적으로 대처하기 위해 분권화의 필요성이 대두하였다. 이러한 필요성에 따라 나타난 조직이 사업부제 조직이다. 사업부제 조직은 권한위양의 정도에 따라 그 특성이 규정되기에, 조직구조의 한 형태로 분류하기에는 부적절한 면이 있다. 그러나 현대사회에서 거대조직의 운영에 있어 새로운 방식으로 중시되고 있다는 점에서 중요하다. 사업부제 조직은 분권관리의 대표적 형태로 나타나게 되었다. 이는 연방적 분권제를 도입한 관리조직의 한 예인데, 오늘날 많은 조직에서 활용되고 있다.

(4) 조직의 동태화

1) 환경변화와 조직형태

현대 조직환경은 신속한 변화·복잡성·다양성을 특징으로 한다. 기존의 조직 형태로는 현대 조직환경에 제대로 대처하기가 어렵다. 또한 각 개인의 욕구수준 상향과 함께 자아 욕구, 즉 자기 역할 수행에 대한 욕구 및 참여에 대한 기대가 조직관리에 있어 중요한 관심이 되었다. 이러한 변화는 조직의 동태화를 촉진시켰으며, 경영자의 의사결정에도 반영되어 새로운 조직형태로 나타나고 있다.

2) 동태적 조직

① 프로젝트 조직

프로젝트 조직이란, 특정한 프로젝트의 수행을 위한 조직이다. 조직은 직면한 프로젝트의 수행을 위해 조직 내 다양한 기능을 시스템화하여 프로젝트별로 조직을 구성한다. 참여한 프로젝트가 완결되면, 참여 구성원들은 기존 부문으로 다시 귀속된다. 프로젝트 조직은 조직의 인적·물적 자원을 집중할 수 있다는 것이 장점이나, 프로젝트 매니저 등 프로젝트 팀장에게 과중한 스트레스가 부여될 수 있다는 단점이 있다. 프로젝트 조직은 라인 조직의 형태를 갖는다.

② 매트릭스 조직

매트릭스 조직은 프로젝트 조직의 한 형태로 이해되기도 하나, 매트릭스 조직은 프로젝트 조직의 변형에 불과한 것이 아니라, 프로젝트 조직에 직능식 조직을 결합하여 입체적인 형태로 구성된 조직을 말한다. 매트릭스 조직은 그 구조형태의 특성상 조직의 일체감과 집단의 충성심이 저하될 수 있고, 복수의 감독자로 인해 책임과 권한이 애매하다는 단점도 있다. 그러나, 조직에게는 당면한 문제를 유연하게 대처할 수 있다는 장점이 있고, 개인으로서는 자신의 역량을 보다 더 폭넓게 개발할 수 있다는 장점이 있다.

제9장

지휘 및 동기부여

리더는 '적당히, 잘' 화내야 한다

내가 누군가에게 실망스러운 표정을 짓거나 짜증 섞인 말투로 이야기를 하면 상대의 기분은 나빠지기 마련이다. 직장 상사와 부하의 관계에서라면 더더욱 그럴 것이다. 하지만 리더의 부정적인 감정 표현이 조직의 성과를 높일 때도 있다. 특히 군대나 스포츠 팀에서는 화를 잘 내는 리더가 높은 성과를 달성하는 경우가 종종 나온다.

제2차 세계대전 유럽 전선에서 연합군 승리에 큰 몫을 담당한 조지 패튼(1885~1945) 미 육군 장군은 다혈질이며 부하들을 세게 몰아붙이기로 유명했다. 또 1996년부터 현재까지 1,200승 이상을 올리며 미국프로농구(NBA) 최다 우승 기록을 늘려가고 있는 농구 감독 그레그 포포비치(71)도 선수를 가혹하게 비판하기로 유명하다. 학계의 의견은 분분하다. 리더의 불쾌한 감정 표현이 리더십에 부정적인 영향을 미친다는 연구 결과가 있는가 하면, 반대로 긍정적인 영향을 미친다는 결과도 있다.

이에 관해 감정을 표현하는 수위에 따라 리더십의 효과가 달라질 수 있다는 연구 결과가 최근 발표됐다. 미국 버클리 캘리포니아대(UC버클리) 경영대학의 배리 스토 교수를 포함한 연구진은 고등학교와 대학교 농구팀들의 경기를 분석했다. 총 23개 팀이 연구에 협조하기로 수락했는데, 이들이 치른 304회의 농구경기에서 하프타임에 감독과 코치가 선수들에게 하는 말을 모두 녹화했다. 그리고 그 말과 정서적 표현의 강도에 따라 팀의 후반전 득점 수, 경기 승패 같은 성과에 어떤 영향이 생기는지를 조사했다.

일단 1차 분석 결과, 농구팀 감독의 부정적인 정서 표현은 대체로 팀 성과에 긍정적인 영향을 준 반면, 긍정적인 정서 표현은 팀 성과와 부정적인 상관관계를 보임을 알 수 있었다. 이를 두고 스토 교수는 감독의 부정적인 정서 표현이 선수들로 하여금 본인들의 문제점을 빨리 발견하고 개선하도록 만들기 때문이라고 분석했다. 리더가 현 상황을 어떻게 판단하고 있는지, 그리고 어떤 감정을 갖고 있는지 선수에게 빠르게 전달하는 방법이 되는 것이다.

만일 팀에 심각한 문제가 있는데도 불구하고 리더가 아무런 표현도 하지 않는다면 선수들은 문제를 인식하지 못할 수도 있다. 즉 리더는 감정을 억제하는 것보다 외부로 표현하는 것이 부하들의 직무 수행에 도움을 줄 수도 있다는 얘기다.

그런데 여기서 중요한 점은, 감정 표현의 강도와 팀 성과 간의 관계가 역(逆) U자의 패턴을 나타낸다는 것이다. 부정적인 표현의 강도가 적당한 수준에 이르기까지는 팀 성과를 개선시키는 역할을 했지만, 부정적인 정도가 너무 강해지면 팀 성과가 오히려 감소하는 모습을 보였다. 리더가 지나치게 화를 내거나 좌절하는 모습을 보일 경우에는 선수들이 이런 표현 자체가 부적절하거나 '선을 넘었다'고 인식한다. 이런 경우에 선수들은 리더가 부정적 정서를 강하게 표현한 이유나 맥락을 고려하기보다는 리더의 품성 자체에 문제가 있다고 생각할 가능성이 높다. 그래서 문제를 해결하려고 노력하기보다는 그 리더를 피하려는 성향이 더 커진다.

이처럼 리더의 부정적인 표현은 팀의 성과와 노력 증진에 기여할 수도 있지만 그 수위가 과도한 수준에 이르면 팀 성과를 해치고 직원들의 자신감과 의욕을 꺾을 수 있다. 물론 이 연구는 스포츠팀을 대상으로 했기 때문에 기업이나 다른 조직에서의 직무 수행 상황과는 다를 수 있다. 하지만 부하들의 직무 평가를 하거나 부하들에게 수시로 피드백을 줘야 하는 기업 리더들도 본인의 부정적 감정 표현이 어느 정도 수준인지 돌아볼 필요가 있다.

상사는 불만족 혹은 실망감을 표현함으로써 현 상태의 개선이 필요하다는 것을 부하들에게 암시해줄 수 있다. 그러나 상황에 따라 어느 정도 수위로 표현을 해야 할지 조절할 필요가 있다. 부정적 표현이 과도하면 직원들은 리더의 자질을 의심할 수도 있다. 그러므로 직원들의 반응을 민감하게 파악하고 부정적인 표현을 남용해서는 안 된다는 점에 주의하자.

(동아일보, 2020. 1. 6)

1. 지휘의 원칙

기업활동이 원활히 이루어지려면 계획을 수립하고, 조직을 형성하며, 유능한 인재들을 충원하고, 기업활동을 수행하는 데 필요한 여러 자원들을 마련해야 한다. 특히 기업의 활동에 있어서 중요한 것은 조직구성원들이 동일한 목표를 위해 집단행동을 하는 것이다. 만약 조직구성원들이 임의로 직무를 수행한다면 목적달성을 위해 통일된 행동이 불가능하기에 기업목적의 달성은 어려워질 것이다. 따라서 통일된 행동을 위해서 지휘가 필요하다. 여기서 지휘란, 조직구성원들이 설정된 계획에 따라 기업활동을 적극적으로 수행하도록 구성원들의 의욕을 고취시키고 그들을 지도·감독하는 것이다. 즉, 지휘는 조직 구성원들이 기업목적을 달성하도록 의욕을 고취시키는 경영자의 직능이다. 지휘의 원칙은 [표 9.1]과 같다.

표 9.1 지휘의 원칙

전문화의 원칙	목적과 내용 등이 유사한 업무를 모아 전문화시키는 방식으로 업무부문을 형성한 뒤, 그 한 부문의 내부를 업무의 유사성, 업무분장 범위의 정도 등을 기준으로 다시 분할하고, 이를 분류하여 담당하는 업무를 분할·관장하는 원칙이다.
업무조정의 원칙	분할된 업무 중 어느 부서가 담당할 것인지 명확하지 않은 업무가 발생한 경우, 최대의 효과를 발휘하도록 전문화된 종적 계열을 다시 횡적으로 연계하여 조정·통합하는 원칙이다.
명령통일의 원칙	공통목표를 달성하기 위해선 지휘·복종의 명령체계가 단일계통으로 이루어져야 한다는 것으로, 명령과 지시의 복선화가 있게 되면 어느 명령을 따를 것인지, 그에 따른 책임소재 등이 문제될 수 있어 중요하다.
권한위양의 원칙	상급자의 권한 일부를 하위자에게 위양하는 것으로, 이를 통해 상위자는 거시적인 업무에 전념할 수 있게 되고 하위자는 상황변화에 대해 능동적으로 대처해 나갈 수 있어 중요하다.
감독범위 적정화의 원칙	감독자가 담당하는 감독범위를 적절하게 조정해야 한다는 원칙이다. 감독자가 담당하는 감독범위가 지나치게 넓으면 능률이 저하되고, 지나치게 좁으면 부하의 자율성·창의성을 저해하게 되기에 적정수의 부하를 유지하는 것은 중요하다.

조직계층 단축화의 원칙	조직계층이 다층화 구조가 될수록 의사소통이 어려워지고, 정보 및 명령의 신속한 전달도 어려워지기에 조직계층을 가능한 한 적게 형성해야 한다는 원칙이다.
기능화의 원칙	목표를 위해 "해야 할 일"을 중심으로 조직화해야 한다는 원칙이다.
탄력성의 원칙	기업이 처한 환경이 지속적으로 변화할 때, 변화된 환경조건에 대해 적응할 수 있도록 조직을 개편해야 한다는 원칙이다.
사기앙양의 원칙	상급자는 적절한 리더십 발휘를 통해 부하들의 사기를 북돋을 수 있도록 하여야 한다는 원칙이다.
예외의 원칙	경영자는 가급적 전략적·예외적·우발적 사항을 처리하고, 반복적으로 발생하는 정형적인 업무의 처리를 부하들에게 위양함으로써 더욱 능률적인 성과를 내려는 원칙이다.

2. 동기부여

동기부여란, 심리학의 모티베이션(Motivation)으로부터 비롯된 것으로, 심리학적 관점에서 모티베이션이란 개인이 어떤 목표달성을 위한 행위를 하고 이를 유지하는 것을 뜻한다. 이를 고려하면, 모티베이션이란 일정한 목표를 위해 특정한 방식으로 행동하게 만드는 어떤 힘으로, 정적인 상태의 인간을 동적인 상태로 변화시키기 위해 그의 행동에 동기를 주입시키는 것이라 할 수 있다. 이를 동기부여·동기유발·동기화라고 표현하기도 한다. 동기부여의 과정이 어떻게 진행되는가에 대해 욕구와 목표라는 두 변수를

그림 9.1 동기부여의 기본과정

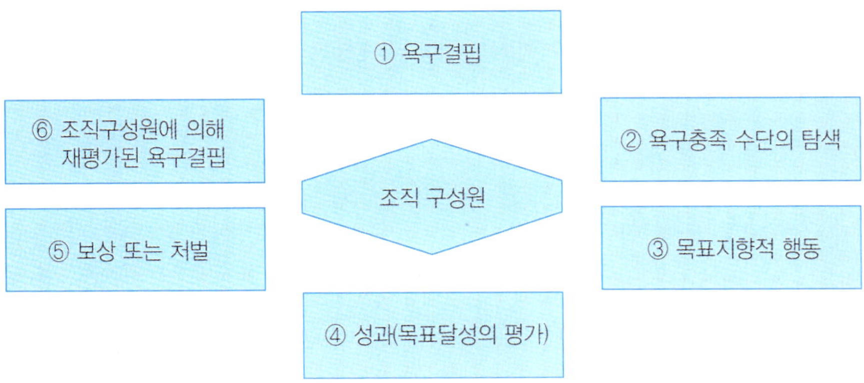

중심으로 살펴보면 [그림 9.1]과 같은 형태로 파악할 수 있다.

동기부여에 대한 현대적 접근 방법으로는 크게 두 가지가 있다. 내용이론은 인간을 동기부여시키는 내용이 무엇인지, 즉 내적 요인에 초점을 둔 이론이고, 과정이론은 동기부여가 어떤 과정에 의해서 이루어지는지에 대해 초점을 둔 이론이다. 아래에서는 내용이론에 근거하여 다른 이론들을 살펴본다.

2.1 욕구 5단계 이론

욕구 5단계 이론은 매슬로우(A.H. Maslow)에 의해 발표된 이론으로, 개인의 행동이 자신의 욕구를 충족하는 과정에서 형성되는 것이라 전제한 뒤 개인욕구를 단계적으로 나누어 그 구조를 이론화하였다. 구체적인 내용은 아래와 같다.

2.1.1 생리적 욕구

생리적 욕구는 생명유지에 있어 가장 기본적인 욕구로, 선천적 욕구라고도 한다. 이는 인간의 동물성, 즉 본능에 관한 것으로 의·식·주·휴식·성욕 등의 욕구이다. 생리적 욕구가 결핍되면 이를 충족시키기 위해 행동하게 되고, 과잉되면 이를 배출하기 위해 행동하게 된다. 현대사회에서 이를 충족하기 위해선 보통 금전이 요구되기에, 경제적 욕구와 밀접한 관련을 가지게 된다. 생리적 욕구는 생명유지에 있어 가장 중요한 것이므로 인간은 이 욕구의 충족을 위해 매우 집중하게 된다.

2.1.2 안전의 욕구

안전의 욕구란 후천적 또는 안정의 욕구로, 앞서 언급한 생리적 욕구가 선천적 욕구라는 점에서 대비가 된다. 과거에는 안전의 욕구가 보통 외적 자극에 대한 경계·공격·도피 등의 안전을 유지하기 위한 욕구로 나타났으나, 사회가 점차 발전하여 고도화된 현대사회에서는 주로 경제적 안정 또는 직업의 안전을 얻고자 하는 욕구로 나타나며, 동기유발면에서 상당한 효과를 발휘한다.

2.1.3 소속감과 애정 욕구

소속감과 애정 욕구란 집단 또는 조직의 구성원으로 존재하고 싶다는 욕구로, 이는 비단 인간뿐이 아닌 동물에게서도 관찰할 수 있다. 단순히 구성원으로서 존재한다는 것을 넘어, 조직 내에서 상호이해를 바탕으로 성립된 교류가 있다면 이는 더욱 사회적 욕구를 충족시킬 것이며, 이 역시 동기유발면에서 효과가 있다.

2.1.4 존경의 욕구

존경의 욕구란 자신감과 자존심을 갖고 독립적인 개체로서 판단 및 행동을 하고자 하는 욕구로, 특히 조직 내에서 문제가 된다. 인간이 스스로 판단 및 행동을 하지 않고 외부로부터 강요당한 행동만 하게 된다면 그의 독립성은 저해되고 창조적 활동을 기대하기 어렵게 된다. 존경의 욕구란 소속감과 애정의 욕구가 어느 정도 충족되면 그 다음에 싹트는 욕구로 존경받고자 하는 욕구이다.

2.1.5 자아실현의 욕구

자아실현의 욕구란 스스로 원하는 것을 이루고 성장하고자 하는 욕구이다. 보통 사람은 인생을 살아가며 경험과 능력을 쌓고 발전하게 된다. 이에 따라 독립적으로 행동하고, 창조적으로 행동하며, 나아가 거시적인 종합적 판단을 통한 행동을 하게 되는데, 이러한 과정 중에 성장을 하게 되는 것이다. 어느 정도 능력 있는 사람이라면 보통 위와 같은 성장을 하고자 하는 욕구가 있고, 자신을 존중하는 욕구가 있고, 나아가 타인으로부터 존경을 받기를 원하는 욕구가 있으며, 이는 강력한 동기를 부여한다.

그림 9.2 매슬로우의 욕구 5단계 이론

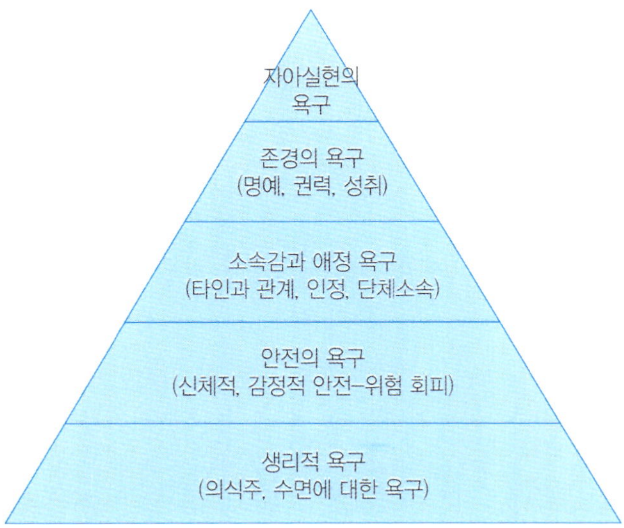

2.2 동기·위생이론

동기·위생이론은 허즈버그(F. Herzberg)에 의한 것으로, 만족 요인과 불만족 요인을 통해 동기부여를 논하는 이론이다. 허즈버그는 피츠버그에 있는 11개 기업 관련 기사와 회계사 약 200명을 대상으로 한 직무경험 및 태도 실증조사를 통해 직무 만족요인과 불만족 요인을 분류하였다. 우선 만족요인은 동기부여요인이라고도 하는데, 여기에는 성장·작업 그 자체·인정·책임·승진 등이 포함된다. 불만족요인은 위생요인이라고도 하는데, 여기에는 임금·회사의 정책과 관리·감독·작업조건 등이 포함된다. 만족요인은 직무 그 자체에 관한 것이고, 불만족 요인은 직무와 관련된 환경에 관한 것이다.

보통 종업원은 직무 자체에서 보람을 느끼고 자기실현 욕구를 충족할 수 있을 때, 높은 만족감을 갖게 된다. 반면 임금 등 불만족요인에 관심을 갖게 되고 만족을 느끼지 못한다면 작업 능률이나 성취가 더뎌지게 된다. 허즈버그에 따르면 종업원들에 대해 동기부여를 하기 위해선 두 가지가 필요하다. 우선 위생요인을 살펴보아야 한다. 임금이 적절한지 여부, 작업조건이 안전하고 기술적 감독이 받아들여질 수 있는지 등을 검토해야 한다. 이들 요인을 적절하게 제공함으로써 적어도 종업원들이 불만을 갖지 않도록 할 수 있게 된다. 다음으로는 종업원들이 성장·인정·책임 등 좋은 동기요인을 경험할 기회를 주어야 한다. 이를 통해 종업원들이 높은 수준의 동기와 만족을 갖도록 할 수 있다.

3. 커뮤니케이션

3.1 커뮤니케이션의 기능

커뮤니케이션(Communication)이란, 의사소통·정보전달 및 교환 등을 뜻한다. 이는 가치관·감정·기호·의견·정보·지식 등을 전달 및 교환하여 상대방의 행동에 영향을 미치는 것이다. 커뮤니케이션의 기능은 다음과 같다. 우선, 정보제공의 기능을 가진다. 커뮤니케이션을 통해 여러 정보의 제공, 교환으로 의사결정에 있어 불확실성을 제거할 수 있으며, 정확하고 신속한 의사결정을 할 수 있다. 또한 커뮤니케이션은 지침안내 및 동기부여 기능을 가진다. 커뮤니케이션은 조직구성원들에게 지침·규정 등을 제시하여 모호한 부분을 제거하고 정확한 행동지침이 되어준다. 셋째로, 커뮤니케이션은 조직구성원들의 권한 행사를 돕고, 그들의 행동을 수정하도록 영향력을 행사하는 등 설득과 영향력 행사 기능이 있다. 마지막으로, 커뮤니케이션은 조직 구성원 전체의 행동을 통제·조정하고, 구성원간 발생하는 일련의 갈등을 제거하는 기능을 한다.

3.2 커뮤니케이션과 업무활동

3.2.1 대면적·구두적 측면

대인관계에서는 주로 일을 처리하는 과정에서 구두로 커뮤니케이션하게 된다. 상사와 부하, 사내직원, 부서간 연락, 고객응대 및 전화업무 등으로 구분된다. 상사와의 관계에서는 주로 대면적 측면에서 지시와 보고를 받기에 정확한 커뮤니케이션 능력이 요구된다. 그 외의 경우에는 주로 전화를 이용해서 메시지를 주고받기에 청취 능력·메모·보고요령 등 전화의 메시지를 효과적으로 듣고 전달하는 능력이 요구된다.

3.2.2 문서적 측면

문서적 측면에서 가장 중요한 것은 보고, 읽고, 쓰는 커뮤니케이션 능력이다. 보통 문서로 초안·초고를 만들거나 자료를 요약·정리하여 문서를 만드는 업무를 하며, 점차 컴퓨터를 활용하여 업무를 수행하는 추세에 따라 컴퓨터 활용 능력 및 관련 소프트웨어를 사용할 수 있는 능력 및 문서를 읽고 이해하고 작성할 수 있는 커뮤니케이션 능력이 요구된다.

3.2.3 컴퓨터, 통신 측면

기술의 발달로 정보기술이 사무실에 널리 퍼지고 있다. 이에 따라 개인은 조직에서 사용하는 각종 통신기기를 이용하여 자료를 조회, 검색할 것을 요구받게 되었다. 이러한 관점에서 사내 게시판, 인터넷 검색 및 화상회의 정리 등을 하게 되었고, 이를 위해 통신매체 이해 및 이용능력, 나아가 정보 및 자료를 업로드·다운로드하여 정리하는 능력이 요구된다.

3.2.4 정보관리, 프레젠테이션 측면

컴퓨터, 통신 측면과 유사한 점이 있으나 이 부분은 신문·잡지의 스크랩 등 기존의 문서형태로부터의 자료 수집을 포함한다. 이러한 관점에서, 기본 자료의 정보화 과정 중 자료를 요약하는 것뿐만이 아니라, 이를 시각적으로 받아들이기 쉽도록 효과적인 방법으로 작성·관리하는 능력이 요구된다.

3.3 커뮤니케이션의 종류

3.3.1 역할에 의한 분류

(1) 정보의 교환

정보는 커뮤니케이션의 본질적인 내용으로, 커뮤니케이션에는 반드시 정보가 존재한다. 정보는 의사결정을 하기 위해 필요한 일련의 지식으로, 현대사회에서 커뮤니케이션이 전달하는 정보의 양은 지속적으로 증가하고 있다.

(2) 의사의 소통

사람은 모두 욕구가 있으며, 타인과의 관계와 소통 속에서 충족시킬 수 있는 욕구를 채워나가는 데 있어 커뮤니케이션은 중요한 역할을 한다.

(3) 감정의 교류

커뮤니케이션을 통해 감정을 교류할 수 있다. 공감·동정·친근·적대 등 다양한 감정을 교류하게 되는데, 예를 들어 타인이 들을 시 농담 같은 대화라 하더라도 커뮤니케이션 당사자끼리는 중요한 감정의 교류가 된다.

3.3.2 목적에 의한 분류

커뮤니케이션을 목적에 의해 분류해 보면, 가르치는 것·구하는 것·느끼게 하는 것·동기부여시키는 것·알리는 것·이해시키는 것·행동하게 하는 것 등이 있다.

3.3.3 기능에 의한 분류

커뮤니케이션을 기능에 의해 분류해 보면, 권고·격려·명령·보고·사죄·상담·설득·설명·소개·연락·위문·의뢰·일상적 인사·제안·조사·주의·지시·질책·추천·충고·칭찬·해설 등이 있다.

3.3.4 흐름의 방향에 의한 분류

(1) 상향식 커뮤니케이션

상향식 커뮤니케이션이란, 상사 또는 상부의 수용을 전제로 보고·제안 등의 형식으로 조직의 하부에서 상부로 전달되는 형태이다.

(2) 하향식 커뮤니케이션

하향식 커뮤니케이션이란, 명령·지시·통달 등의 형식으로 조직의 상부에서 하부로 전달되는 형태이다.

(3) 수평적 커뮤니케이션

수평적 커뮤니케이션이란, 동기 등 수평적 관계를 가지는 조직구성원 사이에 성과 증대를 위해 행해지는 일련의 공조·연락·협조 등의 커뮤니케이션을 말한다.

3.3.5 커뮤니케이션 장면의 공사(公私)에 의한 분류

(1) 공식적인 커뮤니케이션

공식적인 커뮤니케이션이란, 권한체계확인 및 업무수행, 나아가 절차적 관계 수립 중 각 구성원 간에 존재하는 것으로, 상향식·하향식·수평적 커뮤니케이션의 형태로 이루어진다.

(2) 비공식적인 커뮤니케이션

비공식적인 커뮤니케이션이란, 업무·직무의 기능 및 권한 등과 분리된 상태에서 조직구성원 간 또는 친구 사이에서 발생되는 커뮤케이션이다.

3.3.6 형태에 의한 분류

커뮤니케이션을 형태에 의해 분류해보면, 간담회·강연회·강의·개인면접·공청회·교섭·미팅·발표회·위원회·조회·토론회·협의·회의 등이 있다.

4. 리더십

4.1 리더십이란

리더십(Leadership)이란, 조직의 목표를 효과적으로 달성하기 위해 각 조직구성원들이 자발적·헌신적으로 목표달성에 공헌하도록 하는 특성이다. 조직과 부하의 목적은 다를 수 있기에, 아무런 조치없이 조직의 목표를 수행토록 하는 것은 효율적이지 않다. 리더십은 이를 적절히 조화시켜 동일한 목적을 위해 구성원들이 헌신할 수 있도록 한다. 훌륭한 리더십은 이와 같이 부하가 조직 목표를 위해 적극적으로 직무를 수행할 원동력을 제공한다. 정리하면, 리더십은 구성원 각각의 능력과 욕망을 공통목적에 부합하

표 9.2 리더십과 헤드십의 비교

구분	리더십(leadership)	헤드십(headship)
권위·목표·귀속감·사회성유지	• 부하에게 권위부여 • 부하들을 목표결정에 참여 • '우리' 즉 공통의식에 귀속 • 상하간 간격 없음 • 리더의 지도력에 대한 자발적 인정으로 유지	• 처벌·제재·공포·권위인정 • 조직의 장이 목표를 결정 • '나' 위주의 의식. 공통의식 없음 • 상하 간의 간격이 큼 • 조직구조상의 전제적인 체계로 유지
내용	• 부하를 감화시킴 • 목표달성과 부하의 발전을 유도 • 부하의 지도에 역점을 둠 • 리더가 책임을 짐 • 기업 손실을 발전의 계기로 생각	• 부하에게 강요 • 부하의 희생으로 목표달성을 추구 • 부하에게 위험과 공포의 제공 • 부하에게 책임을 전가 • 기업 손실에 대하여 비난

도록 하는 능력으로, 이는 주어진 업무를 강제적으로 이행하도록 하는 헤드십과 차이가 있다.

리더십은 다음의 기능을 요구한다. 우선, 리더십은 인간적인 관계를 가져야 한다. 리더십은 동기부여를 일으켜야 한다. 리더십은 목적·방향을 가져야 한다. 리더십은 조직을 통하여 행사되어야 한다. 리더십은 책임 및 권한을 수반하여야 한다. 리더십은 환경의 변화에 따라 적절히 대응되어야 한다.

4.2. 리더십 이론

4.2.1 특성이론

리더십에 대한 과학적 분석·연구는, 리더 개인의 능력·자질·특성을 대상으로 시작되었다. 리더십에 대한 특성이론 또는 자질이론이란, 어떤 능력·자질·특성이 개인을 리더로 만드는가에 대한 연구를 말한다. 특성이론은 리더가 되는 능력·자질·특성이 따로 있다고 간주하며, 어떤 요인이 리더를 만드는가에 대해 말하는 이론이다. 특성이론은 현실적인 자질을 갖추는 것이 리더십의 요건이라고 본다. 행동과학적 관점에서 보면 인간은 후천적으로 다양한 자질을 갖추거나 능력을 보유할 수 있으나, 리더십에 필요한 자질이 결여되어 있다면 효과적인 리더십을 갖출 수 없다는 것이다. 특성이론은 리더의 우수한 특성을 발견하고, 이러한 우수한 특성·자질을 갖춘 사람은 장래에 유능한 리더로 성장할 수 있다고 한다.

4.2.2 행동이론

효과적인 리더십을 갖춘 리더들이 반드시 탁월한 자질을 가지고 있는 것만은 아니라는 사실이 널리 알려지며 무엇이 효과적인 리더십을 갖게 하는 행동인지에 대한 연구가 주목을 받게 되었다. 행동이론은 1940년대부터 학계에 알려지기 시작한 관리격자 이론·미시간대 연구·오하이오 주립대 연구·참여론·PM 이론 등을 포함한다. 이 이론들은 보통 리더의 행동, 가령 리더가 부하와의 관계 또는 과업 중 어느 것을 중시하는지, 의사결정 과정 중 부하의 참여 정도 등을 중심으로 리더십에 대해 설명한다. 단, 행동이론은 어떤 리더의 스타일이 모든 상황에서 효과적일 것이라는 보편론적 입장을 취하고 있다는 점이 약점이다.

4.2.3 상황이론

상황이론은 앞의 이론들과는 달리, 효과적인 리더십의 요인을 리더의 특성이나 행동이 아닌 리더와 그의 부하들이 처한 상황의 특징이라고 본다. 리더십은 그것이 발휘되는 상황에 영향을 받기에 각 상황마다 다른 리더십이 요구된다. 즉, 상황이론은 어떤 상황에서나 가장 효과적인 최선의 리더십이 있다는 보편론적 입장이 아닌, 각 상황마다 가장 효과적인 리더십이 다르고, 리더십이 리더와 그의 부하들이 처한 상황에 가장 잘 부합할 때 가장 효과적인 리더십이 발휘된다는 이론이다.

제10장

통제

금요일 4시 퇴근, 회식은 딱 2시간만… 이런 IT기업 보셨나요?

[워라밸을 찾아서] <5> 근무혁신 최우수기업 '티디엘'

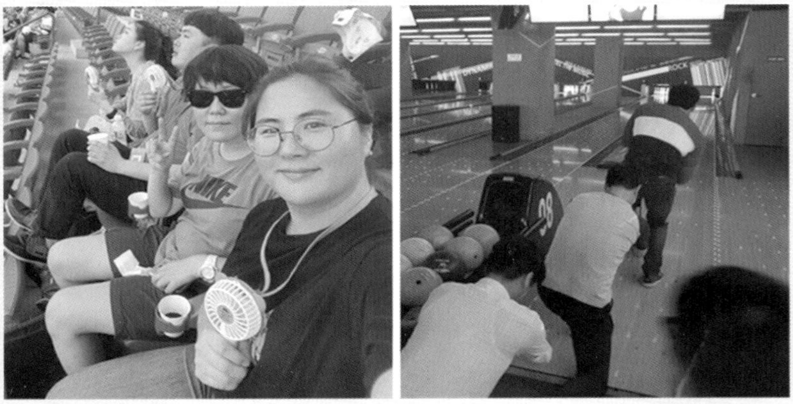

티디엘 직원들이 야구장과 볼링장에서 문화회식을 하고 있다. 티디엘은 저녁 술자리 중심의 회식 문화를 바꾸기 위해 점심회식과 문화회식을 권장하고 있다. 티디엘 제공

6일 오후 4시. 다른 회사의 대부분 직원은 한창 일할 시간이지만 금요일인 이날 광주의 첨단 부품소재 제조기업 ㈜티디엘에서 펼쳐진 풍경은 달랐다. 사내 방송이 퇴근시간을 알리자 직원들은 컴퓨터를 끄고 하나둘 외투를 챙겨 회사를 나섰다. 2011년 입사한 웹디자이너 안주희(가명·41·여) 대리도 퇴근길에 나섰다. 안 대리는 "아이들과 함께 전남 목포의 '맛집'에 저녁을 먹으러 가기로 했다"며 들뜬 표정으로 걸음을 재촉했다.

○ 일상을 바꾼 금요일 2시간

안 대리는 초등학교에 다니는 자녀 둘을 뒀다. 결혼하며 티디엘을 그만뒀다가 둘째가 세 살이 된 2011년 재입사했다. 하지만 두 아이를 키우며 일하는 건 쉬운 일이 아니었다. 웹디자이너의 특성상 야근이 잦아 평일에 가족과 시간을 보내기가 어려웠다.

"회사에서 가정이 있는 저를 많이 배려해줬지만 그래도 야근은 많았죠. 집에 돌아가 이미 잠든 아이들을 볼 때면 괜히 미안한 마음이 들더라고요."

2017년 회사가 고용노동부 '일·가정 양립 지원사업'에 참여해 근무 혁신을 시작하면서 안 씨의 삶은 크게 변했다. 회사는 불필요한 야근 없애기를 근무 혁신의 제1과제로 삼았다. 퇴근시간 5분 전부터 퇴근하라는 방송을 내보냈고 회사 대표가 직접 사무실을 돌아다니며 직원들에게 퇴근을 권했다. '칼퇴근' 문화가 정착하는 데는 1년이 걸렸

다. 그 1년간 회사는 회의 문화를 바꾸고 업무 지시와 보고 방식을 간소화했다. 무엇보다 거래처의 협조를 구하는 게 중요했다. 회사의 유연근무제를 기획한 황성필 차장(39)은 "오후 6시 반 이후에는 업무 전화를 삼가 달라고 거래처에 요청해도 한동안은 전화가 왔다"며 "내선전화 수신음에 퇴근시간이 몇 시인지 알리는 음성을 넣고 미팅할 때마다 티디엘의 근무 혁신 내용을 안내했더니 차츰 나아졌다"고 말했다. 이후 주 52시간을 넘는 초과 근로는 발생하지 않고 있다.

티디엘 워라밸 제도

자료: 고용노동부·㈜티디엘

정시 퇴근 관리제

주 52시간 초과 근로하면 면담, 업무분장 통해 해소 방안 마련

선택적 근로시간제

월~목요일 30분 더 일하고 금요일 2시간 일찍 퇴근

시차 출퇴근제

출퇴근 시간 1시간씩 조정 가능

휴가 사용 활성화

연차 승인에 대한 결재 간소화

회식문화 개선

'1·1·2 회식' 캠페인(1가지 술로 1차에서 2시간 이내 회식). 점심 및 문화 회식 권장

티디엘은 유연근무제의 일종인 시차출퇴근제와 선택적 근로시간제도 시행하고 있다. 출퇴근 시간을 1시간 조정하거나, 월요일부터 목요일까지 하루 30분씩 더 일하는 대신 금요일에는 2시간 일찍 퇴근할 수 있다. 직원의 65%가 이들 제도를 활용한다. 특히 금요일 오후 4시 퇴근에 대한 직원 만족도가 높다.

안 대리는 "금요일 오후에는 가족과 조금이라도 더 시간을 보낼 수 있다"며 "아이들이 이제 금요일만 기다린다"고 말했다. 그는 "아이들이 좀 더 자라면 금요일 일찍 퇴근해서 친구를 만나거나 나 자신을 위해 쓸 생각"이라며 "일찍 퇴근해서 생기는 2시간이 짧지만 참 유용하더라"라고 덧붙였다.

○ 술집 대신 야구장에서 '문화회식'

티디엘 직원들은 근무 혁신으로 일의 집중도가 높아졌다고 입을 모은다. 2015년 IT 개발 부서로 입사한 임현아 주임(28)은 "바쁠 때는 일주일에 최소 두 번은 야근을 했는데 지금은 야근을 아예 하지 않는다"며 "업무 방식이 효율적으로 바뀌었고 집중도도 높아져서 일에 차질이 생긴 적은 없다"고 말했다.

임 주임은 2017년 이후 가장 크게 변한 것으로 금요일 저녁 이른 퇴근과 한 달에 한두 번 있던 저녁 회식이 사라진 점을 꼽았다.

"건강 때문에 술을 마시지 않아서 회식 자리에 가면 늘 소외감이 들었어요. 근무 혁신이 일어나면서 회식도 주로 점심에 하니 개인 시간도 확보되고 일석이조입니다."

회사는 새벽까지 술을 마시는 회식 문화를 바꾸기 위해 1가지 술로 1차에서 2시간 이내 회식을 끝내자는 '1·1·2 회식 문화' 캠페인을 벌였다. 저녁 대신 점심에 모여 맛있는 것을 먹는 점심회식이나, 볼링장 야구장에 함께 가는 문화회식을 권장했다. 팀원들과 볼링을 치며 회식한다는 안 대리는 "술자리에서도 상사는 어렵기 마련인데 같이 운동을 하면 다들 동료로 느껴지고 좀 더 영차영차 하는 분위기가 생긴다"고 말했다. 김유신 티디엘 대표(46)는 "근무 혁신을 위한 노력에 쉼표나 마침표가 있다면 직원들이 믿고 따라올 수 없다"며 "새로운 근무 혁신을 위해 끊임없이 노력해 직원들이 회사를 아끼고 사랑할 수 있게끔 하겠다"고 말했다.

(동아일보, 2019. 12. 17)

1. 통제의 의의와 유형

1.1 통제의 의미

통제(Control)란 조직이 주로 실적평가, 시정조치 등을 통해 자신의 목표를 달성하는 것을 확인하는 것이다. 나아가 통제기능이란 표준의 설정, 실제 성과 측정 및 성과와 표준이 상당 부분 차이가 나는 경우 시정조치를 취하는 것까지 포함하는 과정이다.

통제기능은 조직의 최고경영자부터 하위감독자를 아우르는 모든 관리계층에 존재한다. 비록 각 단계별 관리자마다 통제의 범위는 다르지만, 관리자들은 보통 직무상 일정한 계획을 실행하여야 하기에 모든 단계별 관리자들에게 필수적인 관리기능이다.

1.2 통제의 중요성

이상적인 조직의 경우 관리기능들이 적절히 수행될 것이기에 통제기능이 특별히 요구되지 않을 수 있다. 그러나 관리기능들이 항상 완벽히 수행될 것을 기대하는 것은 어렵기에, 현실적으로 관리 기능 수행에 있어 발생하는 일련의 실수, 역선택 등이 발생하게 된다. 이러한 경우, 그로 인해 발생하는 목표와 실행 사이의 편차를 시정할 필요가 있다. 이러한 점에서 통제는 조직에 반드시 필요한 기능이라고 할 수 있다.

통제기능은 관리 기능과 밀접한 관계에 있는데, 그중에서도 계획·조직·지휘는 적절한 통제기능의 발현에 상당한 영향을 미친다. 즉, 앞의 3가지 기능들과 통제기능이 긴밀히 결합될 때 통제기능은 더욱 효과적이게 되는 것이다. 특히 그중에서도 통제기능과 가장 밀접한 관계에 있는 것은 계획기능이다. 계획기능은 성과를 얻기 위해 시도하는 일련의 행위의 이행을 약속하는 것이고 통제기능은 그 약속이 잘 실행되도록 하는 것이기 때문이다. 따라서 통제와 계획은 그 궤를 같이하게 된다. 즉, 통제가 실패한다면 계획 역시 실패하게 되고, 계획이 성공한다면 통제 역시 성공하게 된다. 유의할 점은, 통제의 목적은 단순히 통제하는 것뿐만이 아닌, 관리기능의 완벽한 수행 등 긍정적인 관점에서 보아야 한다는 것이다.

통제는 결코 부정적인 목적을 위해서 행해지는 것이 아니다. 특히 현대사회의 조직에 있어 통제의 필요성이 증대하고 있는데, 그 이유로는 조직이 처한 환경의 변화, 조직 규모의 성장으로 인한 복잡성, 조직 구성원들의 실책, 의사결정 등과 관련한 권한위임의 필요성 등이 있다.

1.2.1 조직환경의 변화

비교적 안정적인 사업 분야에서도, 계획기능과 통제기능이 일치하는 상황은 거의 보기 어려운 이상적인 상황일 뿐이다. 조직환경의 변화는 불가피하다. 신규 경쟁자·신제품·신소재·새로운 법률과 규정들로 인해 시장의 환경은 항상 변화한다. 따라서 조직의 관리자는 통제기능을 이용해 조직의 상품·용역 등에 발생하는 변화들을 주시해야 한다. 나아가 그들은 통제기능을 통해 변화로 인해 발생하는 위기 또는 기회에 유연하게 대응해야 한다.

1.2.2 조직의 복잡성

적은 규모의 회사는 철두철미한 계획없이도 비교적 통제가 가능하나, 조직의 규모가 성장할수록 무계획적인 통제는 어려우며 보다 계획적인 통제가 요구된다. 가령 규모가 큰 기업일수록 상품·용역이 다양하고 그 시장도 다양할 것이기에 생산량·판매량·시장 상황도 철저히 계획하여 조사해야 한다.

1.2.3 조직 구성원들의 실책

조직 구성원들이 실수를 하지 않을 수는 없다. 그러한 가정은 이상적인 가정일 뿐이다. 조직 구성원들은 잘못된 원자재 양의 발주, 잘못된 가격설정, 발생한 문제에 대한 잘못된 대처 등 실수를 할 수 있다. 조직의 관리자들은 구성원들의 위와 같은 실수에 대해 통제시스템을 이용하여 문제가 커지기 전에 문제를 인지하고 이를 해결할 수 있게 된다.

1.2.4 권한 위임의 필요성

조직규모의 방대화와 함께 관리자 혼자서 모든 것을 해결할 수 없게 된다. 결국 관리자들은 하위 조직원에게 권한을 위임하게 된다. 그런데, 권한을 위임하여도 관리자들의 책임은 여전히 동일하기에 관리자들은 하위 조직원이 어떻게 작업을 수행하는지에 대해 알 필요가 있다. 이를 위해 관리자들은 통제시스템을 활용한다. 통제시스템을 통해 하위 조직원의 업무진행상황을 파악하려는 것이다.

1.3 통제의 유형

보통 통제에 대해 생각하면, 피드백통제(Feedback control), 즉 완료된 활동에 대한

그림 10.1 통제의 유형

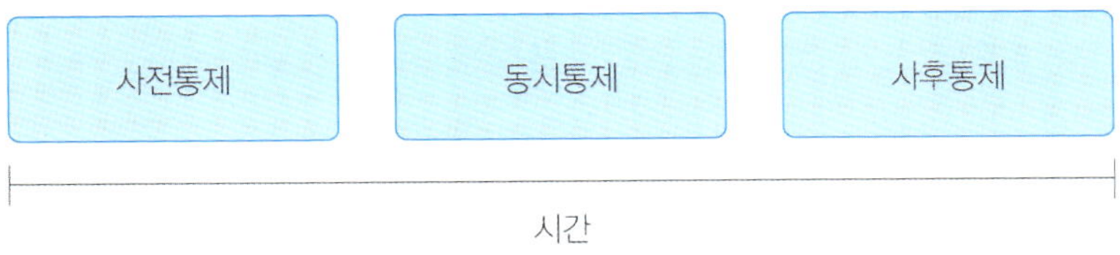

측정 및 평가에 초점을 두는 사후통제를 떠올리게 된다. 그러나 통제에는 진행되는 활동에 대해 그 활동을 조정하는 동시통제도 있고, 특정한 활동의 완료 전에 활동을 미리 조정하는 사전통제도 있다.

1.3.1 사후통제

사후통제는 표준치와 미래의 편차 사이에 발생하는 오차를 완화하기 위해 과거 활동으로 인한 결과 및 그와 관련한 정보를 이용한다. 완료된 활동의 결과를 측정하고, 발생한 오차의 원인을 찾은 뒤 이를 수정하는 방식이다. 관리자들은 활동으로 인해 발생한 성과를 측정하고, 측정한 성과와 표준을 비교하여 편차를 확인한다. 이러한 편차의 원인 등을 분석하여 시정하기 위해 시정프로그램 등을 개발한 뒤 이를 실행하여 원하는 성과를 얻으려는 것이다.

1.3.2 동시통제

동시통제란 활동의 진행 중에 행해지는 통제를 말한다. 이는 기술의 발달, 즉 컴퓨터를 활용하여 방대한 자료를 빠르고 정확하게 수집·보관할 수 있는 시스템을 개발할 수 있게 되어 가능해진 것으로, 편차가 커지기 전에 시정할 수 있어 효율적이다. 단, 동시통제를 위한 편차의 원인 분석 및 시정계획의 개발, 그리고 그 계획의 실행은 상당한 시간을 소비하게 될 수 있다.

1.3.3 사전통제

사전통제는 목표 또는 표준과 측정치 사이의 편차를 탐색하여 활동이 완료되기 전에 시정조치를 취할 수 있도록 하는 통제이다. 사전통제시스템에서는 미리 계획한 대로 투입요소가 되어 있는지를 확인하기 위해 진행과정의 투입요소를 점검하고, 만약 투입요소가 계획한 대로 되어있지 않으면 기존의 투입요소 또는 과정은 변경되어 이상적인 목표에 도달하고자 한다.

사전통제를 효과적으로 수행하려면 적절한 정보가 필수적이다. 기존 환경의 변화 또는 목표 및 목표를 향해 가는 과정에 대한 정확한 정보야말로 효율적인 사전조정통제의 요소다. 효과적인 경영통제를 위해서는 미래지향적인 통제 시스템이 요구되나, 미래지향적인 통제는 역설적이게도 관리자들이 자료를 얻는 데 어려움이 있어 실무에서는 소외되고 있는 편이다. 단, 최신 정보를 이용하여 예측을 하고, 목표수준과 예측을 비교하고, 정확한 예측을 위한 시스템 변경을 통해 관리자들은 비교적 효과적인 통제를 할 수 있다.

2. 통제과정

통제시스템은 표준의 설정, 실제 수행 결과에 대한 측정, 표준으로부터 벗어난 변동에 대한 시정행위들을 포함한다. 통제과정은 크게 표준의 설정, 성과의 평가, 변동의 시정이라는 세 단계로 구성된다.

2.1 표준의 설정

관리자들은 수립된 계획을 통해 통제과정을 수행하기에, 통제과정을 위해 행할 첫 번째 단계는 계획의 수립이다. 단 상황은 가변적이고 관리자들이 모든 변수를 파악·통제할 수 있는 것이 아니므로 특정한 표준이 설정된다. 이 표준은 간단히 말해서 '실적의 기준'이라고 할 수 있다.

그림 10.2 통제과정

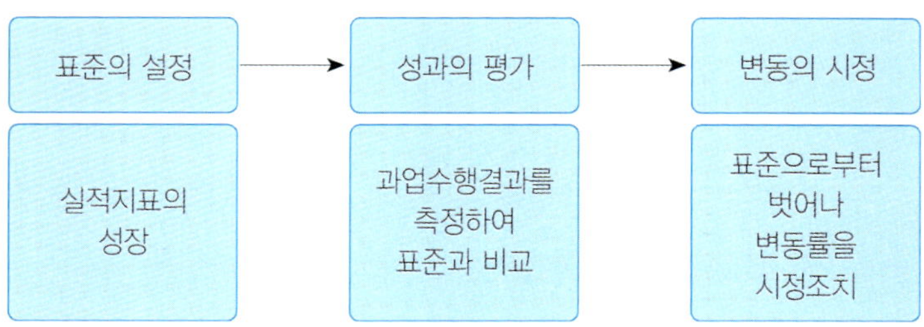

2.1.1 표준의 개념

표준이란 목표로 하는 성과를 측정하기 위한 척도이다. 표준의 조정을 통해 관리 및 통제에 융통성을 부여할 수 있는데, 통제에는 융통성이 필요하기에 표준의 조정을 통한 융통성의 부여는 중요하다. 표준은 크게 2가지 목적을 지니는데, 동기의 부여, 실제 성과를 비교하는 기준의 역할이 바로 그것이다.

통제시스템이 가장 효과적인 시점은 바로 표준을 통해 사람들에게 동기부여를 하여 높은 성과를 올릴 때이다. 일반적으로 사람들은 일정한 도전이 있을 때 이를 성취하고자 하기에 조금 어려운 수준의 표준을 설정하는 것이 더 높은 성과를 위해 추천된다. 단, 지나치게 높은 표준의 설정으로 인해 그 표준에 도달할 수 없다면 이는 오히려 구성원의 의욕을 저하시켜 높은 성과를 얻을 수 없게 된다. 따라서 적절한 표준의 설정은 높은 성과를 위해 중요하다.

2.1.2 표준의 유형

많은 계획 수립 프로그램의 모든 목표·활동·방침·절차·예산 등은 성과가 측정될 수 있는 표준이 된다. 보통 표준은 물질표준·원가표준·자본표준·수입표준·프로그램 표준·무형 표준·표준으로써 목표 등으로 나타난다.

(1) 물질표준

물질표준이란 자재의 사용·노동력 고용·서비스 제공 및 제품생산과정에서 일반적으로 나타나는 비화폐적 척도로, 이는 제품 생산당 노동·산출 마력당 연료·생산기계의 시간당 생산량·제품 대비 생산량 등을 반영한다. 나아가 물질표준은 생산된 제품, 즉 베어링의 견고성 또는 직물의 내구성 등 생산품의 질을 나타내기도 한다.

(2) 원가표준

원가표준이란, 물질표준과 같이 생산과정에서 나타나나 화폐적 척도라는 점에서 차이가 있다. 원가표준은 화폐가치를 운영비용과 결부시키는 것으로 널리 이용되고 있는 표준이다. 원가표준의 예로는 생산단위당 직/간접비용·산출량 대비임금·생산 단위당 재료비·판매 단위당 판매비 등을 들 수 있다.

(3) 자본표준

자본표준에는 다양한 표준이 있으나, 보통 화폐크기를 물질항목에 적용하는 것을 공통점으로 한다. 자본표준은 생산·조업활동보다는 기업에 투자된 자본과 관계가 있기에 대차대조표와 관련을 갖는다. 통제뿐이 아닌 신규 투자를 위해 가장 널리 이용되는 표준으로는 투자수익률이 있다. 보통 대차대조표를 통해 유동자산·유동부채의 비율, 고정투자·총투자의 비율, 재고의 규모 및 회전율 등 자본표준을 알 수 있다.

(4) 수입표준

수입표준은 화폐가치를 판매와 결부시킨 척도로, 그 예로는 대중교통수단의 승객·거리당 수입, 고객당 평균매출액 또는 일정한 시장영역에서 1인당 매출액 등을 들 수 있다.

(5) 프로그램 표준

프로그램 표준이란 프로그램의 성과를 추정하기 위한 척도로, 주로 주관적인 판단이 적용되기는 하나 시기 등 여러 요인들이 객관적 표준으로 적용될 수도 있다.

(6) 무형의 표준

무형의 표준은 물질이나 화폐 등으로 표시되지 않는 표준이라 설정하기가 쉽지 않다. 가령 관리자의 유능성, 광고로 인한 장·단기 목표의 충족 가능성, 회사의 목적에 대한 감독자의 충실성 등을 알아보기 위해 표준을 설정하는 것은 쉽지 않다. 많은 표준들 중에서 설정이 상당히 까다로운 표준이다.

(7) 표준으로써 목표

적절히 관리되는 기업들은 질적·양적 목표를 설정하고 있다. 무형의 표준의 중요성은 점점 증대되고 있으나, 그 특징상 사용빈도는 줄어들고 있다. 관리자들은 자신들의 성과 및 복잡한 프로그램의 운영 등에 관하여 표준으로써 이용될 수 있는 목표가 있음을 발견하여 이를 이용하고자 한다. 양적 목표의 경우 앞서 언급한 표준들의 형태를 취할 수 있으나, 질적 목표의 경우 새로운 표준의 영역인 것이다.

2.2 성과의 평가

2.2.1 성과의 측정

성과의 측정은 성과를 표준과 대비하여 하게 되는데, 이 측정은 변동 또는 편차가 발생되기 전에 조사하거나 변동이 발생하여도 이를 미리 피할 수 있는 적절한 조치를 구비한 상태, 즉 미래지향적인 바탕에서 이루어지는 것이 좋다. 설령 적절한 조치가 구비되어 있지 않더라도 변동 또는 편차를 빠르게 확인하여 평가하여야 한다.

만약 적절한 표준의 설정과 하위구성원이 행하는 과업을 정확히 파악할 수 있는 수단이 있다면 성과의 측정은 쉬운 일이다. 그러나 기업경영 활동에는 다양한 분야가 있고, 일부 분야는 정확한 표준을 개발하거나 측정이 어려운 활동들도 있다. 가령 생산단위, 보존된 문서, 분배된 표본 등은 전형적인 것으로 표준의 설정이나 성과 측정이 쉽다. 그러나 관리자·종업원의 개발, 효율적인 의사소통 등 무형의 실적에 관하여는 표준의 설정이나 성과 측정이 어렵다. 즉, 경영활동이 유형적인 설비, 즉 공장이나 기계로부터 멀리 떨어진다면 그 활동을 통제하는 일은 복잡하고 어려워지는 것이다. 따라서 성과의 측정에 대해 가능한 한도 내에서 객관적이어야 하겠지만 주관적 측정을 전혀 배제할 수는 없다.

2.2.2 표준과의 비교

성과의 측정 뒤, 측정된 성과와 설정된 표준을 비교하여 평가를 하게 된다. 이때 관리자에게는 성과와 표준 사이에 발생한 차이의 의미를 인식하고 이를 시정할 것이 요구된다. 보통 표준으로부터 비교적 적게 벗어난 편차가 활동의 성과로 인정될 수 있으나, 어떤 경우에는 작은 편차로 인해 큰 문제가 발생할 수도 있다. 따라서 통제업무를 담당하는 관리자들은 다양한 점을 고려하여 경영활동으로 인한 성과를 분석·평가 및 판단해야 한다.

편차를 정확히 측정하는 것은 평가에 있어 중요한 점이 된다. 나아가 직접 수행한 구성원들로부터 의견을 구하는 것 및 관련 상황에 대한 추세를 이용하는 것도 통제업무에 도움이 된다.

보통 표준과 성과를 비교하는 각 단계는 성과의 목표에 가깝도록 하는것이 좋다. 이를 통해 통제활동을 촉진하고, 시정조치가 필요한 분야를 정확히 알 수 있게 되어 손실을 최소화시킬 수 있다.

표준과 성과를 비교함에 있어 관리자는 예외의 원칙을 적용하는 것이 좋다. 성과와 기대되는 결과가 가거나 유사한 경우 관리자는 이에 대해 특별히 관여할 필요가 없다. 보통 경영활동에서 표준으로부터 크게 벗어나는 편차는 정상적인 것에 비해 현저히 적기에, 관리자는 예외적인 편차에 대해서만 관심을 두는 방식으로 효율적으로 행할 수 있다.

2.3 변동의 시정

표준의 설정 후 성과에 대한 측정 및 표준과의 비교를 하였다면 이제 변동을 시정해야 한다. 표준과 성과 사이에 의미 있는 편차가 발생하였을 경우, 그렇게 된 원인을 분석하고 이를 시정하기 위한 조치를 취함으로써 통제활동이 완성되는 것이다.

설정된 표준과 편차가 발생하지 않는 경우에는 변동의 시정이 요구되지 않으나, 이러한 경우에도 표준이 적절하게 설정되었는지 및 측정에 잘못이 없는지 여부를 검토할 필요가 있다. 당연히 편차가 발생한 경우에는 수정활동을 통해 적절한 조치를 취해야 통제의 목적이 달성된다.

편차의 수정은 통제가 전체 관리 시스템의 한 요소라는 점을 보여주는데, 가령 관리자들은 편차가 발생한 경우 그들의 계획 또는 목표의 수정, 임무의 명확한 규정 및 재배정을 통한 조직 기능의 변경, 직무에 대한 설명 및 효과적인 리더십 등 다른 관리 기능의 적절한 활용을 통해 편차를 수정하여 바로잡게 된다.

편차의 수정이 탁월한 효과를 얻기 위해서는 개인의 책임이 반드시 수반되어야 한다. 편차를 수정하는 일에 대해 개인에게 책임을 지도록 한다면, 그 일은 그 개인 자신의 것이 되고, 탁월한 효과를 내는 것이 개인의 임무이자 책임이 되어 편차의 수정이라는 목적달성이 더욱 수월해진다. 편차의 수정은 보통 실제 성과에 대해 권한을 행사하는 구성원에 의해 행해진다. 그리고 변동이 심각하다면 즉각적인, 강력한 시정행위가 있어야 하며 효과적인 통제를 위해서는 불필요한 지연 또는 예외를 허용해서는 안된다.

3. 효과적 통제시스템의 설계 및 특성

3.1 효율적 통제시스템의 설계

이상적인 통제시스템은 수행되는 활동과 계획의 일치여부를 확인하는 데 도움이 되어야 한다. 그러나 각 조직별로 처한 환경의 다양성 등으로 인해 모든 조직에 일률적으로 적용되는 통제시스템의 개발은 쉽지 않다. 가령 생산부문과 판매부문은 그 차이로 인해 각각에 대한 통제도구 역시 차이가 있고, 의사결정을 하는 상급자와 현장에서의 감독자가 사용하는 통제도구도 차이가 있기 마련이다.

물론 표준시간·표준원가·손익분기점·재무비율 등의 통제기법은 대부분의 조직에서 이용되고 있으나, 각 조직들의 차이로 인해 언제나 항상 효율적이기만 한 것은 아니고 오히려 조직의 특정한 상황을 반영 할 수 있는 통제기법이 환영받기도 한다. 즉, 효율적인 통제시스템이란 각 개별상황의 차이에 따라 그에 적합하도록 설계될 필요가 있는 것이다.

3.1.1 계획과 장소에 맞추는 통제

통제기법 및 통제시스템은 설정된 계획을 반영해야 한다. 관리자들은 자신들이 책임지고 있는 계획에 맞추어 진행되고 있는지 확인할 수 있는 정보를 원한다.

통제시스템은 직책에 맞추어 다르게 설계되어야 한다. 의사결정권자와 일선 감독자, 생산부서와 판매부서의 통제는 서로 다를 것이기 때문이다. 각자가 책임지는 계획에 따라 구체적인 상황을 반영할 수 있는 통제가 필요하고, 이러한 통제들이 설계될수록 각 단계별로 더욱 변동을 줄일 수 있게 된다.

또한 통제시스템에는 조직의 구조가 반영되어야 한다. 조직구조는 기업 경영에서 각 구성원의 역할 및 책임소재를 명확히 하여 각자의 과업을 더 잘 파악하게 해준다. 따라서 통제가 조직의 구조를 잘 반영하여 면밀히 설정될수록 관리자들은 계획으로부터 벗어난 변동을 쉽게 수정할 수 있게 된다.

주로 예산·표준시간·표준원가·재무비율 등의 통제기법들은 비교적 보편적으로 적용될 수 있다. 그러나 이들 모두 특정한 상황에 반드시 적용되는 통제기법들은 아니므로 관리자들은 항상 계획 또는 운영과정에서 필수적인 요소들을 파악하여 그들에게 적합한 통제기법 및 정보를 활용하여야 한다.

3.1.2 개별관리자들에게 맞추는 통제

통제기법 및 통제시스템은 개별관리자들이 통제 기능을 잘 실행하는 데 도움이 되도록 관리자들의 성향에 적합하게 설계되어야 한다. 개별관리자들이 통제시스템을 충분히 이해하지 못한다면 그 통제시스템은 아무런 소용이 없는 것이다. 충분한 이해가 전제되지 않는다면 개별 관리자들은 통제시스템을 믿지 않을 것이고, 이를 활용하지 않을 것이기 때문이다.

이는 비단 개별 관리자의 이해능력이 부족한 경우에만 적용되는 것이 아니다. 개별 관리자의 이해능력이 상당하다 하더라도 지나치게 복잡하거나 전문적인 통제기법이라면 개별 관리자들은 당연히 거부반응을 나타낼 것이고, 결국 활용하지 않을 것이다.

따라서 개별 관리자들에게 맞추어 쉽게 납득할 수 있는 수준의 통제시스템을 설계하는 것은 매우 중요하다.

3.2 효과적 통제시스템의 특성

효율적인 통제시스템은 각 개별 상황에 적합하도록 설계된 것이다. 효율적인 통제시스템은 다음과 같은 기본 특성을 가진다.

3.2.1 통제의 객관성

경영관리에는 주관적인 요소들이 포함되나, 구성원들이 적절한 과업수행을 하는지에 대하여는 주관적인 판단은 피해야 한다. 만약 통제가 주관적으로 행해지는 경우, 통제하는 관리자 또는 소속 구성원들의 개성이 성과 판단에 영향을 미쳐 정확한 판단이 힘들어지게 된다.

3.2.2 통제의 탄력성

모든 조직이 처한 환경은 가변적이다. 따라서 통제기능 역시 이에 대응하기 위해 탄력적일 필요가 있다. 통제는 변경된 계획 또는 예견할 수 없던 상황하에서도 실행될 수 있어야 하는데, 이러한 변동에도 불구하고 효과적으로 실행되려면 탄력성을 지니는 것이 필수적이다. 또한 통제는 그 자체가 목적이 될 수 없기에, 조직이 활동하는 환경에도 적합해야 한다.

3.2.3 통제의 경제성

통제시스템은 경제적이어야 한다. 통제시스템으로 인해 소모되는 비용과 그 효과를 적절히 평가하여 효과가 비용보다 우위에 있어야 한다. 이는 일견 쉬워 보이나, 실무에서는 달성하는 것이 만만하지는 않다. 관리자들이 특정한 통제시스템의 소모비용 및 그 효과를 정확하게 파악하는 것은 어려운 일이기 때문이다. 단, 경제성은 각 환경의 변화 및 비용에 대한 다양한 변수가 존재하기에 상대성을 가지게 된다.

3.2.4 조직분위기에의 적합성

통제시스템이 효과적으로 작용하기 위해서는 조직분위기에 적합할 필요가 있다. 가령 자유로운 분위기의 조직에 엄격한 통제시스템을 적용하거나 그 반대의 경우, 또는 의사결정이 상사에 의해 행해지는 경직된 분위기의 조직에 유연한 통제시스템을 적용하는 경우에는 그 통제시스템이 성공을 거두기 어렵다.

3.2.5 시정행위 촉진

통제시스템이 효과적으로 작용하면 편차의 원인을 알 수 있고 그에 대한 책임소재를 명확히 알 수 있게 되고, 이어서 시정행위가 취해지게 된다. 통제는 계획으로부터 벗어난 변동에 대한 적절한 계획·조직·충원·지휘 기능을 통해 시정될 경우에 정당화되기에, 통제에 있어 시정행위는 주요한 기능임에 틀림없다.

제 Ⅲ 부

경영활동과 관리기능

제11장

인적자원관리

노동자가 경영에 참여…부산 9개 공공기관 노사갈등 줄어들까

부산시, 노동자 이사제 운영 세부지침 마련
올 상반기 9개 의무기관에 노동자 이사 임명
"노동자 경영 참여로 기관 투명경영 높일 것"

부산시는 지난 연말 세부운영지침을 확정한 데 이어 올 상반기 의무도입기관 9곳에 노동자 이사를 임명하는 등 노동자 이사제를 본격 시행한다고 21일 밝혔다. 부산시는 앞서 2019년 8월 '부산시 공공기관 노동자 이사제 운영에 관한 조례'를 공포했다. 이 조례 시행에 따라 그동안 9개 의무도입 기관의 노동자 측과 간담회 등을 개최해 작년 연말 노·사·정 합의로 세부운영지침을 확정했다.

노동자 이사제는 문재인 정부 100대 국정과제의 하나여서 17개 시·도 가운데 서울·인천·광주·경기도가 현재 시행하고 있다. 경남과 울산은 부산처럼 시행을 준비 중이다. 관련 상위법이 없어 근로기준법과 노동법을 참조해 시·도마다 조례를 제정해 시행 중이거나 시행 준비하고 있다.

부산시의 노동자 이사제 세부운영 지침에는 노동자 이사의 권한, 기관장의 책무, 임명과 자격 같은 내용과 함께 노동자 이사의 활동보장을 위해 불이익 처우 금지 등의 내용을 담고 있다. 8명으로 구성된 임원추천위원회가 1년 이상 재직자를 대상으로 공개

모집한 뒤 직원 투표를 거쳐 1, 2순위자를 결정해 시장에게 추천하면 시장이 이 가운데 1명을 임명한다. 이사는 경영진의 성격이 있어 노조원은 노조에서 탈퇴한 뒤 공개모집에 응해야 한다.

임기 2년의 노동자 이사는 기관 소속 노동자가 본연의 일반업무를 수행하면서 비상임 이사와 동일하게 이사회에 참석해 기관의 기본 사업계획, 조직 및 정원, 중요 규정 제·개정과 폐지 같은 사항에 의결권을 행사한다.

대상기관은 정원 100명을 기준으로 9개 의무도입기관(100명 이상)과 16개 재량도입기관(100명 미만)이 있다. 9개 의무도입기관은 5개의 공사·공단(교통공사, 도시공사, 관광공사, 시설공단, 환경공단)과 4개의 출연기관(부산의료원, 경제진흥원, 신용보증재단, 테크노파크)이다. 정보산업진흥원과 복지개발원, 여성가족개발원 등 그 외 기관은 재량도입 기관이다.

부산시는 이 제도 시행으로 공공기관 경영의 투명성과 책임성을 높여 대시민 신뢰도를 높일 수 있을 것으로 보고 있다. 또 노동자의 현장 경험이 기관 경영에 반영돼 노사 간 상호이해를 높이고 불필요한 갈등을 줄일 수 있을 것으로 기대하고 있다. 하지만 노사갈등을 못 풀 경우 역효과가 날 것이란 우려가 없지 않다.

부산시는 공공기관 내부 규정의 제·개정을 거쳐 올 상반기 9개 의무도입기관에 노동자 이사를 임명하고 도입 효과 등을 검토한 뒤 내년 하반기에는 재량도입기관에도 도입을 확대할 계획이다.

조유장 부산시 재정혁신담당관은 "노동자 이사제는 노동존중 문화를 확산하려는 민선 7기 오거돈 시장의 약속사업"이라며 "공공기관의 노동생산성과 서비스 질을 향상하는 데 이바지할 수 있게 이 제도를 잘 운영할 것"이라고 말했다.

(중앙일보, 2020. 1. 21)

1. 인적자원관리의 개요

1.1 인적자원관리의 개념

인사관리란 어원적으로 볼 때 어떤 개인의 문제를 다루기보다는 조직에 고용된 인간에 관련된 문제를 다룬다는 뜻을 가진 프랑스 말에서 나온 것이다. 인사관리는 주로 사무직이나 관리직 등 화이트칼라를 대상으로 하였으며, 육체노동을 제공하는 블루칼라를 대상으로 한 것을 노무관리라고 하며 인사관리와 노무관리를 분리하기도 하였다. 그러나 신분적 차별도 철폐되고 생산의 기계화 및 업무의 자동화로 그러한 구별이 사실상 무의미해지자 인사관리로 통일되었다. 그러나 경영활동을 주도적으로 담당하거나 최종생산물의 생산과정에 직접 참여하는 인적자원의 중요성이 제기되었다. 그리고 인적자원의 존엄성·능동성·개발성·전략성 등에 대한 관심이 높아지면서, 인사관리란 용어 대신에 인적자원관리라는 용어를 더 많이 사용하게 되었다.

인적자원관리란 기업이 보유하고 있는 인적자원에 대한 일련의 종합적인 관리활동이다. 다시 말해서 인적자원관리란 기업이 필요로 하는 인적자원의 모집·선발·교육훈련·배치·보상·욕구충족 등의 제반 활동을 계획·조직·지휘·통제하는 일련의 과정을 말한다. 인적자원관리는 인적자원의 조달·개발·유지·동기유발 등의 활동을 종합적으로 관리하는 활동이다. 인적자원의 조달활동이란 조직구성원의 모집·면접·시험·선발 등의 채용기능을 말하며, 개발활동은 조직구성원의 잠재적 능력을 실현할 수 있도록 훈련개발·배치·전보·승진 등을 통한 인적자원의 능력과 지적 향상을 꾀하는 기능을 뜻한다. 그리고 유지활동이란 조직구성원의 직무·보상·복리후생·안전후생·의사소통·제안제도 등을 통해 양호한 직무환경이나 분위기를 유지하는 기능을 의미한다. 따라서 인적자원관리란 경영목적을 달성하기 위하여 조직구성원의 능력을 조달·개발·유지하며, 자율적으로 신바람 나게 근무할 수 있도록 동기부여를 하는 일련의 과학적 기법을 뜻한다.

1.2 인적자원관리의 중요성

경영자원 중에서 인적자원을 관리대상으로 하는 것이 인적자원관리이다. 따라서 인적자원관리는 경영활동의 부문적인 영역이 된다. 정보화 사회에 있어서 생산요소를 통합하는 인간능력이 중요시됨에 따라 인적자원은 오늘날 가장 중요한 경영자원으로 인정받고 있다. 인적자원관리의 중요성이 부각되는 배경은 ① 인적자원관리는 충원과정을 기업의 목적 및 조직문화와 연결시키는 데 도움이 된다. 인력의 충원이란 단지 사람을 채용하는 것이 아니라 개발하려는 조직문화의 유형에 적합한 사람을 채용하는 것이다. 따라서 효과적인 인적자원계획은 새로이 충원된 인력과 조직의 문화가 조화될 수 있도록 짜여져야 한다. ② 인적자원관리는 충원과정을 조직전략과 연결시키는 데 도움이 된다. 인적자원계획은 조직전략을 뒷받침하고 실천하기 위한 주요계획 중의 하나이다. 성장전략의 경우 조직 확장에 따라 우수한 노동력의 확보계획이 요청된다. 마찬가지로 축소전략의 경우 영업활동의 축소로 인해 인력감소의 필요가 있을 때 어떻게 대응할 것인가에 대한 계획이 요구된다. 그러므로 인력계획의 역할과 인적자원 전문가의 지원은 기업의 성공에 중요한 요인이 될 수 있다. ③ 인적자원관리는 충원과정을 새로운 컴퓨터 관련기술의 요구와 연결시키는 데 도움이 된다. 오늘날 기업들이 당면하고 있는 인적자원의 과제는 새로운 기술과 인적자원을 어떻게 적합시키는가의 문제이다.

1.3 인적자원관리시스템

경영시스템은 부단히 경영환경과 상호작용을 하는 개방시스템이다. 기업경영은 정치·경제·사회·기술의 변화에 의해 직접적으로 영향을 받기 마련이다. 기업경영을 올바르게 이해하려면 기업을 둘러싸고 있는 환경과의 관계를 시스템적 분석으로 접근하여야 한다. 시스템의 속성은 실체로서의 시스템과 과정으로서 시스템으로 구분하여 파악할 수 있다. 전자는 시스템의 정태적인 형성을 중심으로 이해하는 것이고, 후자는 동태적인 활동을 중심으로 파악하는 것이다. 시스템의 속성연구는 이러한 양면이 동시에 유기적으로 이루어져야 한다. 시스템을 정태적 시스템의 속성(실체로서의 시스템 속성)으로 이해하려면 시스템 목적의 측면, 구조의 측면 및 기능의 측면을 개별적으로 파악하여야 한다. 그리고 실제적인 입장에서 이들이 어떻게 유기적으로 하나의 종합적인 형태와 행동으로 나타나느냐에 대한 전체의 측면을 알아야 한다.

시스템의 속성은 실체적 측면 이외에 과정적 측면에서 파악할 수 있다. 과정은 어떤 목적을 달성하기 위하여 행동하는 상호 연결된 사건의 흐름이다. 따라서 동태적 시스템은 정태적 시스템과 다르게 기능적 측면에서 시스템을 파악하는 것이다. 인적자원관리는 시스템이론에 입각하여 정태적 시스템론과 동태적 시스템론으로 체계화시킬 수 있다. 전자는 정태적 관계를 중심으로 한 고용관계를 노사관계론과 인간관계론으로, 후자는 동태적 과정을 중심으로 수직적 인적자원관리과정론과 수평적 인적자원 순환과정론으로 세분화하여 체계화시킬 수 있다.

2. 직무분석

인적자원관리가 효율적으로 이루어지기 위해서는 인적자원관리의 전반에 걸쳐서 기초가 되는 직무분석·직무평가·인사고과에 대한 자료가 확보되어 있어야 한다.

2.1 직무분석

2.1.1 직무분석의 의의

직무분석이란 직무연구의 한 방법으로서 개개 직무내용과 성질을 명확히 하며, 직무수행상의 요건에 관한 정보자료를 수집하는 과정이라고 할 수 있다. 직무분석은 직무가 특정조직, 특정부서에서 어떠한 상태로 어떠한 특징과 의미를 지니고 있는지의 요인을 명백히 하고, 직무 수행상에 요구되는 직무담당자의 직무지식·경험·노력·숙련도·육체적 정신적 능력 및 책임의 정도, 작업환경 등의 여러 가지 요건을 분석 결정하는 일련의 절차라고 정의할 수 있다. 다시 말해서 직무분석은 특정 조직에서 전 조직구성원을 대상으로 각자가 무슨 일을, 왜, 어떻게 하는가? 그리고 그 일을 하려면 어떤 자격요건이 필요한가. 등의 직무에 관한 정보를 분석, 기술하고, 이를 적정한 직종으로 분류, 체계화시킨 것이다. 직무분석은 여러 가지의 목적 때문에 실시된다. 직무분석의 실시목적은 채용과 배치의 자료, 교육훈련의 자료, 근무성적의 평가자료, 임금·급여의 자료, 안전강화의 자료, 사무합리화 및 개선의 자료, 경영합리화의 추진과 같다.

2.1.2 직무분석의 방법

(1) 관찰법

사무현장에 직접 가서 대상 직무를 자세히 관찰하는 방법이다. 분석자는 사무를 수행하고 있는 대상자 옆에서 기록을 하고, 근무자에게 심리적 부담을 주거나 근무를 방해하여서는 안 된다.

(2) 면접법

분석자가 사무에 임하고 있는 대상자에게 질문을 통해 정보를 수집하는 방법이다.

경우에 따라서는 대상자의 상사나 전문가와 면접·상담을 하여 정보를 수집하기도 한다.

(3) 질문지법

특정사무의 담당자나 상사 또는 전문가에게 사전에 준비한 질문항목에 대한 답을 기록하도록 하는 방법이다.

(4) 업무보고서

사무의 담당자에게 사무에 관한 업무일지를 작성하도록 하고, 그 내용을 다른 분석자가 분석, 연구를 함으로써 직무분석의 자료로 활용하는 방법이다.

표 11.1 직무분석 방법의 비교

방법	특징
관찰법	• 관찰대상자임을 인식하면 왜곡정보의 유도가능성이 존재 • 장시간 소요 • 사무직·관리직·지적·정신적 노동을 주로 하는 직무에는 부적합
면접법	• 정보의 왜곡 가능성 존재 • 정확한 정보를 유도하기 위하여 능숙한 질문이 필요
질문지법	• 비용이 적게 들고 빠름 • 응답자가 여가시간을 이용하여 작성하므로 시간낭비가 없음 • 질문서의 작성이 어려움 • 질문사항의 이해부족
업무보고서	• 고정된 사무(업무)의 분석에 적합 • 정보수집의 보조방법으로 활용되어 분석의 정확성 증대

2.1.3 직무기술서와 직무명세서

직무분석의 작업에서 얻어진 정보를 정리하여 직무기술서와 직무명세서를 작성하게 된다. 직무분석의 결과에 대하여 개선해야 할 점을 개선하고 정리한 후에 그 요점을 기술한 문서가 직무기술서이다. 그리고 보다 구체적으로 인사관리의 특정한 목적에 맞도록 세분화시켜서 기술한 문서를 직무명세서라고 한다. 다시 말해서 직무 기술서란 직무의 능률적인 수행을 위해 직무의 성격과 요구되는 개인의 자질 등 중요한 사항을 기록한 것이다. 직무기술서와 직무명세서는 직무분석의 결과를 일정한 서식에 기록·정리한 것이라는 점에서 공통점이 있다. 그러나 직무기술서는 직무내용과 직무요건을 거의

그림 11.1 직무명세서와 직무기술서의 비교

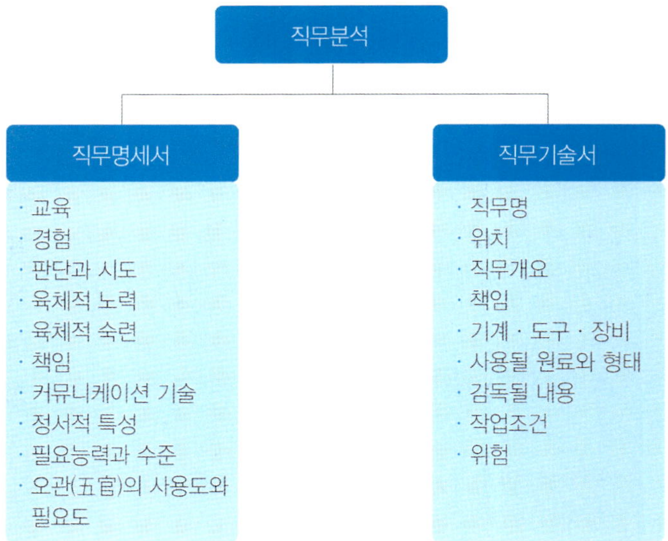

같은 비중으로 다루는 데 반하여, 직무명세서는 직무내용보다는 직무요건, 특히 인적 요건에 크게 비중을 두고 기술한다. 즉 직무기술서는 직무특성이 강조되고 직무명세서는 인적 특성을 중시하는 특징이 있다.

2.2 직무평가

2.2.1 직무평가의 의의와 필요성

직무평가란 조직에 있어서 각 직무의 중요도·곤란도·위험도 등을 평가하여 다른 직무와 비교해서 직무의 상대적 가치를 정하는 체계적인 방법이다. 직무평가는 직무분석에 의하여 작성된 직무기술서와 직무명세서를 기초로 하여 이루어진다.

따라서 직무평가는 동일한 가치를 가진 직무에 대해서는 동일한 임률을 적용하고, 가치가 높게 인정된 직무는 높은 임률을 책정하는 직무 위주의 급여제도 실시의 기초가 된다. 직무평가의 목적은 기본급·직무급·직무수당 등을 합리적으로 결정하고 직급제를 확립하여 직무급 실시의 기초자료를 얻기 위한 것이다. 직무급이란 직무의 중요도·곤란도·위험도라는 직무의 상대적 가치에 따라서 임금을 결정하는 임금체계이다.

2.2.2 평가방법

직무평가의 요소가 선정되면 다음 단계는 일정한 평가방법을 적용하여 평가하게 된다. 직무평가방법은 다음과 같다.

표 11.2 직무평가방법

서열법	직무가치를 종합적으로 평가한 후 서열을 정해 등급을 매기는 방법이다. 즉 각 직무의 상대적인 중요도·곤란도·책임도가 요구되는 지식과 숙련 등의 평가요소를 객관적·종합적으로 비교하여 높은 쪽으로부터 서열을 매기는 방법이다. 이 방법은 직종과 종업원 수가 적은 기업에서 사용하는 것이 적합하다.
분류법	사전에 직무를 몇 개의 등급으로 분류하고 각 직무를 직무분류표의 분류기준과 비교·검토하여 해당 등급에 편입시키는 방법이다. 이는 등급법이라고도 한다. 등급분류는 직무의 수·복잡도 등에 따라 달라진다.
점수법	직무를 각 구성요소로 분해하고 각 요소별로 중요도에 따라서 점수를 매긴 후, 점수를 합계하여 직무의 가치를 평가하는 방법이다. 각 직무에 대한 총점수를 상호 비교하고 그 점수의 다소에 따라서 직무의 상대적 가치를 결정하는 것이다.
요소비교법	먼저 직무를 요소별로 나누고 점수 대신에 임률로 기준직무를 평가한 뒤에, 다른 직무를 기준직무에 비교하여 각각 임률을 결정하는 방법이다. 요소비교법은 직무의 상대적 가치를 임금총액으로 평가하는 것이 특징이다.

2.3 직무설계

2.3.1 직무설계의 의의

직무설계란 직무를 수행하는 사람에게 의미와 만족을 부여하고, 조직목표를 보다 효율적으로 달성하도록 일련의 작업군과 단위직무의 내용 및 작업방법을 설계하는 활동이다. 전통적인 직무연구는 직무를 중심으로 사람을 어떻게 적응시킬 것인가의 직무분석과 직무평가를 연구의 중심 대상으로 삼았다. 그러나 근대적인 직무연구는 사람을 중심으로 직무를 어떻게 디자인할 것인가인 직무설계를 연구의 중심으로 중요시하였다. 직무설계는 직무분석을 한 다음에 인간적·조직적·기계적 요소를 규명하여 직무만족을 부여하고, 생산성을 향상시킬 수 있는 사무방법을 결정하는 절차인 것이다. 직무설계는 조직구성원에게 직무 그 자체에서 만족과 의미를 부여받도록 하여 동기부여와 생산성을 제고시키는 것을 목적으로 한다. 그리고 직무설계는 능률향상과 인간성 회복을 목적으로 하며 구체적인 항목을 열거하면 조직구성원의 동기부여, 생산성향상, 상품과 서비스의 양 및 질 개선, 원가절감, 이직과 훈련비용의 감소, 신기술에의 신속한 적응과 같다.

2.3.2 직무설계의 방법

(1) 직무확대

직무확대는 자기실현 욕구를 충족시키고 하나의 인격체로서 만족감을 갖게 하여 의욕을 향상시키는 데 주목적이 있다. 직무확대는 작업자에게 중심과업의 수행은 말할 것도 없이 기타의 관련과업을 동시에 수행하도록 하여, 개인의 직무를 중심과업으로부터 보다 넓게 확대하는 것이다. 다시 말해서 몇 사람의 작업자가 수행하던 과업이 일련의 과업으로 통합되어서 한 사람의 작업자에 의해 수행될 수 있도록 하는 것이다. 그러므로 직무확대는 직무수행에 소요되는 시간주기의 연장임과 동시에 전문화의 감소를 초래한다. 단지 직무확대는 작업자의 직무만족이 과업의 수와 다양성을 증가시킴으로써 향상될 수 있다는 실증연구의 결과에 근거를 두고 있다.

(2) 직무충실

직무충실은 직무확대에서 오는 문제점을 보완하는 직무설계 방법의 하나이다. 즉 직무에 대한 계획과 통제를 작업자에게 위임하는 방법이다. 성숙한 작업자는 단순한 육체적 능력의 증가보다는 정신적 능력(인식, 의사결정, 감정능력)의 발휘를 요구한다. 또한 단순히 직무의 수행뿐만 아니라 직무의 계획·통제 등의 관리적 기능을 포함시켜서 수직적으로 확대될 것을 요망한다. 직무충실 방법은 다양한 작업내용을 포함하고 보다 높은 수준의 지식과 기술을 요구하며, 자신의 성과를 계획·지휘·통제할 수 있는 자주성과 책임을 부여하고, 개인적인 성장과 의미 있는 경험에 대한 기회를 제공할 수 있도록 직무의 내용을 재편성하는 것이다. 따라서 작업자는 직무충실에 의하여 육체적 능력뿐만 아니라 정신적 능력을 발휘할 수가 있으며, 도전적인 작업수행을 통해 심리적 성취감을 느끼게 된다. 직무충실의 목적을 효율적으로 달성하기 위해서는 직무설계에 다음과 같은 사항을 고려하여 설계를 하여야 한다. 첫째, 작업자가 자신의 작업을 스스로 통제하고 기술을 개발할 수 있도록 최대한의 재량권을 부여하여야 한다. 둘째, 작업자가 보람 있고 의미가 있는 작업을 할 수 있도록 직무를 설계한다. 셋째, 개인의 목표보다는 공동목표를 강조하여 공동체의식을 갖도록 하여야 한다.

(3) 직무순환

직무순환은 일정한 직무를 동일한 작업자가 일정 기간만을 하도록 하고, 일정기간이 경과하면 상호 돌아가면서 근무하는 방식이다. 직무순환은 직무자체의 능률에 초점을 둔 직무 전문화와는 다르게 직무내용 그 자체는 크게 변화되지 않는다. 작업자는 직무순환에 의해 새로운 직무기술을 습득할 수 있다. 그리고 시야가 넓어짐으로써 종래의 단순 반복적인 직무로부터 느끼던 단조로움과 권태감을 줄이고 직무에 대한 만족감을 높이게 된다. 이 방법은 내부통제의 수단으로 이용되는 근본적인 해결책은 되지 못한다.

(4) 변동적인 작업시간·장소

변동적인 작업시간은 근무시간을 획일적으로 정하지 않고 필요에 따라 근무시간을 변동하는 방법이다. 그리고 재택근무와 같은 변동적인 근무 장소의 경우도 최근에는 많이 실시되고 있다. 바람직한 직무설계의 방법에 대한 의사결정을 함에 있어서 변동적인 작업시간, 장소에 따른 요인이 고려되어야 한다.

표 11.3 변동적인 작업시간, 장소

변동시간제	변동시간제란 1주일에 정해진 근무시간을 근무한다는 조건하에서 출근시간과 근무시간을 어느 정도 자유롭게 선택할 수 있다.
집중근무제	집중근무제는 근무시간 중 일정 시간 동안 타인으로부터 업무의 방해나 간섭을 최소화함으로써, 업무에 대한 집중이 단절되는 것을 막아서 업무능률을 향상시키는 제도이다.

집중근무 시간대의 금기사항은 무엇일까? 실무자는 업무협의·자리이탈·잡담·흡연·휴식이 금지되고, 임원 및 간부는 결재와 부하직원 호출 그리고 회의소집 등을 하지 않음으로써 실무자의 업무효율을 극대화하여야 한다. 집중근무 실시부서의 직원은 집중근무 시간대에는 업무 효율성이 높은 작업을 우선적으로 처리하도록 요구된다.

3. 인사고과

3.1 인사고과의 목적

「기업＝인간」이란 공식이 의미하듯이 오늘날 기업경영의 성과는 기업내 인적자원을 얼마나 효율적으로 관리하는가의 여하에 달려 있다. 인적자원을 효율적으로 관리하려면 일차적으로 사람을 올바르게 판단(자질, 능력, 성과)하고 평가하여야 한다. 인사고과란 종업원의 능력과 업적을 정기적으로 평가하여 가지고 있는 현재적 내지 잠재적 효용성을 파악하는 방법으로 사람과 직무와의 비교를 원칙으로 한다. 즉 각 개인이 발휘하거나 발휘할 것으로 예상되는 조직에의 기여도를 합리적이고 객관적인 방법에 의하여 평가함으로써 각 개인에 관한 인사상의 자료를 얻는 활동을 말한다. 인사고과의 목적은 조직구성원의 업무수행 능력을 개발시키고 향상시켜서 기업의 성과를 높이려는 것이다. 또한 인사고과는 조직관리·처우관리·능력관리 등 조직구성원에 대한 판정 자료를 제공하여 준다.

인사고과를 바르게 도입하여 효과적으로 실시하기 위해서는 인사고과에 대한 명확한 방침과 정확한 관리 시스템이 구축되어야 하며 다음과 같은 올바른 이해가 필요하다. ① 관리시스템의 정비이다. 인사고과의 합리성과 신뢰도를 높이기 위해서는 평가요소를 철저히 객관화하고, 이를 정확하게 측정·평가할 수 있는 관리시스템이 정비되어 있어야 한다. ② 평가기준의 설정이다. 인사고과에서는 누구나가 납득하고 인정할 수 있는 객관적인 평가기준이 확립되어 있어야 한다. 즉 공정한 인사고과가 되려면 상사가 부하에게 "기대하고 요구하는 일의 내용과 수준"을 파악하여, 그 기준에 입각한 객관적인 평가를 해야 한다. ③ 평가방법의 선택이다. 인사고과의 목적에 비추어서 가장 효과적인 평가방법이 무엇인지를 선택하여 일관된 원칙에 따라서 인사고과가 이루어져야 한다. ④ 평가등급의 선택이다. 평가시 고과자에 따라 고과결과에 오차가 생기는 경우가 있다. 따라서 고과를 실시할 때에는 평가기준을 설정하고 평가를 실시해야 한다. 일반적으로 평가에는 3단계 평가와 5단계 평가가 있다. 평가등급을 결정할 때에는 표준과 평균의 차이를 명확히 인식하고 있어야 한다. ⑤ 기간의 결정이다. 업적이란 기간에 따라서 달라지는 것이다. 그러므로 어느 시점에서 어느 기간을 대상으로 고과를 할 것인가는 대단히 중요한 문제이다.

3.2 인사고과의 요소와 분류

3.2.1 요소

인사고과는 기본적으로 직무와 사람의 관계에 대한 평가이므로 평가요소는 철저히 직무와 관련된 것이어야 한다. 일반적으로 평가요소를 구성할 때에 고려할 사항은 다음과 같다. 첫째, 직무수행에 필요한 사항은 무엇인가(태도, 자질)? 둘째, 그것을 수행하는 능력은 어느 정도 가지고 있는가(능력)? 셋째, 직무를 수행한 양과 질은 어느 정도인가(업적)? 이러한 평가항목은 기업의 특성에 따라 주요 관리항목 중에서 중요도에 따라 설정하여야 하며, 고과대상별·업무분야별로 구분하여 가중치를 부여하여야 한다.

3.2.2 인사고과기법 분류

표 11.4 인사고과기법에 의한 분류

방법	내용
서열법	종업원 능력과 업적에 대하여 순위를 매기는 방법이다. 가장 우수한 사람과 가장 못한 사람을 뽑고, 또 남은 사람 가운데서 가장 우수한 사람과 못한 사람을 뽑아 서열을 매기는 교대서열법과 임의의 2명씩을 비교하는 것을 되풀이하여 서열을 결정하는 쌍대비교법이 있다.
기록법	종업원 근무성적의 기준을 객관적으로 정해 좋고 이를 기록하는 방법이다. 달성 작업량 기준으로 하는 산출 기록법, 일정시간에 작업량을 조사하고 이를 전 기간 성적으로 추정하는 정기시험법·결근일수·지각빈도수 등의 근태 기록법, 작업태도·방법·성과를 점수로 환산하여 평가하는 가감점법 등이 있다.
평가척도법	전형적인 인사고과의 방법으로서, 종업원의 자질을 직무 수행상 달성할 정도에 따라 사전에 마련된 척도를 근거로 하여 평정자로 하여금 체크할 수 있도록 하는 방법이다. 여기에는 도식과 단계식이 있다.
대조법	설정된 평가세부일람표에 따라 체크하는 방법이다. 고과자는 평가의 일람표에 미리 설정된 장소에 체크만 하고, 그에 대한 평가는 인사부서에서 하는 것이 보통이다. 체크만 하는 프로브스트(Probst) 방법과 체크를 한 후 그 이유를 기록하는 오드웨이(Ordway) 방법이 있다.
강제할당법	미리 정해놓은 비율에 맞추어 피고과자를 강제로 할당하는 방법이다. 최하(10%)·하(20%)·중(40%)·상(20%)·최상(10%)으로 평가를 할당시키는 방법이다.
업무보고법	피고과자가 작업 업적을 구체적으로 적어서 평가받는 방법이다.

중요사항 서술법	기업목표 달성의 성패에 미치는 영향이 큰 중요사실을 중점적으로 기록 검토하여, 피고과자의 직무태도와 업무수행 능력을 개선토록 유도하는 고과방법이다.
자기신고법	피고과자가 자기능력(기술, 지식 등)과 희망(직무, 환경 훈련 등)을 기술하여 정기적으로 보고하여 그것을 고과하고, 그 결과를 인력자원 조사의 자료로 하는 방법이다.
면접법	피고과자의 업무수행 능력과 잠재력을 찾아내어서 작업의 개선이나 책임의 명확화, 직무요소의 우선순위 등을 결정하는 방법이다.
목표관리법	해당 종업원이 직속상사와 협의하여 작업 목표량을 결정하고, 이에 대한 성과를 부하와 상사가 같이 측정하고 또 고과하는 방법이다. 종업원은 참여의 기회를 갖게 된다.
평가센터법	평가를 전문으로 하는 평가센터를 만들고 여기에서 다양한 자료를 활용하여 고과하는 방법이다. 하부관리자 평가에 특히 유효한 방법이다.
인적자원회계	인적자산을 기업재산으로 취급하여 가치를 평가하는 방법이다. 인적자산을 대차대조표와 손익계산서에 나타내는 과정에서 고과하는 방법이다.
행동과학에 기초한 고과	경영성과가 어떻게 달성되었으며 어떤 직무수행이 더 나은 경영성과를 초래하는가를 동기유발의 행동과학적 입장에서 평가하는 방법이다. 여기에는 반드시 관찰과 보고를 담당할 유능한 고과자가 있어야 한다.

3.3 인사고과의 활용

3.3.1 경력개발에의 활용

본인의 경력분석·직무만족도·적성·성격 등을 종합하여 배치전환, 연수 등 경력개발에 적극적으로 반영할 수 있다.

3.3.2 승급·승진·승격관리에 활용

인사고과의 결과는 그 등급의 차이를 승급·승진·승격심사에 반영하여, 능력과 업적에 따른 공정한 처우를 보장하고 능력주의 인사를 실현할 수 있게 된다.

3.3.3 업적고과에 의한 상여지급 반영

업적고과의 결과는 그 등급에 따라 성적계수를 산출하고, 이를 상여지급 기준율에 가감함으로써 상여의 차등지급에 반영한다.

4. 보상관리

4.1 임금관리

임금관리는 종업원의 근로의욕과 직결되는 기본적인 관리활동이다. 임금이란 다음과 같은 이중적 성격을 지니고 있다. 즉 임금은 근로자에 대해서는 생활유지에 필요한 소득 또는 수입이며, 기업측으로서는 제품원가의 구성요소로서 지불인 것이다. 따라서, 근로자는 생활의 안정 내지는 윤택을 위해 보다 많은 임금을 원하는가 하면, 기업가는 기업의 유지 확대를 위하여 생산성향상이 될 수 있는 방법에서 임금을 지불하려고 한다. 이렇듯 임금을 둘러싼 노사간의 이해는 반드시 일치하는 것으로 볼 수 없으므로 임금문제는 인사관리의 핵심적 문제로 등장하게 되었다.

4.1.1 임금의 의의

임금이란 노동을 하여 얻게 된 소득, 다시 말해서 노동에 대한 대가로서 지급되는 경제적 보상을 말한다. 노동력의 제공에 대한 반대급부로 지급되는 경제적 보상에는 두 가지의 유형이 있다. 그 하나는 임금(wage)이고, 또 다른 하나는 봉급(salary)이다. 전자가 시간급이나 일급 등과 같이 짧은 기간을 기준으로 계산되는 데 반해서, 후자는 주급·월급·연봉 등과 같이 비교적 장기간을 기준으로 하여 노동의 대가로서 지급되는 특성을 갖는다. 그리고 임금은 육체노동자에게 봉급은 정신노동자에게 지급되는 경우가 많다. 임금의 의의는 다음과 같이 네 가지로 나눌 수 있다. ① 근로자의 입장에서 볼 때, 임금은 노동의 대가로서 소득의 원천이 된다. 따라서 임금은 높으면 높을수록 근로자에게는 유리하게 된다. ② 기업가의 입장에서 볼 때, 임금은 생산비용의 주종을 이룬다. 따라서 임금은 낮으면 낮을수록 기업가에게는 유리하게 된다. ③ 임금격차는 효율적인 인적자원의 배분을 결정해 주는 주요 요인이 된다. 이런 점에서 임금격차는 필요악이라고 할 수 있다. ④ 임금수준은 상대적 소득분배를 결정해 준다. 이러한 의의를 갖고 있는 임금은 어느 시대 어느 체제에서나 정치 경제 사회문제로 제기되었다. 그 이유는 임금이 높아지면 근로자에게는 유리하게 되나 기업가에게는 불리하게 된다는 임금의 양면성 때문이다.

4.1.2 임금의 성격

임금의 성격은 노사의 입장에 따라서 다르기 마련이다. 임금의 성격을 살펴보면 다음과 같다.

(1) 생계비로서의 임금

주로 근로자측에서 볼 수 있는 임금의 성격이다. 근로자는 노동의 대가로서 받은 임금소득으로 생활을 유지하고 생활수준 향상도 기대하기 때문에, 최저생활선의 보장 내지는 생계비의 상승에 따른 실질임금 구매력의 유지를 기대하기 마련이다. 이런 경우 생계비에 대한 합리적인 측정결과가 무엇보다 필요하게 된다.

(2) 비용으로서의 임금

이는 기업입장 또는 경영자의 입장에서 보는 임금의 성격이다. 제품단위당 비용에 임금이 포함되기 때문에 비용관리의 대상으로 임금은 중요하게 된다는 시각이다.

(3) 노동대가로서의 임금

노동대가로서 임금을 보려는 시각은 노사 모두 마찬가지이다. 사용자와 근로자 간에 고용과 피고용이라는 쌍무관계가 이루어지게 된다는 것은 근로자 입장으로서는 노동을 제공해야 할 의무를 뜻하며, 경영자 입장은 제공된 노동을 사용할 권리를 갖게 됨을 뜻한다. 따라서 경영자 입장은 노동의 사용에 대한 대가를 근로자에게 지불할 의무를 갖게 되며, 근로자측은 지불된 대가를 수령할 권리를 갖게 되는 '권리, 의무관계'라고 할 수 있다.

(4) 성과분배로서의 임금

노사는 협력을 바탕으로 궁극적으로는 생산성향상을 통하여 조직의 성과를 높이게 된다. 이는 다시 공정한 분배과정을 거쳐서 보다 많은 성과를 높이기 위한 유인원천이 되고 있다. 따라서 성과분배로서의 임금의 성격은 노사가 함께 수용할 수 있는 성격측면이라고 볼 수 있다. 문제는 성과를 어떻게 측정하는 것이 바람직하며, 노사가 가장 불만이 적고 합의할 수 있는 적정한 분배율에서 공정하게 분배하는 것이다.

(5) 국민소득분배와 수요원으로서의 임금

이는 국민경제 입장에서 볼 수 있는 임금의 주요한 성격이다. 만약에 임금수준이 국민경제의 실질 생산성수준을 상회하게 된다면, 이는 과다소득 분배로 인한 초과수요를 유발하게 되어서 인플레이션을 초래하게 된다. 반대로 하회하게 되는 경우에는 과소소득 분배로 인한 디플레이션 내지는 경기침체로 파급될 수 있다는 입장이다. 결국 장기적으로 볼 때 임금수준은 그 나라의 생산성수준과 균형을 이루어야 바람직한 것이다.

(6) 노동력 수급가격으로서의 임금

노동시장이라는 측면에서 노동의 수요곡선과 공급곡선이 교차하는 점에서 임금수준과 고용량이 결정된다. 노동의 공급이 수요보다 적으면 임금수준은 상향경향을 갖게 된다.

(7) 교섭가격으로서의 임금

임금의 결정은 궁극적으로 지불하는 입장과 수령하는 입장이 자율적인 합의를 받아들이는 것으로 귀결된다. 결국 임금결정은 노사간의 자율적인 합의를 통하여 받아들여졌을 때 설득력을 지닌다. 설득력이란 근로자측과 경영자측에게 있어야 함을 말한다.

4.1.3 임금체계

(1) 임금체계의 결정기준

임금체계란 지급되는 임금의 구성내용, 다시 말해서 임금의 지급항목 내용을 말한다. 임금이란 절대적인 총액의 수준도 중요하지만 지급액이 어떤 내용으로 이루어져 있느냐 하는 것도 중요하다. 따라서 임금체계 자체도 근로자의 만족과 협동을 가장 효율적으로 끌어내면서 기업의 인건비를 가장 유효하게 유지할 수 있도록 구성되어야 한다. 이와 같은 목적을 가장 잘 달성하기 위해서 임금체계는 다음의 원칙을 준수함이 요구된다. ① 근로자의 필요에 응할 수 있는 임금구성으로서의 생활급, ② 성과에 부응할 수 있는 임금으로서의 능률급, ③ 능력에 따라 지급되는 능력급, ④ 시간에 따라 지급되는 시간급

(2) 임금체계의 유형

임금체계는 크게 나누어 기준내임금과 기준외임금으로 구분한다. 기준내임금을 기준으로 하여 연공급체계·직능급체계·직무급체계·직종급체계·종합급체계 등으로 유형을 분류할 수 있다.

표 11.5 임금체계의 유형

연공급	경력·학력 등을 감안하여 근속연수에 따라 임금을 결정하는 것이다. 이를 흔히 연공서열형 임금 또는 생활급 체계라고도 한다. 연공급 체계의 두드러진 특징은 다음과 같다. 첫째, 신입사원의 초임금이 학력과 성별에 따라 격차가 형성되며, 둘째, 입사 후에는 정기승급제도에 의하여 임금수준이 증가된다는 점 등이다.
직무급	직무를 기준으로 하여 임금을 결정하는 것을 말한다. 즉 직무의 중요도·난이도·책임도 등에 따라서 직무의 질과 양에 대한 상대적 가치를 평가하고 그 결과에 따라 임금을 결정한다. 성격상 '동일노동, 동일임금'에 가장 합당한 임금체계로 볼 수 있다. 직무평가의 요소는 연수·노력·책임·작업조건 등이다. 직무급 체계의 형태는 1직무에 1임률이 적용되는 개별직무급, 1직계에 1임률이 적용되는 단일직무급, 하나의 직무나 직계에 대하여 일정한 범위를 가진 임금이 지급되는 범위직무급의 세 가지가 있다.
직능급	직무수행능력을 기준으로 하여 임금을 결정하는 것이다. 즉 종업원이 직무를 통하여 발휘하고 있는 직무수행능력을 기준으로 하기 때문에 능력주의적 임금체계라고 한다. 직능평가는 능력고과(인사고과)에 의하여 평정하고 직능조사와 직능분류를 하여 기준임률을 설정하고 임금계산을 한다.
직종급	직종별 횡단적 노동시장 임률에 의하여 임금이 결정되는 것이다. 즉 직능분석이나 직무평가를 하지 않고 직종에 따라서 결정되는 임금이다. 직종급은 일정한 기간을 거쳐서 양성되어 자격심사를 거친 숙련공 간에 자유로운 노동이동이 이루어져야 가능하다.
종합 결정급	연령·학력·근속·경력·능력·직무내용·근무성적 등의 여러 가지 요소를 감안하여 결정하는 임금체계이다. 이에는 연령·학력·근속연수 등의 신분적·연공적 요소를 중시하는 속인적 종합결정급 체계와 능력·직무내용 등을 중시하는 직무급적 종합결정급 체계가 있다.

4.1.4 임금형태

임금형태란 임금의 산정방법과 임금의 지급방법을 의미한다. 그러므로 임금형태의 유형이라고 할 때는 주로 기본급의 산정방법에 대한 특징·차이를 가리킨다.

(1) 정액임금제

임금형태 중 노동시간을 정하여 그것에 대한 일정한 임금액을 지급하는 형태가 정액임금제이다. 단위가 되는 노동시간의 차이에 따라 시간급·일급·주급·일급월급 및 월급·연봉으로 구분된다.

표 11.6 정액임금제

시간급	1시간을 단위로 하여 임률을 정하고 노동시간을 곱하여 임금을 산정하고 지급하는 형태이다.
일급제	1일을 단위로 하여 임률을 정하고 노동일수를 곱하여 임금을 계산, 지급하는 임금형태이다. 일급은 작업직의 전형적인 임금형태이다.
주급제	1주를 단위로 하여 임률을 정하고 보통 1주마다 지불하는 임금형태이다.
일급월급제	임률은 월단위로 결정되어 있지만 소정 근무일에 결근한 경우에는 그 결근일수에 상당하는 부분을 공제하여 계산하는 임금형태이다.
월급제	임금이 월단위로 결정되어서 월간의 노동일수에 관계없이 지불되는 것이다. 임금이 월급으로 되어 있어서 휴일, 경축일은 물론 지각·조퇴·결근에 관계없이 전액이 지불된다.
연봉제	연봉제는 개개인의 능력 실적 및 공헌도의 평가와 계약에 의하여 연간 임금액이 결정되는 능력중시형의 임금지급 형태이다. 연봉제는 임금액을 구성하고 있는 여러 항목들을 연봉제에 의한 계약으로 결정한다. 임금체계에서 일반화된 기본급·제수당·상여금의 구분이 없는 것이 특징이다.

(2) 능률급제

능률급은 임금을 능률에 따라 증감하고 근무성적에 따라 개인차를 두는 변동적 임금지급의 형태를 말한다. 시간급과 대립되는 개념으로 노동능률에 대응하는 임금을 지불하는 제도이다.

표 11.7 능률급제

성과급제	생산 1단위 임률을 결정하여 생산고에 곱하므로써 임금을 결정하는 제도이며, 작업시간은 고려하지 않고 일정한 임률을 적용하여 계산하기 때문에 임금은 성과에 거의 비례하는 임금형태이다.
할증급제	할증급제란 시간급과 성과급의 절충형태로서 최저한의 임금을 보장한다. 표준을 넘는 성과에 대해서는 일정한 비율의 할증임금을 지급하는 임금형태를 말한다.
상여급제	상여급제는 근로자에게 일급을 보장하면서 표준 이상의 과업을 달성할 경우에는 일정률의 상여를 추가로 지급하는 제도이다.

4.2 복지후생관리

4.2.1 복지후생의 의의

복지후생이란 종업원의 복지와 후생을 도모함으로써 불완전한 근로조건을 보완하고 노동력의 최적 활용을 기하며, 노사관계의 안정화와 양호한 인간관계를 확보하기 위해서 기업이 채택하는 부가적 보상체계를 말한다. 그것은 임금 및 급여 이외에 간접적인 여러 급부를 종업원에게 공여하여 종업원의 사회 심리적 욕구를 충족시키는 데 주요 목적을 두고 있다. 복지후생은 직접적으로 종업원의 성과를 자극하려는 임금과는 다르게 간접적으로 구성원의 공동체의식을 강화하려는 수단으로서의 역할을 한다. 따라서 성과의 논리를 추구하기 위해서 임금이 존재한다면 복지후생은 공동체의 논리를 따르기 위해서 존재한다.

오늘날의 복지후생은 단체교섭 및 단체협약이 강화됨에 따라 기업이 종업원에게 베풀어야 하는 의무적인 조치의 성격으로 변모되었다. 그리고 복지후생제도는 임의제도로서의 성격을 벗어나 입법에 의한 법정제도로서의 성격을 띠고 있다.

4.2.2 복지후생의 이점

복지후생의 증진에 의한 노사쌍방의 이점을 살펴보면 [표 11.8]과 같다.

표 11.8 복지후생의 이점

종업원에 대한 이점	사용자에 대한 이점
• 사기가 앙양된다. • 복지에 대한 인식이 향상된다. • 불만이 저하된다. • 경영자와의 관계가 개선된다. • 고용이 안정되고 생활의 질이 향상된다. • 건설적인 참여의 기회가 늘어난다. • 경영방침과 목적의 이해가 높아진다.	• 생산성의 향상과 원가절감이 이루어진다. • 팀워크의 정신이 강화된다. • 결근·지각·사고·불만·노동이동률이 감소한다. • 인간관계가 개선된다. • 채용 및 훈련비용이 절감된다. • 경영방침과 목적을 설명할 기회가 많아진다. • 자사를 홍보할 기회가 많아진다.

4.2.3 복지후생의 내용

복지후생은 경제발전, 노사관계의 특성, 사회보장제도의 실시 정도 등의 제반 여건에 따라서 매우 다양한 종류의 제도나 시설을 포함한다.

표 11.9 복지후생의 구성내용

생활보조관계 시책	보건, 위생관계 시책	문화, 체육관계 시책	경제, 금융관계
• 피복: 제복, 작업복 • 급식: 식당, 식비보조 • 주택: 사택, 사원아파트, 기숙사, 주택상담, 주택대부금, 주택적립예금 • 구매: 매점, 소비생활 협동조합, 자사제품 할인판매 • 육아 및 장학: 보육원, 기업내 학원, 장학자금 지원 및 대부 • 관혼상제: 회장 설비제공, 조위금	• 보건: 직장체조, 휴양소, 계절 휴양시설 • 위생: 병원, 진료소, 의무실, 정기건강 진단, 건강관리센터, 예방주사, 가족진료	• 문화: 후생회관, 오락실, 문화제, 전람회, 과외활동 • 체육: 운동장, 체육관, 체육대회 • 교양: 도서실, 연구회	• 공제 및 금융: 경조금, 공제회, 생활대부금, 사내예금, 근로자재형저축, 각종 보험가입 • 휴가: 휴직기간 생활보조금, 연차유급휴가 • 퇴직: 퇴직금, 기업연금, 생명보험

4.2.4 복지후생관리의 문제와 증진방안

표 11.10 복지후생관리의 문제와 증진방안

복지후생관리의 문제	
조직의 문제	**복지후생 전개상의 문제**
• 복지후생 전담부서의 기능 미약 • 전문인력의 부족 • 경영층과 종업원의 중간자적 역할 부족	• 적정한 복지수준의 결정문제 • 복지향상과 생산성향상과의 관계 • 의사결정에 대한 종업원 참여기회의 제한 • 정신적 욕구충족의 기능 미흡
바람직한 복지후생 증진 방안	
• 전 종업원의 공동체의식 고취 • 종업원의 능력개발과 기술축적 유도 • 경영실적과의 연계로 성취동기 유발 • 계층별 욕구를 수렴하기 위한 참여조직의 활성화	

5. 인간관계관리

5.1 인간관계의 의의

직장은 인간의 사회처럼 다양한 사람들이 모여 있는 곳이다. 더욱이 직장 내에서의 인간관계란 뚜렷한 목적의식이 없는 사람들의 단순한 집합체가 아닌, 특정의 목표를 달성하기 위하여 조직화되어 있다는 점에 유의할 필요가 있다. 그러므로 조직구성원은 서로의 역할과 임무가 정해져 있으며 그것을 지키는 것은 원칙이고 약속사항으로 되어 있다. 조직구성원이 올바르게 역할을 수행하고자 할 때, 우리들은 인간관계의 문제에 직면하게 된다. 인간관계에서 오는 장애를 어떻게 극복하느냐는 자신의 업무를 잘 수행하고 조직생활을 성공적으로 결실을 맺는 데 관건이 되기도 한다. 인간은 개인에 따라서 감정·생각·경험·욕구 등이 전혀 다른 주체이다. 바람직한 인간관계를 형성하는 데에는 많은 어려움이 발생된다. 이상적인 인간관계란 무엇인가? 즉 어떠한 입장, 어떠한 위치, 어떠한 지역에서의 생활에서도 거기에 관계를 맺은 사람들의 연결이 긴밀하다는 것을 의미한다. 조직 내에서의 이상적인 인간관계는 기업목적의 달성을 목표로 하는 자발적인 협력에 의한 관계이다.

5.2 인간관계관리의 기법

인간관계관리를 보다 효율적으로 수행하기 위하여 [표 11.11]과 같은 제도 및 기법이 활용되고 있다.

표 11.11 인간관계관리의 기법

인사상담제도	인간으로서의 조직구성원은 여러 불만이나 고충을 품어서 업무의 비능률을 초래하기 마련이다. 그러므로 기업에서는 불만과 고충을 해소하고자 인간적이고 자연스런 입장에서 조직구성원과의 면담을 통하여 조직생활에 순응시킨다.
제안제도	조직구성원으로부터 개선방안을 모집하여 보상하는 제도이다. 제안제도는 경영상의 문제에 관해 하의상달의 의사소통을 가능하게 하며, 조직구성원들의 창의력 개발에 기여하게 된다.
사기조사	조직구성원의 사기저하를 올바르게 파악함으로써 사기침체의 요인을 제거하고 사기앙양책을 강구하려는 것이다.

자기신고제도	조직구성원에게 소정양식에 의거하여 담당업무에 대한 적성 여부, 업무의 난이도, 업무수행의 문제점, 업무의 성과, 앞으로의 자기계획, 요망사항 등을 정기적으로 신고하게 하는 제도이다.
약정처리제도	집단협약을 중심으로 발생하는 노사간의 약정 내지 분쟁을 평화적, 합리적으로 처리하려는 제도이다.
사회측정화	집단의 생태를 인간 상호간의 견인과 반발의 역학적 체계로 파악하고, 어떤 시점에서 집단의 견인과 반발의 빈도 내지는 강도를 수량적으로 측정, 도시함으로써 집단의 특성 및 구성원의 양태를 파악하는 것이다.
집단역학	집단의 기능 및 행동에 영향을 미치는 조건의 추구를 통해서 집단으로서의 단결력·사기·생산성의 향상을 밝히려는 수법이다.

6. 노사관계관리

6.1 노사관계의 접근

6.1.1 노사관계의 본질

노사관계란 근로자와 사용자(경영자)의 관계를 말한다. 이는 경영활동의 과정에서 형성되는 관계이며 생산목적에 통합되어 있는 관계이다. 일반적으로 노사관계란 경영자와 노동자 및 노동조합 사이에 형성된 사회관계라고 볼 수 있다. 현대적 의미의 노사관계는 노·사와 더불어 정부·정당·매스컴·기타 각종 사회집단의 영향을 받는다. 노사관계는 광의로서 개별적 노사관계와 집단적 노사관계, 협의로는 집단적 노사관계만을 의미한다. 오늘날에는 노사관계를 구성하는 주체자로서 사용자와 노동자(노동조합) 그리고 정부라는 3자 관계로 파악하고 있다. 던롭(J.T. Dunlop)은 "노사관계를 경영자 근로자 및 정부 사이의 상호관계인 복합체"로 정의하고 있다.

이상의 개념을 종합해 보면 노사관계는 기업을 둘러싸고 있는 환경하에서 형성되는 사용자와 노동조합과의 관계이다. 즉 사용자에 대하여 힘이 열세인 근로자들이 조직을 구성하여 사용자와 대등한 관계를 이루고자 하는 다원적·복합적 성격을 지닌 관계로서 노·사·정의 3자 관계로 파악된다.

6.1.2 노사관계의 특성

노사간의 관계형성은 근로자가 사용자와의 개별적 고용관계의 불평등을 제거하고 대등한 관계를 도모하고자 노동조합이라는 조직적 힘에 의존하게 된다. 이러한 이행과정에서 노사 양자 간에는 이중적 구조가 발생한다. 이것은 다음과 같은 세 가지 측면에서 접근할 수 있다.

(1) 법률적 차원의 노사관계

이 차원은 개인들이 동등한 위치에서 행하게 되는 계약관계라고 할 수 있다. 사용자나 근로자는 상대방에게 어떤 법적 강제력을 행사할 수 없으므로 개인의 계약자유가 실현된다. 국가의 책임은 계약이 자유롭게 이루어질 수 있도록 쌍방이 법칙을 엄수하도록 하는 것이다. 자유고용계약하에서 임금의 결정 등은 대개 사용자에 의하여 이루어진다. 근로자가 이에 만족하지 않을 때에는 계약을 하지 않으면 된다.

(2) 경제적 차원의 노사관계

이 차원에서는 구매자와 판매자 간의 시장거래 관계가 형성된다. 경제적 측면에서는 사용자와 근로자들이 이윤의 극대화를 위하여 합리적인 행위를 한다는 가정을 기초로 한다. 기업은 생산비의 개념으로 근로자를 고용하며 근로자 역시 임금과 여가 등을 고려하여 거래관계에 참여한다는 것이다.

(3) 인간관계 차원의 노사관계

이 차원은 기업규모가 커지고 조직이 계층적으로 분화됨에 따라 조직 내에서의 통합이 기업목적 달성에 필요불가결한 조건으로 간주한다. 즉 기업의 조직이 유기체로서의 성격을 갖게 됨에 따라 조직을 운영하는 하나의 원리로서 강제보다는 협력을 통한 통합이 강조되고 있는 것이다.

6.1.3 노사관계의 원리

노사문제는 상호간에 협력적, 민주적인 관점에서 해결하여야 한다. 상호간의 이익을 위한 기본적인 원칙은 다음의 네 가지로 정리할 수 있다.

(1) 노사대응의 원칙

근로자와 사용자는 인간으로서는 대등한 존재이나 실질적으로 근로자와 사용자와의 관계는 반드시 평등한 관계라고 할 수 없다. 따라서 원칙적으로 근로자에게 단결권, 단체교섭권, 단체행동권을 보장하고, 근로자가 단결을 하여 사용자와 대등한 입장에 설 수 있도록 법적으로 지원하고 있다. 그러나 근로자가 노동조합을 결성하여 사용자에게 대항하는 것만으로는 반드시 실질적으로 대등성이 확보되었다고는 볼 수 없다. 사용자측과는 단체교섭에 의해서 단체협약을 체결하고 근로조건 등에 관해서는 공동으로 결정함으로써 형식적으로 대등하게 되었다고 볼 수 있는 것이다.

(2) 상호 불개입의 원칙

노동조합과 사용자는 각각 독립된 존재이다. 어떠한 경우에도 서로 상대방의 조직이나 운영에 개입하는 것은 허용되지 않는다. 노동조합은 조합원인 근로자의 근로조건의 유지, 개선을 최대의 임무로 하고 있으며, 그 임무를 충분히 수행하기 위해서는 사용자로부터 완전히 독립된 자주적인 존재이어야 한다. 노동조합법에서는 사용자의 부당노동행위를 금지함으로써 상호 불개입의 원칙을 보장하기 위한 조치를 취하고 있다. 한편 기업 또는 조직체의 관리운영에 관해서도 그것이 근로조건과 밀접한 관계가 없는 한, 노동조합이 함부로 개입할 수 없다.

(3) 노사자치의 원칙

노사가 자유로운 단체교섭에 의해서 단체협약을 체결하고 노사간의 자치규범을 만들어서 노사관계를 자주적으로 형성하는 것은 바람직한 일이다. 그러기 위해서는 노사 각자의 자유와 자주성이 존중되어야 한다.

(4) 상호이해의 원칙

단체교섭이 민주적으로 이루어지고 노사쌍방이 납득할 수 있는 결론을 이끌어내기 위해서는 서로 상대방의 입장을 이해하고 존중하는 자세가 필요하다. 노사관계는 기본적으로 대립관계와 협력관계의 양면성을 내포하고 있다.

6.1.4 바람직한 노사관계

바람직한 노사관계는 민주적·안정적·생산적·상호 발전적 그리고 산업 평화적이어야 한다. 바람직한 노사관계가 형성되기 위해서는 다음과 같은 선행조건들이 충족되어야 한다. ① 노사관계를 둘러싼 환경조건이 개선되어야 한다. ② 노사간의 상호신뢰가 회복되어야 한다. ③ 민주적 노사관계 확립을 위한 교육훈련이다.

6.2 노동조합

6.2.1 노동조합의 의의

"노동조합이란 근로자가 주체가 되어서 자주적으로 단결하여, 근로조건의 유지, 개선과 근로자의 복지증진 기타 경제적, 사회적 지위의 향상을 도모함을 목적으로 조직하는 단체 또는 그 연합단체를 말한다."(노동조합법 제3조) 노동조합은 노사관계에 있어서 노사간 세력의 대등성을 유지하는 데 중요한 역할을 하는 조직이다. 따라서 근로조건의 취약성이나 임금수준의 저하 등 근로자에게 해당되는 불이익 요소에 대하여 근로자들을 대변하여 개선하는 주기능이 있다. 그리고 사용자와의 꾸준한 대화와 협상을 통하여 근로자들의 불만요인을 사전에 해소함으로써, 고용과 근로조건의 안정을 도모하고 생산성향상과 근로자들의 삶의 질을 향상시키는 역할을 한다.

6.2.2 노동조합의 유형

노동조합의 유형은 [표 11.12]와 같다.

표 11.12 노동조합의 유형

직종별 조합	가장 먼저 발달한 노동조합의 조직형태로서 직업별 조합이라고도 한다. 직종별 조합은 특정기업이나 산업에 고용됨과 관계없이 직종 또는 직업을 같이하는 근로자들로 조직된 조합을 말한다. 주로 숙련공들의 기술이 필수적으로 요구되던 종래의 생산방식하에서, 숙련근로자가 조직을 통하여 노동시장을 배타적으로 독점함으로써 교섭력을 높이는 것을 주목적으로 하였다.
산업별 조합	산업별 조합은 기술수준 및 직종에 관계없이 동일산업에 근무하는 근로자들로 구성된다. 산업이 점점 분업화되면서 노동의 단순화와 대체성이 증가하게 되고, 대량생산 체제를 도입하게 됨에 따라 숙련공에 대한 의존도가 점점 낮아졌다. 한편 미숙련공들의 중요성이 높아짐에 따라 발생한 조직의 형태가 산업별조합이다. 따라서 교섭력 또한 숙련도나 직종보다는 동종 산업 내의 조직범위와 조합원수에 의하여 결정되므로 조직확대에 힘쓰게 된다.
일반 조합	일반 조합은 숙련이나 직종 또는 산업에 관계없이 일반 근로자를 폭넓게 규합하는 조합의 형태이다. 이것은 작업의 분업화, 단순화, 표준화 과정의 발달과 맞추어서 등장한 대량의 미숙련 근로자들이 노동생활을 영위하기 위한 최저생활의 필요조건을 확보하고자 생성되었다. 주요 요구조건으로는 고용의 안정과 임금 및 근로조건의 최저한도 설정 등을 들 수 있다.
기업별 조합	기업별 조합은 직종과 산업에 관계없이 동일한 기업에 종사하는 근로자들로 구성되며, 주로 단위기업 간의 지불능력이나 규모의 차이가 많은 곳에서 발생하는 조합의 형태이다. 기업별조합은 같은 기업체에 근무하는 근로자들만으로 조직되므로 조직의 범위가 명확하며 조직활동이 비교적 용이하다.

제12장

생산관리

美도 놀란 ‘10년간 10만 마일 무상보증’… 품질경영으로 세계 질주

[한국기업 100년, 퀀텀점프의 순간들]

‘품질’로 승부해온 현대차그룹

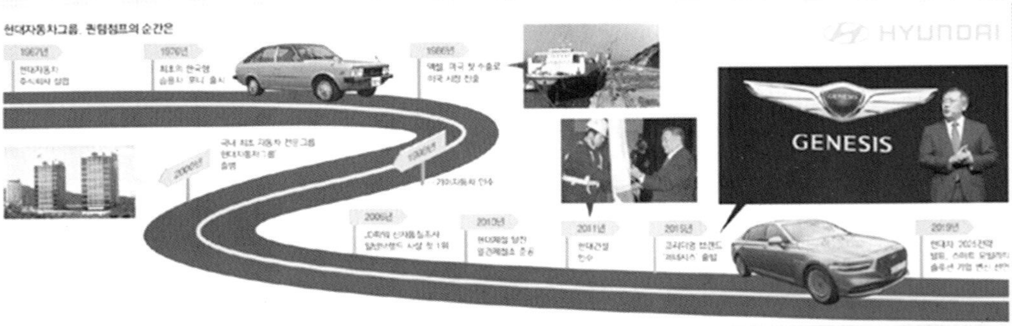

“카니발을 당장 집으로 가져오세요.”

1999년 3월 정몽구 현대자동차 회장은 기아자동차 임원들에게 ‘특별지시’를 내렸다. 현대차가 기아차를 인수한 지 3개월이 지났을 때였다. 서울 용산구 한남동의 정 회장 자택 마당으로 카니발이 소환된 이유는 잦은 결함 때문이었다. 1998년 출시된 후 ‘제2의 봉고차’로 불리며 반응이 뜨거웠던 미니밴 카니발은 각종 결함으로 리콜 조치가 끊이지 않았다.

그로부터 한 달 뒤, 정 회장은 서울 여의도 기아차 본사의 품질회의실로 임원들을 다시 불렀다. 분필을 손에 쥔 그는 슬라이드 도어 위쪽 창문, 시트 밑, 문틈에 일일이 동그라미를 쳐가며 문제점을 지적했다. 기아차 임원들을 대상으로 한 정 회장의 품질회의는 이 무렵부터 시작됐다.

○ ‘품질은 현장에서 만들어진다’

현대그룹 창업주 정주영 회장이 1967년 12월 현대자동차 설립 후 최초의 국산차 독자 모델인 ‘포니’를 개발하고 소형차와 중형차 시장에서 모두 성공을 거뒀던 배경에는 기회를 포착하면 저돌적으로 달려드는 배짱과 뚝심의 DNA가 있었기 때문이다. 하지만 현대차가 한 단계 더 높은 질적 도약을 하기 위해서는 이것만으로는 부족했다. 정 회장은 그 부족한 2%를 채울 수 있는 게 ‘품질’이라고 여겼다. 현대차가 오늘날 글로벌 브랜드로 우뚝 선 데는 정 회장의 ‘생산과 품질 향상에는 만족이란 있을 수 없다’는 품질경영 철학이 깔려 있다.

품질경영의 토대가 만들어진 결정적 계기는 1998년 9월 미국 시장에 도입한 '10년간 10만 마일 무상보증' 조치였다. 당시 포드와 GM은 3년 3만6,000마일, 토요타는 5년 6만 마일을 보장했다. 이런 파격적인 조건을 두고 단기적 시장점유율을 늘리려는 마케팅 무리수라는 지적이 있었지만 이 조치는 미국 소비자의 현대차에 대한 인식을 바꾸는 승부수로 작용했다. 정 회장은 이후 일주일에 두 차례씩 실무담당자로부터 개선 사항을 직접 보고받았다. 실제 품질이 비약적으로 좋아졌다고 평가받은 것도 이때부터다.

하지만 정 회장의 품질경영 씨앗이 하루아침에 꽃피지는 못했다. 예기치 않은 결함이나 문제가 발견돼 번번이 발목을 잡자 정 회장은 특단의 조치를 취했다. 2002년 기아차 오피러스 수출 차량을 손수 시험주행하다 미세한 소음을 발견하자 선적을 40일가량 올스톱시키고 "엔진의 잡소리를 잡으라"고 한 것은 유명한 일화다. 이런 부단한 노력 끝에 미국 소비자조사업체인 'JD파워' 신차품질조사(일반브랜드 부문)에서 1998년 꼴찌였던 현대차는 2006년 사상 첫 1위를 차지했다. 현대차가 8년 만에 품질을 기록적으로 개선한 것은 JD파워가 관련 조사를 시작한 이래 처음이다.

○ 한발 앞선 비전 제시의 힘

엑셀, 쏘나타, 그랜저, 제네시스…. 새로운 모델이 하나씩 출시될 때마다 현대차는 글로벌 완성차 업체로서의 밑그림을 하나씩 구체화해 나갔다. 1981년 비밀리에 떨어진 'X카 프로젝트'는 그 출발이었다. 1,000여 명으로 구성된 개발팀은 3년 만에 시제품을 생산했고 수출에 대비해 캐나다에서 혹한 테스트까지 마쳤다. 이렇게 완성된 X카가 바로 '포니엑셀'이다. 1986년 1월 엑셀이란 이름으로 미국에 처음 진출한 후 포니엑셀은 첫해에만 16만8,000여 대가 팔렸다. 미국에서도 신기록이었다.

포니엑셀의 성공으로 세계 곳곳에서 한국차가 누비는 모습은 흔한 풍경이 됐다. 태국의 시내버스가 현대차 브랜드로 채워졌고 이탈리아 로마에선 피아트를 제치고 엑셀이 순찰차로 활용됐다. 하지만 1990년대 미국의 경기침체와 원화가치 상승 등이 겹치며 가격경쟁력을 잃은 한국차는 수출에 비상이 걸렸다. 싸구려 차라는 이미지도 굳어져 갔다. 이 무렵 구원투수로 등장한 게 1999년 미국에 진출한 EF쏘나타였다. 1999년 2월 동아일보는 '가난한 사람들이나 구입하던 차가 면모를 일신했다'며 미 워싱턴포스트의 기사를 인용 보도하기도 했다.

현재에 만족하지 않고 한발 앞선 비전을 제시해 오던 정 회장은 2000년 신년사에서 '글로벌 톱5 메이커'라는 목표를 처음 밝혔다. 1999년 당시 현대·기아차가 213만 대

생산으로 세계 11위를 했으니 당시로선 파격적이었다. 하지만 현대차는 2010년 포드를 제치고 실제로 글로벌 판매량 5위에 올랐다.

이어 정의선 현대차 수석부회장이 선보인 2015년 고급차 브랜드 '제네시스'는 글로벌 브랜드 경쟁력을 높인 또 한 번의 파격으로 평가받는다. 그가 제네시스를 소개하는 자리에서 한 말은 현대차가 걸어온 길과 앞으로 갈 길을 보여주고 있다. "산업화 시절 무에서 유를 창조하던 정신이 우리 안에 흐르고 있습니다. 세월이 지난 지금 (현대차에는) 더 많은 자산과 기반이 있습니다. 도전해야 변화하고, 바뀌어야 새로운 가능성이 열립니다."

(동아일보, 2019. 12. 24)

1. 생산관리의 개요

1.1 생산관리의 의의

1.1.1 생산관리의 정의

생산관리를 정의하기 위해서는 먼저 생산활동을 이해해야 한다. 생산은 어떤 유용한 것을 만들어 내기 위한 계획적인 활동이다. 생산활동의 본질은 일련의 투입물을 변환하여 제품이라는 산출물을 만들어 냄으로써 가치를 창출하거나 부가하는 경제적 행위를 말한다.

생산관리란 생산목표를 달성할 수 있도록 생산활동이나 생산과정을 관리하는 것으로 정의할 수 있다. 이는 기업이 적질의 제품이나 서비스를 적기에 적량을 적가에 효율적으로 생산할 수 있도록 전반적인 과정을 체계적으로 계획·통제·관리하는 활동을 의미하며, 인사·마케팅·재무 등과 같이 기업의 기능적 영역의 하나인 생산 기능을 다루는 경영학의 주요 분야이다.

1.1.2 생산관리의 개념

생산관리의 개념은 운영 중심에서 전략 중심으로 부분중심적에서 통합적으로 변화되어 가고 있다. 운영중심이란 생산시스템의 변환 과정의 관리에 중점을 둠으로써 환경의 변화가 관리 체계에 흡수되지 못하는 경우를 의미하며, 전략 중심이란 환경의 변화가 관리체계에 흡수되어 환경과 생산시스템의 상호작용으로 생산능력과 시장의 기회를 조화시키고 새로운 가치를 창조하는 경우를 의미한다. 부분중심적이란 생산관리가 품질관리면 품질관리, 재고관리면 재고관리, 제조부서면 제조부서, 설계부서면 설계부서의 부분적인 관점에서 관리됨을 말하고 통합적이란 모든 부서와 공정이 상호 연결되어 유기적으로 통합된 생산관리가 필요함을 의미한다. 최근에 그 중요성이 더욱 크게 강조되고 있는 컴퓨터 통합시스템이나 비즈니스 속도의 개념은 이러한 통합적 관리의 총체적 표현으로 볼 수 있다.

최근에는 생산운영관리라는 용어가 생산관리 대신 사용되고 있다. 이는 생산관리의 개념이 전통적인 제조업의 생산활동, 즉 유형의 제품생산을 관리하는 개념에서 시작되었으나 지난 수십여 년 동안 서비스산업이 급속히 성장하여 제조업의 생산제품뿐만 아니라 서비스업의 서비스 생산도 생산관리의 대상에 포함시킴으로써 용어가 대체된 것이다.

그림 12.1 생산관리의 범위

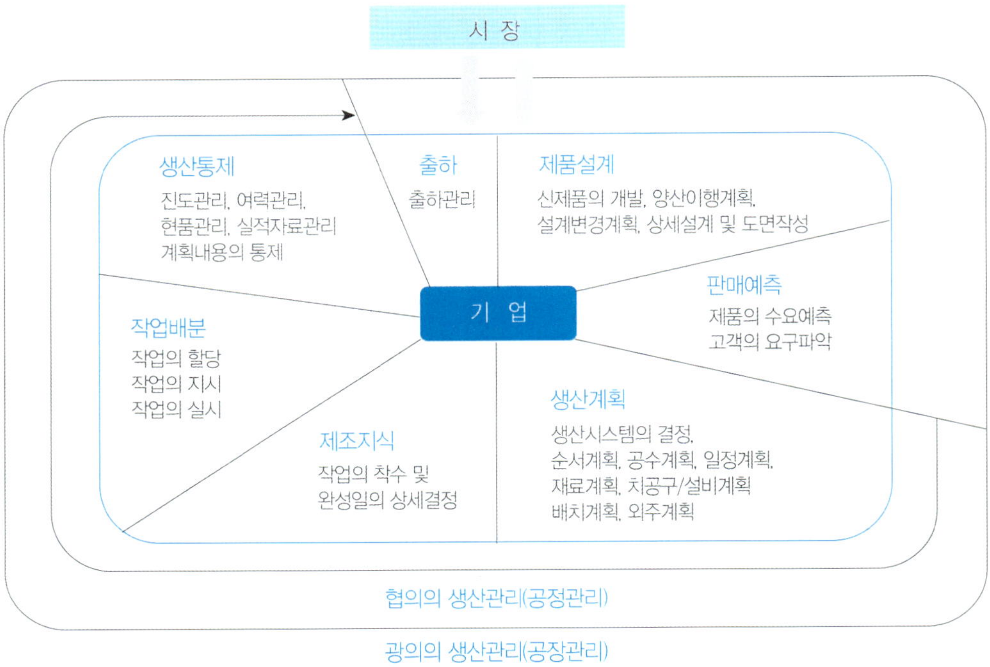

1.1.3 생산관리의 범위

종래 생산관리의 대상은 제품의 제조에만 한정시켜 관리범위가 설정되었지만 현재와 같이 산업사회가 복잡하게 발전되고 인간의 욕구가 다양해짐에 따라 재화를 생산하는 제조부문 못지않게 서비스부문의 활동도 중요하게 되었다.

1.2 생산관리의 발전과정

생산관리가 오늘날과 같이 총괄적 기업전략의 부분기능으로 발달될 때까지는 여러 단계에 걸친 획기적인 관리개념과 기법의 개발되어 왔다.

18세기 후반 아담 스미스(Adam Smith)의 분업이론, 19세기 초반에는 베비지(Charles Babbage)의 시간연구, 20세기 초에는 테일러(Taylor)의 과학적 관리법과 길브레스(Gilbreth)의 동작연구를 필두로 포드(Ford), 간트(Gantt), 메이요(Mayo) 등을 거쳐 1950년대 이후부터는 수학적 의사결정모형, 시스템에 의한 관리사고가 실용단계에 들어가게 되었다. 계

표 12.1 생산관리의 역사적 발전

시기	개발자	개념 또는 사건
1776	Adam Smith	분업, 전문화, 단순화
1911	Frederick Taylor	과학적 관리법, 시간연구, 차별능률급제
	Gilbreth 부처	동작연구, 써브릭
1913	Henry Gantt	간트도표
	Henry Ford	이동조립라인
1932	Elton Mayo	호손연구, 인간관계론
1935	Dodge와 Romig	샘플링기법
1970	Wickham Skinner	생산전략
	Taichi Ohno	JIT 시스템
1971	Joe Orlicky	MRP
1980	공장자동화	FMS
	William Deming	TQM
1987	Michael Harry	Six Sigma

량적 의사결정 개념과 기법의 개발은 1960년대에 조직행동론적 문제해결체계와 결합되어 이론적 성숙과 실용적 효과를 보다 넓게 인정받게 됨을 계기로 생산관리는 운영관리의 일반적 특징을 갖기에 이르렀다. 1970년대에서는 시스템에 의한 계량적/조직행동적 의사결정 체계를 확립하고 컴퓨터에 의하여 운영관리의 새로운 단계로 더 한층 도약하게 되었다. 현재의 생산관리는 시스템적 사고에 의한 계량적 분석, 조직행동적 문제해결방법으로 그 기본 개념과 방법에 있어서 단순한 제조기능을 위한 생산활동의 관리범주를 떠나 모든 조직기능의 운영관리를 대상영역으로 하고 있다. 따라서 비생산시스템, 즉 병원, 호텔, 학교, 식당, 기타 서비스 시스템에 대한 응용범위도 확대되어 가고 있으며, 다국적생산 시스템도 새로운 연구대상이 되고 있다.

1.3 제조업과 서비스업의 비교

제조업은 제품을 서비스업은 서비스를 생산하여 고객에게 제공하는데, 업종별로 그 차이점을 비교하면 다음과 같다. 첫째, 일반적으로 상품의 형태는 유형 또는 무형에

표 12.2 제조업과 서비스업의 비교

특성	제조업	서비스업
상품형태	유형	무형
재고	재고 가능	재고 불가능
생산/소비	시간차	동시
표준화	표준화	비표준화
대응시간	길다	짧다
고객접촉	적다	많다
품질측정	객관적	주관적

따라 제품과 서비스로 나눈다. 그러나 자세히 살펴보면 어느 상품이나 막론하고 유형부분과 무형부분으로 나누어져 있음을 알 수 있다. 제조된 냉장고를 판매하기 위해서는 냉장고라는 유형부분이 있고, 판매원의 제품지식, 친절성, 애프터서비스 등의 무형부분이 포함되어 있다. 학교에서 교육서비스를 하는 경우에는 교육프로그램이라는 무형부분이 있으며, 동시에 시설이라는 유형부분이 있다. 유형과 무형의 두 부분 중에서 어느 것이 더 많은 부분을 차지하는가에 따라 제조와 서비스로 대별할 수 있다. 둘째, 제조업과 서비스업은 재고 가능 여부의 기준으로도 분류할 수 있다. 제품은 유형적인 모양을 가지고 있으며 그리고 재고가 가능하여, 미래에 고객을 위하여 사용될 수 있다. 그러나 서비스는 재고불가능의 무형상품이며 생산과 소비가 현장에서 즉시 이루어진다. 더욱이 서비스의 품질은 서비스제공자에 의하여 결정되므로 객관성 있는 품질관리가 어렵다. 한마디로 제품과 서비스의 차이는 제품은 소비하는 것이지만 서비스상품은 경험하는 것이다. 셋째, 제조업과 서비스업의 차이는 고객과의 접촉형태에 있다. 제조업에서는 제품을 통하여 고객을 만나지만, 고객이 제조 프로세스 안에 들어 있기는 어렵다. 반대로 서비스업에서는 프로세스 안에 고객이 있어야 프로세스가 성립한다. 병원·학교 등에서 고객은 중요한 입력 요소가 된다. 고객접촉이 많은 서비스업에서는 고도의 고객관리기술이 필요하다.

이와 같이 제조업과 서비스업은 여러 면에서 차이가 있으며, 따라서 전략적으로 감안할 내용도 다르다. 그리고 동일한 산업 안에서도 산출물의 특성에 따라 운영전략에 차이가 있다.

1.4 생산시스템

1.4.1 시스템

시스템이란 여러 개의 독립된 구성인자가 각각의 고유의 기능을 지니며, 전체의 목표를 달성하기 위하여 상호 유기적으로 결합된 집합체를 말한다. 시스템은 투입된 요소를 받아들여 이를 변환시켜 산출물을 만들어 낸다. 시스템이란 말은 산업시스템, 정보시스템, 운송시스템, 교육시스템 등 사회현상이나 학문연구의 분야에서 다양하게 사용되고 있어 그 개념을 규정짓기란 매우 어렵다. 또한 시스템이란 하나라는 뜻을 가지고 있는데, 복잡한 구조와 행동에 상호관계가 성립되어 결합된 하나의 질서 있는 짜임새를 가리키는 말이기도 하다. 이런 뜻에서 우주의 모든 것을 시스템으로 파악할 수도 있을 것이다. 그러므로 자연계나 우리가 살고 있는 사회도 하나의 시스템이라 할 수 있으며, 자동차나 공장 및 기업도 시스템으로 볼 수 있다.

1.4.2 생산시스템의 개념

생산시스템이란 투입물을 원하는 산출물로 변환시키는 기능을 수행하는 일련의 구성인자의 총체라고 할 수 있다. 생산시스템은 투입－변환－산출의 과정을 갖는다. 생산시스템의 투입물은 자재·노동력·자본·에너지·정보 등이 되고 이러한 투입물은 공정기술에 의해 산출물인 제품이나 서비스로 전환된다. 공정기술이란 투입물을 산출물로 변환시키는 데 사용되는 특정 방법을 말하며, 기술의 변화는 투입물 간의 사용비율이나 생산되는 산출물을 변화시키기도 한다. 사용되는 투입물의 유형은 산업에 따라 다르다. 제조업의 경우에는 주로 원자재·노동력·기계·설비·에너지·정보 등이 투입물이 된다. 서비스업의 투입물 구성은 제조업과는 다소 다르다. 예를 들면, 항공사의 경우 비행기와 각종 설비, 고도로 숙련된 노동력, 많은 에너지가 투입물이 된다. 하지만 제조업에 비해서는 원자재 투입물은 매우 적다. 투입물을 원하는 산출물로 바꾸는 기능을 변환기능이라고 한다. [그림 12.2]와 같이 피드백 정보는 공정기술이나 투입물의 통제에 사용된다. 생산관리자는 산출물의 생산에 필요한 투입물의 배합과 공정기술을 계속적으로 조정하는 데 피드백 정보를 사용한다.

그림 12.2 생산시스템의 모형

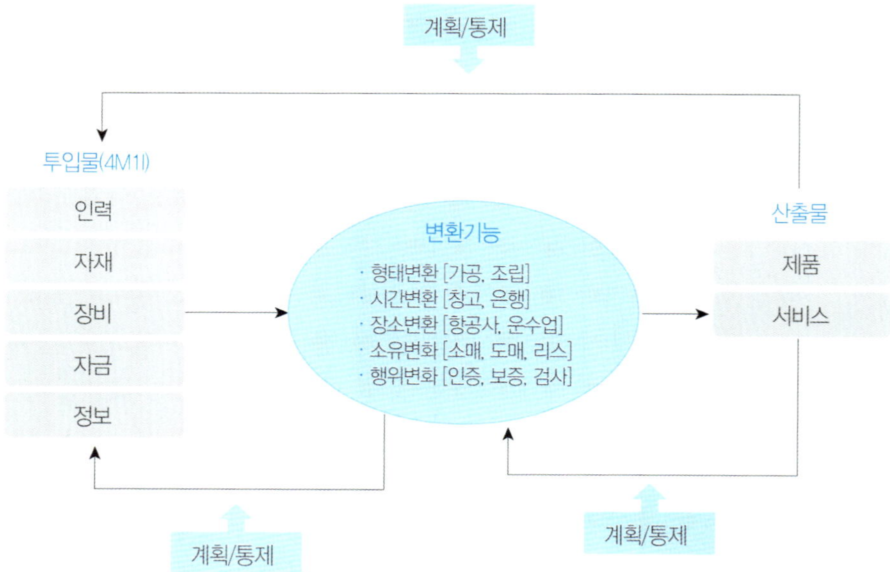

1.4.3 생산시스템의 유형

생산시스템의 유형에 대해서는 학자마다 다양하게 설명하고 있는데 이것은 생산하는 제품의 종류·크기·수량 등에 따라 수많은 형태의 시스템이 존재할 수 있기 때문이다. 생산시스템의 형태를 구분하는 이유는 유형별로 관리방법이 다르기 때문인데, 생산관리자는 고객에게 만족하는 제품을 공급하기 위해 어떤 생산시스템의 형태가 가장 적절할 것인가를 판단할 수 있어야 한다. 생산시스템의 형태에 영향을 주는 요인은 대체로 고객의 수요형태, 품종과 생산량, 작업형태, 설비배치 등이 있다.

(1) 수요형태에 의한 분류

판매가 전제되지 않는 생산은 무의미하다. 그런데 판매를 위한 생산이 고객의 주문에 의존하느냐, 예측에 의존하느냐에 따라 시스템의 유형이 달라질 수 있다.

1) 주문생산

특정고객의 주문내용에 따라서 생산이 이루어지는 형태로서 수주생산이라고도 한다. 이 형태는 생산자가 사전에 제품의 일정한 규격이나 생산시기를 정해 놓고 이들 범위 내에서만 주문에 응하는 폐쇄적 주문생산과 구매자가 제시한 설계·주문량·납기대로 고객 위주의 다양한 주문을 허용하는 개방적 주문생산이 있다. 그러므로 개방적 주문생산은 폐쇄적 주문생산보다 여러 가지 제품에 관한 기술과 경험이 풍부해야 하며 범용기계를 사용하여 다양한 제품을 만든다.

2) 계획생산

시장의 장래 수요를 예측하여 계획적으로 생산하므로 예측생산이라고도 한다. 이러한 생산에 의해 만들어진 제품을 기성품(미리 일정한 규격대로 만들어 놓고 파는 물품)이라 하며 판로모색을 위해 마케팅 활동이 강조되며, 특정 고객의 주문에 구애받지 않고 독자적으로 품종·양·일정·가격 등을 결정한다. 이때 생산설비는 일정한 제품만을 생산하는 전용기계를 사용하므로 작업자에게는 많은 경험과 숙련을 요구하지 않는다.

3) 혼합생산

한 생산시스템에서 주문생산과 계획생산을 병행할 경우의 형태로서 일정수준의 생산능력을 유지하기 위해 계획생산을 실시하고, 수요의 계절적 및 순환적 변동에 대응하기 위해 주문생산을 실시하는 경우를 말한다.

(2) 품종과 생산량에 의한 분류

제품의 종류와 생산량의 다소에 의해서 소품종대량생산, 중품종중량생산, 다품종소량생산으로 구분된다.

1) 소품종대량생산

전용설비를 이용하여 한정된 몇 가지 제품을 반복하여 대량, 연속으로 생산한다. 비교적 단위당 생산비가 낮고, 작업자는 전문화된 단순 업무에만 종사하며, 생산 공정의 통제가 쉬운 자본집약적 형태이다. 자동차 부품 및 완성차 조립공장, 가정용 전기제품, 석유정제, 유리 등에서 볼 수 있다.

2) 중품종중량생산

소품종대량생산과 다품종소량생산의 중간단계로서 로트 생산방식을 취할 때가 많다. 로트(1회 생산 분량)생산의 성격은 로트의 크기로 구분할 수 있는데 로트 크기가 작은 소로트생산은 개별생산과 반대로 대로트생산은 연속생산에 연관시켜 파악할 수 있다. 금속기계 가공업, 주조업, 의류생산 등은 로트생산을 취할 때가 많다.

3) 다품종소량생산

여러 가지 다양한 제품을 소량으로 생산하는 형태로 고객의 주문에 의해 생산될 경우가 많다. 항공기, 조선, 건축물, 토목업, 발전시설, 특수한 기계공구, 맞춤의복 등이 이 유형에 속하는데, 생산설비는 다양한 제품생산이 가능한 범용기계로써 구성되며, 따라서 작업자는 여러 가지 제품생산에 대한 기술과 경험을 가지고 있어야 한다. 여기서 다품종이란 외양, 크기, 재질, 색상, 성능에 따라 품종이 많음을 뜻하며, 소량이란 생산수량이 제한적으로 극히 적다는 의미로 쓰이지만 명확한 한계가 있어 구분할 수 있는 개념은 아니다.

(3) 작업형태에 의한 분류

1) 프로젝트생산

대규모의 단독사업으로서 1회 생산이므로 생산기간이 길며, 소요비용도 높다. 즉, 토목·건설·조선·연구개발사업 등 생산수량이 소수인 데다 작업이 거의 비반복적이며, 다양한 기술과 활동들이 복잡하게 얽혀져 구성되므로 시간과 비용이 크게 소요된다.

2) 흐름생산

표준화되어 있는 몇 개의 소수품종을 대량으로 연속생산하는 형태로서 대량생산이라고도 한다. 생산설비는 특정제품만을 생산하는 데 사용되는 전용설비를 사용하므로 가공물이 정해진 공정에 따라 흐르도록 설계되어 있어 생산공정의 통제는 용이하나 설계외에 다른 제품을 생산하려면 생산공정의 변경이 어렵다. TV와 라디오와 같은 전자제품, 맥주·종이·유리 등의 생산은 이 형태를 취한다.

3) 개별생산

고객의 개별적인 주문에 따라 서로 다른 제품을 소량으로 생산하는 형태로 숙련된 작업자가 범용기계를 사용하여 반복 생산한다. 생산량이 소량인 것은 시장변화에 적응하거나 범용설비의 제약에서 비롯되며 품종이 다양한 것은 고객의 요구에 탄력적으로 대응하기 위해서이다. 같은 단위생산이면서 프로젝트생산과 다른 점은 생산기간이 상대적으로 짧고 단위당 소요비용이 적어서 생산이 반복적인 데 있다. 의류·주택·특수공작기계 등의 생산에서 이 형태를 많이 찾아볼 수 있다.

(4) 작업의 연속성에 의한 분류

1) 단속생산

작업의 흐름이 연속성이 없으며, 고객의 주문내용이 달라 작업로트마다 재료의 흐름이나 생산활동이 다르다. 그러므로 제조 소요시간이 로트마다 불규칙하여 작업통제나 납기관리가 곤란하다. 주문에 의한 다품종소량생산이 특징이므로 생산설비는 범용기계를 사용한다. 따라서 작업자의 숙련된 기술이 필요하다. 수요변화에 대한 탄력성이 크므로 특히 생산수량이 적고 제품가격이 고가인 경우에 유리하다. 항공기 제조업, 건축, 조선, 기계수리업 등이 이에 해당한다.

2) 반복생산

단일 제품을 일정한 크기의 생산량, 즉 로트로 구분하여 로트별로 작업활동과 작업중단을 되풀이하는 생산방식이다. 재료준비, 기계조정 또는 작업자 교대를 위해 의도적으로 작업중단을 시도한다. 자동차 부품, 전화기 등의 생산시에 활용한다.

3) 연속생산

작업흐름이 24시간 계속되는 형태로 전용설비를 이용하여 일정품목에 한정하여 대량생산함으로써 규모의 경제를 실현할 수 있어 앞의 단속이나 비반복생산 형태에 비해 생산원가가 낮다는 이점이 있으나 다양한 수요에 대한 탄력성이 적다. 이것은 기계공업적 연속생산과 장치공업적 연속생산으로 나누는데, 기계공업적 연속생산은 자동차 공업이나 전자·전기제품 공업과 같이 생산시스템이 제품의 가공·조립에 알맞도록 제품중심의 기계배치가 되어 연속으로 작업을 수행하므로 해서 기계와 작업자의 유휴시간이 거의 없다. 따라서 이와 같은 전용설비나 기계는 고장으로 인한 유휴 손실이 크므로 예방보전에 만전을 기해야 한다. 장치공업적 연속생산은 석유화학제품, 유리, 시멘트, 비료, 철강업과 같이 작업을 도중에 중단하면 작업중의 원료나 설비에 손상이 생기므로 연속적인 작업을 수행해야 하는 형태이다. 즉 한 곳에 고장이 생겨 생산이 중단되면 공정 내의 원료 전부가 못쓰게 된다든가 장치 전체를 보수해야 하므로 생산설비의 신뢰성이 높아야 된다. 그러므로 부분적인 공정보다 시스템 전체의 관리에 특별히 유의해야 한다.

2. 수요예측

2.1 예측

2.1.1 예측이란

예측이란 말은 여러 가지 의미로 사용될 수 있지만 생산관리에 있어서는 추측과 구별하여 사용하는 경우도 많다. 예측이란 과거의 자료를 사용하여 미래에 발생할 결과를 예측하는 과정이다. 과거의 자료들은 미래를 예측하기 위하여 사전에 결정된 방식대로 체계적으로 결합된다. 그러나 추측이란 과거의 자료가 아닌 단순한 주관적인 고려 즉, 사전에 결정된 방식대로 자료를 결합할 필요가 없이 주관적 요소에 입각하여 미래를 예측하는 과정이다. 이와 같이 두 가지 개념을 구분하여 사용하면 예측은 과거의 역사적, 객관적 자료에 통계적 또는 경영과학기법을 사용하여 얻게 되고, 추측은 이러한 자료가 없으므로 예측자의 과거경험이나 판단력 등에 의존할 수밖에 없는 경우에 사용된다.

2.1.2 예측의 유형

기업은 장기계획에서 생산할 제품의 종류, 생산시설의 입지, 시설의 생산능력, 생산공정에서 사용될 기술, 그리고 원자재 및 부품 등의 공급자 네트워크 등에 관한 결정을 하게 된다. 미래의 상황을 확실하게 알 수는 없기 때문에 기업은 이러한 의사결정을 하기 위해서는 여러 가지의 예측을 필요로 한다.

기업 의사결정과 관련된 예측으로는 경기예측, 기술예측, 수요예측 및 자원예측 등의 예측이 있다. 경기예측은 미래의 수개월 또는 수년간에 걸친 전반적인 경기상황이 어떻게 변화할 것인가에 대해 예측하는 것을 의미한다. 경기예측은 정부, 은행 및 계량경제적 예측 서비스 등에서 이루어진다.

기술예측이란 기술개발의 가능성, 방향, 변화율 및 중요성을 예측하는 것을 의미한다. 전반적인 경기상황 외에도 한 기업의 제품 및 서비스에 대한 수요는 그 기업의 경쟁자들에 의해 영향을 받는다. 따라서 외적 환경분석의 일부분으로서 경쟁자들을 파악하고 그들의 미래행동에 대한 예측이 필요하다. 경쟁자들이 그들의 제품 및 공정에 어떤 기술을 이용할 것인지? 이런 것들이 제품 및 서비스의 수요에 어떠한 영향을 미칠 것인지? 경쟁우위를 갖게 하는 첨단기술은 어떤 것들이 있는지? 등에 대한 예측이 기술예측의 범주에 속한다.

수요예측이란 한 기업의 제품 및 서비스에 대한 수요의 양 및 시기를 예측하는 것을 의미한다. 수요예측을 하기 위해서는 경기예측, 기술예측 및 기업의 내적·외적 환경 분석의 결과와 이전의 수요 자료가 결합되어 이용된다. 수요예측에서 요구되는 정확성과 예측기간의 길이는 그것이 어떻게 이용되느냐에 따라 서로 다르다.

자원예측이란 구매 부품 및 자재에 대한 수요뿐만 아니라, 기업의 시설, 장비, 인력에 대한 수요의 양과 시기를 예측하는 것을 의미한다.

2.2 수요예측의 중요성과 특성

2.2.1 수요예측의 중요성

수요예측은 외부환경과 생산자원 활용의 관계를 연결시켜 주면서 경영계획의 기초가 되므로 경영활동에 매우 중요하다. 특히 판매에 대한 수요예측은 재고계획의 기초가 되어 생산계획을 세우는 데에 중요한 역할을 한다. 수요예측이 잘못되는 경우는 두 가지로 생각해 볼 수 있다. 먼저, 실제 수요가 예측보다 적은 경우에는 과잉시설투자가 일어나게 되고 따라서 막중한 재고 부담을 안게 된다. 다음으로, 실제수요가 예측보다 큰 경우에는 재고부족이 일어나 고객을 다른 회사에 빼앗기게 되어 판매기회 손실이 일어날 수 있다. 이렇게 재고부족 현상이 있는 경우에 제품의 수요는 어느 정도 시간을 두고서 억제시킬 수도 있으나, 서비스의 경우에는 상품의 무형성과 무재고의 특성 때문에 곧바로 판매기회를 놓치게 된다. 따라서 수요예측이 정확하게 이루어지지 않으면 경영계획을 그르치게 할 위험이 크기 때문에 그 중요성은 매우 크다고 하겠다.

그림 12.3 수요예측의 중요성

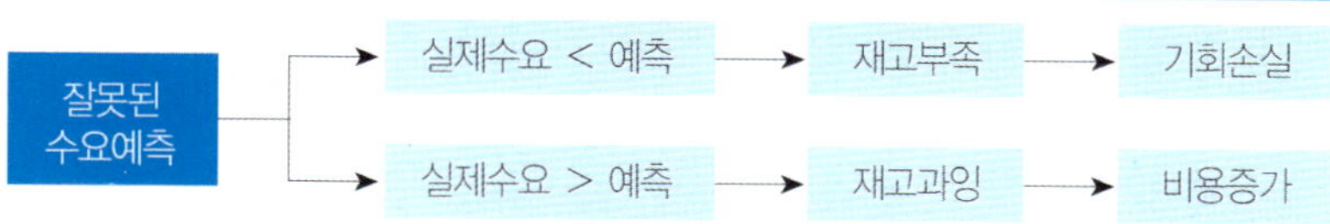

2.2.2 수요예측의 특성

정확한 수요예측은 경영자의 가장 큰 소망 중의 하나이다. 그러나 현재와 같이 불확실한 시대에서는 정확한 수요예측이 거의 불가능하다. 그럼에도 불구하고, 예측방법

그림 12.4 수요예측의 특성

예측치는 평균기대치와 예측오차를 포함하여야 함

단기예측이 장기예측보다 더 정확함

총괄예측이 개별품목예측보다 더 정확함

인구통계학적 요소와 특정소비자집단이 수요규모를 결정

이나 IT의 도움을 받아 예측치를 비교적 정확하게 계산해 낼 수 있다. 이를 위해서 기업의 경영자는 [그림 12.4]와 같은 수요예측의 특성을 잘 알아야 한다.

첫째, 예측치는 언제나 정확하지 않으므로 평균기대치와 예측오차를 포함하여야 한다. 예측오차가 기대치에서 크게 벗어나지 않으면 정확한 예측치가 된다. 예컨대 다음의 예측구간이 모두 평균기대치를 100으로 하고 있다고 할 때, 70~130과 90~110을 비교해 본다면 후자가 더 정확한 예측을 하는 셈이다. 예측오차는 수요예측의 정확성에 중요한 역할을 한다. 둘째, 장기예측보다는 단기예측이 더 정확하다. 예측기간이 짧을수록 실제치와 예측치 사이의 오차는 적어진다. 따라서 실제 판매액에 대한 예측오차를 줄이려면 예측기간을 짧게 가져야 한다. 예측기간을 줄이려면 예측주기(주기적인 예측기간)나 리드타임(주문부터 납품까지 기간)을 축소시켜야 한다. 예측기간은 예측주기와 리드타임을 합한 기간이기 때문이다. 다음 [그림 12.5]는 예측기간의 단축에 대하여 나타내고 있다.

[그림 12.5]에서 예측기간은 60일에서 25일로 축소됨을 보여주고 있다. 기업이 예

그림 12.5 예측기간의 단축

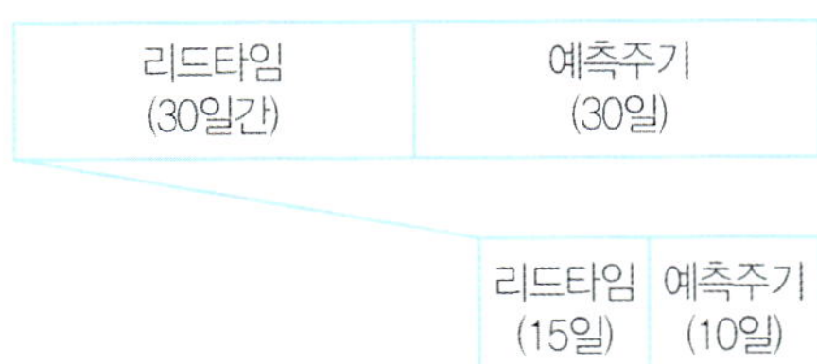

측기간을 축소시키려면, 먼저생산 리드타임을 줄여야 한다. 이를 위해서는 표준화를 통하여 제품별 공정의 공수를 줄이거나 소단위 롯트를 적시에 생산할 수 있어야 한다. 그리고 예측주기도 30일에서 10일로 단축하면 예측기간은 전체적으로 축소가 가능하다. 셋째, 개별적으로 분리된 예측보다는 총괄적인 예측이 더 정확하다. 총괄예측은 개별예측보다 더 작은 오차의 변동을 가진다. 일반적으로 기업은 많은 제품을 다루기 때문에, 제품별로 수요예측을 하여 적정수준의 재고를 유지하기 위해 복잡한 정보를 다루게 된다. 점차로 짧아지는 제품수명주기에 따라서 다품종 소량생산이 이루어지는 시대에 품목별로 수요예측을 하는 일은 결코 쉽지 않은 일이다. 따라서 수요예측이 총괄적으로 수행되도록 유사 품목을 집단화하여 총괄도를 높이면 예측 정확도를 높일 수 있다. 넷째, 인구통계학적인 요소가 장래의 수요 규모를 결정한다. 예를 들어, 교육수준이 높은 30세 이상의 소비자 수가 급속하게 증가하는 경우이다. 소득, 교육, 결혼, 연령 등에 대한 계층분석도 인구통계학적인 접근 방법을 이용할 수 있다. 그리고 특정 소비자 계층이 구매할 제품이나 서비스의 수량도 성장 전망을 결정하는 주요한 요인이 된다. 이 구매량은 대체품의 존재 여부나 기본적인 요구를 변화시키는 사회적 추세 등과 같은 요소에 의하여 결정된다.

2.3 수요예측 방법

수요를 예측하는 방법은 예측목적이나 상품의 종류에 따라 달라진다. 예를 들어, 쌀 소비와 같이 적어도 단기적으로 어느 정도 변화가 없는 경우에는 예측이 비교적 수월하여 방법이 간단하다. 그러나 냉장고, 에어컨, 스키용품 같은 것은 계절적인 수요 변동이 심하여 예측기법이 복잡해진다. 수요예측 방법은 정성적 방법과 정량적 방법 등 두 가지로 나뉜다.

[그림 12.6]에서 보면 정성적 방법에는 시장조사법, 패널조사법, 델파이법, 관리자 판단법 등이 있다. 이 기법은 예측자의 주관적인 판단을 이용하는데, 이 경우에 예측자의 개인적인 능력이 중요시된다. 과거자료가 빈약하거나 장기예측의 성격을 띠고 있는 기술예측이나 신제품개발 등의 예측에 이용된다. 정량적 방법은 과거의 자료, 예를 들어 수요량이나 매출액 같은 계량적인 자료를 이용하여 미래의 수요를 예측한다. 이 기법에는 시계열 방법과 인과형 방법 등 두 가지가 있으며 전자는 이동평균법, 지수평활법, 회귀분석법 등을 포함하며, 인과형 기법에는 회귀분석법이 있다.

그림 12.6 수요예측 방법의 종류

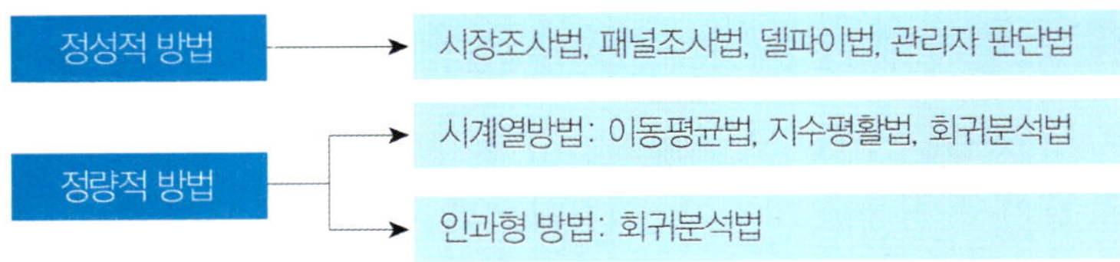

2.3.1 정성적 방법

정성적 방법은 중장기적 예측에 적합한 예측기법으로 일반적으로 예측기법의 적용에 소요되는 시간과 비용이 높다. 제품개발, 기술예측, 시장전략, 공장입지 선택과 같이 중장기적 전략결정에 적용될 수 있다.

(1) 시장조사법

시장조사법은 질적 방법 중에서 가장 정교하고 가장 계량적인 방법이다. 제품수요를 결정하는 것은 소비자이기 때문에 소비자들로부터 의견을 수집하는 것은 극히 당연하다. 그러나 모든 소비자 또는 미래의 소비자들을 접촉할 수는 없기 때문에 우편에 의한 설문지발송, 전화에 의한 조사, 직접적인 인터뷰와 같은 표본조사방법을 채택하게 된다. 수집된 자료는 여러 가지 통계적 분석을 거쳐 시장에 대한 가설을 검증하는 데 이용된다. 이러한 조사방법은 취급하는 데 기술이 필요하며, 타당한 정보를 끌어내기 위해서는 결과를 정확하게 해석할 수 있어야 한다. 한편, 이러한 조사방법에 의한 결과는 조사에 응한 소비자들이 그대로 행동하지 않는 경우에는 현실과 크게 어긋날 수도 있다. 시장조사법은 질적 방법 중에서 가장 많은 비용이 소요되고 시행하는 데 가장 긴 시간이 소요되는 결점이 있으나, 잘 적용하면 가장 정확한 결과를 초래하기도 한다.

(2) 패널조사법

패널조사법은 다른 말로 위원회에 의한 방법이라고도 한다. 패널조사법은 몇 사람의 전문가들이 하면 한 사람이 하는 경우보다 더 좋은 연구결과를 가져온다는 가정에 입각하고 있다. 위원회를 구성한 전문가들은 공개적으로 자유롭게 의사를 표시하여 모든 사람이 일치하는 예측결과에 이르면 임무가 끝난다. 이러한 방법은 설득력이 강한 사람에 크게 영향을 받아 참된 의견일치를 반영하지 못하는 경우도 있다. 또한 이러한 방법은 질적 방법 중 정확성에 있어서 가장 낮은 방법이지만 비교적 단기간에 저렴한 비용으로 달성할 수 있는 이점이 있다.

(3) 델파이법

델파이법은 원래 기술적 예측을 하는 경우에 사용되었는데, 근래에는 여러 가지 장기예측을 하는 데에도 사용되고 있으며, 이는 조직내외의 전문가들로 하여금 일치된 예측치를 얻기 위하여 실시하는 순환적인 집단 질문과정이다. 각 전문가들은 비공개적으로 미래수요에 대한 질문지에 답을 하도록 요구받는다. 관리자는 이 질문지들을 회수하여 그들의 의견을 종합하고 요약하여 이를 기초로 새로운 질문지를 만들어 전문가들로 하여금 다시 답을 하도록 한다. 이때 그들은 자기의 예측치들을 수정할 수 있다. 이러한 과정은 참석자들의 의견이 완전히 일치하여 하나의 예측치를 얻어낼 때까지 계속된다.

이 방법에서는 참석자들의 직접적인 관계가 배제되므로 설득력 있는 한 특정인에 의하여 결과가 영향을 받지 않는 장점이 있다. 그러나 이 방법은 참석자의 수와 질문지 배부의 횟수에 따라 비용이 결정되지만 일반적으로 많이 소요된다.

(4) 자료유추법

자료유추법은 다른 질적 방법처럼 특정자료가 없을 때 사용하는 기법으로서 예컨대 기존제품과 아주 유사한 새로운 제품을 시판하고자 할 때 그 제품의 성공 여부를 예측하기 위하여 기존제품과 관련된 자료를 사용하는 기법이다. 이러한 방법은 비용이 적게 소요되지만 다년간의 자료가 있어야 한다. 중·장기예측을 위해서 이 방법이 많이 사용된다.

(5) 관리자 판단법

기업에서 예측을 하는 경우에는 정작 사람의 예감과 경험을 중요시한다. 최고경영자가 단독으로 예측하는 경우가 가장 오래되고 흔한 방법이었으나, 환경의 복잡성으로 인하여 관리자들과 함께 공동회의를 통하여 결정하면, 개인적인 위험부담을 덜 수 있다. 이때에 구성원들은 판매부서의 관리자에 한정되지 않고 여러 부서에서 선발 구성하여, 판매에 영향을 주는 요인들을 다양하게 고려하면서 예측을 실행하게 된다. 이 방법을 관리자 의견조사법이라고 한다. 한편, 수요예측이 현장을 중심으로 이루어지는 경우에는 판매부서 합성법이라고 부르는 방법이 있다. 상품에 대한 충분한 자료가 없어 통계적인 방법을 이용하기 어려울 때 적용된다. 이것은 고객에 가장 근접한 영업사원들이

표 12.3 정성적 예측기법의 비교

예측기법	적용 분야	예측기간	소요비용
시장조사법	신제품개발을 위한 시장수요, 신규 사업계획	중기	고
패널조사법	수요예측, 제품개발, 생산시설	중·단기	저
델파이법	장기수요예측, 기술예측, 시설계획	중·단기	중－고
관리자 판단법	수요예측	단기	저

매상 관련 자료를 상세하게 잘 알고 있으므로 신뢰성 있는 예측치를 얻어 낼 수 있을 것이다. 이들의 개별적인 예측치를 합하면 전체 예측치가 된다. 그러나 이 방법도 예감과 경험에 의하여 이루어지기 때문에 한정적일 수밖에 없다. 그래서 고객이 폭넓게 퍼지는 소비재보다는 생산재의 예측에 더 많이 활용되고 있다.

2.3.2 정량적 방법: 시계열 방법

시계열이란 어떤 현상(예: 수요량, 매출액, 또는 특정 사건의 발생건수 등)에 대한 계량적 자료가 일정 시간간격마다 주어져 있는 자료의 집합을 말하며, 이를 기초로 미래의 예측치를 구하고자 하는 것이 시계열분석이다. 다시 말해서 시계열은 일별, 주별, 분기별, 연별처럼 일정한 시간간격으로 과거에 발생한 실제값을 순서대로 나열한 것이다. 이러한 시계열은 수년간의 자료가 존재하고, 또한 추세가 분명하고 비교적 안정적일 때 미래의 수요를 예측하기 위하여 사용된다. 시계열분석은 시계열 자료를 이용하여 그 속에 있는 의미를 찾아낸다든지 미래 값을 예측해 내는 통계분석을 말한다. 시계열분석은 전적으로 역사적 자료에 의존하기 때문에 과거는 미래의 좋은 가이드라는 전제를 하고 있는 것이다. 다시 말하면 미래수요는 과거에 발생하였던 패턴대로 결정된다는 것이다. 따라서 시계열분석은 장기예측보다는 단기예측을 수행하는 데 이용된다. 만일 유류파동이나 경기후퇴와 같이 역사적 자료에 반영이 되지 않는 큰 변화가 발생하는 경우에는 시계열분석으로부터 결과 예측을 주관적으로 조정할 수 있다. 따라서 시계열분석의 궁극적인 목적은 예측이며 응용분야도 다양하며 경제학과, 경영학 등 여러 학문분야에서 중요하게 사용되고 있다.

(1) 이동평균법

계량적인 예측 기법 중에서 이동평균법은 가장 간단한 방법으로서, 과거 일정기간

표 12.4 정량적 예측기법의 비교

예측기법	적용 분야	예측기간	소요비용
이동평균법	일정계획, 재고관리, 가격결정	단기	저
지수평활법	일정계획, 재고관리, 가격결정	단기	저
회귀분석	제품수요, 총괄생산계획, 설비투자계획	중·장기	중

의 자료를 평균하여 곧바로 다음 기간의 예측치로 사용한다. 제품이나 서비스의 수요가 급격하게 변하지 않고 그리고 계절적 변동 요인을 가지고 있지 않는 경우에 유용하다. 이동평균법에는 크게 두 가지 방법이 있는데, 과거 일정기간의 실적치에 동일한 가중치를 두는 단순이동평균법과 일정기간 중에서 최근 실적치에 가장 높은 가중치를 두는 가중이동평균법이 있다.

1) 단순이동평균법

단순이동평균법은 가장 가까운 과거의 일정기간에 해당하는 시계열의 평균값을 바로 다음 기간의 수요예측값으로 사용하는 방법이다. 지수평활법은 예측(forecast)이 목적이라면 이동평균법은 계절조정을 통한 추세(trend)분석이 목적이다. 예를 들어 단순이동평균법을 이용하여 올해 1월의 판매량을 예측하여 보기로 한다. 예측값을 구하는 공식은 다음과 같다.

$$Y_t' = \frac{\sum_{i=1}^{n} Y_{t-i}}{n} = \frac{A_{t-1} + A_{t-2} + \cdots A_{t-n}}{n}$$

* (현재시점(t)으로부터 i이전기간의 실제수요량($Y(t-i)$)의 합)

여기서, Y_t': 기간 t의 수요예측값, Y_{t-i}: 기간$(t-i)$의 실제수요량, n: 평균대상기간

2) 가중이동평균법

가중이동평균법은 단순이동평균법에서처럼 평균하는 각 실제값에 동일한 가중치를 부여하는 것이 아니라 더욱 가까운 실제값에는 높은 가중치를 그리고 먼 과거의 실제값에는 점점 낮은 가중치를 부여하는 방법이다. 가중치의 합은 1이다. 자료 속에 추세 또는 패턴이 있을 때에는 최근의 자료에 높은 가중치를 부여함으로써 수요의 변화

에 빨리 대응토록 하는 기법으로서 수학적으로 가중이동평균법 계산식은 다음과 같다.

$$Y_t' = \sum_{i=1}^{n} W_{t-i} Y_{t-i} = W_{t-1}A_{t-1} + W_{t-2}A_{t-2} + \cdots W_{t-n}A_{t-n}$$

여기서, Y_t' = 기간 t의 수요예측치, W_{t-i} = 기간$(t-i)$에 부여된 가중치

A_{t-i} = 기간$(t-i)$의 실제 수요, $0 \leq W_{t-i} \leq 1$

$$\sum_{i=1}^{n} W_{t-i} = 1$$

(2) 정량적 방법: 지수평활법

지수평활법(Exponential smoothing method)은 최소의 자료로 단기예측활동에 유용하게 활용할 수 있는 예측기법으로, 시계열 자료가 추세, 순환 변동, 계절적 변동이 크게 작용하지 않고 비교적 안정되어 있는 경우에 적합하다. 또한 단기예측은 특성상 이러한 시계열 요인들이 중요하게 작용을 하지 않으며 이러한 의미에서 지수평활법은 가장 최소의 자료를 가지고 폭넓게 활용될 수 있는 예측기법 중의 하나이다. 특히 이러한 시계열 자료의 요인들을 직접적으로 모형에 반영하는 경우에는 추세조정 지수평활법이나 계절적 변동조정 지수평활법의 요인조정 지수평활법을 적용할 수 있으며 이에 반하여 이러한 요인이 직접 모형에 반영되지 않는 모형을 단순지수평활법이라 한다. 단순지수평활법(지수평활법이라 함)은 다음과 같이 간단히 모형화될 수 있다.

지수평활법의 공식은 다음과 같다.

$$\begin{aligned} Y_t' &= \alpha Y_{t-1} + (1-\alpha) Y_{t-1}' \\ &= \alpha Y_{t-1} + Y_{t-1}' - \alpha Y_{t-1}' \\ &= Y_{t-1}' + \alpha (Y_{t-1} - Y_{t-1}') \end{aligned}$$

차기예측치 = 당기예측치 + α(당기실적치 − 당기예측치)

여기서, $Y_t'(F_t)$: 기간 t의 수요예측치(차기의 판매예측치)

Y_{t-1}' : 기간$(t-1)$의 예측치(당기의 판매예측치)

Y_{t-1} : 기간$(t-1)$의 실제치(당기의 판매실적치)

α = 평활지수(상수) $(0 \leq \alpha \leq 1)$

지수평활법에서는 α값을 결정하는 것이 중요하다. 만일 식료품과 같이 실제 수요가 안정적이라면 α값을 작게 하여 단기적 혹은 불규칙변동의 영향력을 줄인다. 반대로 패션제품과 같이 실제수요가 급격하게 증가하거나 감소하는 경우에는, α의 값을 크게 하여 수요변화의 추세를 따른다. 사실 α의 값을 정하는 것은 그리 쉬운 일이 아니나, 일반적으로 예측오차가 크면 α값을 크게(예를 들면, $\alpha=0.8$) 하고, 반대로 예측오차가 작으면 α를 작게(예를 들면, $\alpha=0.2$) 한다. 다시 말해서, α가 크다는 것은 실제 수요량에 더 높은 가중치를 두는 것이 된다.

지수평활법은 예측기법 중에서 가장 많이 이용되는 기법이다. 소매상, 도매상, 또는 서비스업에서 재고 주문을 위한 대부분의 컴퓨터 예측프로그램은 이 기법을 이용하고 있다. 이 기법의 장점은 모형이 비교적 이해하기 쉽고 간단하다는 점이다. 위의 공식에서 본 바와 같이 지수평활법을 이용하기 위해서는 예측기간 바로 전의 실제치와 예측치, 그리고 평활지수(α) 등 세 가지만 갖추고 있으면 된다. 따라서 계산시간이 오래 걸리지 않으며, 과거자료를 저장하기 위한 컴퓨터 용량이 많이 요구되지 않는다. 그리고 예측의 정확성을 검정하기 쉽고, 예측 모형이 놀라울 정도로 정확하다.

3. 프로젝트 관리

3.1 프로젝트의 개념

프로젝트란 각 부문이나 각 사업부 혹은 부서 간에 기술적 내지 관리상 복잡한 교차적 관계가 있는 개별계획적 성격을 띤 사업이다. 예를 들어 제품개발, 신사업개발, 공장건설, 시장개발이나 판매 캠페인 등이 이에 속한다. 이와 같이 프로젝트를 중심으로 운영되는 경영을 프로젝트 관리라 한다.

3.2 PERT/CPM의 개념과 발전배경

3.2.1 PERT/CPM의 정의

PERT/CPM이란 프로젝트를 구성하는 각 분야를 보다 세분화된 작업으로 분할하여 작업의 순서, 소요기간, 기타 제반사항들을 네트워크 형태로 표시함으로써 일차적으로 주공정 및 여유공정을 산출하여 중점관리 대상 작업을 명확히 하고, 전체적인 작업일정을 세분화함으로써 공기지연의 사전예방, 공기단축 등의 효율적인 일정관리를 도모하기 위한 것으로 정의될 수 있다.

3.2.2 발전배경

PERT(Program Evaluation and Review Technique)와 CPM(Critical Path Method)은 활동 상호간의 연관성을 고려하면서 프로젝트를 기획하고, 관리하며 통제할 수 있는 매우 효율적인 프로젝트 관리기법이다. 이 두 기법은 1950년대에 개발되어 지금까지 사용되고 있으며 기본원리는 대부분 같으나, 사용목적이나 적용 모델면에서는 다소 차이가 있다. 네트워크 모형을 사용하는 일정관리 기법인 이 모형은 수리계획법을 활용하는 것으로써 경영과학 등에서 심도 있게 연구되고 있다.

PERT는 1958년 미 해군의 Polaris 잠수함용 미사일을 개발하기 위한 프로젝트를 관리하기 위해 미 해군의 특수 프로젝트부서, Lockeed 항공회사 그리고 Booz, Allen and Hamilton 컨설팅으로 구성된 연구팀에 의해 개발된 기법이다. 폴라리스 미사일 개발은 약 20만 개의 부품과 수천 개의 부품회사가 관련된 예전에 경험해보지 못했던 대규모의 복잡한 프로젝트로서 일정관리가 제대로 되지 않으면 정해진 시간에 프로젝트를 완료할 수 없는 상황이었다. 당초 PERT의 개발은 시간단축이 목적이었으나 후에 원가관리의 필요에 따라 비용감축을 위한 PERT 기법도 개발되었다. 이들을 구분하기 위하여 시간단축과 관련된 경우를 PERT/TIME 그리고 비용감축과 관련하여서는 PERT/COST 기법이라 부르기도 한다. PERT는 개발 당시부터 연구개발을 목적으로 개발된 기법이기 때문에 대부분 과거에 없었던 신제품이나 신약 등 새로운 프로젝트 관리에 적용된다. 군수산업계를 중심으로 개발되었던 PERT와는 달리 CPM은 민간기업이 중심이 되어 개발되었다. 즉 1957년에 대규모 화학회사인 듀퐁(Du Pont)의 워커(M.R. Walker)와 랜드 유니백 사업부(UNIVAC division of Remington Rand)에서 파견된 켈리 2세(J.E. Kelly.Jr.)가 중심이 되어 공장 설비의 유지보수에 소요되는 자원(자금, 노동, 시간, 비용)의 효율성 향상에 목적을 두고 개발하였다. 개발 당시에는 CPS(Critical Path Scheduling)라고 명명하였다.

PERT와 CPM은 다른 목적으로 다른 조직에 의해 개발되었으나 많은 공통점을 지닌다. 근래에는 이 두 기법의 구분이 사실상 없어져서 PERT/CPM으로 불리고 있다.

3.2.3 PERT/CPM의 장점

PERT/CPM에서 주요한 개념으로 활용하고 있는 네트워크 기법의 원리는 종래 작업계획과 통제수법으로 써 오던 간트차트에 의한 공정계획표의 결점을 보완하고 개선한 것이라 할 수 있다. PERT/CPM의 장점을 살펴보면 다음과 같다. ① 네트워크를 작성하여 분석하므로 상세한 계획을 수립하기 쉽고 변화나 변경에 대하여 곧 대처할 수 있다. ② 네트워크를 사용하여 전체 활동을 파악하여 활동착수 전에 네트워크상의 문제점을 명확히 그리고 종합적으로 파악할 수 있으며, 중점관리가 가능하다. ③ 네트워크상의 애로활동과 여유활동을 명확히 구별할 수 있으므로 총소요기간의 신뢰 정도가 높아진다. ④ 인원 및 특수시설 등 사용에 제한이 있는 자원들을 주공정(Critical Path) 활동으로 우선순위를 주거나 시점이 가까운 활동 사이에 자원계획의 수립으로 자원의 효율화를 기할 수 있다. ⑤ 주공정이 들어간 네트워크는 계획내용을 상대방에게 설명하는 데 유력한 자료가 될 뿐만 아니라 상호간의 유력한 의사소통의 수단이 된다. ⑥ 세부계획단계의 순위와 조립관계를 유기적으로 파악할 수 있으므로 정확한 계획분석이 가능하다. ⑦ 시간을 단축하고 비용을 절감할 수 있다. ⑧ 관계자 전원이 참가하게 되므로 의사소통이나 정보교환이 용이하며 아울러 보고제도가 확립된다. ⑨ 경험이 적은 사람들에 대하여 계획내용을 표시하는 계획공정표는 교육적 효과에 기여하는 바 크다.

3.3 프로젝트 관리기법

3.3.1 간트 차트(Gantt Chart)

일정계획을 매우 유용하게 도식화하는 기법 중에 간트 차트(Gantt Chart)가 있다. 이 차트는 1900년대 초 테일러(F.W. Taylor)에 의해 표준 시간설정 등의 과학적 관리가 제창된 이후 세계대전 중 미육군 병기국에서 병기 생산을 위해 간트가 공정관리 기법으로 처음 개발하여 간트 도표(Gantt Chart: 막대그래프)가 사용되었다. 과학적 관리의 선구자 중 한 사람인 헨리 간트(Henry L. Gantt)에 의해 창안되었다. 간트 차트는 계획과 실제 작업량을 시간을 기준으로 수평선을 표시하여 계획과 통제 기능을 동시에 가능하도록 마련된 일종의 막대차트(bar chart)이다. 작성하기도 편하고 읽기도 쉽기 때문에 정해진 시간 내에 반드시 해야 하는 일에 대해서 팀원들 간의 의사소통에 좋은 도구이다. 또한 이 차트는 프로젝트 활동의 진도를 보여주므로 진도의 지연이 있을 경우에 이를 쉽게 파악하여 필요한 조치를 취할 수 있는 장점이 있다. 그러나 막대차트는 한 가지 중대한 단점을 가지고 있다. 차트상에 활동 간의 상호 의존성을 나타내지 않기 때문에 하나의 활동에서 발생한 위험이 나머지 활동에 미치는 영향을 측정하기 매우 어렵다. 그러나 근래에 사용하고 있는 간트 차트는 활동 간의 연관관계도 제한적으로 보여주고 있다.

간트 차트는 여러 가지 용도로 사용된다. 주요한 인도물의 시작과 완료 일정시점을 표시한 마일스톤 차트가 있고, 각 활동별로 계획된 일정이 실제로 어떻게 진행되고 있는가를 보여주는 작업 진척도가 있다.

다시 말해 간트 도표는 종축에 공사종목별로 각 공사명을 작업순서에 따라 배열하고, 횡축에 날짜를 표기한 다음 공사명별 공사의 시작과 끝을 횡선의 길이로서 소요시간에 대응시켜 단순하게 작도한 그래프이다.

그러나 작업 상호간의 의존관계를 나타내지 못하는 단점이 있기 때문에 CPM 기법에서처럼 어느 작업이 한계상태(Critical path)에 있고 어느 것이 여유가 있는지를 알아낼 수는 없었다.

3.3.2 CPM(Critical Path Method)

CPM은 1957년 Dupont 공무부(Engineering Service Division)의 월커(Morgen R. Walker)와 레민턴랜드의 켈리(James E. Kelley) 등에 의해 개발되었는데, 실험용의 모델 플랜트에 의하여 분해검사와 유지관리를 위하여 플랜트를 일시 폐쇄하는 프로젝트의 일정과 원가의 관리에 적용되었다.

PERT와 CPM은 각각 독립하여 개발된 것인데, 기법, 용어와 함께 매우 다른 것이었다. 그러나 양자는 그 후 서로 뒤섞이고 종합되어서 현재에는 CPM(Complete Project Management)시스템이라고 할 만큼 일반화되었다.

3.3.3 PERT/CPM

PERT는 당초에는 단순한 일정만을 계획, 관리하는 기법으로 성립된 것인데, 1961년부터 1962년에 걸쳐서 인력수(數)나 원가의 관리에도 확장되어져 맨스케줄링이나 PERT/COST 시스템의 성립을 보게 된다. 1962년 DOD, NASA Guide, PERT Cost System Design과 같은 책자를 미국정부가 출간함으로 인하여 비용통제 시스템이 발달하게 되었으며, 개발이 진행됨에 따라 계획과 통제의 측면에서 단가×물량 개념의 비용관리가 가능해지게 되었다. PERT/CPM이란 프로젝트를 구성하는 각 분야를 보다 세분화된 작업으로 분할하여 작업의 순서, 소요기간, 기타 제반사항들을 네트워크 형태로 표시함으로써 일차적으로 주공정 및 여유공정을 산출하여 중점관리 대상 작업을 명확히 하고, 전체적인 작업일정을 세분화함으로써 공기지연의 사전예방, 공기단축 등의 효율적인 일정관리를 도모하기 위한 것으로 정의될 수 있다. 1962년 PERT와 CPM은 양자의 장점만을 취합하여 PERT/CPM으로 발표되었으며, 오늘날 프로젝트 관리의 일반 이론으로 널리 사용되고 있다.

4. 자재소요계획

4.1 자재소요계획 개요

4.1.1 MRP의 개념

MRP(Material Requirement Planning)는 원자재, 부품, 구성품, 중간조립품 등과 같은 종속 수요품목의 주문량과 주문시기를 결정하는 컴퓨터시스템으로 IBM회사의 Joseph A. Orlicky가 생산시스템에서의 재고통제를 목적으로 고안한 기법이다.

제조기업은 보통 수천 개의 제품과 부품을 관리하고 예측이 어려운 수요에 대응해야 하며 여러 가지 불확실성으로 인하여 발생하는 복잡한 문제들을 해결할 수 있어야 한다. 특히 최종제품의 종류가 매우 다양하고 최종제품이 여러 가지 하위품목으로 설계되어 있는 경우에는 수작업에 의해 수많은 종속수요품목의 소요량과 주문시기를 결정한다는 것은 거의 불가능하다. 이러한 상황을 MRP라고 부르는 계획, 통제시스템을 이용하여 관리할 수 있다.

이 기법의 초점은 시간개념이 재고관리에 반영되도록(time phased inventory control) 생산일정계획, 완성품목의 재고관리, 소요자재계획(requirements planning)을 관리하는 데 있다. 즉 MRP기법이 사용될 때 재주문점은 양의 문제가 아니라 시간문제이다. 따라서 MRP를 time phased requirements planning이라고도 부른다. MRP(Material Requirement Planning)는 우리말로 자재소요계획이라고 불린다. MRP는 최종 제품(Final Product 또는 End Product)이 필요한 시점으로부터 해당 제품의 제조 또는 조립에 필요한 하위 부품들이 필요한 시점을 역으로 계산해내는 시스템 또는 방법을 가리키는 말이다.

4.1.2 MRP의 기본원리

MRP 시스템을 구체적으로 설명하기에 앞서 간단한 예를 가지고 MRP의 기본원리와 계산내용을 먼저 살펴보자.

최종제품을 A라고 하자. 최종제품 A 1단위는 2단위의 구성품 B와 2단위의 구성품 C로 만들어진다. 다시 구성품 B 1단위는 부품 D 2단위와 부품 E 1단위로 만들어지며,

그림 12.7 제품 A의 제품나무구조

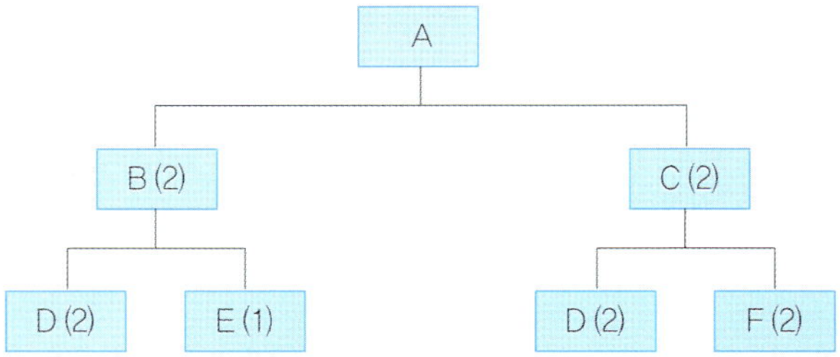

구성품 C 1단위는 부품 D 2단위와 부품 F 2단위로 만들어진다고 한다. [그림 12.7]은 이와 같은 최종제품 A의 제품구조나무(product structure tree)를 보여주고 있다. 만약 최종제품 A의 소요생산량이 150단위라면 각 구성품 및 부품의 소요량은 다음과 같이 쉽게 계산될 수 있다.

- 구성품 B: 2×제품 A의 소요량=2×150=300
- 구성품 C: 2×제품 A의 소요량=2×150=300
- 부 품 D: (2×구성품 B의 소요량)+(2×구성품 C의 소요량)
  =(2×300)+(2×300)=1,200
- 부 품 E: 1×구성품 B의 소요량=1×300=300
- 부 품 F: 2×구성품 C의 소요량=2×300=600

이제 이 품목들의 소요량, 소요시기 및 발주시기가 어떻게 결정되는가를 살펴보자. 이를 위해서는 최종제품의 소요량과 소요시기, 그리고 각 품목의 조달기간을 알아야 한다.

최종제품 A의 조달기간은 1주, 구성품 B와 C의 조달기간은 각각 2주, 부품 D의 조달기간은 3주, 그리고 부품 E와 F의 조달기간은 각각 1주라고 가정하자. 한편 최종제품 A는 제7주에 150단위가 필요하다고 하자.

최종제품 A의 조달기간은 1주이므로 제6주에 150단위가 발주되어야 한다. 최종제품 A 1단위에는 구성품 B가 2단위, 구성품 C가 2단위 소요되므로 제6주에 최종제품 A 150단위의 생산이 시작되기 위해서는 제6주에 B가 300단위, C가 300단위 필요하게 된

표 12.5 최종제품 A 150단위를 기간 7에 충족시키기 위한 자재소요계획

품목 및 조달기간 \ 주		1	2	3	4	5	6	7
A 조달기간=1주	소요시기							150
	발주시기						150	
B 조달기간=2주	소요시기						300	
	발주시기				300			
C 조달기간=2주	소요시기						300	
	발주시기				300			
D 조달기간=3주	소요시기				1,200			
	발주시기	1,200						
E 조달기간=1주	소요시기				300			
	발주시기			300				
F 조달기간=1주	소요시기				600			
	발주시기			600				

다. B와 C의 조달기간은 2주이므로 제4주에 B 300단위, C 300단위가 발주되어야 한다. 동일한 논리를 부품 D, E, F에 계속 적용시켜 나가면 [표 12.5]와 같다.

이상과 같은 간단한 예에서 보듯 수백 또는 수천 품목의 자재소요계획을 수작업에 의해 수립한다는 것은 현실적으로 거의 불가능하다. 왜냐하면 엄청난 계산량이 요구되고, 재고와 제품구조나무에 관한 수많은 자료가 필요하기 때문이다. 따라서 컴퓨터를 이용하지 않을 수 없으며, 본장의 내용도 컴퓨터 프로그램에 필요한 각종 자료철과 MRP시스템의 일반적인 구조에 중점을 둔다. 그러나 MRP프로그램의 기본원리는 위에서 본 단순한 예와 본질적으로 마찬가지다.

4.2 MRP시스템

4.2.1 MRP시스템의 기본구조

MRP시스템은 주생산일정계획(MPS), 자재명세서(BOM), 재고기록철(IRF)의 세 가지를 주된 입력으로 사용한다. 이들은 필요한 자재의 양과 시간에 관한 정보를 받아서 운용되도록 구성된 컴퓨터 프로그램이다. 이들 파일에는 각각 최종품목의 생산수량과 시기를 나타내는 기준생산계획(MPS)은 주문이나 예측 등에 의해 작성되는 총괄생산계획

그림 12.8 MRP시스템의 기본구조

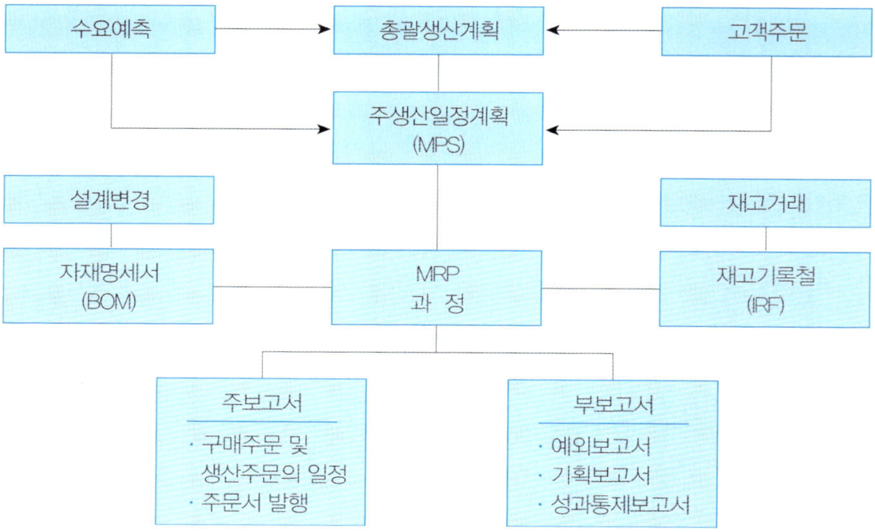

에 기초하고 있고, 재고현황철(IRF)은 현보유재고와 예정된 입고계획을 감안하여 작성된다. 또 BOM에는 구성부품과 소요자재 목록들이 조립수준의 순서에 따라 정리되어 있다. MRP의 구조는 [그림 12.8]과 같다.

(1) 주생산일정계획

주생산일정계획(Master Production Schedule: MPS)은 최종제품의 생산계획으로서 최종제품이 언제 얼마가 생산되어야 하는가를 보여준다. 주생산일정계획은 단순한 수요예측이나 판매예측과는 달리 실천을 전제로 한 계획이다. 따라서 단위기간과 계획대상기간이 설정되며 일반적으로 다음과 같은 고려사항이 있다.

주생산일정계획은 고객주문, 수요예측 또는 총괄생산계획을 입력으로 하여 작성된다. 주생산일정계획은 처음에는 제품의 생산소요만을 고려하여 작성된다. 즉, 최종제품이 언제 얼마가 생산되어야 하는가를 고려하여 잠정적인 성격의 계획으로 작성되는 것이다. 잠정적인 주일정계획이 작성되면 다음에는 생산능력차원에서 이것의 실현가능성을 검토한다. 즉, 주일정계획에서 요구되는 생산능력(생산능력소요)을 가용생산능력과 비교하는 것이다. 능력소요에 비하여 가용능력이 부족할 때는 생산능력을 확장하거나 주생산일정계획을 축소 조정하여야 한다. 이와 같은 능력소요계획의 과정을 거쳐 주일정계획은 비로소 최종안으로 확정된다.

단기생산계획인 주생산일정계획에서는 계획의 안정성이 대단히 중요하다. 주생산일정계획이 자주 변경되면 MRP를 효과적으로 운용하기 어렵기 때문이다. 주생산일정계획의 안정성을 보장하기 위한 한 수단으로 시간경계선을 설정하여 계획의 변경을 통제하는 방법이 있다. 즉, 2~3개의 시간경계선을 설정하여 계획대상기간을 서너 개의 시간대로 분할하고 현재에 가까운 시간대에서는 계획의 변경을 엄격하게 제한하고, 미래의 시간대에서는 점진적으로 제한을 완화하는 것이다.

(2) 자재명세서(BOM)

자재명세서(BOM: Bill of Material)는 최종제품의 구조와 자재수요를 기록한 것으로 제품을 생산하는 데 필요한 자재와 부품, 중간조립품을 체계적으로 나열해 놓은 목록이다.

최종제품 한 단위를 생산하는 데 소요되는 모든 구성품의 결합형태(모자관계)와 소요량이 표시되어 제품구조철이라고도 한다.

앞에서 살펴본 [그림 12.7]이 여기에 해당되는데 최종제품 A가 어떻게 구성되어 있는지를 한눈에 알 수 있다.

(3) 재고기록철(IRF)

재고기록철(IRF: inventory record file)은 각 기별로 개개 품목의 재고 상태에 대한 정보를 저장하는 데 사용된다. 모든 재고 품목들은 고유하게 식별될 수 있어야 한다. 그리고 각 품목에 대한 총소요량, 입고계획량 및 입고예정량을 포함하고 있을 뿐만 아니라 공급자, 조달기간, 로트크기, 안전재고 등의 정보도 포함하고 있다. IRF는 개개 품목에 대해 재고거래가 일어날 때마다 갱신되는데, 여기서 말하는 재고거래라는 것은 품목의 입출고, 주문취소, 불량 등으로 인한 수량 변화를 일컫는다.

MRP는 주생산일정계획(MPS)과 IRF로부터 구성품의 총소요량을 계산한다. 그리고 이 총소요량으로부터 다시 재고기록철에 명시된 재고상태를 고려하여 순소요량을 계산한다. MRP 계산과정은 그렇게 복잡하지는 않다. 몇 가지 규칙과 간단한 산술이면 된다. [표 12.6]은 MRP에서 사용되는 전형적인 양식을 보여주고 있다.

[표 12.6]에서 사용된 용어를 살펴보면 다음과 같다.

표 12.6 MRP에서 사용되는 전형적인 양식

품목 \ 조달기간	주								
	1	2	3	4	5	6	7	8	9
총소요량									
입고예정량									
현재고									
순소요량									
입고계획량									
발주계획									

1) 총소요량(gross requirements)

총소요량이란 각 기간에 요구되는 최종품목, 부품, 원자재, 중간조립품 등의 총수요량을 말한다. 현재 재고량이나 예정 입고량을 감안하지 않은 상태의 부속품 전체 종속 및 독립 수요로 최종품목의 총소요량은 주일정계획에 나타나고 구성품의 총소요량과 그의 시기는 수준별 계산과 시기계획에 의해 정해진다.

2) 입고예정량(scheduled receipts)

이미 발주되어 조달기간이 경과하면 도착되도록 예정되어 있는 주문량이다. 즉 입고예정량(Scheduled Receipts)은 생산 혹은 구매로 이미 발주한 주문량으로 진행오더(Open Order)라고도 한다.

3) 현재고(on hand)

각 기간 초에 실제로 보유하리라고 기대되는 재고량이다. 기말 현재고는 다음과 같이 계산한다.

$$\text{기말현재고} = \text{현재고} + \text{입고예정량}$$

4) 순소요량(net requirements)

각 기간별 총소요량에 현재고(입고예정량 포함)를 뺀 차이로써 실제 필요한 양이다. 기간 t의 순소요량을 구하면 다음과 같다.

$$\begin{aligned}\text{순소요량}_t &= \text{총소요량} + \text{할당된재고} - \text{현재고}_t \\ &= \text{총소요량}_t + \text{할당된재고} - (\text{입고예정량}_t + \text{현재고}_{t-1})\end{aligned}$$

MRP에서 부품이나 조립품에 대한 순소요량(Net Requirements)은 현재 재고량과 예정입고량, 안전재고량에 총소요량과 할당량을 적용한 결과로 산출된다.

5) 입고계획량(planned order receipts)

입고계획량은 순소용량이 발생하는 시기에 도착예정인 주문량으로 계산된 발주의 결과를 미래의 날짜 혹은 기간에 입고될 것으로 계산된 수량이다.

6) 발주계획(planned order release)

이것이 나타난 기간 초에 구매주문이나 제조주문을 발령해야 하는 수량으로서 입고계획량의 기간에서 조달기간을 차감하여 결정한다. 발주계획의 시기는 납기예정일에서 조달기간을 차감하여 결정한다.

5. 재고관리

5.1 재고관리의 기초개념

5.1.1 재고의 정의와 기능

재고(inventory)는 공장이나 설비처럼 기업자산에서 큰 비중을 차지하고 있다. 재고는 장래의 제조와 판매를 위하여 현재 기업이 보유하고 있는 재화로서 원재료, 반재품, 부분품, 완제품 등을 총칭하는 것이다. 넓은 의미로서의 재고는 경제적 가치를 가진 것으로 현재 이용되지 않는 유휴자원으로서 좁은 의미의 재고개념에서부터 사용되지 않은 노동이나 자본 같은 유휴자원까지도 포함하기도 한다.

재고통제를 잘못하면 재고를 과다하게 보유하든지 아니면 품절현상이 발생하게 된다. 품절이 발생하면 고객의 상실 또는 불만족과 생산애로 등이 발생하고 과다한 재고는 많은 자금을 발생시켜 유리한 투자기회를 놓칠 우려가 있다. 따라서 재고통제의 기본목적은 적시적량의 재료로 생산과 고객에 대한 서비스 수준을 최대로 하며, 이에 부수되는 여러 비용을 최소로 하는 것이라 할 수 있다.

이와 같은 재고는 시간적 관점에서 관리 및 통제의 대상이 되므로 다음과 같은 기능을 갖는다. ① 생산활동을 용이하게 한다. 재고를 적시적량으로 조절함으로써 설비가동률을 안정시키고 조업시간 및 고용수준을 안정적으로 유지하여 생산활동을 용이하게 한다. ② 고객에 대한 서비스 수준을 유지하게 한다. 인력 및 물자의 재고량을 적절히 보유한다면 수요의 불규칙적 변동에도 불구하고 품절을 예방하며 고객이 요구하는 서비스를 제공할 수 있다. ③ 생산활동의 평준화와 노사관계의 개선이 가능하다. 인간과 기계의 힘을 저장함으로써 생산활동을 평준화시키고 고용을 안정시켜 노사관계를 개선시킬 수 있다. ④ 시스템의 균형을 위한 완충기능을 제공한다. 수요 또는 생산능력이 급격히 변동하더라도 구매·제조·판매·재무·인사 등 여러 부문활동들은 서로 충격을 주지 않아야 한다. 이러한 충격을 완화하고 균형되게 해준다.

5.1.2 재고의 유형

재고는 재고의 형태, 재고의 목적, 수요의 성격 등에 따라 나누어 볼 수 있다.

(1) 재고의 형태에 따른 분류

재고의 형태는 공정의 진행상태, 즉 재고의 물리적인 변화에 따라 원자재 재고, 재공품 재고, 완제품 재고로 나눌 수 있다.

원자재 재고란 외부공급업체로부터 조달 받아서 공정에 투입하기 전 재고이며 재공품 재고는 생산공정에 투입되어 가공이나 조립이 진행중인 재고이다.

완제품 재고란 공정의 전과정을 거치고 유통센터로 보내질 상태의 재고를 말한다.

(2) 재고의 목적에 따른 분류

1) 주기재고

통상적인 수요충족을 위해 보유하는 재고로 경제적 생산과 구매를 위한 재고이다. 보통 재고품목을 자체생산하는 경우 로트방식의 생산이 경제적이며 재고품목을 외부생산하는 경우 주문비용과 수량할인, 수송비 절감을 위해 큰 로트로 구매하는 것이 경제적이다. 현재는 제품공정 준비시간과 준비비용을 크게 줄여 로트 크기와 재고를 줄이는 추세이다.

2) 안전재고

수요나 리드타임, 공급량의 불규칙성에 대비하여 보유하는 재고로 고객서비스의 재고를 목적으로 평균적으로 소요되는 수량을 초과하여 보유하는 재고를 말한다.

공급업체의 납품소요시간이나 리드타임, 납품수량이 불규칙할 경우에는 필요기간보다 당겨서 필요 수량보다 많게 주문을 내야 할 경우가 발생하며, 주문을 내지 않으면 납기일을 어기게 되는 문제가 발생된다. 또한 기계설비의 고장이나 작업자 실수, 급속한 일정변경 등에 신속하게 대처하기 위해서도 안전재고가 필요하다.

3) 예상재고 또는 계절재고

불규칙한 수요 혹은 공급률을 안정시키기 위해서 보유하는 재고를 말한다.

원자재의 가격상승이 예상되거나 파업 등으로 공급 불확실한 경우 미리 원자재를 구입해서 재고를 비축하거나 대규모 세일이 있는 경우 완재품 재고를 비축할 수 있다. 예를 들어 계절수요가 특징인 에어컨의 경우 수요가 집중적으로 발생하는 경우를 예상해서 비수기에 생산하여 재고로 보유해 둘 수 있다.

4) 운송재고

생산이나 판매를 위해 한 지역에서 다른 지역으로 운송 중인 완제품 또는 원자재의 재고로 이동하는 모든 제고가 포함된다.

운송재고는 공장의 입지, 배급망, 운송수단 등에 영향 받는다.

(3) 수요의 성격에 따른 분류

재고에 대한 수요는 독립수요와 종속수요로 구분할 수 있다. 어느 재고품목에 대한 수요율이 기업외부의 시장조건에 의하여 결정되면 이는 사전에 분명히 알 수 없으므로 예측해야 한다. 이와 같이 어느 품목에 대한 수요가 다른 품목에 대한 수요와 아무런 관계가 없으면 그 품목에 대한 수요를 독립수요라 한다. 완제품, 용품, 수리용 부품 등은 독립수요품목의 예이다.

종속수요는 다른 품목에 대한 수요와 관계가 있으며 시장조건에 의하여 독립적으로 결정되지는 않는다. 종속수요는 다른 품목을 제조하는 데 필요한 구성품의 수요이다. 그러므로 어느 품목에 대한 종속수요는 예측에 의하여 결정하는 것이 아니고 그 품목을 이용하여 만드는 친품목(parent item)에 대한 수요로부터 계산할 수 있는 것이다. 대부분의 종속수요품목은 독립수요품목을 생산할 것인가를 결정하면 이로부터 종속수요품목이 언제, 얼마나 필요한가를 계산해 낼 수 있다.

독립수요와 종속수요를 구분하기 위하여 자동차의 예를 들면, 자동차라는 완제품에 대한 수요는 시장에 의하여 결정되므로 독립적이라 할 수 있다. 따라서 예측에 의하여 결정한다. 그러나 자동차를 만드는 데 필요한 타이어나 핸들 등에 대한 수요는 고객의 수요에 의한 자동차로부터 유발되므로 종속적이라 할 수 있으며, 이들에 대한 수요

표 12.7 독립수요와 종속수요 비교

독립수요	종속수요
• 분배, 유통 등에서 발생하는 수요 • 유통재고관리 • 예측에 의해 수요가 결정(확률적 근거에 의한 과거 데이터 사용) • 100%의 완벽한 서비스를 위해 많은 양의 재고 유지	• 계획에 의해서 발생하는 수요 • 제조 재고관리 • 생산계획에 의해 수요가 결정(미래 데이터 사용) • 100%의 완벽한 서비스 가능 • 품목별 수요예측이 불필요 • 무창고 시스템이 이론적으로 가능

(소요량)는 자동차의 생산계획으로부터 계산할 수 있다.

독립수요와 종속수요는 서로 상이한 수요패턴을 보이고 있다. 독립수요품목은 그에 대한 수요가 언제나 비교적 안정하게 발생하기 때문에 재고로써 꾸준히 유지해야 한다. 독립수요품목에 대해서는 품절의 가능성을 줄이기 위하여 안전재고가 필요하다. 그러나 종속수요품목은 독립수요품목을 생산할 때에만 필요하기 때문에 항상 재고로 유지할 필요가 없으며, 안전재고는 전혀 필요가 없는 것이다. 많은 기업에서는 완제품에 대한 수요가 계속적이더라도 로트생산방식을 취하기 때문에 원자재나 부품, 중간조립품 등에 대한 수요는 산발적이고 일괄적으로 발생한다. 독립수요품목은 고정주문량시스템 또는 정기주문시스템에 의하여 통제되지만 종속수요품목은 자재소요계획에 의하여 통제된다.

5.1.3 재고관련 비용

(1) 주문비용

외부 공급자에게 구입품을 주문할 때 드는 비용을 말한다. 즉 주문으로부터 인수하기까지의 과정에서 발생하는 비용이다. 물품수송비, 통신비, 인수비, 관계자들의 임금 등이 여기에 포함된다. 상품을 자체 생산할 경우 작업 준비비(setup cost)가 필요하게 되는데, 이것은 생산될 제품이 바뀜에 따라 새로운 원자재 준비와 설비교체에 소요되는 시간 손실 등에 따른 비용이다. 주문비용(작업 준비비)은 주문량(생산량)의 크기와는 무관하게 회수별 일정액으로 발생한다.

(2) 재고유지비용

재고유지비용은 재고를 실제로 유지보관하는 데 소요되는 여러 비용을 말한다. 재고유지비용은 재고의 수준에 따라 직접적으로 변동하는 비용인데, 여기에는 보관비, 보험료, 세금, 감각상각비, 파손에 따른 비용과 재고에 투입된 자금의 이자, 창고 운영비, 재고의 변질, 손상에 따른 비용 등이 포함된다. 재고유지비용은 그 품목의 구매가격에 대한 퍼센트(%)로 표시하거나 한 단위를 일정기간 유지하는 데 드는 비용으로 표시한다.

(3) 재고부족비용

재고부족비용은 품절비라고도 하며, 재고의 부족량과 부족기간에 의해 결정된다. 일반적으로 재고의 보충기간 동안 예기치 않은 대량수요가 발생하여 재고나 자재가 부족하게 되면 판매의 기회를 놓치게 되고, 고객을 잃게 되며, 명예의 실추도 뒤따른다. 이 비용은 주관적인 평가에 의하여 추정되므로 재고비용 중 가장 산정하기가 어려운 비용이기도 하다.

재고관련비용과 재고수준과의 관계를 정리하면 [표 12.8]과 같다.

표 12.8 재고관련비용과 재고수준과의 관계

재고관련비용	재고수준
주문비용 ↑	↑
재고유지비용 ↑	↓
재고부족비용 ↑	↑

5.2 재고관리시스템

재고관리를 보다 합리적으로 그리고 능률적으로 해결하기 위해 개발된 재고관리시스템의 목적은 재고관련 총비용을 최소화하도록 재고품의 주문시기와 주문량을 결정하는 데에 있다. 재고관리 시스템은 주문시기와 주문량을 어떻게 결정하느냐에 따라 정량주문시스템과 정기주문시스템으로 구분한다. 또한 고객의 수요나 조달기간과 같은 기업외적 변수가 확정적이냐 또는 확률적이냐에 따라 확정적 재고시스템과 확률적 재고시스템으로도 구분된다. 따라서 기업의 내외적 변수를 결합시켜 재고관리시스템을 구분하면 확정적 재고시스템에는 정량주문시스템과 정기주문시스템으로 분류하고 확률적 재고시스템은 정량주문시스템과 정기주문시스템으로 분류하고 있다.

5.2.1 정량주문시스템

정량주문시스템(fixed-order quantity system: Q-System)은 재고수준이 미리 정해진 재주문점 R에 도달하면 일정한 양 Q만큼 주문하는 시스템이다. 조달기간 L은 재고품의 주문시점부터 창고에 도착할 때까지의 시간으로 일정한 경우도 있고 그렇지 않는 경우도 있다. 주문간격은 수요에 따라 재고수준이 재주문점에 도달하는 시간이 다르므로 일정치 않으며, 또한 주문시점을 알기 위해서는 계속적으로 재고수준을 조사하여야 한다.

정량주문시스템에서의 재주문점은 리드타임 기간 중의 평균수요와 안전재고(safety stock)의 합으로 산출한다. 정량주문시스템은 주문량 Q가 중심이 되므로 Q시스템이라고 부르며, 또한 계속적인 재고조사가 이루어지므로 연속재고조사 시스템이라고도 한다.

그림 12.9 정량주문시스템

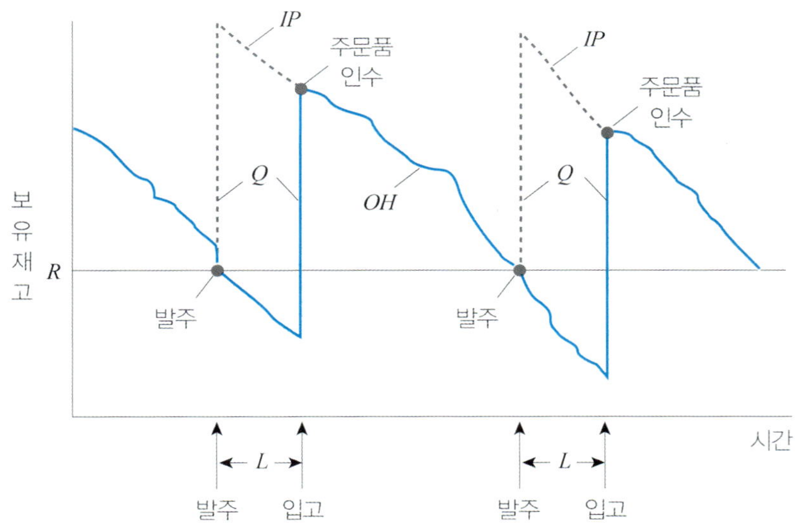

5.2.2 정기주문시스템

정기주문시스템(fixed-order period system: P-system)은 미리 정해진 일정한 시간간격마다 주문을 한다. 따라서 주문시점마다 필요량만큼 주문하므로 수요변화에 따라 주문량은 매번 달라진다.

그림 12.10 정기주문시스템

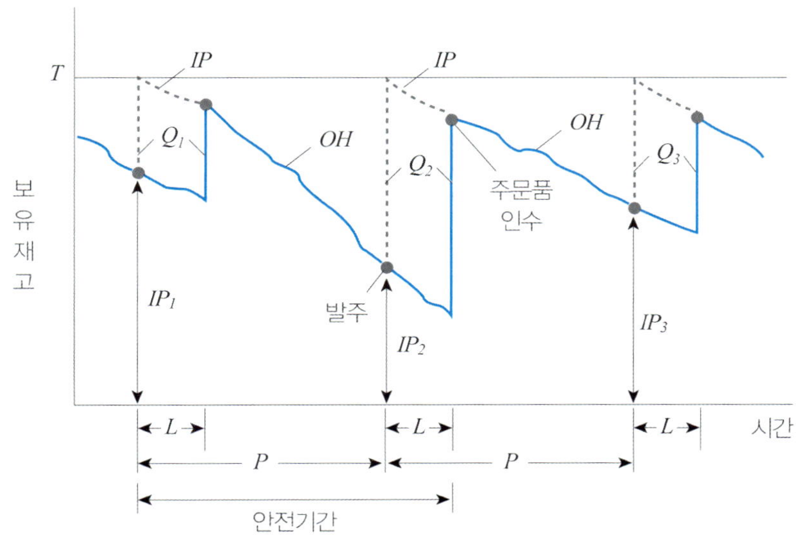

정기주문시스템에서는 계속적으로 재고수준을 검토할 필요가 없으며, 매주문시점마다 주문량을 결정하기 위해 정기적으로 재고수준을 검토한다. 따라서 정기주문시스템을 정기재고검토시스템이라고도 하며 주문기간 또는 주문간격이 매번 일정하다고 해서 P시스템이라고도 한다.

표 12.9 정량주문시스템과 정기주문시스템의 비교

항목	정량주문시스템	정기주문시스템
주문량	일정	변함
주문시기	재주문점에 도달	주문주기의 끝
재고수준조사	계속조사	주문주기의 끝에 조사
안전재고	비교적 적다	정량주문시스템보다 높다
재고품 가격	고가품목	저가품목
조달기간	긴 품목에 유리	짧은 품목에 유리

5.3 ABC 분석기법

5.3.1 ABC 재고관리의 의의

ABC분석이란 1951년 H.F. dickie가 ABC분석법을 발표함으로써 명명된 재고관리기법의 일종이다. 즉 기업이 보유하고 있는 재고자산의 종류가 다양할 경우 전품목에 대해서 일률적으로 관리한다는 것은 매우 비경제적이며 비능률적이다. 그러므로 소요량 또는 가치액을 ABC순으로 분류해 보면 보다 중요한 품목을 파악할 수 있을 뿐만 아니라 그에 대한 관리의 중점을 발견할 수 있는데 이것을 ABC재고분석(ABC, inventory analysis)이라고 한다.

ABC분석에서는 주로 자재의 품목별 연간사용량을 산출하여 그 금액이 가장 높은 자재의 그룹을 A급 자재, 그 다음 순위는 B급 또는 C급으로 분류하여 그 중요도에 따라 재고관리의 중점과 그 순서를 결정한다.

5.3.2 ABC분석의 절차

ABC분석의 절차는 ① 품목별로 자재의 사용금액을 산출한다(단가×사용량). ② ABC분석표에 금액이 큰 품목 순으로 정리한다. ③ 누계품목의 백분비율을 표시한다. ④ 누계금액의 백분비율을 표시한다. ⑤ 사용품목의 누계비율을 가로축으로 하고, 누계금액의 백분비율을 세로축으로 하여 ABC분석표에 기재된 데이터에 옮겨 파레토곡선을 그린다. ⑥ 분류기준에 따라 그룹별로 ABC의 3등급으로 분류한다. 분류기준은 기업의 실정에 따라 다소 차이가 있으나 대체로 [표 12.10]과 같이 분류된다.

표 12.10 ABC분석 등급

등급	가치 정도	전품목에 대한 비율	총재고투자에 대한 비율
A	고가치품	10~20%	70~80%
B	중가치품	20~40%	15~20%
C	저가치품	40~60%	5~10%

5.3.3 ABC 관리방법

A급 품목에 포함되는 자재는 품목수가 전체에 대해 10~20% 정도에 불과하지만, 총재고투자액에 대한 비율은 70~80% 정도를 차지하는 품목들을 포함시킨다. B급 품목

그림 12.11 ABC 재고품목의 분석도표

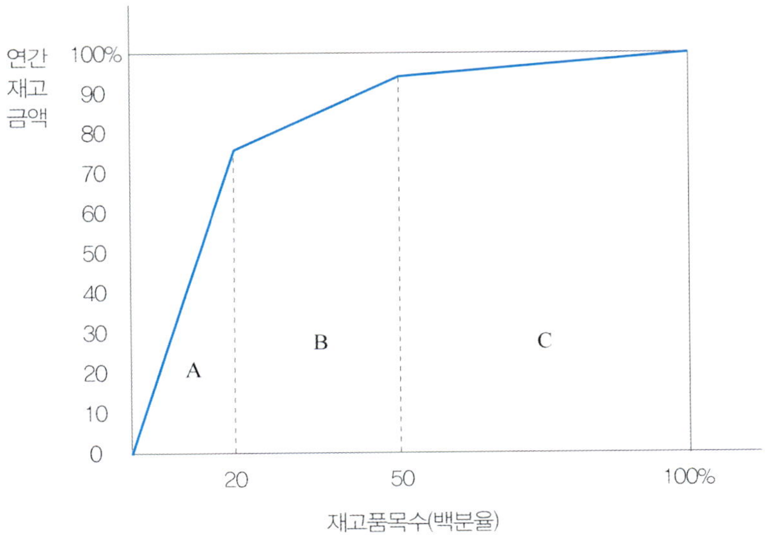

등급	가치 정도	전품목에 대한 비율	총재고투자에 대한 비율
A	고가치품	10~20%	70~80%
B	중가치품	20~40%	15~20%
C	저가치품	40~60%	5~10%
		(20, 30, 50%)	(70, 20, 10%)

은 품목수는 전체의 20~40% 정도를 구성하면서 총재고투자액에 대한 비율은 15~20%를 차지하는 품목들을 포함시킨다. 그리고 C급 품목은 품목수로는 40~60% 정도를 차지하는 많은 수량이면서 총투자액에 대한 비율은 불과 5~10%밖에 안 되는 다종소량의 잡품목을 여기에 포함시킨다. 이와 같은 내용을 도표로 설명하면 [그림 12.11]의 ABC분석도와 같다.

6. 적시생산시스템

6.1 JIT 시스템의 특성

JIT 시스템이 가지는 특성으로는 소로트 생산, 안정된 주일정계획, 다기능 작업자,

장비와 설비배치, 칸반 견인시스템, 납품업자의 참여, 자동화 등을 들 수 있다.

6.1.1 소로트 생산

JIT에서는 될 수 있는 대로 로트 크기를 줄이려고 한다. 로트 크기를 축소하기 위해서는 고정비의 성격을 가진 준비비용(set-up cost)을 줄여야 한다.

전통적인 반복생산에서는 준비비용을 고정비로 보고 준비비용과 재고유지비용의 합을 최소화하도록 로트 크기를 결정하였다. 그러나 JIT에서는 준비비용을 하나의 변수로 보고 준비시간의 단축을 통해 준비비용을 줄임으로써 로트 크기와 총비용을 줄여나간다.

따라서 JIT에서는 기계가동의 중단을 요하는 생산준비활동들을 기계설비의 재설계, 작업방법의 개선 등을 통해 기계를 가동하면서도 수행될 수 있는 준비활동으로 전환하여 준비시간(setup time)을 최대한 줄인다.

이렇게 준비시간이 단축되면 경제적 로트 크기와 생산리드타임이 줄어들며, 재고수준도 줄어든다.

그림 12.12 비용에 대한 견해 비교

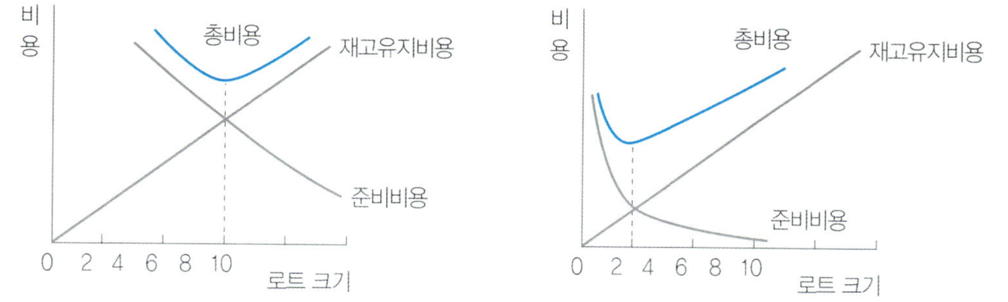

6.1.2 안정된 주일정계획: 평준화생산

고객의 수요는 월 또는 주단위로 볼 때 일정하지 않다. 고객이 요구하는 수요가 불안정할 때 이에 대응하기 위해서는 완충재고(buffer inventory)를 보유해야 한다.

재고가 증가하게 되면 한 번에 생산하는 로트의 크기가 커지게 되어 재고를 적게 가지고 가는 것이 바람직하지만 생산시스템의 관리수준이 낮을 때는 재고보유는 불가피하다.

따라서 과잉생산과 재고의 낭비를 제거하기 위하여 수요의 불균형을 가능한 낮추어 흐름을 일정하게 하는 것이 필요한데 이것을 생산의 평준화(smoothing of production)라고 한다. 최종라인부터 생산의 주기를 여러 번에 나누어 일정하게 생산하는 것으로 한 번에 한 달치 또는 보름치를 생산하지 않고 여러 번에 나누어 생산하는 것이다.

따라서 JIT 생산방식은 후공정이 인수할 만큼을 전 공정에서 생산하기 위해서 모든 생산공정에서는 필요한 시기에 필요한 양만큼을 생산할 수 있도록 사람과 설비를 모두 준비해 두어야 한다. 후공정이 인수하는 양의 차이가 크면 전공정에서 설비와 작업자가 쉬게 된다. 반대로 생산량이 목표량에 미달하면 작업자들은 그날 바로 잔업을 하여 부족량을 채운다.

6.1.3 다기능 작업자

JIT시스템은 다기능 작업자를 요구한다. JIT에서 각 작업자는 필요한 부품을 만들기 위해 한 기계에서 다른 기계로 옮겨 다니면서 여러 기계를 운전할 수 있어야 한다. 즉, 부품의 생산은 필요하지 않으면 중단되어야 하므로 작업자는 기계의 가동을 멈추고 부품생산이 필요한 다른 작업장으로 옮겨 작업할 수 있어야 한다. 또한 작업자는 기계의 가동준비, 일상적인 기계정비 및 부품의 품질검사도 할 수 있어야 한다. 이를 위해서는 작업자에게 여러 분야에 걸쳐 다양한 기술을 교육시켜야 한다.

JIT의 실행을 위해서는 작업자들의 충분한 이해와 협조가 있어야 한다.

작업인력의 유연성을 확보하기 위한 보수시스템, 보상제도가 이루어져야 하며 품질분임조나 제안제도 등을 통해 모든 종업원이 문제해결활동에 적극적으로 참여할 수 있도록 분위기가 조성되어야 한다.

6.1.4 장비와 설비배치(최소의 생산준비시간)

JIT시스템은 장비와 설비배치에 영향을 미친다.

일반적인 설비배치에서는 공급자가 부품을 창고에 배달하고 배달된 부품은 일정기간 동안 창고에 보관되다가 작업장에 투입된다. 또한 생산단계가 끝난 후의 재공품도 일시적으로 창고에 보관된다.

그러나 JIT에서는 모든 창고가 제거되어 재고가 현장 바닥에 놓이게 된다. 모든 작업장들은 부품이 한 작업장에서 다음 작업장으로 원활하게 흘러갈 수 있도록 재정비된다.

따라서 재고수준이 낮아지며 필요한 저장공간이 줄어들어 공장의 크기도 작아지고 문제점들이 계속적으로 해결되기 때문에 공장은 보다 유선형의 흐름을 가지게 되고 자동화된다.

그림 12.13 설비배치 비교

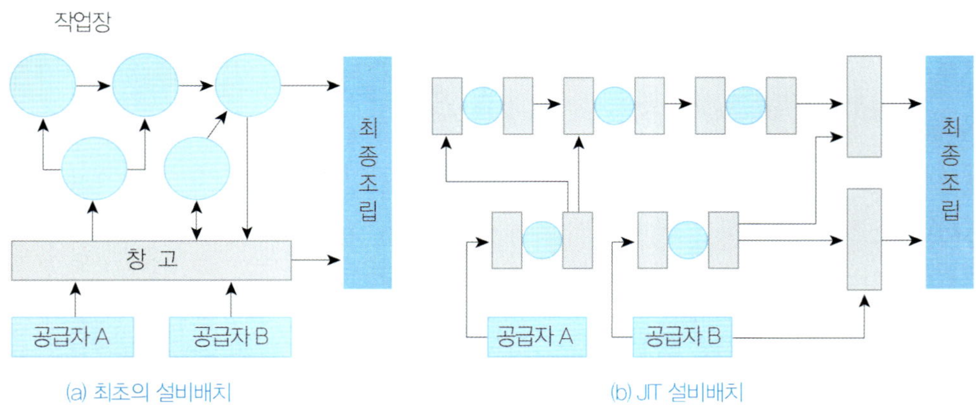

6.2 칸반시스템

6.2.1 칸반의 시작

칸반은 일본말로 '카드'나 '눈에 보이는 기록'이라는 뜻이며, 공장의 생산흐름을 통제하기 위해 사용되는 카드를 말한다. 칸반은 물건과 정보를 하나로 묶어 주는 역할을 한다. 칸반 한 장에는 생산과 관련된 모든 정보가 들어 있다. 가격이 필요한 경우엔 바코드가 추가된다. 토요타의 오노다아이치 공장장이 재고를 혁신적으로 줄이기 위해 지난 1963년 칸반 방식을 처음 도입하였다. 칸반의 개념은 슈퍼마켓 진열대에서 힌트를 얻었다고 한다. 칸반의 시작은 토요타 기이치로 씨가 미국의 슈퍼마켓을 방문했을 때의 일이다. 슈퍼마켓 점원이 진열되어 있는 상품의 판매수에 따라 진열된 상품을 공급하는 것을 보고 처음 아이디어를 얻었다. 그는 고객들이 카트(Cart) 안에 필요한 물건들을 진열대에서 찾아 넣을 동안 일정한 시점 후에 점원이 팔린 수량을 파악하여 팔린 수량만큼 물건을 채워 넣은 것을 보고 이러한 방식을 자동차 조립에도 적용 가능할 것으로 판단하였다. 즉 이전에는 사용 여부에 관계 없이 하루에 계획한 양만큼 무조건 생산하였는데, 조립라인은 그날 필요한 부품을 필요한 숫자만큼 부품 선반으로 가지러 가고 기계가공과에서는 가져간 양만큼만 그날 중에 가공하도록 하였다. 이러한 후 공정 인수방식이 칸반의 도입으로 탄력을 받게 된다.

6.2.2 칸반의 개념

칸반은 우리말 간판에 해당하는 일본어이다. 이것은 작업현장에서 물자를 유효적절하게 이동하고 공급해주는 표현이며, 이것은 JIT에서 추구하는 낭비제거를 실현시키는 데 큰 공을 세우고 있다. 이 칸반시스템은 원래 토요타 자동차공장에서 고안되어 각종 물자의 흐름을 순조롭게 유지시켜 주었다. 이 시스템은 물자의 흐름과 재고 상태를 눈에 보이게 함으로써 작업자들의 참여와 협력을 유도할 수 있었다. 사실 이 시스템이 모든 공장에 그대로 적용될 수 있는 것은 아니다. 이것은 자동차공장 같은 반복생산에 가장 적합하다. 반복생산은 대량생산과 묶음생산의 중간 형태로 가공, 기계작업, 조립, 검사 등의 작업들이 긴 흐름으로 진행되어 표준규격 및 선택사양의 제품들이 많은 양 생산되는 형태이다. JIT에서 추구하는 것은 먼저 가능한 한 주문생산이나 묶음생산의 형태를 반복생산으로 변환시키자는 것이다.

칸반이란 JIT의 하위시스템이다. 칸반시스템의 주요목적은 후공정에서 부품이 필요할 때 이를 적시에 생산하도록 전공정에 신호하는 것인데 이를 위해 생산계획정보를 최종조립라인으로부터 시작하여 후진적으로 각 선행작업장에 전달해야 한다. 칸반을 사용하여 최종조립으로부터 최종제품을 만드는 데 필요한 부품, 구성품 및 중간조립품을 생산하는 선행작업장에 차례로 생산요구를 전달한다. 이는 최종조립라인에서부터 시작하여 바로 선행작업장의 부품을 끌어들임으로써 가능하다. 모든 작업장과 납품업자는 후공정(작업장)으로부터 칸반을 이용하여 생산주문을 받는다. 이와 같이 생산 또는 공급허가가 후공정으로부터 나오기 때문에 칸반시스템은 청구식방법이라고 볼 수 있다. 만일 사용하는(후속)작업장에서 생산이 중단되면 공급하는 (선행)작업장에서도 더 이상 생산주문이 없기 때문에 곧 생산을 중단해야 한다. 이와 같이 칸반시스템은 카드와 컨테이너를 사용하여 작업장간을 그리고 작업장과 납품업자 간을 통제하는 매우 간단하고 효과적인 방법이다.

칸반에는 두 가지 유형이 있다. 하나는 생산용이고 다른 하나는 이동용이다. 생산용 칸반은 칸반에 명시된 하나의 표준컨테이너에 담을 자재의 생산을 허용하기 위해서 사용되고, 이동용 칸반은 칸반에 명시된 대로 선행(공급)작업자에서 후속(사용)작업장으로 특정부품을 담은 컨테이너의 이동을 허가하는 데 사용된다. 자재는 생산용 칸반이 없으면 생산할 수 없고 이동용 칸반 없이는 이동할 수 없다. 컨테이너에 담을 특정부품의 수는 언제나 일정하다. 일반적으로 칸반은 [그림 12.14]와 같은 정보를 포함한다.

그림 12.14 칸반의 내용

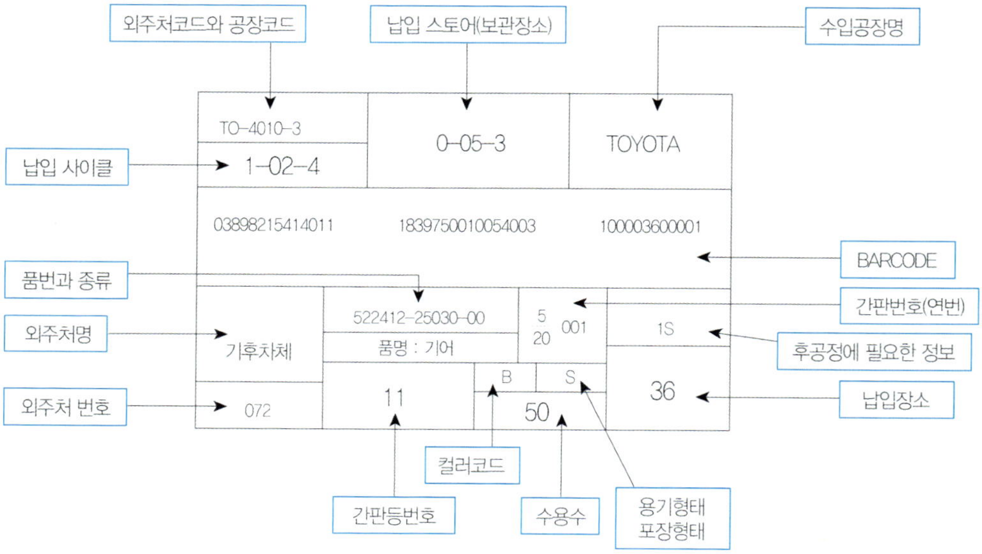

표 12.11 칸반의 역할과 목적

역할	사용방법	목적
운반지시정보	• 떼어진 양만큼 운반 • 후공정이 전공정으로 가지러 감	• JIT • 여분의 생산지시, 재고의 방지 • 평준화 생산
생산지시정보	• 간판이 온 순서대로 생산 • 떼어진 양만큼 생산	• 생산지시 자동화 • 생산 우선순위의 자동 지시 • 생산계획 무용화

과잉생산, 과잉운반의 방지	• 공정내 간판의 개수와 크기를 조정	• 과잉생산 규제 • 과잉운반 규제 • 불필요 재고방지
현품표로서 필요성 증명	• 간판이 부착되지 않는 경우, 운반과 생산 금지	• 간판 분실 발견 • 숨은 재고 발견
불량 방지	• 100% 양품	• 공정의 안정화 • 재발방지 추구
문제의 가시화	• 간판 매수 축소	• 재고와 생산품의 근본적 규제

6.3 JIT와 MRP의 차이

JIT와 MRP는 현대 생산관리체제로서 나름대로의 특징이 있다. JIT와 MRP를 비교하여 서로 보완할 점을 찾고 각각의 제조기업에 가장 알맞은 생산관리 체제는 어떠한 것이며, 그것을 어떻게 구축하고 운영할 것인가를 모색해 보자.

JIT는 풀(끌어오기) 생산방식인 데 반해 MRP는 푸시(밀어내기) 생산방식이다. JIT는 집단의 책임과 팀워크를 강조하고 MRP는 반복생산, 계획생산, 주문생산 등에 사용되고 있다. 또한 JIT와 MRP에서 사용하는 도구들도 차이가 크다.

표 12.12 JIT 및 MRP 시스템의 비교

	JIT시스템	MRP시스템
주일정계획	매일 일정하고도 안정된 계획을 필요로 한다.	자주 변경하는 MPS에 의존
Lot 크기	최소한 유지	JIT보다는 큰 Lot 유지
생산준비	시간과 비용을 최소한으로 유지하려 함	중요하지 않음
외주처	시스템의 일부로 생각하므로 우호관계 유지	동일부품에 의한 외주처가 다양하므로 적대 관계가 될 수도 있다.
작업자	의견일치에 의한 경영	명령에 의한 경영
생산형태	반복적 생산에서 좋은 결과 기대	주문생산이나 소량의 lot 생산과 같은 비반복적 생산의 경우 및 생산율이 크게 변동하는 경우 유리
품질	완전무결	불량을 어느 정도 인정
조달기간	짧게 유지함	길수록 좋음

JIT는 주로 눈에 보이는 수동식 도구들 즉 칸반, 등, 구두지시를 사용하나 MRP는 컴퓨터 산출지시서에 의존한다. 여기서 말하는 등은 안돈(Andon)이라고 하며, 생산흐름에서 이상발생의 전달 수단으로 사용되며, 품질이상, 기계고장, 문제 발생시 작업자는 바로 곁의 단추를 눌러 비상등을 켜고 이상이 발생한 사실을 감독자 또는 보전담당자에게 알려 호출하는 관리도구로 문제점을 노출시킴으로써 비효율의 근본 원인을 제거하기 위해 사용된다.

제13장

회계와 재무관리

정관·회계 다 바꿨다 … 다보스가 주목한 SK '사회적 가치'실험 10년

지난 50년간 산업계를 지배해 온 주주자본주의(Shareholder capitalism)가 저물고 있다. 지난 24일 막을 내린 세계경제포럼(다보스포럼)의 핵심 화두도 새로운 모델, 즉 '이해관계자 자본주의(Stakeholder capitalism)'였다. 기업이 주주는 물론 직원과 소비자, 지역사회 등 기업을 둘러싼 모든 이해관계자를 아우르는 경영을 펼쳐 소득 양극화로 인한 불평등, 기후변화 같은 환경위기 등 주주자본주의가 낳은 부작용을 개선해야 한다는 공감대가 이뤄졌다.

SK, 사회적 가치 실천기업으로 초청

최태원 SK회장이 23일 스위스 다보스 콩그레스센터에서 열린 세계경제포럼 공식세션에서 토론하고 있다. (왼쪽부터) 최 회장, 로라 차 홍콩증권거래소회장, 코쿠부 후미야 일본 마루베니 회장, 조지프 스티글리츠 미국 컬럼비아대 교수 [사진 SK]

자산총액 220조원에 육박하는 한국 재계 3위의 대기업이 막연한 개념이었던 사회적 가치를 시장의 언어인 '돈'으로 환산해 회계 장부를 만들고 있는 점에 올해 다보스는 많은 관심을 보였다. 최태원 SK그룹 회장은 포럼 사흘째인 23일(현지시간) 열린 '아시아 시대 이해관계자 자본주의' 세션의 패널로 참석해 SK의 사례와 시사점을 공유했다. 로라 차 홍콩증권거래소 회장, 일본 종합상사인 마루베니의 코쿠부 후미야 회장을 비롯해 2001년 노벨 경제학상을 수상한 불평등 연구의 대가 조지프 스티글리츠 컬럼비아대 교수가 참석해 토론했다.

최태원 "측정하지 않으면 말 잔치일 뿐"

최태원 회장은 "기업가로서 이해관계자 자본주의를 상당히 지지한다"며 현실적인 방법론을 제시하는 데 많은 시간을 할애했다. "제가 생각하는 키워드는 '측정'입니다. 기업 입장에선 사회적 가치를 회계로 측정해야 평가를 할 수 있고, 이해관계자 자본주의를 위한 첫발을 내디딜 수 있습니다. 농담이지만 안 그러면 'NATO(No Action Talk Only, 말만 있고 실천은 없다)'가 됩니다."

웃음이 나오기도 했지만 많은 좌중이 고개를 끄덕였다. SK는 2017년 기업의 정관을 수정해 '우리 기업은 관련된 모든 이해관계자의 이익을 충족시키고자 노력한다'는 내용을 포함했다. 또 2018년 재무제표에 당기순이익 등 경제적 이익뿐 아니라 기업이 만들어낸 사회적 가치를 측정해 성과로 표시하는 '더블 바텀 라인(Double Bottom Line)' 시스템을 만들었다. 예를 들어 어떤 제조기업이 오염물질을 줄이는 설비를 설치했을 경우, 기존엔 설비 구매를 비용으로 처리하지만, 더블 바텀 라인 회계에선 이 비용을 환경보호라는 가치 창출로 계산한다.

SK 계열사 영업익 1달러당 53센트 사회적 가치

최태원(오른쪽) SK회장이 다보스포럼에서 SK의 사회적 가치 추구 활동을 전시한 라운지를 둘러보고 있다. [사진 SK]

최 회장은 "2018년도에 SK 16개 계열사의 재무제표를 보니 영업이익 1달러당 53센트에 해당하는 사회적 가치를 창출한 것을 확인했다"며 "장기적인 투자자들은 대부분 이러한 변화를 찬성했다. 단기 투자자들은 주가에만 관심이 있을지도 모르지만, 지금처럼 성과를 계속 낸다면 큰 불평을 들을 것 같지는 않다"고 자신감을 비쳤다.

스티글리츠 "기업들 움직이게 하는 노력" 호평

스티글리츠 교수는 이에 대해 "대단히 흥미롭다. 실제 기업들이 변할 수 있다는 생각이 든다"며 "SK의 접근법은 기업이 환경적·사회적으로 바람직한 활동을 실제 했는지 확인할 수 있고, 나아가 재무적인 이익(경영성과)에도 도움이 된다는 점에서 중요한 의미가 있는 노력"이라고 말했다.

그러면서도 스티글리츠 교수는 "기존의 주주 이익 극대화가 사회 전체의 복지로 이어지지 않는 만큼 기업들의 책임 이행을 의무화하는 강력한 법체계가 필요하다"고 주장했다. 이에 최 회장은 "정부는 기업들에 징벌 제도(penalty system)를 도입하려 하지만 기업들의 행동 변화를 유도하려면 '인센티브 시스템'이 훨씬 효과적"이라고 말했다. SK의 경우 2014년부터 220여 개 파트너 기업이 창출한 사회적 가치를 측정해 25%에 해당하는 금액을 현금으로 제공하고 있다. 최 회장은 "인센티브 프로젝트의 효과가 증명되면 정부에도 이를 제안할 생각"이라고 했다.

최 회장 "AI는 잘 쓰면 좋은 망치"

인공지능(AI)과 로봇 기술에 따른 일자리 감소도 화두에 올랐다. 패널들은 "AI나 신기술로 인해 기존 일자리의 10%는 대체될 것이다. 새로운 고용 기회를 창출할 수 있는 비즈니스 모델이 시급하다"고 입을 모았다. 최태원 회장은 '망치론'을 펼쳤다. "AI 기술은 일종의 도구(tool)이고 망치를 어떻게 활용하느냐와 같은 이치"라는 것이다. 그는 "중요한 건 AI 기술 발전의 '방향성'인데 AI 스피커를 노인들의 대화 상대나 건강 체크 기기로 활용하듯 얼마든지 AI 기술을 활용해 사회적 가치와 새로운 일자리를 창출할 수 있다"고 말했다.

최 회장은 2009년부터 줄기차게 사회적 가치를 강조해 왔다. 2012년 한국과학기술원(KAIST)과 함께 '사회적 기업가 MBA' 과정을 개설하고 직접 <새로운 모색, 사회적 기업>이란 책을 냈다. 최 회장은 2013년 다보스포럼에 패널로 참석해 "사회적 가치를 창출한 기업에 인센티브를 주고 사회문제 개선과 참여를 유도하자"고 제안했고 7년 만에 패널로 참석한 올해 행사에서 "기업 경영의 목표를 주주에서 이해관계자로 바꾸는 것은 선택이 아닌 의무가 됐다"고 그간의 실험에 대해 확신을 드러냈다.

(중앙일보, 2010. 1. 27)

1. 회계

1.1 회계의 개요

1.1.1 회계의 개념

회계란 기업이 소유하고 있는 각종 재화와 채권, 채무, 자본의 증감 변화 및 수익과 비용의 발생을 증빙 자료를 이용하여 일정한 기준에 따라 장부 등에 기록, 계산, 정리하여 그 원인과 결과를 명확하게 하여 정보 이용자에게 유용한 회계정보를 제공하는 것이다. 즉, 회계는 기업의 이해관계자에게 의사결정에 유용한 정보를 제공하는 것을 말한다. 여기서 이해관계자란 배당에 관심이 있는 주주와 경영성과에 관심이 있는 경영주 및 과세자료에 관심이 있는 세무당국 등 그 기업과 일정관계가 있는 자(또는 집단)를 말하며, 이해관계자의 판단에 활용되어지는 자료들로 의사결정에 유용한 정보이다. 그러면 의사결정에 유용한 정보는 누가 이해관계자에게 제공하며, 기업의 이해관계자들은 이를 어떻게 알아볼 수 있을까? 그 수단으로 활용되는 것이 재무제표이며, 그 기초를 이루는 것이 회계이다. 여기서 재무제표는 기업의 재무상태를 총괄적으로 기록하여 놓은 서식으로 재무제표에는 대차대조표, 손익계산서, 이익잉여금처분계산서, 현금흐름표 등이 있다.

예를 들면 B라는 회사에 투자한 A는 B가 금년에는 손실이 발생하여 배당이 없다고 한다면, 이게 사실인지 거짓인지 어떻게 알겠으며, B는 A가 증명을 요구할 경우 그에 대한 증명을 어떠한 방법으로 할 수 있겠는가? 이의 해답으로 A라는 이해관계자에게 제시할 수 있는 것이 재무제표이며, 그 근거가 되는 것이 회계이다. 그러나 예를 들어 이해관계자인 A가 회계에 대한 정확한 지식이 없다면 기업이 재무제표를 제공해도 경영성과를 정확히 파악할 수 없다. 따라서 A는 기업의 경영성과를 정확히 파악하기 위하여 회계지식이 필요한 것이고 B는 이해관계자에게 기업의 정확한 재무정보를 알려주기 위하여 회계가 필한 것이다.

회계와 관련된 다른 예로 A라는 기업의 예를 들어보자. A라는 기업의 회계기간은 1월 1일부터 12월 31일이고, 그 사이에 거래가 발생하고, 그 거래가 발생한 것을 원장에 옮겨 적고, 그 옮겨 적은 것을 가지고 재무제표를 작성하는 것을 회계라고 한다. 위에서 예시로 들은 것이 바로 회계순환과정이다. 일부 절차를 생략한 것이긴 하지만, 즉 거래가 발생하면 그것을 분개하고, 분개한 것을 원장에 전기하고, 전기한 것을 가지고 시산표 및 정산표 작성하고 재무제표를 작성하는 것이 회계이다. 우리가 일반적으로 말하는 회계는 재무회계 또는 기업회계와 같은 말인데 세무회계도 이런 회계의 종류 중 하나이다. 그 외에도 제조업에서 사용하는 원가회계가 있고, 기업 내부, 즉 경영자 쪽에서 사용하는 관리회계, 컴퓨터로 하는 전산회계 등이 있다. 전산회계를 전산세무회계와 전산회계로 나뉘기도 한다. 전산세무회계는 세무회계를 전산으로 옮긴 것이라고 생각하면 된다.

1.1.2 회계의 목적

회계의 목적은 기업내부와 외부의 이해관계자에게 다양한 회계 정보를 제공하여 합리적이고 경제적인 의사결정을 할 수 있도록 하는 데 있다. 구체적인 회계의 목적은 다음과 같다. ① 미래의 경영 방침을 합리적이고 효율적으로 수립한다. ② 일정기간의 경영성과와 일정 시점의 재무 상태를 파악한다. ③ 이해관계자들에게 회계자료 또는 정보를 제공한다. ④ 자진 납부 세액산출을 위한 과세표준자료를 제공한다. ⑤ 재무상태의 증빙자료를 제공한다.

1.1.3 회계단위

기업이 경영활동을 계속하는 과정에서 발생하는 현금, 상품, 채권, 채무 및 자본과 수익이나 비용 등의 증감 변동을 기록하는 데에는 일정한 범위를 정해야 한다. 이와 같이 회계의 기록 계산이 이루어지는 범위를 회계단위라고 한다.

1.1.4 회계연도

회계연도란 기업의 경영성과를 파악하기 위하여 기간을 인위적으로 6개월 또는 1

그림 13.1 회계연도의 구분

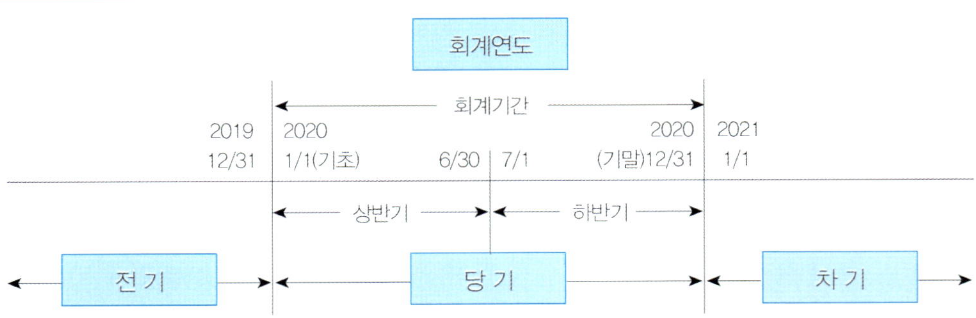

년으로 구분한 것이다. 이와 같이 구분된 영업기간을 회계연도, 회계기간 또는 사업연도라고도 하며, 보통 1년을 단위로 한다.

1.1.5 거래

회계상의 거래란 기업의 자산, 부채 및 자본의 증감 변화를 가져오는 경제적 사건을 말한다. 물론 수익, 비용의 발생도 자본의 증감 변화에 영향을 미치므로 회계상의 거래에 해당된다. 거래의 종류에는 교환거래, 손익거래, 혼합거래가 있다.

1.1.6 거래의 8요소와 분개

거래가 발생하면 [그림 13.2]와 같이 8개의 요소로 나누어 원인과 결과에 따라 각각 차변(왼쪽) 요소와 대변(오른쪽) 요소로 분리된다(거래의 이중성). 이것을 거래의 8요소라고 한다.

그림 13.2 거래 8요소의 결합관계

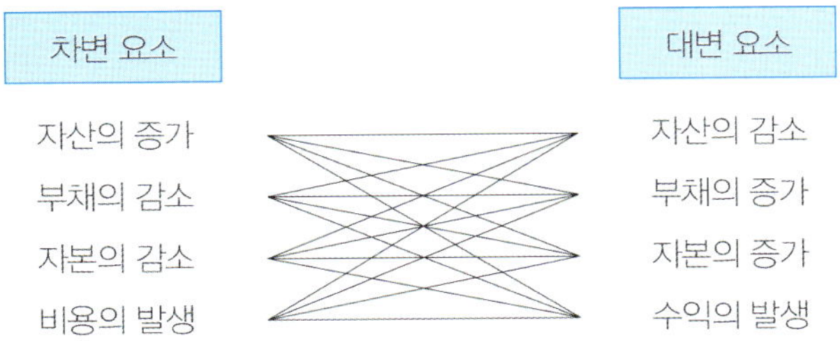

거래를 8요소에 의하여 분리한 후에는 거래의 구체적인 내용에 대하여 하나의 항목을 붙인다. 각 항목별로 기록·계산하기 위해 설정된 계산 단위를 계정이라고 하며, 계정 하나하나의 항목을 계정과목이라고 한다. 분개란 거래가 발생하면 계정의 이름은 무엇이라고 할 것인가. 금액은 얼마로 할 것인가, 차변/대변 중 어느 쪽에 기록할 것인가를 결정하는 절차이다.

1.1.7 전기

전기란 분개장 또는 전표에 기재된 거래의 내용을 총계정 원장의 각 계정계좌인 원장에 옮겨 기입하는 것을 말한다.

1.1.8 결산 및 결산의 절차

(1) 결산이란

회계연도 말에 모든 회계장부를 정리, 마감하여 기업의 재무상태와 손익 상태를 정확하게 파악하는 것을 결산이라고 한다.

(2) 결산의 절차

결산의 절차는 이론 학습상 예비절차, 본절차, 결산보고서 작성 절차로 나뉘며, 전산회계시스템을 활용하는 경우에는 자동으로 일괄 결산이 이루어진다.

(3) 시산표

시산표란 거래를 분개하여 원장에 전기를 하는 과정의 회계처리가 정확하게 이루어졌는지를 검증하기 위하여 작성하는 일람표이다. 회계상의 모든 거래는 분개하여 원장에 전기하게 된다. 거래를 올바르게 분개하고 전기가 정확하게 이루어지면 대차 평균의 원리에 의하여 모든 계정은 차변과 대변의 금액이 일치하게 된다. 이와 같은 원리를 이용하여 원장에 바르게 기입하였는지를 조사하기 위하여 총계정 원장의 금액을 모아 작성한 일람표를 말한다.

시산표의 종류에는 합계시산표, 잔액시산표, 합계잔액시산표가 있다. 학습할 때에는 잔액시산표를 주로 활용하나 실무에서는 합계잔액시산표를 요구하고 있다.

표 13.1 시산표의 종류

합계시산표	총계정 원장 각 계정의 차변 합계액을 시산표의 차변에 기입하고, 총계정 원장 각 계정의 대변 합계액을 시산표의 대변에 기입하여 작성하는 표
잔액시산표	총계정 원장을 구성하는 각 계정 과목의 잔액만을 모아서 작성하는 표
합계잔액시산표	합계시산표와 잔액시산표를 하나의 표로 작성한 것

(4) 정산표

학습할 때에는 결산 본 절차에 들어가기 전에 잔액시산표를 기초로 손익계산서와 대차대조표를 한 표에 나타내게 하는데, 결산의 전 과정을 개략적으로 파악할 수 있게 한 일람표를 정산표라고 한다. 정산표에는 6위식, 8위식, 10위식이 있으나 보통 8위식이 사용된다. 6위식 정산표는 잔액시산표, 손익계산서, 대차대조표의 각각 차변과 대변으로 구성된다. 8위식 정산표는 6위식 정산표에 정리기입란을 추가하여 작성한다. 10위식정산표는 8위식 정산표에 조정후 잔액시산표를 추가하여 작성한다.

(5) 총계정 원장의 마감

총계정 원장을 마감하는 순서는 손익계산서 계정에 속하는 손익계정을 마감하고, 대차대조표 계정에 속하는 자산, 부채, 자본계정을 마감한다.

(6) 보조 장부의 마감

현금출납장, 당좌예금출납상, 매입장, 매출장 등의 보조기입장과 상품재고장, 매입처원장, 매출처원장 등 보조 원장을 마감한다.

(7) 결산 보고서 작성

① 대차대조표

기업의 일정한 시점에서 재무상태를 파악하기 위하여 자산과 부채 및 자본을 정리해 놓은 일람표를 대차대조표라고 한다. 대차대조표에 대해서는 재무관리부분에 설명하였음으로 참조하길 바란다.

그림 13.3 회계의 흐름

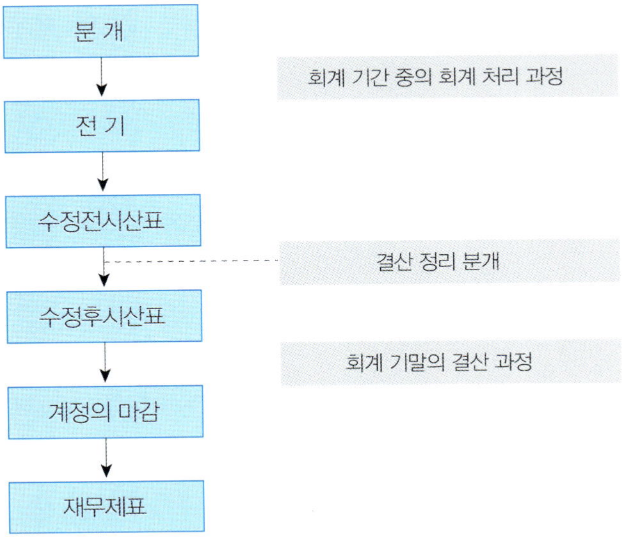

② 손익계산서

기업이 일정기간 동안의 경영성과를 파악하기 위하여 그 기간에 발생한 총수익에서 총비용을 차감하여 당기순손익을 나타낸 일람표를 손익계산서라고 한다.

1.1.9 회계의 분류

회계는 크게 재무회계와 관리회계로 분류되어지는데, 관리회계는 제품의 원가를 계산하기 위한 원가회계도 포함된다. 그리고 세무당국이 세금을 부과하기 위하여 사용하는 세무회계도 회계의 한 분류에 속한다.

표 13.2 회계의 분류

구분	내용
재무회계	일반적으로 회계라 하면 재무회계를 가르키며, 재무회계는 상거래와 관련된 내역을 기록하기 위한 회계
관리회계	관리회계는 기업의 경영실적을 파악하기 위하여 사용하는 회계로 일반적으로 경영자가 경영성과를 판단하기 위하여 사용하는 회계
원가회계	원가회계는 일반적으로 관리회계에 속하며, 이는 제조업의 경우 생산하여 판매하는 제품의 원가를 산정하기 위하여 사용되는 회계
세무회계	세무회계는 세금부과의 기준이 되는 회계로서 기업회계를 세금의 부과기준에 맞게 바꾸는 회계

(1) 재무회계

재무회계는 기업의 외부에 있는 이해관계자인 불특정다수인에게 기업의 재무적 정보를 제공할 목적으로 이루어지는 회계를 말한다. 따라서 이는 기업의 정보제공자와 외부의 이해관계자인 불특정다수인 간에 의사소통이 되게 하는 일정한 지침이 있어야 하는데, 그 지침이 되는 것이 바로 기업회계기준인 것이다. 따라서 재무회계는 기업회계기준에 따라 모든 회계처리가 이루어진다. 그리고 재무회계의 주요한 보고수단으로는 대차대조표, 손익계산서, 이익잉여금(결손금)처분(처리)계산서, 현금흐름표, 부속명세서 등의 재무제표가 있다.

(2) 관리회계

관리회계는 내부의 이해관계자인 경영자에게 보고할 목적으로 이루어지는 회계를 말한다. 이는 원가회계에서부터 발달되어 왔으며 현재에는 원가회계를 포함하는 개념으로 사용되어지고 있다. 여기서 원가회계란 기업의 상품, 제품 등의 제조와 관련하여 들어간 비용을 산정하기 위한 회계를 말한다.

(3) 세무회계

세무회계는 일반적으로 기업회계기준에 따라 처리한 회계를 세법의 규정에 맞게 바꾸는 데 사용하는 회계로써, 이는 기업이 일반적으로 인정되는 기업회계기준에 따라 회계처리를 하였어도 세법에서 인정하는 것과 인정하지 않는 것이 있기 때문이다. 따라서 이는 주로 세무당국에서 사용하는 회계이다. 그리고 기업회계와 세무회계의 차이를 조정하는 것을 세무조정이라고 한다.

1.2 회계업무의 전산화

1.2.1 전산회계의 개념

오늘날 기업은 급속한 환경변화로 경영활동의 범위가 넓어지고 거래량이 증가함에 따라 기업의 회계업무도 전산화를 필요로 하게 되었다. 특히 전산회계시스템이 도입되기 전까지 수작업으로 이루어졌으나 지금은 전산회계시스템 활용으로 단순한 회계정보의 제공만이 아닌 정보의 분석을 통한 유용한 정보를 제공해 주고 있다.

전산회계시스템은 대기업뿐만 아니라 중소기업 또는 개인기업에서도 활발히 도입되고 있다. 이는 컴퓨터가 모든 기업에 급속히 보급되고, 회계담당자나 경영자 등이 간단한 회계 교육을 통해 전산회계프로그램을 누구나 쉽게 활용할 수 있어 업무를 효율적으로 처리하는 결과를 가져왔기 때문이다. 전산회계시스템은 컴퓨터를 이용한 회계처리를 통하여 의사결정에 유용한 회계정보를 제공하는 시스템이다.

1.2.2 전산회계의 특성

전산회계는 기존의 회계처리방법에 비하여 다음과 같은 특성을 가지고 있다. ① 회계업무처리에 소요되는 인력과 시간절약으로 경비를 절감할 수 있다. ② 회계업무의 대용량 자료를 신속, 정확하게 처리할 수 있다. ③ 회계업무처리에서 계정 코드화, 계정과목 표준화가 이루어져서 질적 향상을 꾀할 수 있다. ④ 대량 회계정보를 축적하고 유용한 정보를 활용함으로써 합리적인 의사결정을 할 수 있다. ⑤ 회계자료에 대한 정보를 검색하기 쉽고 보존성이 높다.

1.2.3 전산회계프로그램의 발전과정

전산회계프로그램에는 CAIM, 더존, 키컴, 한음 등 기업회계기준에 따른 회계원리에 의해 제작되어 서로 유사한 점이 많은 프로그램들이 있다. CAIM(Certified Accounting Information System)은 대한 상공회의소가 주관하는 전산회계운용사 검정시험의 실무능력의 검정에 사용되는 회계 소프트웨어이다. 이는 종전에 사용하던 DreamAct 2000 전산회계프로그램과는 달리 ERP의 개념이 가미된 회계소프트웨어이다.

ERP란 기업활동을 위해 쓰이고 있는 기업 내의 모든 인적·물적·금전적 자원을 효율적으로 관리하여 궁극적으로 기업의 경쟁력을 강화시켜 주는 역할을 하게 되는 통합정보시스템이라고 할수 있다.

CAIM은 ERP 패키지에서 일반적으로 활용되는 회계업무의 기능을 토대로 기업의 핵심경영활동인 인사, 급여, 회계, 물류, 원가 등의 업무기능과 자료의 흐름 이해와 자료들을 통합관리함으로써 향후 전자상거래 등 e비즈니스 환경에 능동적으로 적응할 수 있도록 지원하여 주는 프로그램이다.

2. 재무관리의 개요

2.1 재무관리의 의의

재무관리는 한마디로 정의하기는 어려우나 좁은 의미로 기업재무나 경영재무란 말로 통칭된다. 그러나 재무적 활동의 내용이 되는 자금흐름의 순환과정이 재무시장과의 관련에서 이루어지고, 기업의 평가도 자본시장에서의 주가로 측정되기 때문에 재무관리의 개념범위는 확장된다. 넓은 의미로 재무관리를 말할 때에는 기업재무 외에도 자본자산의 분석과 평가를 중심으로 하는 투자론, 재무시장의 매체가 되는 금융기관의 경영을 중심으로 하는 금융기관 경영론, 자본시장의 메커니즘과 관련된 금융제도론 이외에 화폐금융론 및 거시경제학의 일부가 포함된다. 기업의 재무관리는 가계의 경우보다 다양하고 복잡하다. 기업에서 이루어지는 재무관리는 다음과 같이 투자결정, 자본조달결정 및 운전자본관리라는 세 가지의 영역으로 나누어진다.

표 13.3 재무관리 세 가지 영역

구분	내용
투자결정	투자결정은 기업이 어떤 사업을 운영할 것이며, 그 사업을 위하여 어떤 자산을 취득할 것인가에 관한 의사결정이다. 특히 기업의 미래성과에 대하여 장기적인 영향을 미치고 거액의 투자지출을 수반하는 자산의 취득에 관한 투자결정은 특별히 자본예산이라고 한다.
자본조달결정	기업의 자본조달결정은 기업이 자산을 취득하기 위하여 필요한 자금을 조달하는 의사결정이다. 기업은 자금을 조달하기 위하여 여러 가지의 금융자산을 발행하여야 한다. 금융자산은 기업이 발행한 것만을 나타내는 것이 아니라, 미래의 이득 또는 소득에 대한 청구권을 나타내는 모든 자산을 가리킨다.
운전자본관리	기업의 투자결정과 자본조달결정 중의 많은 것들은 일상적이고 반복적으로 발생한다. 기업의 일상적인 영업활동과 관련하여 반복적으로 이루어지는 종류의 의사결정을 운전자본관리라고 한다.

이상과 같은 기업의 재무결정은 경영의 여러 기능을 종합적으로 통합하고 조정하게 된다. 재무관리는 기업목표의 효과적 달성을 위하여 투자결정과 자본조달 결정을 내리고, 이를 생산·인사·마케팅 등을 통하여 실행하도록 하는 활동이다.

2.2 재무관리의 목표

기업의 모든 활동은 자금이 뒷받침되어야 하므로 자금의 조달과 운용에 관한 재무관리활동은 기업경영활동을 전반적인 관점에서 계획·조정·통제하는 통합적인 관리활동이다. 이러한 관점에서 재무관리의 목표는 기업의 목표와 일치한다. 기업의 목표가 무엇인가에 대하여는 많은 논란이 있으나 재무관리의 관점에서 보면 기업가치를 극대화하는 것이라고 말할 수 있다.

2.2.1 기업가치의 극대화

전통적으로 재무관리의 목표는 이윤의 극대화로 이해되어 왔으나, 이윤의 극대화는 다음과 같은 몇 가지 이유에서 기업의 목표로 적당하지 못하다. ① 이익이라는 개념 자체가 모호하다는 점이다. 극대화의 대상이 되는 이익에는 장기적인 이익, 단기적인 이익, 순이익, 주당이익, 영업이익, 매출총이익 등 여러 가지가 있다. 이 중에서 어느 것을 의미하는지 분명하지 않다. ② 이익은 시간성을 고려하지 않고 있다는 점이다. 이익의 극대화라는 목표는 미래의 각기 다른 시점에서 발생하는 이익을 적절히 평가할 수 없다. ③ 이익의 극대화는 미래에 발생하는 이익에 따른 위험을 고려하지 않고 있다는 점이다. 이와 같은 비판 이외에도 기업이 이익 극대화만을 추구하게 되면 사회적 책임을 소홀히 하게 되고, 경우에 따라서는 비윤리적이고 불법적인 방법으로 이익을 획득하는 행위가 이익의 극대화라는 미명하에 정당화될 수 있다는 비판을 받기도 한다. 따라서 이익의 극대화는 어디까지나 기업의 행동을 이론적으로 설명하기 위하여 설정한 하나의 전제에 불과한 것뿐이지 기업의 목표로서는 부적합한 것이다. 따라서 현대 재무관리에서는 기업의 목적에 대한 현실적 목표로서 기업가치의 극대화를 기업의 목표로 삼고 있다.

기업의 가치는 미래의 현금흐름을 그 시간성과 위험을 고려하여 현재가치로 평가하고 현실적으로는 주가로 나타난다. 그러나 경영과 소유의 분리가 진행되면서 소유자 집단인 주주는 배당 수익권자로 전락하고, 전문가 집단의 손으로 경영이 지배되면 소유자인 주주와 경영자와의 관계에는 이른바 대리관계가 형성되며, 그 결과 기업의 목표와 경영자의 목표가 일치하지 않는 경우가 발생한다. 그러나 경영자의 경영성과를 평가하는 지표도 주가이고 주주의 부도 주가의 상승을 통해서만 가능하기 때문에, 기업의 목표는 소유와 경영의 분리정도와는 관계없이 기업가치의 극대화라고 할 수 있다. 이 점에서 기업의 목표와 경영자의 목표는 일치한다고 볼 수 있다. 이러한 관계를 그림으로 나타내면 [그림 13.4]와 같다.

그림 13.4 기업의 개념

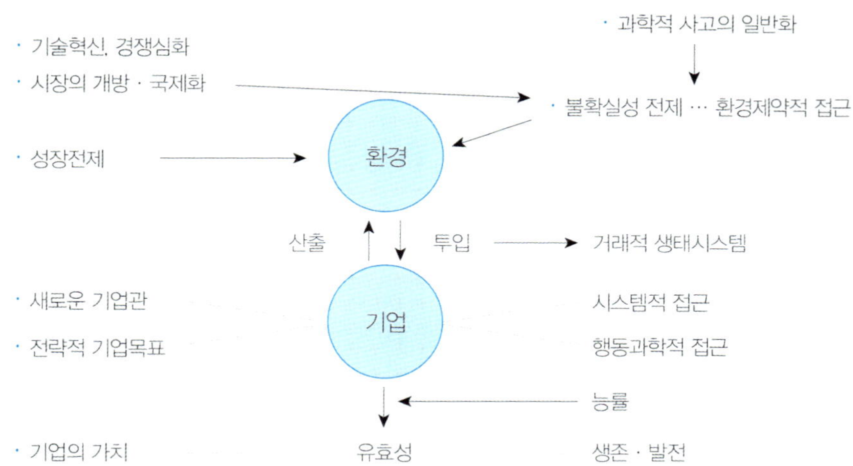

기업의 가치는 기업의 수익성과 위험에 의해 결정된다고 볼 수 있다. 이를 식으로 나타내면 다음과 같다.

$V = f(P,\ R)$ (V: 기업의 가치, P: 수익성, R: 위험)

기업의 가치를 결정하는 변수인 기업의 수익성과 위험은 기업이 어떠한 재무 의사결정을 하는가에 달려 있다. 투자결정과 자본조달결정이 기업의 수익성과 위험을 좌우하여 기업의 가치를 결정하게 된다.

2.2.2 주주의 목표와 경영자의 목표

기업의 목표와 관련하여 논란이 되고 있는 것은 주주의 목표와 경영자의 목표가 항상 일치하는가 하는 것이다. 출자자인 동시에 경영자로서 기업의 모든 활동을 지휘·관리하는 소유경영자의 경우에 있어서는 주주의 목표와 경영자의 목표는 일치하게 된다. 그러나 기업의 소유와 경영이 분리되면 경영자와 주주의 이해는 상충되기 쉬우므로 주주의 목표와 경영자의 목표 사이에는 차이가 생기게 될 것이다. 왜냐하면 소유와 경영이 분리된 현대기업에서는 주식이 분산·소유되어 있으므로 경영자에 대한 주주의 통제가 약화되기 때문이다. 이때 경영자는 주주의 부를 극대화하려고 노력하기보다는 경영자 개인의 생존에 보다 큰 관심을 가질 것이다. 즉 경영자는 자신의 지위를 유지하기 위하여 위험이 수반되는 적극적인 경영활동을 삼가하고, 주주들이 만족할 만한 수준의 성장률만을 달성하고자 안전 위주로 기업을 경영하려고 할 것이다. 그러나 경영자의 이러한 태도는 주가를 하락시켜 기존 주주의 반발을 야기하게 되므로 경영자 자신의 생존을 유지하기 위해서라도 주식의 시장가치를 높이려고 한다. 이러한 주식의 시장가치의 상승은 결국 주주의 부를 극대화하는 것이므로 장기적인 관점에서 보면 경영자의 목표는 주주의 목표와 일치하게 된다.

2.3 재무와 회계와의 관계

재무와 회계는 밀접한 관련성을 가지는 것으로서 양자에 대한 이해에 있어서 흔히 혼동이 발생하고 있다. 그렇다면 양자의 공통점과 차이점은 어디에 있는 것일까? 재무와 회계와의 공통점은 ① 양자는 자본으로서 화폐의 움직임을 다루고 있다. ② 양자는 금전상의 계수를 다루고 있다. ③ 재무계획 자체가 회계적 방법인 편성을 통해 이루어질 뿐만 아니라, 이를 집행하는 데 있어서의 통제 또한 회계적 방법을 그 수단으로 하고 있다.

재무와 회계와의 차이점은 ① 회계가 목적전환 과정에서 발생하는 비용과 이익의 상반관계를 다루는 것임에 대하여, 재무는 목적전환 과정에서 발생하는 화폐의 지출과 화폐의 수입과의 상반관계를 다루는 것이다. ② 회계는 과거 및 현재의 화폐가치적 계산인 데 대해, 재무는 현재 및 장래의 화폐 수익적 계산이다. ③ 회계는 현재에서 과거를 회고하는 결산적 계산인 데 대해, 재무는 현재에서 미래를 지향하는 관리적 계산이다. ④ 회계는 재무의 수단 내지는 용구인 데 반하여, 재무는 회계를 통해 달성하려는 목적인 것이다.

3. 재무분석

3.1 재무제표의 이해

인간이 살아가는 데 있어서 가장 중요하게 여기는 것 중의 하나는 건강일 것이다. 사람들은 자신의 건강을 체크하기 위하여 종종 건강진단을 받는다. 건강진단서에 쓰여진 의사의 진찰소견에 따라 자신의 건강을 평가하여 본다. 기업의 경우도 마찬가지이다. 회사도 자기의 건강을 체크해 볼 필요가 있다. 회사의 건강상태는 그 회사의 건강진단서, 즉 재무제표를 통해 알 수 있다. 이것은 재무제표가 그 회사의 건강상태를 나타내고 있기 때문이다. 재무제표는 다른 말로 설명하면 회사의 거래를 측정·기록·분류·요약하여 작성되는 회계보고서라고 할 수 있다. 재무제표는 회계보고서·재무보고서·결산보고서·결산서 등 다양하게 불리고 있다. 재무제표에는 대차대조표·손익계산서·이익잉여금처분계산서·결손금처리계산서·현금흐름표가 있다.

현행 우리나라 재무제표의 체계는 사회적 필요성의 차이에 따라 상법상, 세법상, 기업회계기준에서 각각 규정한 내용에 차이가 있다. 상법상의 재무제표는 제447조에서 규정한 주식회사의 계산 서류에 해당하는 것으로 대차대조표, 손익계산서, 이익잉여금처분계산서 또는 결손금처리계산서가 있으며, 세법상은 기업회계기준을 준용한 재무제표에 세무조정계산서가 추가된다. 그러나 외부에 공시되는 재무제표는 증권관리위원회가 1981년 12월 23일에 제정한 기업회계기준에 의해 작성되는 것으로 ① 대차대조표, ② 손익계산서, ③ 이익잉여금처분계산서 또는 결손금처리계산서, ④ 현금흐름표를 포함한다. 재무제표 중 현금흐름표는 1994년 4월 30일에 개정된 기업회계기준에 의하여 새롭게 재무제표 체계에 편입되었다. 기존의 재무상태변동표를 대신하는 것으로 상장 법인의 경우, 1994년말 이후 종료하는 사업연도부터 의무화되었다. 그러나 전통적으로 재무비율 분석에서는 기업회계기준상의 재무제표 체계를 중심으로 하며 대차대조표, 손익계산서 및 이익잉여금처분 또는 결손금처리계산서가 주축이 된다.

3.1.1 대차대조표

(1) 대차대조표의 의의

대차대조표는 일정시점에 있어서 기업의 자산과 부채 및 자본의 상태를 표시하는 회계보고서이며, 중요한 재무제표의 하나이다.

대차대조표는 재무상태를 표시한다는 점에서 중요한 회계보고서로 인식되고 있다. 재무상태란 기업의 경제적 상태로서 기업이 소유하고 있는 경제적 자원(자산)의 가치 및 그 구성과 경제적 가치에 대한 청구권을 의미한다. 이러한 재무상태는 일반적으로 자산·부채·자본으로 구분 표시된다. 따라서 대차대조표는 기업의 일정 기간 동안의 재무적인 변동내용을 표시하지는 못하지만 일정 시점에서의 재무상태를 표시해 준다. 작성시점에서의 재무상태나 자본의 조달원천 및 운용형태에 관한 사항을 나타내므로 여러 가지의 경제적 의사결정을 위한 분석자료로 이용된다.

일반적으로 대차대조표가 제공하는 중요한 재무적 정보는 다음과 같다. ① 기업의 자산·부채·자본에 관한 정보를 제공한다. ② 기업의 지급능력 또는 유동성에 관한 정보를 제공한다. 지급능력 또는 유동성이란 기업이 부담하고 있는 부채의 상환능력을 말한다. 이는 대차대조표에 표시된 부채항목과 부채의 상환에 이용될 수 있는 자산항목을 비교함으로써 파악될 수 있다. ③ 기업의 자본구조에 관한 정보를 제공한다. 자본구조란 자본에 대한 부채의 비율을 말하는 것으로, 이 비율이 낮을수록 기업의 안전성이 높아진다는 것을 의미하며 자본구조가 양호하다고 할 수 있다. ④ 기업의 장기계획이나 투자의사결정에 유용한 정보를 제공한다. 대차대조표로부터 파악되는 자본의 조달원천 및 운용형태에 대한 정보를 통해 기업은 장기경영계획을 수립하거나 투자의사결정을 할 수 있다.

(2) 대차대조표의 작성기준

기업회계기준에 의하면 대차대조표는 다음과 같은 기준에 따라 작성하여야 한다.

표 13.4 대차대조표 작성기준

구분표시	대차대조표는 자산·부채 및 자본으로 구성하고, 자산은 유동자산·투자와 기타자산·고정자산·이연자산으로 구분하며, 부채는 유동부채·고정부채, 자본은 자본금·자본잉여금·이익잉여금으로 각각 구분한다.
총액표시	자산·부채·자본은 총액에 의하여 기재함을 원칙으로 하고, 자산의 항목과 부채 또는 자본의 항목을 상계함으로써 금액의 전부 또는 일부를 제외하여서는 안된다.
1년 기준	자산과 부채는 1년을 기준으로 하여 유동자산 또는 투자와 기타자산·고정자산·이연자산, 유동부채 또는 고정부채로 구분하는 것을 원칙으로 한다.
유동성 배열	대차대조표에 기재하는 자산과 부채의 항목배열은 유동성 배열법에 의함을 원칙으로 한다. 즉 유동성이 강한 순서대로 하향 배열한다.
잉여금 구분	자본거래에서 발생한 자본잉여금과 손익거래에서 발생한 이익잉여금을 혼동하여 표시하여서는 안된다.
특정비용의 이연	장래기간의 수익과 관련이 있는 특정한 비용은 차기 이후의 기간에 처리하기 위하여 대차대조표에 자산으로 기재할 수 있다.

표 13.5 대차대조표

Ⅰ. 유동자산	×××		Ⅰ. 유동부채	×××	
1. 당좌자산		×××	Ⅱ. 고정부채	×××	
2. 재고자산		×××	Ⅲ. 자본	×××	
3. 기타 유동자산		×××	1. 자본금		×××
Ⅱ. 투자와 기타자산	×××		2. 자본잉여금		×××
1. 투자자산		×××	3. 이익잉여금		×××
2. 기타자산		×××	4. 자본조정		×××
Ⅲ. 고정자산	×××				
1. 유형고정자산		×××			
2. 무형고정자산		×××			
Ⅳ. 이연자산	×××				
자산총계	×××		부채와 자본총계	×××	

3.1.2 손익계산서

(1) 손익계산서의 의의와 유용성

손익계산서는 일정 기간 동안 기업이 수행한 영업활동의 성과를 나타내 주기 위한 회계보고서이다. 영업활동의 성과는 기업의 손익으로 측정된다. 손익계산서는 투자자와 경영자에 대해서도 중요하며 채권자·해당기업의 종업원 및 정부 등의 이해관계자에게도 지대한 관심사가 되지 않을 수 없다. 그 이유는 손익계산서에 표시되는 순이익의 금액이 투자자에게는 자기가 투자한 자본의 수익성과 장기적 안전성을 뜻함은 물론 이익배당의 기준이 되며, 채권자에게는 미래의 상환능력을 판단하는 기초자료가 되기 때문이다. 또한 손익계산서는 기업의 수익성을 표시하는 것이므로 경영자가 경영활동의 경과적 내용을 구체적으로 파악할 수 있으며, 경영정책이나 경영활동 통제를 위한 지침이 될 수 있는 것이다. 기업을 동태적으로 분석하기 위해서는 자산·부채·자본에 관한 정태적 보고서인 대차대조표와 기업의 재무상태에 변화를 초래한 원인이 무엇인가를 알 필요가 있다. 여기에 손익계산서의 의의가 담겨져 있는 것이다.

(2) 손익계산서의 작성기준

손익계산서를 작성하는 경우에는 다음과 같은 작성기준을 지켜야 한다.

표 13.6 손익계산서 작성기준

구분	내용
기간배분 (발생주의)	모든 수익과 비용은 그것이 발생한 기간에 정당하게 배분되도록 처리해야 한다. 다만 수익은 실현시기를 기준으로 계산하고 미실현수익은 당기의 손익계산에 산입하지 아니함을 원칙으로 한다.
분류 및 대응	수익과 비용은 그 발생원천에 따라 명확하게 분류하고 각 수익항목과 이에 관련된 비용항목을 대응·표시해야 한다.
총액표시	수익과 비용은 총액에 의하여 기재함을 원칙으로 하고, 수익항목과 비용항목을 직접 상계하여 그 전부 또는 일부를 손익계산서에서 제외해서는 아니 된다.
구분표시	손익계산서는 매출총손익·영업손익·경상손익·법인세차감전순손익과 당기순손익으로 구분 표시해야 한다. 제조업·판매업 및 건설업 이외의 기업에 있어서는 매출총손익의 구분표시를 생략할 수 있다.

표 13.7 손익계산서

과목	금액
Ⅰ. 매출액	×××
Ⅱ. 매출원가	×××
Ⅲ. 매출총이익(또는 손실)	×××
Ⅳ. 판매비와 일반관리비	×××
Ⅴ. 영업이익(또는 손실)	×××
Ⅵ. 영업외수익	×××
Ⅶ. 영업외비용	×××
Ⅷ. 경상이익(또는 손실)	×××
Ⅸ. 특별이익	×××
Ⅹ. 특별손실	×××
XI. 법인세차감전순이익(또는 손실)	×××
XII. 법인세등	×××
XIII. 당기순이익(또는 손실)	×××

3.2 재무분석의 의의와 목적

재무분석이란 재무제표나 제조원가명세서등 모든 회계자료에 표시되는 회계수치를 비교·분석하여 기업의 재무상태와 경영성과의 좋고 나쁨을 판단하고, 그 원인을 규명하는 하나의 기술 또는 방법이라 할 수 있다. 따라서 재무분석은 과거의 경영실태나 업적을 평가하고 미래의 경영효율성을 높이기 위한 분석활동이며, 넓은 의미로는 거시적인 측면에서 기업 내의 세부적인 부서의 활동까지를 포함한다. 또 좁은 의미의 재무분석이란 기업에서 사용되고 있는 회계자료를 수집·분석하여 과거의 경영실적과 현재의 기업재무상태를 파악하는 활동을 의미한다. 그러므로 재무분석은 기업활동과 관련을 맺는 여러 분야에서 행하여진다. 은행을 중심으로 한 금융기관은 재무제표를 통하여 신용분석을 행하고 정부는 정책의 수립을 위하여 재무분석을 필요로 하게 된다. 특히 경영자는 업적평가와 경영계획의 수립을 위해 재무분석을 한다. 결론적으로 재무분석이란 기업의 과거와 현재 그리고 미래의 계획분야에 이르는 광범위한 재무자료를 토대로 기업의 재무상태와 경영성과를 분석하고, 경영자와 이해관계자들에게 정밀한 경영정보를 제공하는 모든 방법을 말한다.

재무분석의 주요목적은 의사결정자(정보이용자: 이해관계자 집단)에게 의사결정에 필요한 정보를 제공하는 것이다. 따라서 기업을 분석하는 주체(정보이용자)에 따라서 차이가 있다. 즉 은행에서는 여신허용 여부를 결정하기 위하여 융자 신청업체의 재무제표를 분석·검토하며, 단기신용을 공급하는 여신자는 기업의 단기지급능력에 중점을 둘 것이고, 노동조합은 급여지급능력에 중점을 둘 것이다. 그리고 정부나 공공단체에서는 재정·금융정책과 기타 경제정책 수립에 필요한 자료를 얻기 위하여 모든 기업의 재무제표를 수집·분석하여 그 기업의 수익성 등을 분석할 것이다. 또한 경영자는 경영계획 및 경영통제를 목적으로 그리고 최고경영층에 대한 의사결정에 필요한 자료를 제공하기 위하여 유동성·수익성 및 안전성 등을 분석할 것이다. 그리고 투자자도 증권투자에 대한 결정을 내리기 위하여 투자대상 기업의 재무제표를 분석하여 유동성·수익성 및 안전성을 검토한다.

3.3 재무비율 분석

3.3.1 재무비율의 체계

재무비율 분석이란 제무제표상에 표시된 여러 과목 간의 관계를 비율로 산출하여 기업의 재무상태와 경영성과를 파악하는 방법 또는 기술을 말한다. 따라서 재무비율의 종류는 대단히 많아질 수 있다. 그러나 재무비율 분석은 유용한 경제적 의미가 그 재무비율 내에 포함되어야 한다는 관점에서 볼 때, 재무제표 분석자료가 유용한 의미를 가지도록 재무비율의 정형화 내지 공식화가 요구된다. 그리고 산출된 재무비율은 두 항목 간의 관계를 이해하기 쉽도록 해야 하며, 다른 기업과 비교하거나 다른 회계기간과의 비교가 가능하여야 한다. 따라서 재무비율 분석은 하나의 기업 또는 회계기간에 이용되는 절대적인 분석보다는 대부분의 경우 표준치(표준비율)와 상대적 비교에 의하여 실시된다. 즉 재무비율 분석을 통하여 산출된 특정 재무비율의 우량 또는 불량의 정도를 판단하기 위하여 표준치(표준비율)와의 비교가 필요하다.

표준치로 사용되는 것은 산업평균 비율이다. 산업평균 비율은 해당 산업별로 표본집단을 선정하고, 표본집단 재무자료를 확보하여 가공을 통하여 산출해 낸 표준비율이다. 이러한 산업평균 비율은 모집단의 특성과 표준비율의 추출방법에 따라서 그 비율에 다소의 차이가 발생한다. 우리나라에서는 한국은행에서 발간하는 <기업경영분석>이나 한국산업은행에서 작성한 <재무분석>이 산업표준 비율로 활용되고 있다.

3.3.2 수익성 분석

수익성 비율은 기업이 비용보다 많은 수익을 창출하는 능력, 즉 화폐적 효율성을 의미한다. 수익성을 나타내는 비율은 기업의 경영성과를 나타내는 동태적인 비율로서 기업의 총괄적인 경영성과와 이익창출능력을 표시하는 지표이기 때문에 가장 중요시되는 비율이다. 대부분의 수익성 비율은 분자에는 화폐단위로 측정되는 성과가 표시되고, 분모에는 수익창출의 바탕이 되는 요소인 매출액, 투하자본 등이 표시된다.

표 13.8 주요 재무비율의 분류 체계

비율분류	정보내용	주요 재무비율
수익성	경영의 화폐적 효율성을 나타내는 지표로 매출액이나 투하자본에 대한 이익으로 표시되는데, 기업의 이익창출능력에 관한 정보를 제공한다.	1) 매출액순이익률 2) 자기자본이익률
활동성	경영의 물리적 효율성을 나타내는 지표로서 매출액을 특정자산으로 나누어 회전율로 표시되는데, 기업의 지급능력에 관한 정보를 제공한다.	1) 총자산회전율 2) 재고자산회전율 3) 유형자산회전율
안전성	기업의 채무상환능력의 측정과 타인자본 의존도를 측정하는 비율로써 기업의 지급능력에 관한 정보를 제공한다.	1) 유동비율 2) 부채비율 3) 자기자본비율
성장성	기업의 외형이나 수익면에서 상대적 지위가 향상되는 정도를 나타내는 비율로서 기업의 성장잠재력에 관한 정보를 제공한다.	1) 매출액증가율 2) 순이익증가율
시장가치	증권시장에서 형성되는 주식가격과 관련된 비율로서 위험과 수익 관계에 의한 실질적 가치정보를 제공한다.	1) 주당순이익 2) 주가이익비율

(1) 매출액순이익률

매출액에 대비하여 경영성과의 지표인 당기순이익이 어떻게 나타나고 있는지를 파악하기 위하여 당기순이익을 매출액으로 나눈 비율이다. 매출액순이익률은 기업이 1회계 기간 동안 매출액당 얼마의 당기순이익을 얻고 있는지를 나타내 준다. 매출액순이익률을 산출하는 계산식은 다음과 같다.

$$\text{매출액순이익률}(\%) = \frac{\text{당기순이익}}{\text{매출액}} \times 100$$

(2) 자기자본이익률

자기자본이익률은 당기순이익을 자기자본으로 나눈 비율이다. 주주의 입장에서 볼 때, 자기자본이익률은 자기자본의 투자 효율성을 나타내주는 것이다. 최소한 주주 자신이 생각하는 비율이 달성되어야 주주는 계속적으로 주식을 보유하게 될 것이다.

자기자본이익률은 다음과 같은 계산식으로 산출된다.

$$\text{자기자본이익률}(\%) = \frac{\text{당기순이익}}{\text{연평균자기자본*}} \times 100$$

*연평균자기자본 = (기초자기자본 + 기말자기자본) ÷ 2

3.3.3 활동성 분석

활동성 비율은 기업이 경영활동을 위하여 취득한 대차대조표상의 자산을 얼마나 활발하게 활용하였는지를 나타내 주는 비율이다. 이 비율은 매출액을 평가하고자 하는 특정자산(예를 들면 총자산)으로 나누어서 회전율로 표시하기 때문에 회전율 비율이라고도 한다. 여기에서 회전율은 특정자산을 분석 기간 동안 몇 번씩 활용하였는지를 나타내주는 것이다. 수익성 비율이 화폐적 효율성을 측정하는 비율인 반면에 활동성 비율은 물리적 효율성을 측정하는 비율이다.

(1) 총자산회전율

총자산회전율은 매출액을 총자산으로 나눈 비율이다. 이 비율은 1년간 경영활동의 성과이기 때문에 기업경영 활동에 투하된 총자산이 1년 동안 몇 번 회전하였는지를 나타내는 자산활용의 효율성 비율이다. 즉 총자산회전율이 높다는 것은 총자산의 투자로 인하여 상대적으로 높은 매출을 올리고 있다는 것을 의미하므로 총자산의 활용에 있어서 효율적인 것으로 평가할 수 있다. 총자산회전율은 다음의 계산식에 의해 산출된다.

$$\text{총자산회전율}(\text{회}) = \frac{\text{매출액}}{\text{연평균총자산*}}$$

*연평균 총자산 = (기초총자산 + 기말총자산) ÷ 2

(2) 재고자산회전율

재고자산회전율은 재고자산이 얼마나 빨리 판매되어 당좌자산으로 변화하는지의 속도를 나타내는 것으로 매출액을 평균 재고자산으로 나누어서 산출한다. 재고자산회전율이 높을 경우에는 재고자산의 관리가 효율적으로 이루어지고 있음을 나타낸다. 재고자산회전율은 다음의 계산식에 의해 산출된다.

$$\text{재고자산회전율(회)} = \frac{\text{매출액}}{\text{연평균재고자산*}}$$

*연평균재고자산 = (기초재고자산 + 기말재고자산) ÷ 2

(3) 유형자산회전율

유형자산회전율은 유형자산을 어느 정도 효율적으로 활용하였는지를 나타내는 비율로서 매출액을 평균 유형자산으로 나누어 계산한다. 유형자산은 취득원가에서 감가상각누계액을 차감한 순액으로 한다.

$$\text{유형자산회전율(회)} = \frac{\text{매출액}}{\text{연평균유형자산*}}$$

*연평균유형자산 = (기초유형자산 + 기말유형자산) ÷ 2

3.3.4 안정성 분석

안정성 비율은 기업의 채무상환능력과 타인자본의 의존도를 나타내는 비율이다.

(1) 유동비율

유동비율은 기업이 단기채무의 상환에 사용할 수 있는 유동자산을 얼마나 보유하고 있는가를 나타내는 비율로써, 기업이 부담하고 있는 단기채무의 지급능력을 나타내주는 비율이다. 유동비율은 높을수록 우수한 것으로 판단되며, 낮을수록 기업의 단기채무에 대한 지급능력이 떨어지는 것으로 판단한다. 미국의 은행가들은 청산기준에 의하여 유동비율이 200% 이상인 기업을 건전한 상태로 보고 있다. 유동비율은 다음과 같은 계산식에 의하여 산출된다.

$$\text{유동비율(\%)} = \frac{\text{유동자산}}{\text{유동부채}} \times 100$$

(2) 자기자본비율과 부채비율

자기자본비율은 기업의 총자산 중에서 자기자본이 어느 정도 차지하고 있는지를 파악하기 위한 것으로서 자기자본을 총자산으로 나누어 계산한다. 또한 부채비율은 기업의 유동부채와 고정부채를 합한 부채총액을 자기자본으로 나누어서 계산한 비율이다.

$$\text{자기자본비율}(\%) = \frac{\text{자기자본}}{\text{총자산}} \times 100$$

$$\text{부채비율}(\%) = \frac{\text{총부채}}{\text{자기자본}} \times 100$$

자기자본비율이나 부채비율은 모두 기업의 재무적 위험을 나타내는 지표가 된다. 재무적 위험이란 채권자로부터 제공받은 자금에 대하여 원금과 이자를 제대로 상환해야 할 의무를 수행하지 못할 위험을 의미한다. 자기자본비율이 높은 경우에는 재무적 위험이 낮으며, 부채비율이 높은 경우에는 재무적 위험이 높다고 할 수 있다.

3.3.5 성장성 분석

성장성 비율은 일정 기간 동안 기업의 재무상태나 경영성과가 얼마만큼 향상되었는지를 나타내는 비율로서 기업의 향후 수익창출능력, 성장잠재력, 시장에서의 경쟁력 등을 표시해 주는 지표이다. 성장성 비율은 재무제표의 각 항목에 대한 일정 기간 동안의 증가율로 측정한다.

(1) 매출액증가율

매출액증가율은 기업의 성장성을 표시하는 대표적인 재무비율로서 당해연도의 매출액이 전년도의 매출액에 비하여 어느 정도 증가하였는지를 나타내는 비율이다. 매출액증가율은 당기매출액 증가분을 전기매출액으로 나누어서 계산한다.

$$\text{매출액증가율} = \frac{\text{당기매출액} - \text{전기매출액}}{\text{전기매출액}} \times 100$$

매출액증가율이 높다는 것은 그 업종이 성장업종이거나 분석 대상기업의 시장점유율 확대로 시장지위가 확대된다는 것을 의미한다. 매출액증가율은 경쟁력 및 성장잠재력 등에 대한 유용한 정보를 제공한다.

(2) 순이익증가율

순이익증가율은 당기순이익이 전년도의 순이익에 비하여 어느 정도 증가하였는지를 나타내는 비율이다. 순이익증가율은 당기순이익 증가분을 전년도 순이익으로 나누어서 계산한다.

$$순이익증가율 = \frac{당기순이익 - 전년도순이익}{전년도순이익} \times 100$$

3.3.6 시장가치 분석

시장가치비율이란 분석 대상기업의 주식이 증권시장에서 어떻게 평가되고 있는지를 나타내는 지표이다. 즉 증권시장에서 형성되는 주식가격과 재무제표상의 수치 등을 결합하여 산출한 비율을 시장가치비율이라고 한다.

(1) 주당순이익

주당순이익(Earning per share: EPS)은 일반적으로 활용되고 있는 기업성과 지표로서 당기순이익을 발행주식수로 나눈 수치이다. 즉 보통주 1주당 귀속되는 당기순이익을 말한다.

$$주당순이익(원) = \frac{당기순이익}{발행주식수}$$

위의 식에서 당기순이익은 우선주가 발행되어 있는 경우, 우선주 배당액을 차감한 당기순이익을 의미한다. 발행주식수는 회계기간 중의 증·감자 등을 고려하여 가중평균한 주식수이다.

(2) 주가이익비율

주가이익비율(Price earning ratio: PER)은 보통주 1주당 시장가격을 주당 순이익으로 나눈 비율이다. 주가이익비율이 높다는 것은 주당순이익에 대하여 증권시장에서 평가하는 가치, 즉 투자자들이 지불하는 대가가 크다는 것을 의미한다. 주가이익비율은 다음의 계산식에 의하여 산출된다. 기업의 재무적 위험 등이 동일하다고 하면 기업의 성장성이 높은 기업일수록 주가이익비율이 높게 나타난다.

$$주가이익비율 = \frac{주가}{주당순이익}$$

4. 재무계획

4.1 재무계획의 개요

4.1.1 재무계획의 의의

재무계획은 경영계획의 일종이다. 재무관리는 재무계획과 재무통제로 구성되며 재무계획은 재무관리의 출발점이고 실행지침이 된다. 재무계획은 기업의 단기 및 장기의 계획을 완수하는 데 필요한 자금계획이다. 그러므로 재무계획은 자금을 경제적으로 조달하는 것이며, 지출은 기업의 통제, 지출로 인하여 얻은 결과는 기업을 평가하는 데 사용된다. 예를 들면 재무계획은 재무관리를 수행하기 위하여 수립되는 계획으로서 기업의 경영활동에 필요한 자금의 조달, 자금의 운용, 자금의 운용결과에 대한 일련의 계획인 것이다.

그림 13.5 기업의 재무계획

4.1.2 재무계획의 설정방식

재무계획은 다음과 같은 순서로 작성된다.

표 13.9 재무계획 순서

단계	내용
1. 목표 설정	기업의 장단기 이익목표를 설정한다.
2. 조건의 예측	기업 목표의 실현에 영향을 미치는 여러 가지의 조건에 관해서 예측을 해야 한다.
3. 경영활동의 방침 및 계획 수립	예측에 입각하여 기업의 경영활동에 대한 일정한 방침 및 계획을 수립한다. 이것이 곧 예산의 편성인 것이다.
4. 지시 및 집행	승인된 계획(예산서)에 의하여 책임자에 의한 자금지출이 집행되고 경영활동이 전개된다.
5. 평가(통제)	실시결과를 목표와 비교한다.

4.2 자금계획

자금계획은 기업 전체로써의 자금관리를 위한 종합적인 재무계획으로서 총자본의 운용과 조달 간의 적합한 유지를 그 목표로 한다. 자금계획은 자본구성계획이라고도 한다. 그것은 고정자본계획, 운전자본계획, 현금수지계획으로 구성된다. 고정자본계획은 고정자본의 적정유지로 기업의 건전한 육성과 발전을 추구한다. 운전자본계획은 순운전자본의 적정유지를 목적으로 재무유동성과 자본회전율의 증진을 지향한다. 순운전자본이란 유동자산에서 유동부채를 공제한 것이다. 현금수지계획은 현금의 수입과 지출을 적합하게 처리함으로써 재무유동성을 관리하게 된다. 자금계획을 수립하려면 이자율, 만기, 이용조건 등과 같은 금융상품의 특성에 관한 자료와 함께 현금예산을 필수적으로 이용하게 된다. 따라서 현금예산은 자금계획의 전제조건이라고 할 수 있다. 자금계획의 1차적인 목적은 매분기별로 자금의 원천과 운용이 일치하도록 함에 있다. 즉 다음의 방정식을 만족시키도록 여유자금의 투자 및 부족자금의 조달이 이루어져야 한다.

자금의 운용   자금의 조달

투자+차입액 상환=신규차입+투자회수+순현금흐름

위의 식에서 투자는 여유자금을 단기유가증권에 투자하는 것을 말하며, 투자회수는 유가증권투자로부터의 회수액을 가리킨다. 신규 차입액과 차입액 상환은 부족자금을 조달하기 위한 단기차입금 조달액과 원리금 상환액이다. 그리고 순현금흐름은 기업의 영업활동을 통해 얻어진 순현금흐름을 의미한다.

4.3 이익계획

4.3.1 고정비와 변동비

생산·판매량과의 관련에 따라서 총비용은 고정비와 변동비로 나누어진다. 경영관리의 도구로서 가장 중요한 손익분기점 매출액 및 한계이익을 구하기 위해서는 먼저 비용을 분해하여야 한다.

(1) 고정비

생산량·판매액의 증감에 관계없이 거의 일정하게 발생하는 비용으로서 임금·급여·임차료·감가상각비·보험료·세금과 공과금·지급이자 등이 해당된다. 고정비는 주어진 최대 생산능력 내에서는 일정하게 발생하지만 최대 생산능력 자체의 변동이 일어나면 고정비의 크기도 달라진다(신규시설투자 등). 또한 고정비는 시간의 길이에 따라서 결정된다(이자지급액).

(2) 변동비

변동비는 생산량·판매액의 증감에 따라서 비례적으로 증감하는 비용을 말한다. 제조업의 경우에는 재료비·외주가공비·운임하역비·공업용전력·가스·수도료 등이며, 유통업은 매출원가·운임·포장비 등이 해당된다. 손익분기분석에서는 1단위의 판매량 증가에 따른 변동비의 비율을 변동비율이라 하고, 변동비율은 매출액당 포함되어 있는 변동비의 크기를 말한다. 변동비율이 커지면 한편 한계이익(률)은 작아진다. 변동비의 크기는 변동비율이 「60% 이상은 크다(높다)」, 「60% 미만~30% 이상은 중간이다」, 「30% 미만은 작다(낮다)」로 구분한다.

$$\text{단위당 변동비} = \frac{\text{변동비총액}}{\text{판매량}}$$

$$\text{변동비율} = \frac{\text{변동비총액}}{\text{매출액}} \times 100$$

(3) 고정비와 변동비의 구분

손익분기분석을 행하기 위해서는 먼저 총비용을 고정비와 변동비로 구분하여야 한다. 총비용을 고정비와 변동비로 구분하는 것은 총비용이 판매량과 어떤 함수적 관계를 갖고 있는지를 알고자 하는 것이다. 변동비와 고정비의 분해방법에는 계정과목법·총비용법·산포도표법·최소자승법 등이 있으나, 그중에서도 실천적인 면에서 계정과목법이 많이 사용된다.

4.3.2 손익분기점과 이익계획

(1) 손익분기도표

손익분기분석은 판매량 또는 매출액의 수준에 따른 비용과 이익 사이의 관계를 분석하는 기법이다. 수익의 크기는 용이하게 산정할 수 있으나 판매량의 변화에 따라서 비용이 어떻게 달라지는가는 쉽게 파악되지 않는다. 변동비와 고정비를 구분하여 분석하면, 총비용과 총수익이 일치하여 0의 이익이 산출되는 판매량인 손익분기점(BEP: Break-even point)과 판매량에 따른 이익의 수준이 추정될 수 있다. 따라서 손익분기분석은 손익분기점을 파악하는 데 뿐만 아니라 목표이익의 달성에 필요한 판매량을 파악하는 데에도 중요한 수단으로 이용된다. 손익분기분석의 논리와 내용을 이용하는 데 있어서 편리한 수단은 손익분기도표이다. 손익분기도표는 판매량과 총비용, 총수익, 이익 등의 관계를 도표로 나타낸 것으로서 [그림 13.6]과 같은 형태를 지닌다. 손익분기도표의 가로축은 판매량을 나타낸다. 가로축이 판매량 대신 매출액으로 표시되어도 좋다.

그림 13.6 손익분기도표

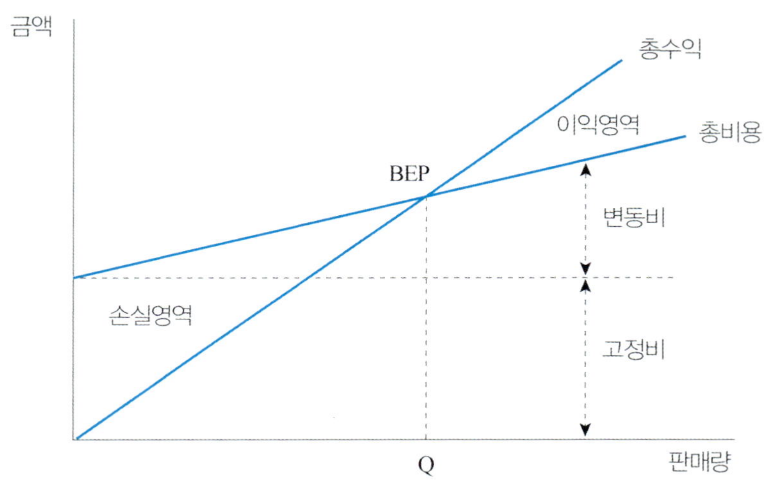

(2) 손익분기점

손익분기점은 균형점, 무승부점, 위험점, 사활점 등이라고도 하며 수익과 비용이 균형을 이루는 매출액(판매량)을 의미한다. 따라서 이익이나 손실이 없는 매출액으로서 그 이하가 되면 손실이 발생하고 그 이상이면 이익이 발생하는 매출액, 즉 손실과 이익이 분기되는(교차하는) 매출액이다. 그러므로 손익분기점은 일정 기간의 매출액이 일정액이 되면 수익과 비용이 얼마가 되며 이때 손익은 얼마인가를 알 수 있고, 일정 기간 동안 일정액의 이익을 얻기 위해서는 매출액이 얼마가 되어야 하는가를 알 수 있다. 따라서 경영자는 판매수익이 비용과 균형(손익분기점)을 이루도록 경영하는 데 관심을 기울여야 한다. 손익분기점 분석은 일정한 매출액, 즉 손익이 0이 되는 매출액을 측정·분석하는 것이다. 따라서 손익분기점 분석은 정태적 분석이라고 할 수 있다.

1) 손익분기점의 산출방법

손익분기점의 산출방법은 공식법과 도표법이 있다.

① 공식법

공식법이란 공식을 사용하여 산출하는 방법으로서 판매량 계산법과 매출액 계산법으로 구분된다.

$$p \cdot x = F + v \cdot x$$

$$x(p - v) = F$$

$$BEP(x) = F \div (p - v)$$

p : 단가, x : 판매량, F: 고정비, v : 변동비(단위당)

② 도표법

예를 들어, 매출액 100,000천원, 변동비 50,000천원, 고정비 40,000천원에서의 손익분기점 도표를 작성하고 손익분기점 매출액을 구하여 보자. 손익분기점 도표는 다음과 같은 절차로 작성한다. ① 한변의 길이가 10cm인 정사각형을 만든다(가로축 세로축에 매출액을 고려하여 눈금을 정하는데, 여기에서는 100,000천원을 10cm로 한다). ② 세로축의 밑에서부터 고정비 40,000천원의 눈금(4cm)을 긋고 좌에서 우로 연결한다. 이것을 고정비선이라고 한다. ③ 세로축상의 고정비선에서 위로 변동비 50,000천원(5cm)을 잡는다(고정비

+변동비=총비용이므로 가로축 밑에서부터 총비용을 잡는 것과 마찬가지이다). ④ 앞에서 잡은 오른쪽 세로축상의 고정비+변동비=총비용의 점과 고정비선의 왼쪽 끝을 사선으로 연결한다. 이것을 총비용선이라고 한다. ⑤ 원점에서 대각선을 긋는다. 이것을 매출액선이라고 한다. ⑥ 매출액선과 총비용선이 교차한 점 ⓟ가 손익분기점(매출액)의 위치이다. ⓟ점을 수직으로 내려가서 금액을 읽는다. 원점에서 8cm의 거리에 있으므로 손익분기점 매출액은 80,000천원이 된다.

2) 한계이익

매출액에서 고정비를 뺀 잔액으로 고정비를 계산하지 않은 금액이다. 따라서 한계이익은 한 단위 더 판매하였을 때 추가로 늘어나는 이익으로 $p-v$가 된다. 이는 순이익을 획득하는 데 공헌하는 금액이 되므로 공헌이익이라고도 한다.

그림 13.7 손익분기점 도표 그리는 법

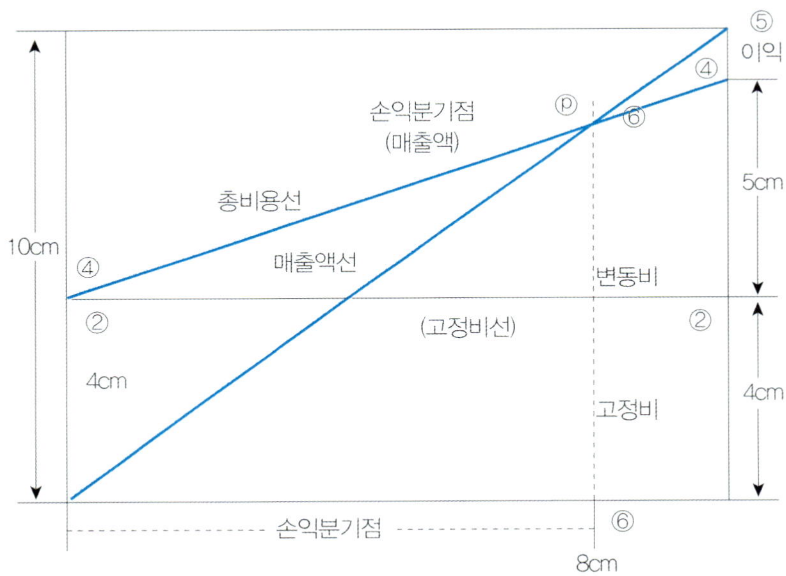

그런 의미에서 한계이익을 공헌이익이라고도 한다. 고정비는 처음부터 발생이 예정된 것이기 때문에 고정비에 해당하는 한계이익이 없으면 그 부족분만큼 적자가 된다. 그러므로 손익분기점에 도달하지 못하면 순이익이 마이너스가 되며 기업은 도산하게 된다.

(3) 이익계획

이익계획은 재무계획의 일종으로 미래의 일정기간 내에 있어서의 경영활동 목표로서 실현하여야 할 이익에 관해 설정된 기간계획이다. 이익계획은 기업이 원하는 수준의 이윤, 즉 목표이익을 설정하고 목표이익을 달성하는 데 필요한 판매량과 매출액의 수준을 예정하는 것이다. 이익계획을 일반적으로 수립하는 절차는 다음과 같다. ① 목표이익의 설정, ② 판매수익의 계획, ③ 고정비의 계획, ④ 변동비의 계획, ⑤ 한계이익의 계획, ⑥ 자본의 계획, ⑦ 이익계획과 자금계획의 조정, ⑧ 이익계획의 최종적 결정(예산편성)

5. 자본조달

5.1 자본조달의 개요

5.1.1 자본조달의 의의와 원칙

기업이 그 본래의 목적을 달성하기 위하여 경영활동을 수행해 나아감에 있어서는 자본의 뒷받침이 따라야 하는데, 이러한 자본을 마련하기 위한 기업의 재무활동을 자본의 조달이라고 한다. 그리고 이때의 자본이란 부기학상의 자본인 자기자본과 타인자본을 합계한 것이다. 자본의 조달에는 자기자본에 의한 조달과 차입에 의한 조달타인자본이 있다. 자본을 조달함에 있어서는 다음과 같은 사항들이 고려되어야 한다. 먼저, 소요자본액의 다과를 고려하여야 한다. 소요 자본액의 다과에 따라 그것의 해결방법도 당연히 달라지기 마련이다. 소액의 경우라면 지인과 거래처 등으로부터 조달할 수가 있으나, 거액의 경우라면 금융기관으로부터의 차입과 주식 또는 사채회계에서는 회사채를 의미함의 발행 등에 의하지 않으면 아니 된다. 둘째, 자본의 용도를 고려하여야 한다. 고정자금은 자기자금이나 사채와 같은 장기자금에 의존할 것이며 운전자금은 단기차입금으로 조달해도 무방하다. 셋째, 기업의 재무상태를 고려하여야 한다. 즉 재무유동성, 재무안전성 및 재무수익성의 균형이 유지되는 한계 내에서 자본이 조달되어야 한다. 넷째, 기업지배의 관계를 고려하여야 한다. 차입금이 거액이 되면 기업지배권이 채권자로서의 금융자본에 귀속될 우려가 있음을 유념하여야 한다. 마지막으로 금융시장의 조직 및 그 상황을 고려하여야 한다. 증권시장의 발달 여부에 따라 주식이나 사채에 의한 자본조달이 유리하기도 하고 불리하기도 하다. 또한 금융시장의 상황에 따라서 주식발행이 용이할 수도 있고, 사채나 차입금이 유리할 수도 있다.

5.1.2 자본조달의 방법

기업이 투자활동을 효율적으로 실행하기 위해서는 자본이 필요하다. 자본을 어디에서 조달할 것인가 하는 자본조달 원천과 조달원천으로부터 얼마만큼의 자본을 조달할 것인가 하는 최적자본배합을 어떻게 구성할 것인가와 관련이 있다. 자본조달의 방식에는 장기자본조달 방식으로서 주식발행, 자기금융사내에 유보 또는 축적된 자금, 회사채발행, 장기차입금 등이 있으며, 단기자본조달 방식에는 지급어음, 외상매입금, 단기차입금 등이 있다. 주식발행에 의한 자본과 자기금융은 자기자본이고, 그 이외의 것은 타인자본인 것이다. 일반적으로 단기자본과 장기자본은 다음과 같은 몇 가지 점에서 차이를 갖는다.

(1) 자금조달에 소요되는 시간

단기부채는 장기부채에 비하여 간단한 절차로 빠른 시간 내에 얻어질 수 있다. 따라서 긴급한 자금은 단기자본조달 원천으로부터 조달하여야 한다.

(2) 융통성

계절적 또는 순환적인 이유로 필요자금을 장기부채로 조달하는 것은 현명한 방법이 아니다. 왜냐하면 장기부채는 상환기간의 융통성이 적고, 만기 이전에 조기 상환하고자 하면 높은 페널티를 부담하여야 하기 때문이다.

(3) 자본비용

대체로 장기자본의 이자율은 단기자본보다 높다. 뿐만 아니라 장기자본의 조달에 필요한 조달비용이 단기자본보다 높다. 따라서 장기자본의 자본비용이 단기자본의 자본비용보다 높은 것이 일반적이다.

(4) 위험

단기자본은 지불해야 하는 자본비용은 적지만만 그 대신 높은 위험을 부담하여야 한다. 그 첫 번째 이유는 장기자본의 이자율은 장기적으로 안정되어 있지만, 단기자본의 이자율은 금융시장의 자금동향에 따라 민감하게 변동하기 때문이다. 두 번째 이유는 기업이 재무적으로 취약한 상태에 있을 때 단기부채의 상환이 이루어지지 않을 경우, 바로 기업의 파산으로 진행되기 때문이다.

5.2 단기자본조달

5.2.1 단기자본조달의 의의

단기와 장기자본을 구분하는 기준은 만기까지의 기간이다. 단기자본은 만기까지의 기간이 짧다. 회계상으로는 흔히 1년을 기준으로 그 이하인 자본을 단기, 그 이상인 자본을 장기로 구분한다. 전통적으로 기업들은 유동자산에 투자하기 위한 자금을 단기자본으로 조달하여 왔다. 더욱이 최근에는 장기성 자산에 투자하기 위한 자본조달을 위해 단기부채를 사용하기도 한다. 단기 이자율이 안정적이고 장기 이자율보다 더 낮으며 기업의 상환능력이 충분한 경우에는 유용한 조달수단이 될 수도 있다. 그러나 단기 이자율이 급변하고 경기후퇴를 동반하게 될 경우에는 단기부채의 사용은 유동성을 크게 위협하게 된다. 이러한 이유에서 고정자산에 대한 투자는 고정부채를 사용하는 것이 바람직하다.

단기자본조달은 자생적 자본조달, 무담보 단기자본조달, 담보 자본조달로 분류된다. 자생적 자본조달은 기업의 정상적인 영업활동 과정에서 조달되는 것으로 주요한 자본조달 원천으로는 매입채무가 있다. 무담보 단기자본조달은 특정한 자산의 담보없이 조달되는 단기자본을 말하며, 이러한 자본조달원천으로는 은행차입과 기업어음을 들 수 있다. 그리고 담보 단기자본조달 수단으로는 매출채권금융과 재고자산금융 등이 있다.

5.2.2 매입채무

매입채무는 상품·원재료의 구입에 따른 매입대금이나 임가공료 등을 즉시 지급하지 않고, 신용관계에 의하여 그 지급시기를 연기함으로써 발생하는 채무를 말하며 거래신용이라고도 한다. 매입채무는 기업회계에서는 외상매입금이나 지급어음의 형태로 나타난다. 외상매입금은 일반적 상거래에서 발생한 매입채무를 말한다. 즉 기업의 영업활동 과정에서 상품을 구입하거나 서비스를 제공받고, 그 대금을 구입시점 이후에 지불하기로 약정할 때 발생되는 유동채무이다. 지급어음은 일반적으로 상거래에서 발생한 어음상의 채무를 말한다. 매입채무는 일반적으로 상당히 높은 자본비용을 수반한다. 그 이유는 거래처에서는 외상으로 매입하게 되는 자산에 대해 명시적인 이자비용을 요구하지 않지만, 현금 구매시에 할인구매하는 경우와 비교하면 높은 가격을 부담하기 때문이다.

5.2.3 단기차입금

단기차입금은 기업의 가장 보편적인 단기자금조달원의 하나로서 매입채무 다음으로 큰 비중을 차지하고 있다. 그 종류로는 1년 기한의 일반운전자금과 1년 미만의 당좌차월, 어음할인, 수출지원금융 등이 있다. 단기차입금은 대표적인 비자생적 자본조달원천이다. 비자생적이란 기업의 영업규모 확대와 함께 필요한 자금이 자생적으로 얻어지지 않고, 기업이 필요자금을 금융기관에 요청하여 승낙을 받아야만 한다는 것이다. 그리고 은행은 대부수속을 신속·간편하게 하기 위하여 그 기업과의 신용한도를 설정한다. 일단 신용한도가 설정되면 기업이 은행으로부터 담보없이 신용으로 차입할 수 있다. 따라서 기업은 단기자금이 필요할 때마다 대부 신청을 위한 복잡한 수속이 없이도 대부금액의 상한선을 넘지 않는 범위 내에서 자금을 융자받을 수 있다. 그리고 정해진 상한선은 기업과 은행 간의 협의를 통해서 수시로 변경될 수 있다. 물론 이와 같은 단기자금융자 방법은 무담보를 원칙으로 하고 있으나, 설정된 신용한도를 초과할 경우 기업은 담보대부를 신청하여야 한다. 담보대부의 경우 기업은 재고자산, 매출채권, 주식, 사채, 토지 및 기타의 자산을 담보로 제공하게 된다.

5.2.4 기타의 단기자금원

(1) 기업어음

기업어음(CP: Commercial paper)은 재고자산, 급료, 세금 등 비교적 단기적이고 계절적인 자금수요를 위해 기업이 약속어음을 발행·매출함으로써 필요한 자금을 조달하는 단기자본 수단이다. 기업어음은 일반투자자나 타 기업, 보험회사, 투자신탁회사 등의 기관투자자들에 의해 할인되어서 매입된다. 대부분의 경우 거래를 원활히 하기 위해서 단자회사, 종합금융회사 및 일반 시중은행과 같은 중개기관이 개입된다. CP는 단기성 무담보약속어음이어서 발행자의 이름만 기록되어 있기 때문에 재무구조가 건전하고 평판이 좋은 대기업에 의해 지배되어 왔다.

우리나라에서는 1981년에 CP의 발행이 처음으로 도입되었다. CP는 기업에게 간편한 절차(무담보)의 단기자금조달 수단을 제공하며, 여유자금을 보유하고 있는 투자자들에게는 수익성 높은 저축수단을 제공해줌으로써 사금융 자금을 제도금융권으로의 유도에 크게 기여하고 있다. CP와 기존어음과의 중요한 차이점을 열거하면 다음과 같다. ① 실세금리는 수시로 변동한다. ② 담보가 없다. ③ 중도환매가 불가능하다. ④ 액면금액이 비교적 크다.

(2) 담보 단기자금원

1) 외상매출금 금융

외상매출금을 기초로 한 자금조달에는 플레징(Pledging)과 팩토링(Factoring)이 있다. 플레징은 매출채권을 가진 기업이 매출채권을 담보로 자금을 조달하는 것이며, 팩토링은 매출채권을 할인 매각하여 단기자금을 조달하는 것이다.

2) 재고자산 금융

신용이 낮은 기업이 상품과 원자재의 보관증서·창고증권을 담보로 자금을 조달하는 것을 재고자산 금융이라고 한다.

3) 리스금융

리스란 기업이나 임차인이 일정 기간동안 고정적인 임차료를 지급하고 특정자산을 경제적으로 이용하는 수단을 말한다. 즉 자본시설을 직접 구입하여 소유하는 대신에 그 대체수단으로써 널리 활용하고 있는 방법이다.

5.3 장기자본조달

5.3.1 금융시장

금융이란 자금이 부족한 경제주체와 자금에 여유가 있는 경제주체 사이의 금전의 대차를 말한다. 금융시장은 금융자산의 만기를 기준으로 하여 1년 이하의 금융자산이 거래되는 시장을 화폐시장(short-term money market)이라고도 하며, 만기가 1년 이상인 금융자산이 거래되는 시장을 자본시장이라고 한다. 자본시장은 광의의 자본시장과 협의의 자본시장으로 구분된다. 광의의 자본시장은 금융기관에 의하여 이루어지는 만기가 1년 이상의 대부시장과 주식 및 회사채가 매매되는 증권시장으로 구성된다. 협의의 자본시장은 증권시장만을 지칭한다. 자본시장은 발행시장과 유통시장으로 구성되어 있다. 발행시장은 기업 등의 발행주체와 투자자로 구성된 시장으로 유가증권의 신규발행과 매출시에 일시적으로 형성된다. 반면에 유통시장은 이미 발행된 유가증권이 매매되는 시장이다. 발행시장은 발행주체가 최초로 증권을 발행하고 투자자가 이를 매수함으로써 발행주체가 장기적인 자본을 조달하는 시장을 의미한다. 증권을 발행하는 방법은 발행하는 주체가 중개기관을 거치지 않고 직접 일반 투자자에게 증권을 모집하거나 매출하는 직접발행과 발행주체가 중개자를 거쳐서 간접으로 발행하는 간접발행이 있다. 대부분의 유가증권 발행에는 간접발행 방법이 이용되고 있다.

5.3.2 사채

(1) 사채의 의의와 성격

사채(社債)란 회사채라고 하며, 개인으로부터 차입하는 사채와는 다르다. 기업이 확정채무임을 표시하는 증권을 발행하여 약정된 이자를 지급함과 동시에 일정한 기일에는 원금을 상환할 것을 약정하고, 일반대중으로부터 장기간 거액의 자금을 차입하였을 때 발생하는 채무를 말한다. 사채는 이사회의 결의에 의해 발행되는 유가증권으로 자기자본과 더불어 회사의 장기자금조달의 중요한 수단이 된다. 사채는 유가증권의 형태를 취하고 원칙적으로 일반 대중으로부터 자금을 조달한다는 점에서 주식과 유사하다. 그러나 사채는 회사가 일정기간 내에 상환하여야 할 채무라는 점에서 주식과 다르다. 사채는 보통 시설의 확장이나 새로운 기계의 도입 또는 부채의 상환 등을 위하여 발행된다. 기업은 거액의 자금을 필요로 할 때는 신주를 발행하거나 차입을 할 수도 있다. 자기자본의 증가는 일정기간 후에 상환할 수 있는 자금의 필요에는 부적당하고, 보통의 차입방법은 장기간 그리고 거액의 자금조달에 부적당하다. 그러므로 조직을 확대시키지 않고 비교적 용이하게 장기자금을 조달하는 수단으로 사채가 이용되는 것이다.

(2) 사채의 종류

기업의 경영환경이 복잡해지고 투자자의 요구가 다원화됨에 따라 사채의 종류도 다양화되었다.

1) 담보와 보증의 유무에 의한 분류

표 13.10 담보와 보증의 유무에 의한 분류

무담보사채	사채의 이자 또는 원금의 지불에 대한 물적 보증이 없는 사채로서 발행기업의 신용만으로 발행되는 일반사채이다.
담보부사채	이자 또는 원금의 지불에 대한 물적 보증인 부동산이나 유가증권 등의 담보를 필요로 하며, 부동산 담보부사채와 유가증권 담보부사채가 있다.
보증사채	사채발행시 원리금 지불에 대하여 사회적 신용이 있는 유력한 제3자의 보증이 있는 사채이다.

2) 상환형태에 따른 분류

표 13.11 상환형태에 따른 분류

수의상환사채	사채로 발행한 회사가 만기 이전의 필요한 때에 수시로 사채의 상환을 할 수 있는 권리를 갖는 형태이다.
연속상환사채	일정한 거치기간이 지난 후에 서로 다른 만기일을 설정하여 사채가 매년 연속적으로 상환되게 하는 형태이다.
감채기금사채	사채의 발행계약 시에 발행기업의 감채기금 적립을 필요로 하는 형태의 사채이다.

3) 특수한 형태의 사채

① 전환사채

전환사채란 처음에는 사채로 발행되었으나 일정기간 후에 사채권자가 전환을 청구하면 주식으로 전환될 수 있는 권리를 수반한 사채를 말한다. 일반적으로 전환사채의 표시 이자율은 일반사채의 표시 이자율보다 훨씬 낮은 것이 보통이다. 이는 일정기한 후 전환가격에 의해 사채발행회사의 주식으로 전환할 수 있는 권리를 부여함에 따른 권리금이 포함된 것으로 간주되기 때문이다. 만기일까지 주식으로 전환하지 않은 경우에는 전환사채의 상환시에 할증금을 추가로 지급하는 것이 보통이다.

② 이익사채

통상의 사채는 기업이익과는 상관없이 확정된 이자와 원금을 지급하는 것이 보통이다. 그러나 이익사채는 기업의 이익수준에 따라서 사채이자를 지급하는 형태이다. 즉 기업의 영업이익에 따라 이자지급이 유보되기도 하고 지급하게 된다.

③ 이익참가사채

확정된 이자율 이외에 이익분배까지 제공받는 사채이다. 일정의 이자율을 보장받으면서 이익이 양호할 경우에 그 수익의 일정률이나 사채액면가의 일정률을 지급받는다.

④ 주식인수권부사채

주식매수권증서를 첨부한 사채이다. 주식매수권증서란 그것의 소유자에게 일정한 주식을 일정한 가격으로 일정 한도액까지 매수할 권리를 부여하는 증서이다.

(3) 사채의 발행방법

사채의 발행방법에는 직접발행과 간접발행이 있고, 판매방법에 따라 직접모집과 공개모집으로 구분할 수 있다.

1) 직접발행과 간접발행

직접발행은 발행회사가 직접 일반대중으로부터 사채를 모집하기 때문에 사채에 대한 매출비용이나 인수비용은 필요없게 된다. 반면에 간접발행은 전문적 지식을 지닌 금융기관과 증권관련 기관을 통하여 사채발행에 따른 복잡한 절차를 대행하게 한다.

2) 직접모집과 간접모집

직접모집은 사채 발행회사가 직접 대중이나 투자자 등으로부터 직접 교섭을 통해 모집하는 방법이다. 반면에 간접모집은 전문적인 중개기관을 통하여 모집하는 방법이다.

(4) 사채와 주식

1) 사채와 주식의 차이점

주식과 사채의 근본적인 차이점은 주식이 기업의 소유권을 표시하는 것인 데 대해 사채는 기업에 대한 채권을 표시한다. ① 주식은 기업의 소유권을 대표하는 것이므로 기업은 주식에 대해 불입된 자본을 상환·반제할 필요가 없고 따라서 상환기한도 없다. 이와는 반대로 사채는 기업에 대한 채권이므로 상환기한이 있다. ② 주식에 대해서는 의결권이 주어지며 주주총회에 출석하여 기본적인 경영방침의 결정에 참여할 수가 있다. 그러나 사채는 기업의 경영에 참여하기 위한 의결권이 주어지지 아니한다. ③ 주식에는 소유권의 대가로서 이익배당이 주어진다. 한편 사채에 대해서는 계약상의 이자가 지불된다.

2) 사채와 주식의 유사점

주식과 사채는 아래와 같은 접근경향을 보이고 있다. ① 사채는 원칙적으로 상환기한이 있으나 기업에 투하 운용되는 자본을 인출하여 그 반제에 충당한다는 것은 매우 곤란하다. 따라서 기존의 사채를 상환하기 위해 새로운 사채를 발행하는 일이 많다. 이러한 사실은 사채 전체로 본다면 상환기한이 없는 것과 실질적으로 동일한 효과가 있게 된다. ② 원칙적으로 주식에는 의결권이 주어져 있음에도 불구하고 행사하지 않는 것이 오히려 일반적이다. 이와는 반대로 의결권이 없는 사채를 많이 소유하는 은행 등의 채권자가 실제로 기업을 지배하고 있는 예도 있다. ③ 많은 기업들이 배당률을 매기 안정시키려고 노력한다. 이러한 노력은 기업의 사회적 신용을 높임으로써 장래의 자본 조달을 용이하게 하려는 것이다. 이는 주식도 사채처럼 사업수익의 다과에 관계없이 대체로 일정률의 배당을 지불 받고 있음을 뜻한다. ④ 주식의 형태와 사채의 형태를 보면 양자 사이에는 많은 유사점이 있다. 즉 주식에는 상환주, 무의결권주 등이 있어서 사채와의 접근화 경향을 보여주고 있으며, 사채에는 영구사채, 수익사채, 이익참가사채, 전환사채 등이 있어서 주식에의 접근 경향을 보여주고 있다.

3) 보통주

주식회사가 보통 발행하는 주식으로서 특수형태인 우선주나 후배주 등과 구별하기 위한 명칭이다. 따라서 한 종류의 주식만을 발행하는 경우에는 보통주라고 칭할 필요가 없다. 모든 사람들은 주식을 매입할 때 투자수익을 바라고 매입한다. 투자수익은 주식 배당금의 형태로 지급된다. 이 배당금의 지급은 매년 1회 이상 실시되며 배당률이나 그 밖의 배당에 대한 사항은 이사회에 의해 결정된다. 그러나 보통주주들은 사채권자들이 확정이자를 받는 데 비하여 배당금 지급을 보장받지 못한다. 다시 말해서 보통주에 대한 투자수익은 얻을 수도 있고 얻을 수 없는 경우도 있다. 왜냐하면 보통주는 일정한 배당률을 명시하고 있지 않으며, 이사회 결의에 의해 결정되기 때문이다. 그러나 별도의 규정이 없는 한 보통주주들은 회사경영에 관한 모든 현안문제에 대하여 투표권을 행사할 수 있다. 보통주주들은 매년 개최되는 주주총회에서 1주식 1투표권을 행사하여, 경영에 관한 현안문제의 결정에 참여함으로써 적정한 투자수익률의 확보를 주장할 수 있다. 그러나 주식이 광범위하게 분산되어 있는 경우에는 일반적으로 소수의 주주들만이 주주총회에 참석하기 때문에 주주총회는 형식적인 의결기관으로 전락되는 수가 있다.

4) 우선주

우선주는 사채와 보통주의 양면적 성격을 갖는 증권이다. 액면가에 대해 미리 약정된 수익률을 보장받는다는 점에서 사채의 성격을 갖고 있으며, 담보가 설정되어 있지 않다는 점에서는 무담보사채와 유사하다. 보통주와 비교할 때 우선주도 기업의 소유권을 가진다는 점에서 동일하나, 우선주주는 보통주주와는 달리 경영상의 성과와는 상관없이 단지 일정한 수익만을 보장받는 점에서 차이가 있다. 우선주의 형태를 살펴보면 다음과 같다.

① 배당의 누적가능성 기준

누적적 우선주란 특정 연도에 이익배당을 하지 않은 경우, 차후 연도의 이익배당시 전기의 미지급배당액(연체배당액)을 우선적으로 지급받을 수 있는 권한이 부여된 우선주를 말한다. 이러한 권한이 부여되지 않은 우선주를 비누적적 우선주라고 한다.

② 보통주 이익배당에의 참가 여부 기준

참가적 우선주란 보통주의 배당액이 정해진 우선주의 배당액(액면가액 × 우선주 배당률)을 초과하는 경우, 일정 한도까지 보통주와 함께 추가배당에 참여할 수 있는 권한이 부여된 우선주를 의미한다. 참가적 우선주는 참가범위에 따라 완전참가적 우선주와 부분참가적 우선주로 구분한다. 이러한 권한이 없는 우선주를 비참가적 우선주라고 한다.

③ 보통주로의 전환가능성 기준

전환우선주란 우선주를 소유하고 있는 주주가 보통주로의 전환을 요구하는 경우, 이를 보통주로 전환해 주는 전환권이 부여된 우선주를 말한다. 상환우선주란 발행회사가 우선주를 발행하여 자금을 조달한 후 여유자금이 있을 때, 이를 미리 약정된 가격으로 상환할 수 있는 우선주를 말한다.

5) 은행장기차입금

은행차입금도 기업에 있어서는 비중이 큰 장기자본조달 수단이다. 자본시장이 발달하지 못한 상태에서는 급속한 경제발전을 위하여 정부주도에 의한 정책금융이 불가피하였다. 이와 같은 정책금융은 상대적으로 저금리의 장기금융을 기업의 투자자금과 운전자금으로 지원하였다. 그러나 정책금융은 경제의 민간주도와 은행의 자율화라는 경제여건 변화와 함께 점진적으로 일반금융으로 대체되어야 한다는 당위론에 의해, 최근에는 상당히 축소 정비되는 방향으로 제도가 개편되고 있는 실정이다.

이러한 은행차입금은 금리수준이나 상환기간이 상당히 유리할 뿐만 아니라, 자본시장에서 주식이나 사채의 매출이 어려운 비공개 기업으로서는 유일한 장기자본조달 수단이 될 수 있다. 그러나 대출에 따르는 비용이나 제반절차 그리고 적기에 자금차입이 가능한지 여부를 고려하여 신중히 결정해야 한다.

제14장

마케팅

더 멀리, 더 많이, 더 특별하게 … 새해 더 후끈해진 배송경쟁

유통업계, 차별화 서비스 강화

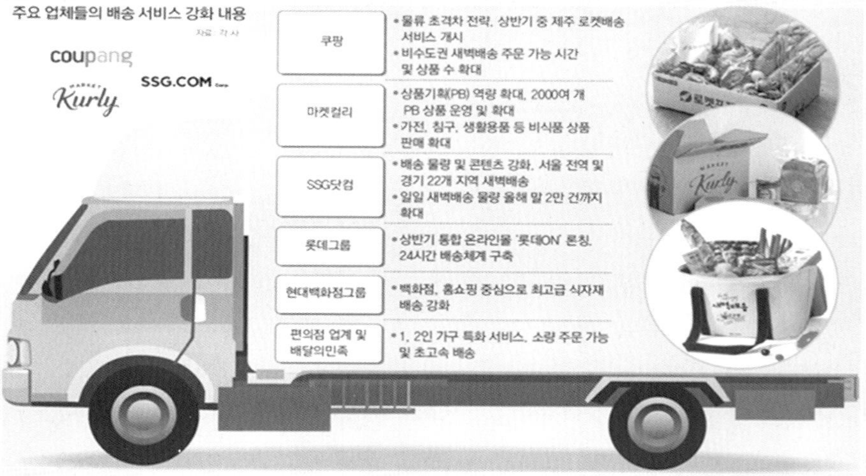

새해부터 배송 경쟁에서 승자가 되기 위한 유통업계의 경쟁이 치열하다. 쿠팡과 마켓컬리에 이어 신세계·롯데·현대백화점그룹 등 유통 대기업들이 초고속·극신선 배송 서비스 강화에 나섰고, 편의점업계 및 배달의민족은 1~2인 가구에 특화된 배송 서비스를 내놨다. 소비자 선택지가 다양해진 상황에서 기존의 배송 강자인 쿠팡과 마켓컬리는 강점인 물류와 상품기획에서 '초격차'를 내겠다는 방침이고, 후발주자들은 역량을 모아 빠른 속도로 이들을 추격하고 있다.

5일 업계에 따르면 쿠팡은 올 상반기(1~6월) 중 '제주도 로켓배송 서비스'를 선보여 제주도 거주자들도 쿠팡에서 물건을 사면 다음 날 곧바로 받아볼 수 있게 할 계획이다. 2014년 쿠팡이 로켓배송을 선보인 이후 유통업계가 속도 전쟁을 벌이고 있는 가운데 제주도로의 대규모 익일배송은 쿠팡이 처음이다. 쿠팡은 지난해 하반기(7~12월)부터 제주지역에서 배송기사 '쿠팡맨'을 모집하고 현지 물류센터를 구축해 왔다.

쿠팡은 새벽배송 물량에서도 경쟁사와의 격차를 벌릴 계획이다. 현재 새벽배송 가능 주문시간은 수도권은 밤 12시, 비수도권은 오후 7시다. 비수도권의 주문 가능 시간을 점차 수도권처럼 늦추고 배송 가능 품목도 확 늘리겠다는 게 쿠팡의 목표다. 쿠팡 관계자는 "전국적인 새벽 배송은 지금도 우리만 가능하다"며 "수도권과 비수도권의 서비스 격차를 줄여 고객 만족도를 더욱 높일 것"이라고 말했다.

마켓컬리는 하반기 중 김포에 새로운 물류센터를 열어 배송 능력을 높이고, 프리미엄 상품 기획도 강화하고 있다. 최고 등급 한우를 경매 받아 직접 손질·숙성해 판매하는 '뽈 프로젝트' 등 단독 기획 상품의 수를 2,000여 개로 늘렸다. 수산물은 특수 포장해 최대 48시간 이내에 배송 완료하고, 산란 후 5일 이내의 달걀을 배송하며 극신선 전략을 이어가고 있다. 2018년 1,571억원이었던 마켓컬리의 매출은 지난해 4,000억원대로 급성장했다.

유통기업 중 가장 빠르게 쿠팡과 마켓컬리를 추격하는 곳은 신세계그룹이다. 신세계그룹의 통합 온라인몰 SSG닷컴은 지난해 6월 새벽배송 론칭 이후 6개월 만에 서울 전역과 경기 22개 지역에서 새벽배송을 선보인다. 일일 새벽배송 물량은 올해 말 2만 건까지 확대돼 올해 새벽배송 지역이 확대되면 마켓컬리(4만 건)와 쿠팡(6만~7만 건)을 위협하는 수준이 될 것으로 보인다.

롯데그룹은 올 상반기 통합 온라인몰 '롯데ON'의 서비스를 본격화하고 전국 곳곳의 백화점·마트·슈퍼 거점을 활용해 극신선 상품을 당일·야간·새벽배송으로 '24시간' 배송할 계획이다. 현대백화점그룹은 백화점과 홈쇼핑에서 최고급 식자재의 배송 물량과 지역을 확대하고 있다.

연초부터 불붙은 배송전쟁에는 편의점업계와 배달의민족도 가담했다. GS25와 CU, 이마트24는 최대 강점인 직주근접성을 활용해 도시락, 주먹밥, 샌드위치, 음료, 라면뿐만 아니라 생활용품까지 배송 품목을 늘려가고 있다. 배달의민족은 지난해 말 'B마트'를 론칭하며 5,000원 이상 주문하면 즉시 배송해주는 서비스를 선보였다.

(동아일보, 2020. 1. 6)

1. 마케팅의 개요

마케팅의 의의 및 정의는 광의와 협의의 개념으로 나누어진다. 광의의 마케팅이란 "생산자로부터 소비자 또는 사용자에게로 상품 및 서비스의 흐름을 이끄는 경영활동이다"고 말할 수 있다(미국마케팅협회: AMAP). 통상 마케팅의 정의로는 광의의 개념이 가장 널리 사용되고 있다. 여기서 말하는 마케팅의 수단은 상품과 서비스이며, 마케팅의 대상은 생산자와 소비자 그리고 그것을 연결하는 유통기관도 포함한 것이다.

협의의 마케팅이란 마케팅활동을 개별기업의 입장에서 해석하는 것으로 코틀러(P. Kotler)는 마케팅이란 "이윤을 목적으로 특정 고객그룹의 욕망을 만족시키기 위해서 고객에 대한 수단·정책·활동을 분석하고 조직하여 그것을 통제하는 것이다"로 정의하고 있다.

유필화·김용준 교수는 최근 마케팅학계의 공통된 견해(첫째, 제품 이외의 서비스·아이디어 등 교환가치가 있는 것이라면 모두 마케팅의 대상이 될 수 있다. 둘째, 기업뿐만 아니라 대부분의 비영리기관도 마케팅을 할 수 있고 또 해야 한다)를 감안하여 다음과 같이 정의하고 있다. "마케팅이란 제품·서비스·아이디어를 창출하고, 이들의 가격을 결정하고, 이들에 관한 정보를 제공하며, 이들을 배포하여 개인 및 조직체의 목표를 만족시키는 교환을 성립하게 하는 일련의 인간활동이다."

한편, 박충환·오세조 교수는 시장지향적 사고라는 새로운 관점에서 마케팅의 본질은 고객에게 가치를 전달하는 데 있다고 보면서, 시장지향적 사고에 의한 마케팅관리를 다음과 같이 정의하고 있다. 시장지향적 사고에 의한 마케팅관리란 "기업이 최종 고객들과의 교환과정을 통하여 그들에게 가능한 한 최대한의 경쟁적 비교우위를 갖는 가치를 제공해 주기 위해, 시장의 구성요소인 기업내부의 가치생산 고객과 기업외부의 가치생산 촉진 고객의 상호작용을 지속적으로 관리하는 것이다."

1.1 생산지향적 개념

인간의 경제생활이 자급자족적 생활단계에 머물러 있을 때에는 생산과 소비가 단일주체에 의존하고 있으므로 마케팅이 존재할 수 없었다. 예컨대 1900년 이전의 미국경제는 식민지 시대로부터의 독립전쟁(1775~1783)을 거쳐 남북전쟁(1861~1865)이 종결될 때까지 농업경제의 단계에 머물러 있었다. 이 시기에는 생산자와 중간상인과 소비자의 구별이 명확하지 않았다.

농민은 자급자족을 위한 생산활동에 집착하면서, 혹시 잉여생산물이 발생하면 지방의 잡화점에서 판매하는 정도의 초기적 마케팅활동을 수행하였을 뿐이다. 이때의 제조업자는 행상을 겸하고 있었다. 이로써 1900년 이전의 미국경제에 있어서 마케팅문제가 경제사회적 관심의 대상이 되고 있지 않았음을 알 수 있다. 그러나 1880년대의 미국경제는 남북전쟁을 거친 후 농업경제에서 공업경제로 전환되었다. 이를 발판으로 19세기 말엽부터 형성되기 시작한 고도자본주의는 20세기초의 10년 동안에 기반을 닦았다.

이 시기에는 생산중심개념과 제품중심개념이 기업경영의 기본이념으로 되어 있었다. 생산중심개념이 기업의 경영이념으로 간주되고 있을 때에는 두 가지의 상황이 발생하고 있었다. 그 하나는 제품의 수요가 공급을 초과하는 상태로서 소비자는 눈에 보이는 제품마다 구입할 태세이고, 생산품을 모두 판매할 수 있는 개발도상국의 회사에서는 생산증진에 총력을 집중시키고 있는 실정이었다. 그리고 다른 하나는 제품의 생산비가 상승되어서 시장확장이 제약되는 상태로서, 모든 기업은 대량생산에 의한 제조원가의 인하를 통하여 제품의 판매가격을 인하시킴으로써 시장규모를 확장하는 데 총력을 기울이고 있는 실정이었다.

이와 같은 생산중심개념이 통용되고 있을 때의 소비자는 첫째, 오로지 제품의 유용성과 가격 저렴에만 관심을 두고, 둘째, 비록 경쟁상표의 가격을 잘 알고 있으면서도 동일부류 제품의 비가격차이에는 별로 애착을 느끼지 않는다. 그러므로 기업에서는 고객을 유인하고 포착하기 위하여 생산과 유통의 유용성을 증진하고 원가절감에 주력하게 된다. 따라서 생산지향단계에 있어서의 생산중심개념은 기업경영의 핵심을 소비자가 제품의 유용성 및 편의성을 선호한다는 점에 두고, 경영자의 주요업무가 생산 및 유통의 효율증진에서 추구되어야 한다는 점을 알 수 있다. 또한 생산지향단계에 있어서의 제품중심개념은 소비자가 가격에 부합되는 품질의 제품을 선호함으로써, 기업이 제품의 품질개선에 전력을 기울이고 있다는 것으로 요약된다. 왜냐하면 소비자는 경쟁상표의 품질과 특징을 소상히 알면서 제품의 품질에 관심을 두고, 단순한 구매욕구의 문제해결이라는 차원을 넘어서 소비욕구에 알맞은 제품을 구입하려는 성향으로 발전되기 때문이다. 그러므로 기업에서는 고객을 유인하기 위하여 제품의 품질개선에 주력해야 하는 것이다.

1.2 판매지향적 개념

미국의 남북전쟁 때부터 싹트기 시작한 판매자시장이 1910년경을 전환점으로 하여 구매자시장으로 탈바꿈되기 시작하였다. 특히 19세기 말부터 독점자본의 형성과 자본집중에 의한 생산력의 증대가 국내시장의 협소화를 수반하게 됨에 따라, 시장문제의 해결을 위한 판매활동의 문제가 제기되기에 이르렀다. 왜냐하면 공급이 수요를 능가하고 산업화에 따른 새로운 생활양식의 등장으로 거래·교환·배급 등의 단순한 활동으로는 개별기업에서 봉착하게 되는 판매원양성·판매원관리·선택판매 등의 새로운 문제점들을 해결할 수 없었기 때문이었다.

이와 같은 상황 속에서 판매중심 개념이 기업경영에서 새로운 이념으로 등장하게 되었다. 판매중심 개념은 기업이 제품에 대한 소비자의 관심을 자극하려는 실질적인 노력을 기울이지 않게 되면, 소비자가 그 제품을 구입하지 않는다는 점에 기업경영의 핵심을 맞추는 것이다. 왜냐하면 소비자는 불요불급한 물품구입을 외면하면서 다양한 판매촉진 정책을 갈구하고 있기 때문이다. 그러므로 기업에서는 고객을 유인 포착하기 위하여 강력한 판매중심 부서를 편성하게 된다. 이와 같은 판매중심 개념이 기업의 경영이념으로 지속되는 데에는 그럴 만한 환경적인 여건이 존재하게 된다. 첫째, 수많은 고객들이 상인을 강매자로 인식하면서 상인들이 거래상황을 조종하고 있는 것으로 느끼는 풍조, 둘째, 제품에 만족하지 않은 고객들이 그 불만을 쉽사리 망각하여 다른 고객에게 전파하지 않으며 소비자단체에 고발하지도 않는 성향, 셋째, 기업이 잠재고객의 방대성에 착안하여 재판매에 의존하지 않는 상태이다.

1.3 마케팅지향적 개념

마케팅지향 단계에서는 마케팅중심 개념을 기업경영의 이념으로 삼고 있다. 마케팅중심 개념에 있어서 기업경영의 핵심은 조직의 주요과업을 표적시장의 욕구결정으로 압축시키면서, 경쟁자가 아닌 표적시장의 욕구를 효율적으로 이끌어낼 수 있도록 조직을 편성하게 된다. 왜냐하면 이때의 소비자는 그들의 욕구에 따라 세분화된 시장에서 집단을 형성하고, 세분화시장의 소비자는 그들의 특수한 욕구충족에 밀착되는 조직을 선호하기 때문이다. 그러므로 기업에서는 표적시장을 조사·연구하여 선정하고 고객을 유인 포착하기 위하여 효과적인 마케팅정책을 개발하게 된다.

이와 같은 마케팅중심 개념은 기업의 기존제품에서 출발하여 유익한 판매량을 자극·확보하기 위하여 판매활동과 촉진활동을 수행하는 판매중심 개념의 논리를 대체시킨 것이다. 마케팅중심 개념에서는 표적고객의 욕구로부터 출발하여 이에 알맞도록 제품계획과 일정계획을 조정하고, 고객의 욕구충족을 창출함으로써 기업의 목표와 고객의 욕구를 동시에 충족시킬 수 있도록 통합된 마케팅 노력을 경주하게 된다.

한편, 1950년대 미국에서는 마케팅의 용어에 대한 새로운 사상과 의미가 함축되기 시작되었으며 마케팅 자체가 재검토되었다. 새로운 상황에 순응하여 마케팅을 기업경영의 지도원리로 삼고, 마케팅을 의사결정의 한 분야로서 전체의 경영활동을 조정하는 것으로 보고 매너지리얼 마케팅(Managerial marketing)이 강조되었다. 매너지리얼 마케팅은 고객지향적 사고를 기본이념으로 하여, 기업의 전사적관점에서 장기적 기업이윤을 추구하는데 필요한 마케팅의 계획·조직·집행·통제·조정 등의 경영자 활동을 중심으로 한 마케팅이다. 매너지리얼 마케팅은 이윤추구만을 중시하는 기업의 입장에서 마케팅활동을 어떻게 합리적으로 관리하는 것이 이윤의 극대화를 가져올 수 있느냐에 초점을 두게 되었다. 이와 같이 개별기업의 이익만을 추구하고 사회의 공공이익을 무시하는 매너지리얼 마케팅에 대한 반성과 비판의 소리가 높아지면서 사회지향적 마케팅이 등장하는 계기가 되었다.

1.4 사회지향적 개념

사회지향적 마케팅은 기업의 사적이윤 추구의 수단으로서 전통적인 연구방법에 사회성·공익성·생명성을 도입시키는 연구방법이다. 종래의 매너지리얼 마케팅에서는 '구매자 입장에서의 상품생산'을 지향하였지만, 사회지향적 마케팅에서는 '사용자 입장에서의 상품생산'을 지향하게 되었다. 이와 같은 새로운 관점은 시장을 기업의 일방적인 판매관리체제의 요소로 보는 대신, 오히려 시장(고객)이 기업의 판매관리체제를 감시하고 통제하는 새로운 역할을 담당하게 되는 것이다. 사회지향적 마케팅은 파괴적 경쟁 대신 공존공영적 경쟁 혹은 협조적 경쟁의 질서를 중시한다.

일반적으로 소비자나 고객을 대상으로 하는 것이 매너지리얼 마케팅이라면, '생활자'를 대상으로 하는 것이 사회지향적 마케팅이고, '생태환경'을 대상으로 한 것이 생태마케팅이라고 볼 수 있다. 1970년대 이후 단순한 마케팅 콘셉트에다 장기적인 관점에서 본 소비자와 사회대중의 복지를 추가한 사회적 마케팅콘셉트가 기업경영의 지침이 되

그림 14.1 사회마케팅의 콘셉트

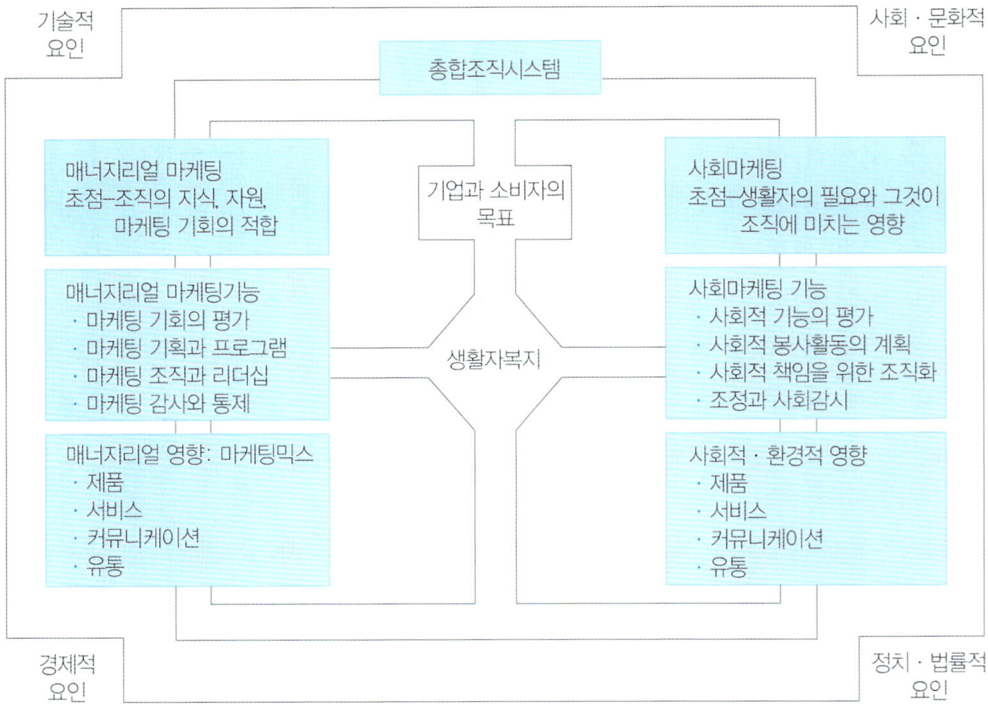

자료: W. Laser and E.J. Kellly(ed). Social Marketing : Perspectives and Viewpoints, 1973.

었다. 사회지향적 마케팅의 특징으로는 첫째, 기업의 사회적 책임 및 환경에 대한 영향을 고려하여 사회와 인간에 대한 배려를 일층 강조하였고, 둘째, 단순한 물적 생활수준의 향상이 아닌 보다 나은 생활의 질을 창출하고 제공하는 데 깊은 관심을 둔다.

2. 마케팅전략

2.1 경영전략과 마케팅전략

2.1.1 전략

전략이라는 용어의 원천은 고대 그리스 시대에 알렉산더 왕이 영토확장을 위한 전쟁계획 과정에서 사용된 용어이다. 알렉산더 왕은 그리스의 문화적 영향을 받고 있는 마케도니아를 점령할 계획을 수립하여 공격준비를 완료한 후, 근린동맹평의회에 승인을 받기 위한 연설과정에서 전쟁전략이라는 용어를 처음으로 사용하였다고 한다. 그 후 전략이라는 용어는 레닌(Lenin)과 나폴레옹(Napolen) 및 모택동 등이 자주 사용하였다는 기록이 있다. 전략은 오늘날 기업경영에서 다음과 같은 의미로 사용되고 있다. 즉 현재 및 미래의 상황을 분석하여 기업이 나아가야 할 방향을 설정하고, 기업의 목적을 달성하기 위한 수단을 개발하는 활동을 의미한다.

기업조직에서의 전략은 다음과 같은 세 가지의 요소가 함축된다. 첫째, 전략은 어떤 특정의 활동(제품·서비스·자원배분)에 대한 선택이다. 둘째, 전략은 실행계획의 수립 이전에 방향을 제시하는 것이다. 셋째, 조직이 하나 이상의 전략을 설정할 경우에는 반드시 전략의 틀 속에 통합되어야 한다.

그러므로 전략이란 포괄적인 활동의 주요 방향을 설정하고 조직활동을 위한 자원배분의 지침이 된다.

2.1.2 경영전략

경영전략이란 기업이 주어진 환경에 적용하거나 환경 자체를 창출함으로써 상대적인 경쟁력을 확보하려는 미래지향적이고 동태적인 장기계획을 말한다. 경영전략은 기업목표의 설정, 대체적 수단을 결정하는 의사결정, 경쟁환경에의 적응과 대응의 요소가 포

표 14.1 경영전략 구분

구분	내용
기업전략	기업전략이란 상위의 전략으로서 기업집단 전체의 경영을 지배하는 경영전략을 말한다. 다시 말해서 그룹전체의 차원에서 수립되는 전략을 기업전략이라고 한다. 기업전략은 그룹의 기업들이 어떤 산업부문에 참여해야 하는가와 인적·물적 자원할당을 어떻게 해야 하는가의 질문을 중심으로 수립하게 된다.
사업전략	사업전략은 기업의 장기목표를 달성하기 위해 개별기업이 추구해야 할 전략을 수립하는 것을 말한다. 사업전략은 다음과 같은 내용으로 구성된다. 첫째, 시장에서 어느 업체와 경쟁하게 될 것인가? 둘째, 기업이 제공하는 상품과 서비스는 무엇인가? 셋째, 자원은 어떻게 배분할 것이며 주요한 기술은 무엇인가?
기능전략	기능전략은 사업내용과 그 기업이 가지고 있는 사명이 결정된 후에 세부적으로 형성이 되며, 마케팅·제조·연구개발·서비스·물적 유통 등을 포함한다. 기능전략 내용은 상대적으로 강조되는 주요한 기능의 영역과 자원분배 등이다.

함된다. 경영전략은 수준에 따라서 기업전략, 사업전략, 기능전략으로 구분할 수 있다.

2.1.3 경영전략과 마케팅전략의 관계

경영전략이 기업 전체의 나아갈 길을 제시하는 기능을 수행한다면, 마케팅전략은 특정상품과 시장의 나아갈 방향을 설정하는 기능을 의미한다. 경영전략과 마케팅전략은 다음과 같은 차이점이 있다. 첫째, 여러 사업본부가 있는 경우에 경영전략은 각 사업본부에 대한 줄거리로 수립될 수 있으나, 마케팅전략은 각 시장상품마다 별개로 수립하게 된다. 그러므로 마케팅전략은 사업본부·상품·시장·상표 등에 따라 다른 내용이 수반될 수밖에 없다. 둘째, 경영전략의 세부전략 또는 기능전략에는 마케팅 이외에 제

그림 14.2 마케팅전략 수립과정

- 1단계: 마케팅 조사
- 2단계: 3C(Customer, Company, Competitor) 분석
- 3단계: STP
- 4단계: 마케팅믹스(Marketing Mix)

조·연구개발·서비스·물적 유통·인력·시설·자금 등과 같은 다른 경영기능도 포함하게 된다. 따라서 경영전략은 마케팅전략을 포함하는 상위의 개념이다.

상기의 차이점도 있으나, 두 개의 전략수립 절차에서는 차이를 구별하기가 어려운 점도 있다. 첫째, 경영전략의 수립을 위한 환경분석과 요구되는 정보는 마케팅전략의 수립에서도 긴요한 것이다. 둘째, 전략수립의 접근방법은 양자간에 비슷하다. 특히 단일 사업본부의 경우에는 양자간의 구별이 어렵다.

결과적으로 단일 사업본부의 기업에서는 경영전략과 마케팅전략의 수립은 거의 일치하고, 여러 사업본부를 지닌 기업에서는 사업본부별 마케팅전략의 종합된 내용이 경영전략이라고 볼 수 있다.

2.2 마케팅전략의 수립

마케팅전략이란 시장지향적 사고에 의한 마케팅의 구조변혁에 관한 창조적인 기획과 의사결정인 것이다. 그것은 고객지향을 기본으로 삼아서 장기적·통합적·동태적인 관점에서 마케팅의 여러 방책(方策)을 유기적으로 종합시키는 활동이다. 마케팅전략은 마케팅방침에 의하여 규제됨과 동시에 전략의 수립을 통하여 마케팅방침을 보다 창조적인 방향으로 변화시켜 나아가게 된다.

성공적인 마케팅활동의 과업은 다음과 같이 요약할 수 있다. 첫째, 기본제품에 대

그림 14.3 마케팅전략 수립

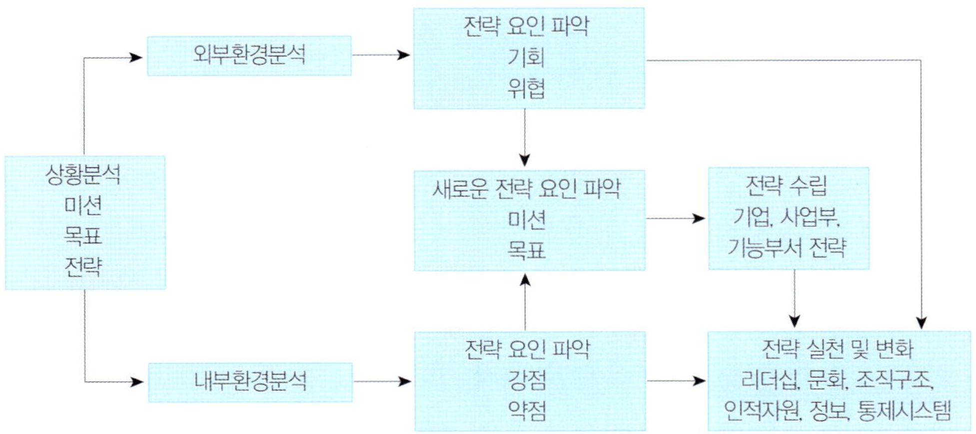

한 새로운 마케팅활동이나 신제품 도입을 위한 마케팅 과업, 둘째, 시장의 환경변화에 따른 새로운 마케팅 프로그램의 조정 및 유지를 위한 과업이다. 시장지향적 사고에 의해서 제품이나 서비스의 효과적인 마케팅관리를 하기 위해서는 기업과 고객 그리고 시장환경과의 상호관련성을 반드시 고려하여야 한다. 이러한 관계를 성공적으로 관리할 때 제품과 서비스의 성공가능성도 높아지는 것이다.

마케팅전략의 수립에는 절대적인 원칙이 있는 것은 아니다. 그러나 특정한 상황에 처해서 전략의 수립에 지침이 될 수 있는 기본적인 사고는 존재한다. 브랜취(Melville Branch)는 정상적인 절차를 밟아서 마케팅전략을 수립하게 되면 기업이 얻게 되는 혜택을 다음과 같이 제시하였다. 첫째, 경영자가 조직적으로 사고할 수 있다. 둘째, 마케팅활동을 효과적으로 조정할 수 있다. 셋째, 마케팅활동의 통제에 필요한 성과기준을 마련할 수 있다. 넷째, 마케팅목표와 정책을 분명하게 설정할 수 있다. 다섯째, 급격한 상황변동에 신속하게 대처할 수 있다. 여섯째, 전략수립에 참여하는 관계자가 책임감을 갖게 된다.

2.2.1 상황분석

상황분석은 마케팅전략의 수립에 필요한 여러 가지 사실들을 제공하여 준다. 상황분석의 목적은 첫째, 외부여건으로부터 기업에 새로운 사업기회를 부여하거나 또는 위협을 주는 변수를 찾아내는 일이고, 둘째 경쟁사에 비해서 자사의 강점과 약점을 파악하는 것이다.

상황분석을 위해서는 다음과 같은 질문에 유의해야 한다. ① 현재와 미래의 고객은 누구이며, 그들은 어디에 있는가, 그들의 문제·욕구는 무엇인가? ② 고객들이 다른 곳에서 구할 수 없는 혜택을 특정업체가 제공해 줄 수 있다면 그것은 무엇인가? ③ 특정업체의 현재 상태는 어떠한가? 현재의 위치에서 자사는 특정목표에 언제 도달할 수 있는가? ④ 왜 그와 같은 목표를 수립하는가? ⑤ 그러한 목표의 달성에 있어서 극복해야 할 문제는 무엇인가? ⑥ 현재의 계획과 전략이 특정목표의 달성에 적합한가? ⑦ 주요 경쟁사는 어디인가? ⑧ 경쟁사의 목적과 전략은 어떠한가? ⑨ 경쟁사의 가격, 유통, 서비스, 고객 및 여타 공중과의 관계, 강·약점은 어떠한가?

상황분석은 과거실적분석, 일반환경분석, 고객분석, 경쟁분석, 기업내부 여건분석으로 이루어진다. 이상의 5가지 분석의 결과는 기회 및 위협의 파악과 강점 및 약점의

그림 14.4 마케팅전략의 수립절차

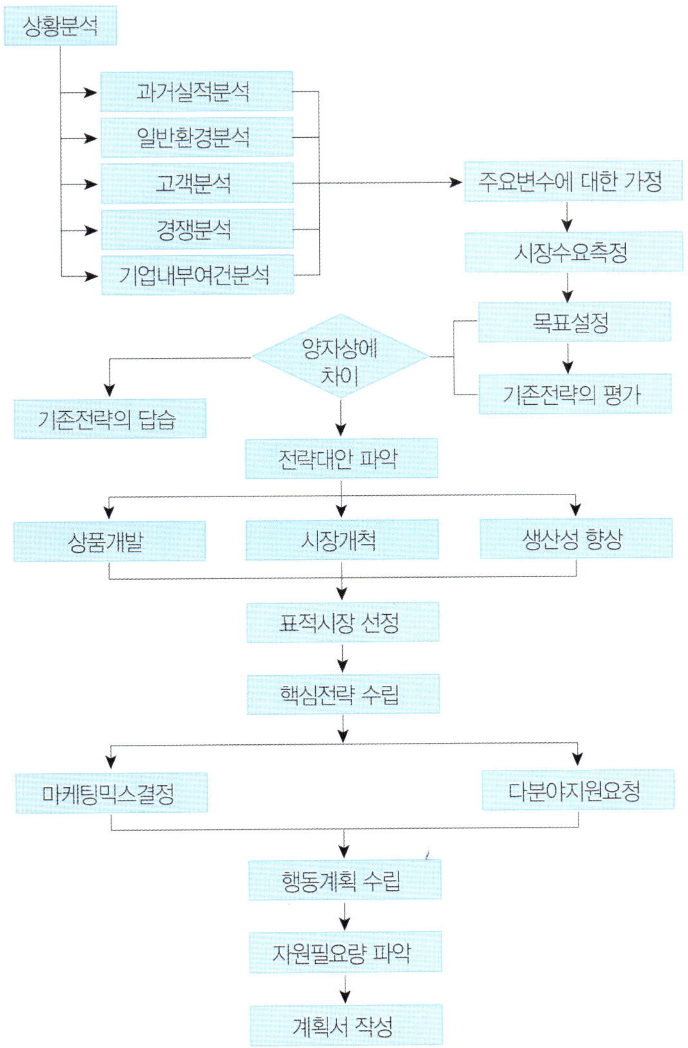

파악인 것이다. 이와 같은 조직과 환경에 대한 현실적인 이해를 명확하게 하고 분석의 결과를 도출하는 방법으로 SWOT 분석을 활용한다.

2.2.2 목표설정

마케팅이란 기업과 고객 간의 교환이나 거래행위를 원활하게 하는 활동이다. 이는 결국 의사소통 활동과 운영활동에 의해 수행되며, 이들 두 활동은 마케팅 목표에 명확하게 반영되어야 한다. 상황분석이 이루어진 후에 마케팅목표를 설정하게 된다. 목표를 설정한다는 것은 곧 마케팅전략의 방향과 지침이 될 수 있는 표적을 부여하는 것이다. 이는 다음 해에 회사가 수행해야 할 일이 무엇이며, 모든 마케팅의 기준이나 기타 사항들을 얼마만큼 제고시키고자 하는가를 의미한다.

마케팅목표는 전반적인 회사목적을 수행하기 위한 하부목적이기도 하다. 목표를 설정함에 있어서 예측과 목표를 혼동해서는 아니된다. 예측이란 앞으로 닥쳐올 환경조건 중에서 회사가 기본적으로 종전과 같은 활동을 실시한다고 하면, 어디까지 도달할 수 있는가를 표시하는 것이다. 목표는 회사가 도달하려고 하는 것을 뜻한다. 그러므로 목표설정시 예측은 기초가 된다. 마케팅목표를 설정하는 데 있어서 각 목록들은 그것이 전체적인 기업의 이익에 기여할 수 있는 것인지가 검토되어야 한다. 그러므로 부서의 목표는 최종 승인을 받기 전에 다른 부서들과 조정되어야 한다. 모든 목표는 기업의 상황분석의 틀 안에서 설정되어야 한다.

2.2.3 표적시장 선정

표적시장을 선정하는 것은 불특정 다수를 대상으로 한 개별 마케팅 노력의 무모성을 전략적으로 집중화시키는 것을 의미한다. 모든 시장은 다수의 고객집단으로 구성되어 있으며 각 고객집단의 필요나 욕구도 각기 상이하다. 또한 기업이 전체시장을 상대로 필요한 제품이나 서비스를 제공할 수 있는 능력이나 자원도 부족할 때가 많다. 그러므로 고객이 지니고 있는 특성에 따라 시장을 세분화할 필요성이 대두되는 것이다. 최종적인 표적시장을 선정하기까지의 3단계를 살펴보면 다음과 같다.

(1) 잠재고객의 특성파악

잠재고객의 특성은 일차적으로 인구통계적 특성으로 기술될 수 있다. 성·연령·학력·소득수준, 가족수준의 라이프 사이클이 여기에 해당된다. 이는 고객의 특성 및 시장세분화의 가장 일반적인 척도로 사용된다. 잠재고객의 특성을 보다 구체화시키는 또 다른 척도로 심리적 특성, 소비습관과 구매행동적 특성, 지리적 특성 등을 들 수 있다.

(2) 시장세분화

시장세분화는 여러 측면에서 파악된 소비자 개개인들을 공통된 특징 집단으로 묶어서 분류해 보는 작업이다. 세부집단 내부적으로는 하나 또는 두 개 이상의 복수척도를 그 특성으로 공유하게 되며, 세분집단 간에는 서로 배타적인 특징으로 구분할 수 있다. 세분시장 단위는 '배타적 욕구의 집합체'라고 한다.

시장세분화의 과정을 거쳐서 표적시장이 선정되면 기업은 정보를 활용하여 앞에서 살펴본 집중적 성장전략을 구가한다. 즉 시장과 제공할 수 있는 제품의 매트릭스에 따라 적합한 전략을 채택하여 표적시장에 대응하게 된다. 시장의 진출전략에는 다음과 같은 방법이 있다. ① 단일제품으로 단일시장에 집중적으로 진출하려는 전략, ② 모든 고객집단을 대상으로 단일제품을 전문적으로 생산하여 제공하는 전략, ③ 특정의 고객집단 내에서도 각각 필요나 욕구가 다를 수 있으므로 그것을 충족시켜 주기 위하여, 가능한 제품을 모두 제공하려는 전략, ④ 서로 관련이 없는 몇 개의 시장전망을 좋다고 판단하고 각 시장부문에 적합한 제품을 선별 생산하여 제공하는 전략, ⑤ 전 제품을 전체 시장에 판매하려는 전략

(3) 시장규모의 추정과 수요예측

전체 또는 세분 시장규모의 추정과 수요예측은 개념적으로 분류된 각각의 시장에 대한 경제적 측면의 사업타당성 검증이다. 예측에는 수요예측과 판매예측이 있다. 수요예측은 장래 발생할 가능성이 있는 모든 수요(현재수요와 잠재수요)에 대한 예측이기 때문에 '팔릴 예측'이라고도 말할 수 있다. 따라서 수요예측은 한 국가 또는 전 사업의 수요를 대상으로 하는 예측이라고 말할 수 있다.

판매예측은 어느 기업이 팔 가능성이 있는 수요의 예측이다. 즉 실제로 판매될 판매액 내지 판매량의 예측이기 때문에 '팔 예측'이라고 말할 수 있다. 이와 같이 수요예측과 판매예측은 예측의 대상이나 범위에 있어서 서로 다르지만, 기업에 있어서 최종적으로 필요한 것은 '얼마나 팔 것인가' 하는 판매예측이다. 일반적으로는 수요예측과 판매예측을 구분하지 않고 사용하는 경우도 있다.

2.2.4 전략수립

핵심전략은 차별적 우위에 근거하여 기업이 동원할 수 있는 제한된 자원을 활용하여, 중점적인 노력의 투입으로 목표를 달성하려는 사고방식의 개념이다. 핵심전략은 여러 차원에서 구상될 수 있다. 이러한 전략구상의 원천은 마케팅관리자의 통찰력에서부터 위원회에 이르기까지 다양하다. 어떤 경우이든 아이디어를 짜내고 선택하려면 자유로운 활동을 억제하지 말아야 한다. 처음에 좋다고 생각하는 것을 가장 좋은 아이디어

표 14.2 마케팅믹스의 구성요소

제품	유통	촉진활동	가격
• 품질 • 특징 • 스타일 • 상표명 • 포장 • 크기 • 서비스 • 품질보증 • 반품	• 경로 • 위치선정 • 재고관리 • 수송	• 광고 • 인적판매 • 판매촉진 • 홍보활동	• 정가제 • 할인 • 외상판매 • 신용공여

라고 단정하지 말고, 평가와 선택을 하기 전에 여러 가지 가능성을 나열해 보아야 한다. 선택 가능한 여러 전략들을 고안해 낸 다음에는 어느 것이 마케팅목표에 가장 적합한 것인가를 결정하기 위해 평가해 보아야 한다. 그리고 회사의 기존자원, 역량, 문제점의 한도 내에서 어떠한 전략이 효율적으로 수행될 수 있을 것인가도 결정해야 한다.

핵심전략이 결정되면 이를 뒷받침할 마케팅믹스와 타기능 분야의 지원내용이 결정되어야 한다. 마케팅믹스(Marketing mix)란 표적시장에서 기업이 목적을 달성하기 위하여 통제가능한 마케팅변수를 적절하게 배합하는 것을 말한다. 통제가능한 마케팅변수는 크게 분류하여 제품(Product), 가격(Price), 유통(Place), 촉진(Promotion) 등 네 가지가 있다. 이를 일컬어 4P라고 한다.

마케팅관리자는 제품, 가격, 유통, 촉진활동의 조합인 마케팅믹스를 통해 의사소통활동과 운영활동을 수행하여야 한다. 이 두 가지의 활동은 상호 보완작용을 하는 것이지만 의사소통활동이 우선적인 역할을 하게 된다. 의사소통활동을 통해 수집된 고객의 관심을 실제 거래로 전환시키기 위해서는 거래상에서 나타나는 여러 가지 장애들을 제거시킬 수 있는 운영활동이 필요하다. 즉 운영활동은 의사소통활동을 지원해야 한다.

2.2.5 마케팅계획의 구체화

마케팅 계획서는 길이와 규모를 일률적으로 정하는 기준은 없다. 실제로 계획서는 기업의 규모, 제품의 다양성, 시장의 수와 종류에 따라 매우 다양하다. 단 계획서는 기업의 목표와 요구사항에 맞도록 작성되어야 한다.

계획은 자세하게 제시되어 모든 관계자가 자기에게 부여된 것이 무엇인지를 알아야 한다. 그리고 중요한 주제들은 계획에서 독립된 항목으로 처리한다. 예를 들어 기능별로 구성된 마케팅조직의 경우에는 주요 마케팅 기능별로 계획을 분리할 수 있다. 그리고 마케팅조직 등으로도 계획을 세분할 수 있다. 제품중심으로 조직이 되어 있을 경우에는 각 제품에 따라 계획을 수립한다. 그리고 고객중심으로 되어있는 경우에는 각 시장을 대상으로 계획을 세분할 수 있다. 또한 어떤 경우라도 광고와 판매촉진 그리고 판매력에 대한 계획을 개발해야 한다. 마케팅 계획서는 다음의 내용을 체계화시킨다.

- 기업의 목적과 목표
- 마케팅목표
- 마케팅전략
- 마케팅 프로그램

마케팅계획이 경제적이고 효율적으로 전달되고 운영되려면 다음의 지침사항들이 도움이 된다. ① 계획수립 과정에서 폭넓은 쌍방 커뮤니케이션이 사용되면 계획에 참여한 사람들이 계획을 수행하는 데 보다 적극성을 띠게 된다. ② 마케팅임원에 의해 공식적으로 계획을 승인 받는다. ③ 최종계획서를 모든 관리자에게 배포해서는 안된다. 각각의 역할을 맡게 될 관리자에게 그가 해야 할 일이 무엇이고, 왜 해야 하는가에 대한 사항만을 배포하면 된다. ④ 계획을 관리자와 관계자가 알 수 있도록 설명할 수 있는 시간을 갖는다.

2.3 시장세분화

2.3.1 시장세분화의 개념

마케팅에서의 시장이란 바로 고객집단을 의미한다. 따라서 어떤 교환행위가 발생하는 장소를 일컫는 유형의 시장개념과는 구별된다. 고객이란 모두 동질의 집단은 아니며 각기 특색을 가지고 있게 마련이다.

시장은 그 용어가 어떻게 사용되든 구매자와 판매자 사이의 교환이 이루어지는 곳이다. 교환의 발생은 고객의 욕구와 이들 욕구에 부응하고자 하는 기업의 노력, 그리고 여러 가지 환경적 요소들에 의해서 결정되는 것이다. 이들 세 요소의 상호작용들이 효과적으로 관리되어질 때, 바람직한 상승효과가 발생되고 교환이 더욱 촉진되는 것이다. 어느 시장에서도 기업이 효율적으로 활동할 수 있는 특정부문이 있는 것이다. 따라서 한 기업이 시장전체를 두고 경쟁하기보다는 그 기업이 제품이나 서비스를 효과적으로 제공할 수 있는 가장 유망한 시장부문을 파악할 필요가 있다.

시장세분화란 기업이 시장을 일정한 기준에 따라서 몇 개의 동질적인 고객집단으로 나누는 것을 말한다. 즉 시장세분화는 서로 다른 구매의욕과 필요조건을 가진 구매자를 식별하는 과정이다. 시장세분화는 소비자의 욕구와 수요에서 출발하여 한정된 시장을 깊이 탐구하는 것이다. 따라서 시장세분화 정책은 다양한 소비자의 욕구와 기호에 대처하여 가는 소비자지향의 마케팅이다. 이와 같은 시장세분화가 요청되는 원인 또는 배경을 들면 다음과 같다. ① 시장의 양적 심리적 포화상태, ② 소비자욕구의 다양화, ③ 경쟁의 격화, ④ 상품수명의 단축 등이다.

시장세분화와 유사한 용어로서 제품차별화가 있다. 제품차별화는 공급측의 의사대로 수요를 유도하는 것을 뜻한다. 즉 개별기업이 수요를 시장에 제공하는 제품 및 서비스에 부합되도록 바꿔가려는 시도이다. 시장세분화는 수요층의 입장에서 소비자 및 사용자의 요구에 대해 제품 및 마케팅활동을 합리적이고 보다 정밀하게 정립해 가는 전략이다.

2.3.2 시장세분화의 요건과 효익

(1) 시장세분화의 전제조건

시장세분화를 하는 방법은 여러 가지가 있으나 모든 세분화가 다 효과가 있는 것은 아니다. 그러므로 마케팅관리자는 시장을 일정한 기준에 따라 구분하여 표적시장을 명확히 파악하고, 목표달성을 위한 각종 마케팅기법의 최적결합을 추구한다. 효율적인 시장세분화를 하기 위해서는 다음과 같은 전제조건이 충족되어야 한다.

먼저, 측정가능성으로 시장부문의 크기와 구매력을 측정할 수 있어야 한다. 고객집단의 특성에 대한 정보가 존재하고 이러한 정보를 충분히 입수할 수 있어야 한다는 것을 의미한다. 둘째, 접근가능성이다. 기업이 선정된 시장부문에서 고객집단에게 효과적으로 접근하여 집중적인 마케팅활동을 수행할 수 있어야 한다. 셋째, 실체성이다. 시장부문의 규모가 크고 수익성이 커서 별도의 시장으로 개척할 가치가 있으므로 별도의 마케팅 프로그램이나 노력을 수립하여 집행하는 것을 뜻한다.

(2) 시장세분화의 이점

시장을 세분화하면 다음과 같은 이점을 얻을 수 있다. ① 기업은 보다 쉽게 마케팅

기회를 파악할 수 있으며, 이를 비교 활용할 수 있으므로 보다 유리한 마케팅전략을 전개하게 된다. ② 각 시장부문이 나타내는 마케팅에 대한 반응의 차이를 활용함으로써 마케팅예산을 보다 합리적으로 배분할 수 있게 된다. ③ 기업의 입장에서 제품을 시장의 요구에 보다 더 잘 적용할 수 있도록 조정하는 것이 가능하다. 왜냐하면 세분된 시장부문의 특성에 부응하는 차별적 마케팅활동을 수행하기 때문이다. ④ 포화된 시장을 재개발할 수 있게 하며 동질적인 시장에 대한 이질화정책의 수행을 가능하게 한다.

2.3.3 시장세분화의 기준

시장을 세분화하는 데는 유일한 방법이나 최적의 방법이 존재하는 것은 아니다. 왜냐하면 세분할 기준의 변수가 다양하기 때문이다. 마케팅관리자는 새로운 마케팅기회를 가져다주는 세분화 변수와 조합을 발견할 가능성에 유념하여야 한다. 그리고 시장세분화의 기준과 주요소에 대하여 그 내용을 이해하고 세분화의 효과를 얻을 수 있도록 전략을 전개해 나가야 한다.

(1) 지리적 변수

소비자의 욕구와 반응이 지역적으로 다르다는 발상에서 국가별, 도별, 시별, 구별 또는 인구밀도, 도시의 규모, 기후 등에 따라 시장을 세분하는 것이다. 산업에 따라서는 지리적 변수에 따라 소비자의 필요나 선호가 다른 경우가 많다. 기업은 특정지역 시장에서의 예상판매량과 판매비가 입지에 따라 변동됨을 파악하게 된다. 따라서 기업이 가장 유리하게 마케팅활동을 전개할 수 있는 지리적 시장을 분석하여야 한다.

(2) 인구통계적 변수

인구통계에 의한 시장세분화는 예컨대 연령, 성, 가족수, 소득, 직업, 학력, 가족생활주기, 종교, 국적, 가구의 크기, 소유(지위·재산) 등과 같은 인구통계변수를 기준으로 시장을 세분하는 것을 말한다.

정부의 통계는 시장세분화 수단으로서 기업이 쉽게 이용할 수 있는 1차적 정보이다. 정부의 통계에서 추출되는 특성은 마케팅전략의 구상에 도움이 된다. 소비자집단을 구분함에 있어서 인구통계 변수를 오랫동안 이용하여 온 것은 소비자의 욕구, 선호, 제품 사용횟수 등이 인구통계 변수와 밀접한 관련이 있는 경우가 많기 때문이다. 또 하나의 이유는 인구통계 변수가 다른 어느 변수보다도 시장규모의 측정이 용이하기 때문이다. 표적시장을 비인구 통계적으로 표현할 경우에도 시장규모와 시장진출방법을 모색하기 위하여 인구통계의 특성을 이용하게 된다.

(3) 심리분석적 변수

소비자를 사회계층·생활양식·개성과 같은 특성을 기준으로 세분하는 것을 말한다. 심리분석적 변수는 인구통계적 변수보다 구체적인 정보를 제공해 주는 장점이 있으나, 다른 변수보다 상대적으로 모호한 개념을 다루기 때문에 측정하기가 어렵다는 단점이 있다. 한편 심리분석적 변수로 특정시장이 묘사되었을 때, 그 특정시장이 구체적으로 어떤 욕구를 가지고 있는지가 확실치 않은 경우가 있다.

심리분석적 변수 중 가장 대표적인 것이 생활양식에 의한 세분화이다. 생활양식이란 사회 전체 또는 사회 일부계층의 특징적인 양식을 말한다. 이것은 특정문화나 특정집단의 스타일로서 다른 문화나 다른 집단과 구별할 수 있게 해준다. 따라서 생활양식은 문화, 가치관, 자원, 심볼, 행동양식의 총화로서 상품의 구매 및 소비행위를 통하여 특정사회나 특정집단의 스타일을 반영하게 되는 것이다.

(4) 형태적 변수

소비자가 제품이나 제품의 특성에 대하여 추구하는 편익, 사용량, 제품에 대한 태도, 상표애호도, 시장요인 등을 기초로 하여 시장을 세분하는 것을 말한다.

3. 소비자행동

소비자행동이란 경제적 재화나 서비스를 획득하고 사용하는 데 직접 관련된 개인의 행위이며, 이러한 행위에는 그에 앞선 의사결정 과정이 포함된다. 그러므로 소지자행동 연구는 여러 학문의 성과를 응용함으로써 소비자의 소비내용 및 소비대상에 대한 구매의사결정 과정과 구매행위를 포함하고 있다.

소비자행동은 소비행동과 구매행동으로 구분할 수 있다. 소비행동은 소비자의 행동·관심·의견을 구현하기 위한 수단으로 활용되고, 구매행동은 일반소비자를 비롯한 산업구매자·재판매자·정부의 구매의사결정 및 구매행동도 포함하고 있다. 소비자는 구매과정을 거치는 동안에 많은 내적·외적 요인에 의하여 영향을 받는다. 외적 요인은 크게 사회·문화적 요인과 기업의 마케팅요인으로 나눌 수 있다. 내적 요인은 개인적인 요인과 심리적인 요인으로 대별된다.

오늘날의 소비자는 '경제인'이라기보다는 '행동과학인'이라고 표현하는 것이 더 정확할 것이다. 왜냐하면 소비과학적 관점에서 하나의 전체적 시스템으로 이해되어야 하기 때문이다. 소비자를 전체적 시스템으로 간주하고 접근하기 위해서, 인간의 소비활동과 구매활동에 관계되는 동기과정을 규명하는 구매동기 모형과 소비자행동에 영향을 미치는 변수의 상호관계를 설명하는 소비자행동 모형을 살펴본다.

3.1 구매동기모형

3.1.1 마샬의 경제모형

마샬(A. Marshall)의 경제모형은 구매자행동에 관한 구체적 이론을 종합한 것이다. 그는 구매자행동을 매우 합리적이고 의식적인 경제계산의 결과로 보고 소비자의 구매행동에 관한 다음의 가설을 제시하였다. ① 매출액은 제품가격이 낮을수록 증가한다.

그림 14.5 소비자행동모델

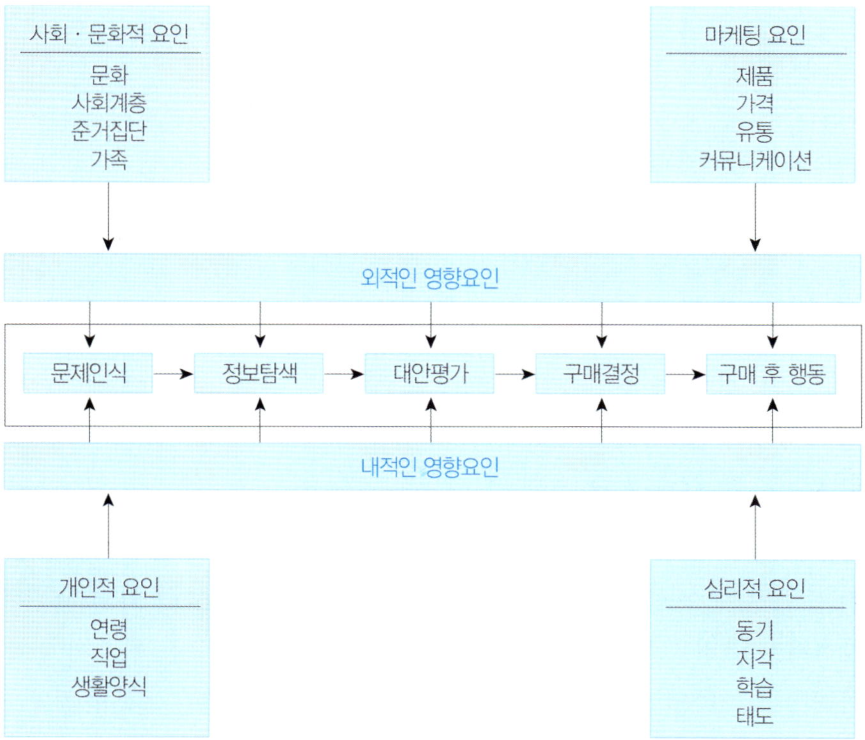

② 매출액은 대체품의 가격이 낮을수록 감소한다. ③ 매출액은 보완재의 가격이 낮을수록 증가한다. ④ 열등재가 아닌 제품의 매출액은 실질소득이 높아질수록 증가한다. ⑤ 매출액은 판매촉진비가 증가할수록 증가한다.

다양한 매출의 증감상황은 경제적 요인만으로 설명이 될 수 없는 경우도 있다. 마샬의 경제모형은 구매자의 분석에 기여하였으나 상표선호의 형성요인은 설명할 수 없다.

3.1.2 파블로프의 학습모형

파블로프(Ivan Pavlov)는 인간행동의 동기를 연상과정(聯想過程)인 학습에 두고, 반응의 조건은 연상에 의하여 이루어진다고 하였다. 그 후 연구결과는 인간행동의 자극－반응 모형으로 통합되었는데 이 모형은 동인, 실마리, 반응, 강화의 네 가지 개념으로 집약되었다.

(1) 동인(動因)

동인은 충동·욕구·동기 등으로 불리우며, 이는 굶주림·갈증·추위·식욕·성욕 등과 같은 생리적 동인과 협동·공포·존경심 등과 같은 학습적 동인으로 구별된다.

(2) 실마리

실마리는 언제, 어디서, 어떻게 반응이 나타날 것인가를 결정하여 주는 약한 자극으로 소비자행동을 지휘하는 세력이다. 이는 상표·포장·가격·품질 등에 관한 차별적 의미를 소비자에게 제공한다.

(3) 반응

반응은 내외부의 자극이 실마리가 되어서 발생하는 유기체의 반작용이다. 구매행동은 최초의 동인이나 자극에 대한 반응이고, 상표의 구매는 구매행동을 인도하는 실마리에 대한 반응이다. 따라서 반응은 과거에 경험한 보상의 정도(동기감소 정도)에 좌우된다.

(4) 강화

강화는 최초동인의 증감에 따라 발생한다. 반응이 보상 정도에 좌우되는 데 비하여 반응을 강화하는 능력은 반응의 유발에 의존한다. 특히 특정반응은 반응의 방향을 제공하는 실마리에 의존하므로, 마케팅의 주요과제는 보상될 수 있는 최초반응을 이끌어내기 위하여 강도 높은 실마리를 제공하는 데 있게 된다.

파블로프의 학습모형은 판매촉진 계획에 활용되고 있으나, 개인의 심리변화에 초점을 맞춘 나머지 개인 간의 상호영향 관계를 설명하지 못하는 결점을 지니고 있다.

3.1.3 프로이트의 정신분석모형

프로이트(Freud)는 인간의 성격구조에 입각한 구매동기모형을 제시하였다. 이 모형에서는 인간심리를 전체적 실체로 보고 본능적 충동(Id), 자아(自我, Ego), 초자아(超自我, Super ego)의 세 가지 구성요소로 형성되었다고 간주한다.

인간의 본능적 충동(Id)은 본능적 욕구의 중심으로서 정신적 자질의 전부를 포함한다. 이는 추리나 논리로 통제되지 않으며 가치윤리나 도의를 가지고 있지도 않다. 이 충동은 유전으로 물려받은 생물적 체질에 입각한 것으로 무의식 속에 머물러 있다. 인간의 자아(Ego)는 개체가 태어나 외계와 접촉하면서부터 싹이 튼다. 인간이 출생 이후에는 태내의 동시적 만족상태를 벗어나고 자신의 욕구충족을 위하여 이해관계와 관련된 환경과 상호작용하게 된다. 인간의 초자아(Super ego)는 자아형성 이후 인간의 도의 준칙이다. 이는 사회관습·법률·예의·죄책감·수치심 등을 인식하여 욕구를 위장하거나 억제하는 것으로 나타난다. 프로이트의 정신분석모형을 비추어 볼 때, 소비자는 제품의 경제적 기능적인 측면 이외에 상징적 측면에 따라 구매하는 경우가 많은 것이다. 그러므로 이 모형은 구매자의 표면적 행동보다 심층에 존재하는 동기를 정확히 파악하는 데 응용되고 있다.

3.2 소비자행동모형

소비자행동 모형은 현상학적 모형·논리적 모형·이론적 모형으로 나누어진다.

3.2.1 현상학적 모형

소비자행동의 현상학적 모형은 소비자가 실제 구매문제의 해결과정을 통하여 경험한 정신적 정서적인 감정과 양태(樣態)를 재현하려는 모형이다. 현상학의 개념은 소비자가 구매자 및 행위자로서 주관적으로 느낀 현상을 다룬다는 뜻이다.

현상적인 모형을 개발하려면 구매자에게 제품의 구매욕구가 발생하였던 시점부터 구매할 때까지의 일련의 생각과 느낌을 회상하도록 요청해야 한다. 이때 구매자는 그와 같은 회상을 구두나 서면으로 행할 수 있다. 이러한 목적을 위하여 작성된 내용을 실험기록(Protocol)이라고 한다.

3.2.2 논리적 모형

현상학적 모형이 경험에 의거하는 데 비하여 논리적 모형은 구매선택의 기본적 가정에 근거한다는 점에서 차이가 있다. 논리적 모형은 구매자가 특정제품의 선택구매에 도달하기까지 통과하게 될 결정의 종류와 순서를 설명하는 모형이다. 이는 잠재소비자에게 특정제품을 구매하게 될 때 직면하는 결정을 서술하도록 요구하거나, 판매자가 직접 구매자의 상황을 상상하여 작성할 수도 있다. 논리적 모형에서의 구매자는 제품·상표·모양·수량·장소·중간상·시간·가격·지급방법 등을 결정하는 문제해결자이다.

3.2.3 이론적 모형

이론적 모형은 구매과정에서 작용하는 여러 가지의 심리학적·사회학적 변수들을 특정한 방식으로 결합한 지적 모형이다. 소비자행동의 이론적 모형에는 하워드 모형(Howard Model), 니코시아 모형(Nicosia Model), 하워드-세스 모형(Howard-Sheth Model), 안드리센 모형(Andreasen Model) 등이 있으나 이 중 하워드-세스 모형은 여러 이론의 통합을 바탕으로 시간경과에 따른 소비자의 상표선택 행동을 설명하는 데 중점을 두고 있다. 이 모형은 다음과 같은 가정에 근거한 것이다. ① 구매란 문제해결을 위한 이성의 행사이다. ② 구매자행동이란 투입자극에 의하여 발생하고 산출로써 구매행동을 가져온다.

4. 제품전략

마케팅믹스의 4P는 우리 인간의 몸에 비유될 수 있다. 제품은 우리 몸의 오장육부에 해당되며, 촉진은 소비자에게 제품을 알리는 이목구비의 얼굴, 유통은 소비자에게 가까이 다가가는 팔과 다리, 가격은 우리 몸의 두뇌에 해당된다. 마케팅은 기업과 소비자를 연결하는 접점이라고 볼 수 있는데, 금전의 교환을 통하여 최종적으로 소비자의 손에 전달되는 것은 항상 제품(무형재의 경우는 서비스)이다. 아무리 독특한 광고를 하거나 판매기술이 뛰어나더라도 제품이 훌륭하지 못하면 일시적으로 끝나 버린다. 고객의 욕구를 구체적인 형태로 충족시키는 역할을 수행하는 것이 제품이다.

4.1 제품계획

제품계획이란 신제품의 개발, 기존제품의 개량, 기존제품의 새로운 용도개발 및 기존제품의 폐기 등에 대해서 기업이 행하는 계획을 말한다. 제품계획에는 장래의 제품이나 원재료에 대한 기초연구 및 연구개발이라는 생산이전의 영역까지 포함되며, 품질·설계·상표명·포장 등의 요소까지 고려된다.

제품계획의 최종적 목적은 고객의 욕구충족에 있으며 동시에 기업성장에의 기여인데, 구체적인 내용을 정리하면 ① 시장의 요구 및 변화에의 대응, ② 소비자의 생활수준 향상에 따른 소비자욕망의 다양화에 부응, ③ 수명이 다한 제품에 대한 대책, ④ 경쟁의 대처, ⑤ 위험의 분산, ⑥ 제품구성의 개선, ⑦ 부산물, 폐기물의 유효한 활용, ⑧ 여유능력의 활용, ⑨ 장래활동에 대비한 훈련 등과 같다.

현대기업의 마케팅활동에 있어서 제품계획과 유사한 개념이 몇 가지가 있다. 제품정책, 제품관리, 제품개발, 상품계획 등이 그것이다. 제품정책이란 제품개발에 관한 정책으로서 기업의 전조직을 특정한 제품개발의 목표를 향해서 이끌어가기 위하여 설정되는 기본방침이라고 할 수 있다. 제품관리는 제품계획보다 더 포괄적이고 광의의 개념으로 제품의 라이프 사이클을 각 단계별로 계획·지도·통제하는 것이다. 신제품에 관한 아이디어의 창조·발견, 아이디어의 심사, 조사의 작업과 제품의 물적 개발의 조정, 포장과 상표설정, 시장에의 도입, 시장개척, 시장을 개척한 제품의 품질개선이나 신용도의 발견, 제품에 대한 수리 서비스의 제공 및 쇠퇴기 제품의 삭제를 포함한다. 제품개발은 새로운 용도의 발견, 기존제품의 형태·모양·색채의 변경, 소비자의 욕구에 보다 적응하기 위한 포장의 고안이라고 할 수 있다. 즉 기존제품의 품질이나 포장품의 개선 등을 의미하는 경우도 있고 신제품의 개발만을 의미할 때도 있다. 상품계획이란 소비자의 욕구에 적합한 상품을 판매하기 위하여 기업이 판매촉진 활동에 중점을 두면서 실시하는 마케팅관리에 대한 대내적 방법 및 정책을 말한다. 그러므로 상품계획에는 상표설정, 포장, 설계, 등급화, 즉석광고, 우량품질 표시, 구색맞춤, 진열 등이 고려되고 있다.

4.2 제품정책

기업은 성장을 도모하거나 경쟁적인 포지션을 유지하기 위한 노력의 일환으로 제품의 다양한 구색을 제공하려고 한다. 기업이 표적시장에 제공하고 있는 것은 다수의 제품계열로 구성되어 있는 제품믹스이며, 각 제품계열은 다수의 품목으로 구성되어 있고, 각 품목은 실물의 제품을 상표화하여 포장된 것으로 구매에 따르는 서비스까지 포함되는 개념이다.

4.2.1 제품믹스와 제품계열

제품믹스란 기업이 판매하고자 제공하는 제품 전체를 말하며 모든 제품계열과 품목을 뜻한다. 제품믹스의 구조는 폭과 깊이로 이루어진다. 폭이란 제품계열의 수로서 측정되며, 깊이란 제품계열 내의 각 제품이 몇 가지의 변종(變種, Variant)으로 생산이 되는가를 가리킨다. 즉 깊이는 사이즈·컬러와 제품계열 내에서 제공하는 모델 등으로 측정한다.

제품계열이란 제품믹스 내에서 유사한 기능을 갖고 있고 동일유형의 유통경로를 통하여 동일한 고객집단에게 판매되거나 주어진 가격범위에 있는 제품군을 말한다. 품목은 하나의 제품계열 내에서 사이즈, 가격, 외양, 기타의 특성에 따라 구분할 수 있는 하나의 제품단위를 지칭한다.

4.2.2 제품수명주기(Product life cycle)

(1) 제품수명주기란

제품을 장기간에 걸쳐서 파악하여 현재의 제품상황과 장래를 보다 정확하게 인식하려고 하는 방법이 제품수명주기의 개념이다. 즉 인간·동물·식물처럼 제품에도 수명이라고 하는 것이 존재한다. 구체적으로 말하면 신제품이 시장에 도입된 후 소비자에게 소구되어 판매됨으로써 점차 성장·발전해 간다. 그러나 시간의 경과와 함께 판매량이 감소하고 종국에는 시장으로부터 자취를 감추게 되는데 이러한 과정을 라이프사이클이라고 한다. 제품수명주기는 통상 도입기·성장기·성숙기·쇠퇴기로 나눈다.

최근에는 신제품의 시장도입이 많고 성장제품의 성장기간이 더욱 짧아지고 있다. 또한 과학기술의 진보에 따라 제품수명주기가 점차 단축되고 있는 상황이다. 따라서 그만큼 성장속도도 빨라지게 된다. 이와 같이 제품수명주기가 빨라지게 되면 상품의 라이프사이클 예측, 후속되는 신제품의 개발, 기존상품의 라이프사이클 연장대책 등을 항상 계획적·지속적으로 추진하지 않으면 시장에서 요구하는 상품을 보유할 수 없게 된다. 신제품개발의 중요성은 이러한 점에서 더욱 부각될 수밖에 없다.

그림 14.6 제품수명주기 동안의 판매 및 이익

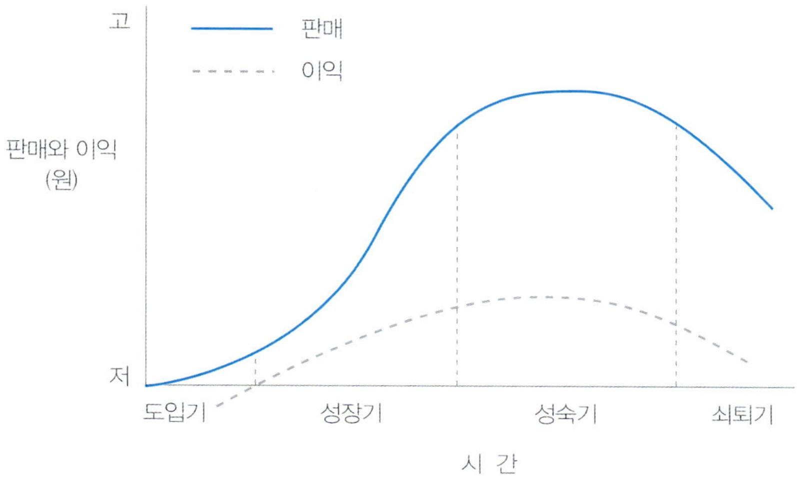

(2) 제품수명수기 단계별 특징

① 도입기

시장에 새로이 도입된 제품에 대해서 소비자는 제품정보를 얻고 있지도 못하며 또한 잘 모르는 상황에 놓여 있다. 아직 수요도 적고 판매량은 완만하게 상승하므로 생산량도 적고 제품코스트도 높은 반면, 신시장개척을 위한 광고 및 판매촉진 비용이 부가되어서 이익은 커녕 적자가 되는 경우도 많다.

신제품을 시장에 도입할 경우 이미 유사제품이 시장에 존재하고 있는 경우와 전혀 존재하지 않는 신제품과는 그 개념상에 근본적인 차이가 있다. 전자의 경우라면 마케팅 전략의 주목표는 선발제품에 대한 자사제품의 특징·우위성 등을 목표로 소비자에게 알리는 것이고, 후자의 경우라면 시장개척의 노력(소비자의 기본적 수요의 환기)이 주목표가 되는 것이다. 광고표현은 상표명을 알리는 것보다 제품의 존재와 용도·효용에 비중을 두고 있다.

② 성장기

두 번째 단계로서 이 시기의 특징은 수요가 급속히 신장하고 경쟁제품이 출현하는 단계라고 말할 수 있다. 생산은 완전조업을 이룩하여 원가를 절감한다. 마케팅전략의 기본은 소비자의 기본적인 수요를 환기시키는 것보다는 자사제품의 특징 및 우위성을 강

표 14.3 제품수명주기와 전략구성

PLC 단계	예비상품화	도입기	성장기	성숙기	쇠퇴기
기본전략	혁신	침투	촉진	방어	철수
전략적 관심사	① 신제품과 서비스의 R&D ② 매출액과 추세예측 ③ 시험생산 및 마케팅테스트 ④ 종업원의 채용과 훈련	① 공급자관계 설정 ② 적자기간의 자금 조달 ③ 생산 및 마케팅 활동확대 ④ 경쟁예측	① 기존제품의 혁신적 R&D ② 생산의 규모경제 추구 ③ 경쟁기업 연구 ④ 상품(제품) 충성도 추구	① 생산(마케팅) 비용 절감 ② PLC 연장 고려 ③ 대고객 서비스 강조 ④ 틈새시장 개발	① 생산(마케팅) 감축 ② 재고감축 ③ 인력재배치 ④ 판촉비 절감과 가격 위주 경쟁 ⑤ 제품종료 계획

조하는 방향으로 전환되어 간다. 성장기에는 아직 가격문제에 대한 혼란이 적으므로 기업은 많은 이익을 올리게 된다. 성장기 후반에 이르게 되면 수요의 신장은 둔화하고 경쟁제품의 침투도 많아진다. 그리고 제품의 품질·기능면에서의 차이도 거의 없게 된다.

③ 성숙기

수요의 신장은 거의 없으므로 답보상황이 지속되는 반면, 오히려 생산능력이 수요를 상회하여 포화상태가 된다. 기업의 이익은 절정을 지나 오히려 감소하게 되며 덤핑 등 가격혼란이 야기된다. 광고 선전의 양은 감소하고 판매촉진 수단이 많이 이용되며, 제품의 보급은 저소득층에까지 미치게 되어 보급률은 상승되고 지명률도 100%에 가깝게 된다. 제품의 차별화정책으로 라이프사이클에 대한 연명책이 강구된다.

④ 쇠퇴기

수요는 심하게 저하되고 또한 판매량도 감소해 가는 시기이다. 기업은 광고비의 투입을 고대하게 되나 그 효과는 기대할 수 없다. 따라서 제품을 생산하고 재고를 보유하는 그 자체가 효율적으로 이루어질 수 없으며, 경영이 악화되어서 종국에는 제품폐기에까지 이르게 된다.

4.2.3 신제품의 개발

신제품의 개발은 중요성과 더불어 위험이 함께 수반된다. 그러므로 기업은 신제품

그림 14.7 신제품개발의 주요 단계

개발의 여러 단계를 착실히 밟아서 성공가능성이 높고 시장지향적인 제품을 개발하여야 한다. 신제품개발의 주요단계는 다음과 같은 과정을 거치게 된다. 이 단계는 신제품개발 과정에서의 의사결정 방법을 논의할 때에 매우 유용한 기준이 될 수 있다.

(1) 아이디어 창출

신제품개발의 첫 단계는 아이디어를 창출시키는 것이다. 아이디어의 창출은 세 가지의 원칙이 준수되어야 효과적이다. 첫째, 아이디어의 수가 양적으로 많아야 한다. 둘째, 아이디어의 질이 우수하여야 한다. 셋째, 아이디어의 창출과정이 조직적으로 관리되어야 한다. 최고경영자는 아이디어의 창출에 따른 비용·시간·위험을 극소화시키기 위하여 사업영역·목적·전략을 사전에 신중하게 결정하여야 한다. 모든 신제품은 개발되기까지 수많은 아이디어를 필요로 한다.

(2) 아이디어 심사

아이디어 창출 단계에서의 목적은 가능한 한 많은 아이디어를 발굴하는 데 있었다. 심사단계는 아이디어를 선별·평가하여 최적의 아이디어를 선별하는 것이 주목적이다. 심사단계에서는 ① 훌륭한 아이디어를 제외시키는 것, ② 제외시켜야 될 아이디어가 상품화로 평가되었을 때 발생되는 과오의 방지를 유의하여야 한다.

① 아이디어의 선별: 선별의 목적은 다음 단계에서 상세히 평가할 가치가 있는 아이디어만 선별하는 것이다. 이 단계에서는 공식보다 상식과 판단이 더 유용하며 쓸모없는 아이디어는 과감하게 제거하는 것이 좋다. 그리고 다양한 관점에서 가능한 모든 수단을 활용하여 선별작업에 임한다.

② 아이디어의 평가: 신제품개발과 시험에는 단순히 아이디어를 선별하는 것보다 더욱 광범위한 분석과 자원의 투입이 뒤따르게 된다. 그래서 제품의 평가과정은 보다 더 치밀하여야 한다. 평가는 6개의 범주(회사의 운영, 잠재시장, 시장가능성, 기술·생산, 재무, 법적 측면)에 대하여 실시한다.

(3) 제품개념의 정립

심사과정을 통과한 아이디어는 제품개념으로 발전시켜야 한다. 제품개념이란 기업이 제품 아이디어를 조성함에 있어서 특정의 소비자가 지니게 되는 주관적인 해석을 말한다. 다시 말해서 제품개념은 제품 아이디어를 좀더 구체적이고 소비자에게 의미있는 언어로 제품을 표현한 것을 뜻한다.

(4) 사업성 분석

제품 아이디어와 관련하여 최적의 제품이 결정된 후, 최종 개발과 시험에 관련된 재무적·시간적 투자가 적절한 것인지에 대한 결정을 내려야 한다. 이러한 문제에 대하여 얻을 수 있는 경제적 이익을 추정할 필요가 있다. 즉 장래의 판매나 비용, 이익의 규모가 기업의 목적을 충족시킬 수 있는 것인가를 예측하여야 한다. 예측결과가 만족스러운 경우에는 제품개발 단계로 들어가게 된다.

(5) 제품개발

제품개발 단계에서는 앞의 네 단계를 통과한 제품 아이디어를 제품으로 구체화시킨다. 지금까지는 추상적인 형태로 제품을 설명하여 왔으나 제품개발 단계에서는 기술적·경제적·기업의 상황적 측면에서 구체적으로 접근하게 된다. 제품개발 단계는 적어도 다음과 같은 세 가지 면에서 중요성을 갖는다. ① 단순한 아이디어에 불과하였던 착상이 구체적인 형태의 제품으로 개발된다. ② 개발단계에서는 매우 많은 시간과 비용의 투자가 수반된다. ③ 제품 아이디어가 얼마나 가능성이 있는가가 구체화된다.

(6) 시험마케팅

개발한 신제품이 만족스럽다고 생각되면 기업은 제품을 본격적으로 시판하기 전에 몇 개의 대표적인 소시장에서 시험마케팅을 한다. 시험마케팅이란 제한된 기간동안 제한된 시장에 신제품을 내놓고 제품에 대한 마케팅전략의 효과와 중간상인과 소비자의 반응을 조사하는 것을 말한다. 시험마케팅을 하는 이유는 크게 두 가지이다. ① 최고경영자가 실제의 판매경험에 근거하여 믿을 만한 예상판매액을 토대로 시판할 것인가에 대해 판단할 수 있게 된다. ② 마케팅전략에 대한 소비자들의 반응을 미리 자세히 연구함으로써 효과적인 마케팅전략을 세울 수 있게 한다.

(7) 시판

시험마케팅까지 통과한 제품에 대하여 최고경영자와 마케팅관리자는 모든 마케팅활동을 공식화하고, 통합시키며, 통제하여야 한다. 이제까지의 단계를 거치는 동안 축적된 정보와 자료를 활용하여 시장지향적인 마케팅활동의 전개가 요구된다. 그러므로 최고경영자와 마케팅관리자는 적절한 판매시기, 목표지역, 표적시장, 마케팅전략의 개발, 시장조사 등에 대하여 합리적인 의사결정을 하여야 한다.

5. 가격정책

마케팅믹스 중에서 판매수입을 올릴 수 있는 요소는 가격뿐이며 기타의 요소는 비용이다. 적정한 가격설정은 마케팅전략의 전개에 있어서 매우 중요한 정책의 영역인 것이다. 가격은 통제 가능한 4P 중의 하나이다. 마케팅관리자가 가격결정을 어떻게 하는가에 따라 기업의 매출액과 이익에 지대한 영향을 미치게 된다. 시장의 상황에 따라서는 제품의 특성, 혁신적인 판매촉진, 합리적 유통경로가 가격결정보다 중요할 수도 있지만 가격을 무시할 수는 없는 것이다. 가격은 복잡하고 다양한 요인의 영향으로 결정된다. 따라서 가격결정은 종합적으로 검토하여 상호간에 유기적 관계를 설정하여야 하며, 가격결정에 영향을 미치는 요인을 살펴보면 다음과 같다.

5.1 가격수준정책

기업은 업계에서 가격선도자가 될 것인지 아니면 가격추종자가 될 것인지를 결정하게 된다. 즉 기업은 가격정책에 있어서 경쟁자의 가격수준 또는 시가를 기준으로 하

그림 14.8 가격결정에 영향을 미치는 요소

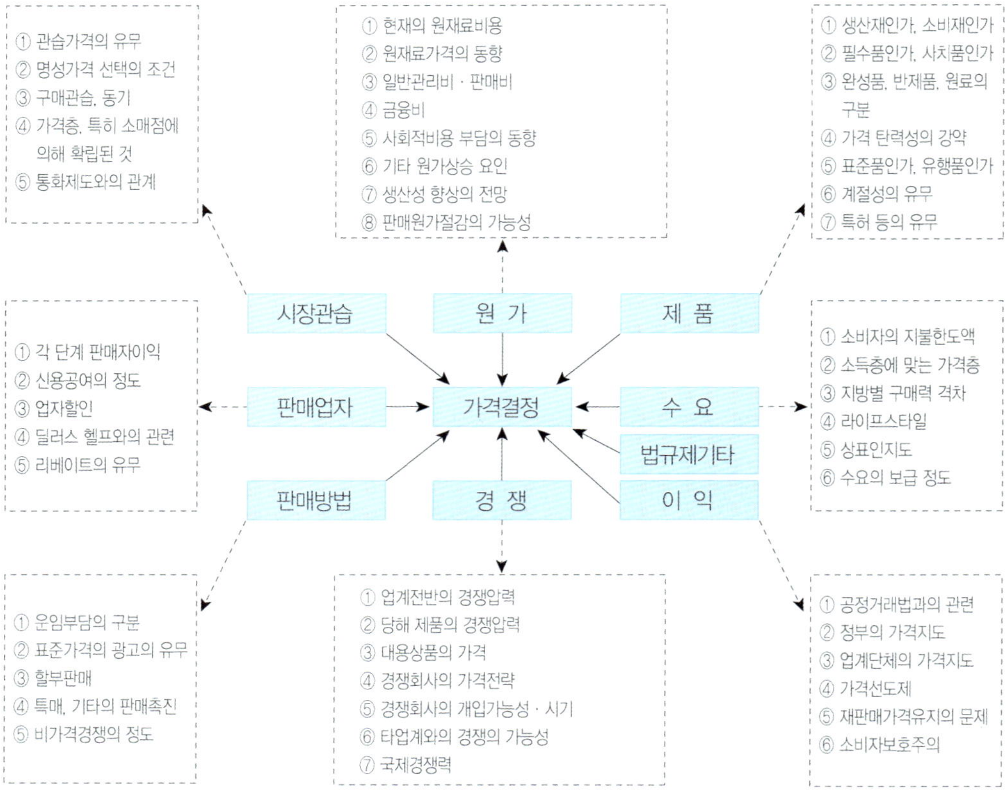

여 시가보다 낮게 혹은 높게 결정할 수밖에 없다.

5.1.1 시가주의

경쟁사의 가격에 추종할 수밖에 없으므로 경쟁사의 가격과 동일하게 가격을 채택하는 정책이다. 시장에서 선수를 취하는 기업을 가격선도자라고 하며, 선도가격에 추종하는 가격을 모방가격 또는 추종가격이라고 한다.

5.1.2 저가주의

상품의 단위당 이윤은 적으나 광범위한 고객층을 흡수하거나 또는 장기적으로 이익을 증대하고자 시도하는 낮은 가격의 정책을 말한다.

5.1.3 고가주의

고소득층을 대상으로 위험을 최소화시키는 입장에서 비교적 높은 수준의 가격을 결정하는 정책이다. 높은 가격으로 고객층이 한정되고 시장에서 수용 속도가 느리며 경쟁자가 빠르게 진출할 가능성이 제기된다.

5.2 신제품의 가격정책

신제품의 가격정책은 두 가지 면에서 중요성이 있다. 즉 판매할 상품의 양과 판매량으로부터 얻게 될 수익의 규모이다. 신제품의 가격을 정확히 책정하기란 어려운 것이다. 그 이유는 과거의 경험만으로 일정하게 책정된 가격에 대하여 시장반응을 알 수 없으며, 경쟁제품의 특성과 품질은 큰 차이를 보이기 때문이다.

5.2.1 스키밍 가격결정(Skimming pricing)

신제품의 도입단계에서 판매촉진 비용을 과다하게 지출하고 높은 가격을 책정하여, 수요곡선상 상층부를 점유하면서 점차 가격을 낮추어 가는 방식이다.

5.2.2 침투가격결정

침투가격결정이란 가능한 한 신속하게 신시장에 침투해 가기 위해서 단일의 저가격을 설정하여 장기적인 안목하에서 개척한 시장을 확보하려는 것이다. 이 방식을 사용하려면 다음과 같은 조건이 갖추어져 있어야 한다. ① 단기적으로 가격이 낮아지면 수요가 증가해야 한다. ② 판매량의 증대에 따른 생산비의 절감이 커야 한다. ③ 제품이 특이하고 이상한 것으로 간주되지 않는 특성을 지녀야 한다.

5.3 할인정책

할인정책은 거래에 따라 가격의 차별화를 실시하는 것으로 도매업자 및 소매업자에 대한 판매의욕의 추진과 메이커 정책에의 협력 등을 목적으로 한다. 이 정책은 구매조건이 상이함에 따라 발생하게 되는 가격차이의 문제이다. 동일한 제품에 대해 가격차이를 두게 되는 근본목적은 이윤의 극대화를 기하려는 데 있다. 제조업자 및 판매업자, 특히 도매상은 여러 가지 이유에서 기본가격 또는 가격표상에 나타난 공시가격에서 일정률의 할인을 한 가격을 실제 판매가격으로 하는 경우가 있다.

6. 유통경로

유통경로는 마케팅믹스를 구성하는 중요한 요소이며 마케팅관리자에게 있어서는 통제가능 영역이 된다. 그러나 현실적으로 유통경로는 간단히 교체하거나 구축할 수 있는 것은 아니며 효율적인 유통경로의 조직화는 일조일석에 이룰 수 없는 것이다. 따라서 견고한 유통경로는 기업의 중요한 자산이라고도 볼 수 있다.

6.1 유통경로의 기능

6.1.1 수급결합 기능

유통의 가장 기본적인 기능은 수요와 공급을 연결하는 활동이다. 수요에 대해서 공급이 확보되지 못하면 가계 소비자가 생활을 영위할 수 없게 되며 정부·병원·학교 등도 업무를 계속할 수가 없다. 마찬가지로 생산재나 자본재의 공급이 중단되면 각 단계의 재생산은 불가능하게 된다.

반대로 수요가 확보되지 못하면 생산은 계속되지 못한다. 생산은 수요를 창조하거나 확보할 수가 없다. 수요의 창조와 확보는 생산과는 다른 별개의 활동이다. 이와 같이 공급을 확보함으로써 소비 또는 사용을 가능하게 하며, 수요를 확보함으로써 재생산을 가능하게 하는 활동을 수급결합 기능이라고 한다.

6.1.2 물적 유통 기능

수급결합과 재화의 물리적 이전은 별도의 업무이다. 시장경제에서 통상적인 거래란 판매는 주문을 받는 것을 말하며 상품은 그 후에 인도된다. 그리고 주문을 받은 뒤에 그 상품을 매입하는 경우는 드물고, 보통 수주를 예측해서 상품을 매입하고 재고과정을 거쳐서 주문이 있으면 재고로부터 인도한다.

이와 같은 경우 수급결합, 즉 거래가 완성되어도 상품이 인도되지 않으면 유통은 완료된 것이 아니다. 그래서 재화를 물리적으로 이전시키는 것은 수급의 결합과 더불어 유통을 성립시키는 불가결의 요인이 된다. 그러므로 수급결합 기능과 아울러 유통의 가장 기본적인 기능은 물적유통 기능이다. 물적유통 기능도 몇 가지 하위기능에 의해 유지되고 있으며 다시 하위기능은 여러 종류의 활동을 통해 수행된다. 수급결합 기능은 그 활동으로서 소유권을 이전시키고 물적유통 기능은 하위기능에 의해 재화의 공간적·시간적인 이전을 가능하게 한다.

6.2 유통경로의 구성

기업은 유통경로의 평가를 하고 유통경로의 선택을 하고 나면 유통경로의 구성을 위한 중간상의 수를 확정하게 된다. 여기에는 세 가지의 대체적 방안이 있다.

6.2.1 개방적 유통

유통경로의 각 단계에 이용할 수 있는 모든 도매상·소매상에 제품을 유통시켜 판매하고자 하는 개방정책이다. 편의품의 판매에 적합한 정책이다. 폭넓게 시장을 점유하고 많은 제품을 보다 많은 점포에 진열하여 소비자는 구매할 기회를 획득하게 된다.

6.2.2 선별적 유통

정책에의 협력, 거래량의 정도, 경쟁제품의 취급유무, 신용상황 등의 측면에서 선별하여 유통경로를 구성하는 정책이다. 선정된 도매상 및 판매점이 메이커의 제품확충 판매에 의욕을 가지고 시장개척의 추진을 기대하는 정책이다. 선별적 유통정책은 메이커의 마케팅정책을 말단시장까지 일관되게 침투시킬 수가 있다. 또한 지역적인 요소와 특징을 가미해서 선별하면 전체시장을 커버할 수 있다. 선별적 경로에 적합한 상품은 비교적 가격이 비싼 특별품 또는 전문품으로서 소매상의 추천이 요구되는 조건 등을 갖추고 있는 경우이다.

6.2.3 전속적 유통

하나의 도매업자에게 특정지역의 전매적 판매권을 부여하는 정책이다. 메이커는 경쟁제품을 취급하지 말 것을 요구하는 배타적 거래, 즉 판매전력화 전략의 전형이다. 전속적 유통정책은 보다 적극적으로 자사제품의 시장개척과 마케팅정책에 대한 협력을 추구할 수 있다. 전매적 판매권을 부여받은 업자는 노력 여하에 따라 직접 자신의 매출 및 이익증대를 이룩하게 된다.

6.3 유통경로의 관리

유통경로에 대한 강화와 정비의 경향을 계열화라고 한다. 유통조직을 계열화하는 가장 큰 이유는 1~2차점에서 경쟁을 피하고 직접 소비자로 접근하여 가는 힘을 강화하기 위한 것이다.

6.3.1 유통조직의 계열화

(1) 자본투하에 의한 계열화

도매단계와 소매단계가 메이커의 자본에 의해 설정된 경우이다. 그러나 도매상·소매상의 단계에까지 메이커가 자본을 투하할 경우 자본염출은 방대하게 되고, 또한 자본효율도 악화되므로 도매상 단계에서 그치는 경우가 많다. 소매단계는 자본을 투하하지 않고 계약에 의해 계열화를 추진하게 된다.

(2) 계약에 의한 계열화

계약으로 계열화하는 경우이다. 이와 같은 형태에는 특약점·대리점제도를 취한다. 특약점은 계약을 체결하여 특정 판매지역에서 제품의 전매권을 얻게 된다. 특약점은 메이커와 경쟁 상태에 있는 타사의 상품은 판매하지 않을 것과 제품판매를 위하여 노력할 것 등을 약속하는 경우가 많다. 도매상과는 도매대리점 계약을 체결하고 도매대리점은 계약에 따라 판매활동을 특정지역으로 한정하게 되며, 판매가격과 판매조건 등의 규제를 받는 경우도 있다. 실질적으로는 메이커 판매조직의 일부로서 어느 정도 메이커의 지배하에 들어가게 된다.

(3) 자본투하와 계약의 병용에 의한 계열화

메이커가 자본을 투하하여 도매기관을 만들고, 도매기관이 소매상과 계약관계를 맺음으로써 계열화하는 것의 전형적인 형태이다. 그리고 메이커가 기존의 도매상에 자본의 일부를 출자하여 도매상 단계에서 계열화하는 경우도 있다.

6.3.2 수직적 마케팅시스템

수직적 마케팅시스템(VMS: Vertical marketing system)은 유통조직이 생산시점과 소비시점을 하나의 고리형태(Circle)로 계열화되어 있는 유통계열화를 말한다. 전통적인 유통관리시스템은 유통경로 구성원인 제조업자·도매상·소매상·소비자를 각각 별개로 파악하여 운영한다. 수직적 마케팅시스템은 유통경로 구성원 전체를 소비자의 필요와 욕구를 만족시키기 위한 유기적인 전체 시스템으로 운영하는 유통경로를 의미한다.

(1) 관리형 수직적 마케팅시스템

생산에서 유통에 이르기까지 각 구성원들이 소유나 계약이라는 형태로 관계를 유지하는 것이 아니라, 동일 경로상에서 가장 영향력이 큰 구성에 의하여 협조가 이루어지게 되는 것을 말한다. 따라서 시장을 지배하고 있는 메이커는 도매상이나 소매상으로부터 강력한 협조와 지지를 확보할 수 있다.

(2) 계약형 수직적 마케팅시스템

계약형 수직적 마케팅시스템은 구성원들의 행동체계를 반영하는 계약을 중심으로 유통기관의 활동이 조정·통제되는 것을 말한다. 계약에 의한 통합은 생산과 분배가 독립적이고 다양한 단계에서 이루어질 때 발생하며, 수직적으로 인접한 기업간의 상호관계도 계약을 통하여 이루어진다.

(3) 기업형 수직적 마케팅시스템

이 시스템의 특징은 생산에서부터 유통에 이르기까지의 전 구성원을 한 기업의 소유 아래에 두는 것이다. 여기에는 제조업자가 대량생산체제를 확보한 후 대량판매조직을 설립함으로써 생산자측으로부터 소매상측의 방향으로 계열화되는 전방통합이 있고, 도매업자나 소매업자가 유통과정상 전 단계의 생산단위를 보유함으로써 이루어지는 후방통합이 있다. 기업은 기업형 수직적 마케팅시스템을 통해서 유통경로상에 최대한의 통제를 가할 수 있다. 또한 제품의 유통과 생산을 할 때 규모의 경제를 가능하게 한다. 하나 또는 그 이상의 다른 구성원을 기업이 직접 소유하고 있는 경우, 기업이 독립적인 구성원에게 의존할 때보다 생산과 유통수준에서 보다 효율적인 운영이 가능하다.

7. 촉진전략

촉진(Promotion)이란 잠재고객의 태도와 행동에 영향을 주기 위하여 판매자와 잠재구매자 간에 정보를 커뮤니케이션하는 것이다. 다시 말해서 촉진은 구매자에게 설득력이 있는 커뮤니케이션을 통해서 매출액을 증대시키고자 하는 기업의 최종적인 활동이라고 볼 수 있다. 촉진전략은 고객과의 설득적 커뮤니케이션을 계획하고 실천하는 것으로 마케팅 커뮤니케이션과 밀접한 관계를 가지고 있다. 또한 촉진은 광고·인적판매·홍보·판매촉진 활동과 그 밖의 판매방법을 포함한다. 촉진전략은 마케팅전략의 부분전략이면서 마케팅믹스 전략의 부분전략이기도 하다. 그러한 의미에서 마케팅전략이 반드시 고객지향적인 전략이므로 촉진전략도 역시 고객지향적인 전략이어야 한다.

7.1 촉진믹스의 결정

촉진은 제품·가격·유통경로와 더불어 중요한 네 가지 마케팅변수의 하나이다. 그러나 이 네 가지의 마케팅변수가 마케팅활동의 전체라고 볼 수 없다. 또한 촉진은 광고와 판매에 국한되는 것도 아니다. 그러므로 이의 적절한 배합이 필요하게 된다. 촉진믹스는 광고, 인적판매, 홍보, 판매촉진 등 네 가지 요소로 구성되어 있다. 마케팅관리자는 각 요소에 대한 비율선정을 결정하여야 한다. 촉진믹스의 의사결정에 영향을 미치는 요인을 살펴보면 다음과 같다.

7.1.1 제품의 유형

일반적으로 소비재를 파는 기업은 광고에 주로 치중을 하고, 그 다음에 판매촉진·인적판매·홍보의 순으로 힘을 기울인다. 생산재를 판매하는 기업은 인적판매가 가장 중요하며, 그 다음이 판매촉진, 광고, 홍보의 순서이다. 그렇다고 생산재 시장에서 광고의 역할이 과소평가되거나 소비재 시장에서 인적판매의 중요성이 경시되어서는 안된다.

소비재는 개인의 취미에 따라 생산·판매된다. 수요나 유행의 파악이 판매촉진상 중요하지만, 지명도를 높이기 위하여 항상 광고활동에 커다란 비중을 두고 있다. 내구소비재와 고가상품은 영업사원의 판매화법으로 구입이 좌우되는 경우가 많기 때문에 영업사원의 자질과 그에 따른 교육이 중요하다.

7.1.2 마케팅전략의 방향

마케팅전략의 기본방향을 풀전략(Pull strategy)으로 하느냐 푸시전략(Push strategy)으로 하느냐에 따라 촉진믹스가 크게 달라진다. 풀전략이란 소비자에게 충분한 광고활동 등을 통해서 상품이나 상표를 잘 알게 하여, 소비자의 수요를 환기시키고 소비자를 끌어당기는 방법이다. 소비자를 상품쪽으로 '끌어당긴다'는 의미로 풀전략이라고 한다. 풀전략은 우선 소비자에 대한 소구에 중점을 둔다.

한편, 푸시전략은 풀전략의 반대가 된다. 기업은 소비자를 상대로 하는 광고에 힘을 기울이기보다는 오히려 영업사원의 힘으로 상품을 밀어넣는 형태로 상품을 판매하는 전략이다. 즉 인적판매에 중점을 두게 된다. 따라서 풀전략처럼 소비자를 상품쪽으로 끌어당기는 것이 아니라, 반대로 상품을 소비자쪽으로 밀고 들어간다는 의미에서 푸시전략이다.

7.1.3 제품수명주기의 단계

제품수명주기의 모든 단계에서는 촉진믹스가 기대목표에 따라 다양해진다. 도입기에서 커뮤니케이션의 주된 목표는 가능하면 많은 소비자들에게 제품의 존재·유용성·유익성에 관한 정보를 제공하는 것이다. 따라서 이 시기에는 광고·판매촉진·홍보의 비중이 클 수밖에 없다. 성장기에는 광고의 비중이 더 커지고 판매촉진과 홍보는 그 중요성이 상대적으로 작아진다. 그리고 인적판매의 활동이 강화되기 시작한다. 성숙기에는 자사제품의 장점과 경쟁제품의 장점을 비교함으로써 소비자의 선택을 증대시킨다. 그러므로 광고는 제품차별화를 강조하게 된다. 마지막으로 쇠퇴기에는 다른 상품이 시장에 도입되어서 인기가 시들기 시작한다.

7.2 광고

대량생산과 대량판매가 직결되어야 하는 마케팅시대에는 대량광고에 의한 대량전달이 절대적인 전제요건이 된다. 따라서 오늘날 광고는 촉진전략 수단으로서 의의가 매우 크며, 적어도 대량판매 체제의 기업일수록 광고전략이 마케팅전략에서 차지하는 비중은 지대한 것이다. 광고의 정의에 관해서는 여러 가지로 설명할 수 있는데, 일반적으로 인용되는 것은 미국마케팅협회(AMA)의 정의로서 다음과 같다. "광고란 광고주의 아이디어·상품·서비스를 비인적인 방법으로 제시하고, 이것을 촉진시키기 위해 지출을 수반하는 형태"를 말한다.

다시 말해서 이 정의의 내용에는 아이디어·상품·서비스의 판촉을 위한 제시, 비대인적 제시, 지출을 수반하는 유료적 형태, 명시된 광고주라는 4가지 조건이 담겨져 있다. 구체적으로 설명하면 다음과 같다.

7.2.1 판촉을 위한 아이디어·상품·서비스

이것은 광고의 내용이면서 모든 촉진활동의 공통된 목적이며 기업이 고객에게 전개하는 마케팅활동의 주요 대상이다.

7.2.2 비대인적 제시

대인판매가 면전의 상황에서 판촉활동이 진행되는 것이라면 광고는 매체라는 중간매개물을 이용하여 전달되는 활동이다. 매체라는 3차적 수단을 동원하기 때문에 그 노출은 시청자가 의도적으로 무시하거나 기피하지 않는 한, 불특정다수에 대하여 무차별적일 수 있는 위력을 잠재하고 있다. 이와 같은 특성은 사회에 부정적 영향을 미치기도 한다. 광고가 매체를 통한 비대인적 제시라고 해도 매체는 TV, 라디오, 신문, 잡지와 같은 4대 매체로 제한된다.

7.2.3 지출을 수반하는 유료형태

광고는 비용이 매우 많이 지출된다. 광고를 구성하는 주요 항목으로는 매체비, 모델비를 포함하는 제작비, 관리 등의 기타 경비이다. 바로 이 점에서 홍보와 분명한 차이가 있다.

7.2.4 명시된 광고주

광고에는 아이디어·서비스·제품의 주체인 광고주가 나타나 있거나 최소한의 상표가 드러나 있게 된다. 이것은 광고의 효과를 누리겠다는 징표이며 광고를 통해 약속한 내용을 책임지겠다는 선언도 되는 것이다.

7.3 홍보·PR

홍보활동(Publicity)이란 마케팅 커뮤니케이션 수단 중의 하나로서 기업이 제공하고 있는 제품이나 서비스에 대한 수요를 자극하기 위하여 유료의 대가를 지불하지 않고, 인쇄물· 라디오·TV 등을 통하여 기업의 활동에 관한 소식을 널리 보급시키는 모든 활동을 말한다.

광고와 다르게 홍보는 스폰서가 비용을 부담하지 않는다. 홍보는 보도기관에 뉴스의 소재가 되는 정보를 제공하는 것으로 기사 그 자체를 배포하는 것이 아니다. 각 보도기관에는 취재나 편집을 담당하는 전문기자가 있다. 따라서 보도기관은 각각의 편집방침에 따라서 기사를 쓰고 뉴스를 보도하게 되므로 반드시 기업의 요망대로 쓰여질 수는 없다. 그러므로 광고보다 기사가 객관성이 있으며 소비자들은 광고보다 기사를 더욱 신뢰하게 된다. 그러나 기사가 완전히 광고를 커버한다고 생각하는 것은 속단이다. 그 이유는 기사가 보도기관의 의도대로 편집되기 때문에 제공한 자료의 내용대로 쓰여지지 않기 때문이다.

홍보와 비슷한 개념에 PR(Public relations: 대중관계)이란 것이 있다. PR은 기업과 사회 간에 이상적인 관계를 정립하기 위해 기업이 벌이는 여러 가지의 활동이라고 볼 수 있다. 홍보는 PR의 한 부분이다. PR이란 공적으로 호의적인 평가를 받는 선행이나 업적을 의미한다. PR을 하려는 노력에 앞서서 기업은 성취한 업적이 있어야 한다. 그래야만 PR을 담당한 사람이 공적인 평판을 얻고 있는 회사의 업적에 대해서 관심의 초점을 맞출 수 있는 것이다. 초점이 없는 PR은 사상누각에 비유될 수 있다.

최근의 기업환경은 PR을 중요한 마케팅 커뮤니케이션 수단의 활동으로 요구하고 있다. 또한 홍보를 PR의 차원으로 끌어올려서 전문적이고 조직적인 활동으로 전개하고 있다. 기업은 홍보와 광고를 자동차의 두 바퀴와 같은 것으로 간주하고 상호보완적인 활동을 하여야 하며, PR을 통한 상승효과를 지속적으로 추진하여야 한다.

7.4 판매촉진

7.4.1 판매촉진의 의의

판매촉진(Sales promotion)이란 판매증대를 목적으로 표적고객의 반응을 강력하게 자극하기 위한 여러 가지의 촉진수단을 말한다. 판매촉진은 제품에 대한 인지도와 관심을 증대시키고 소비자들의 시험구매를 유발시키며, 사용빈도의 증가나 사용량의 증대를 불러일으킨다. 그리고 신제품의 구매를 유발시키는 데에도 효과적으로 사용될 수 있다. 판매촉진은 광고와 인적판매와의 사이에서 가교적 역할을 한다. 판매촉진과 광고는 비인적(非人的)·일방적 커뮤니케이션이라는 점에서는 같다. 그러나 광고는 기업이 소유·통제하지 않는 매체를 사용하는 데 반하여, 판매촉진은 기업자체가 소유·통제하는 매체를 통해서 표적고객에게 전달·설득하는 기능을 발휘한다. 그리고 광고는 장기적 전략목적을 지니는 활동이나 판매촉진은 단기적 전술목적을 달성하기 위한 최선의 것이라고 볼 수 있다.

7.4.2 판매점 판매촉진

판매점 판매촉진(Dealer sales pormotion)이란 메이커가 판매점에 대해서 판매점의 구매를 환기시키며 자극하기 위한 마케팅 커뮤니케이션의 수단이다. 판매점은 소비재의 경우 1차 도매상·2차 도매상 등의 도매업자와 백화점·슈퍼마켓·일반소매점 등의 소매업자가 있다. 또한 생산재의 경우는 상품의 특징상 메이커가 소비자에게 직접 판매할 때도 많고 중간에 대리점이나 특약점을 사용할 때도 있다.

그림 14.9 PLC에 따른 광고와 판매촉진의 효과 차이

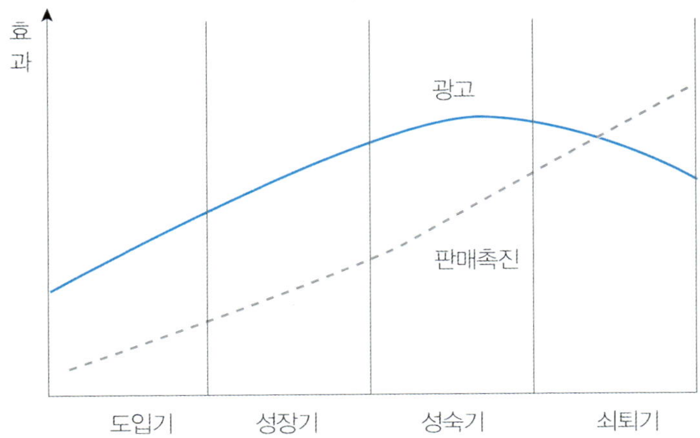

판매점에 대한 판매촉진활동의 가장 큰 목표는 구매의욕의 앙양이다. 즉 판매촉진활동이 판매의욕을 유발시키게 되면 목적은 달성된 것이다. 그러기 위해서는 다음과 같은 세 가지의 기본적 조건이 필요하다. ① 메이커에 대한 강한 신뢰성을 주어야 한다. ② 판매점의 종합적인 업적 증대에 직결되어야 한다. ③ 판매점의 명예심을 자극시켜야 한다.

그림 14.10 AIDMA 법칙에 따른 촉진효과의 차이

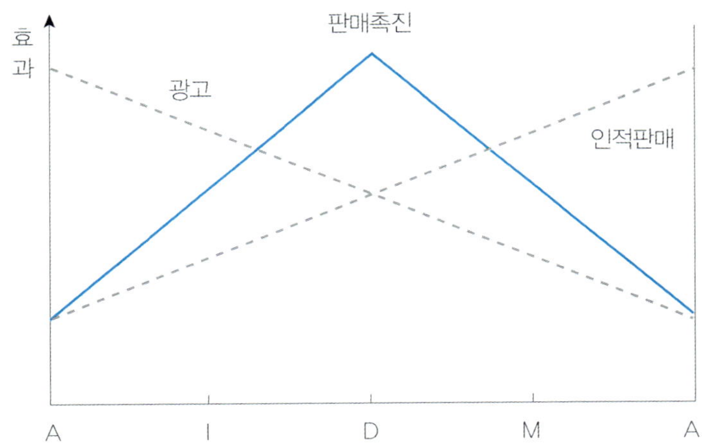

7.4.3 소비자 판매촉진

소비자에 대한 판매촉진활동으로는 우선 대중매체를 통해 행하여지는 광고활동이 일반적이다. 광고를 통한 판매촉진활동은 자사상품에 대한 고객의 수를 증가시켜 줄 뿐만 아니라, 소비자로 하여금 지명구매를 유도하기도 한다. 자사상품의 시장개척과 시장확보가 소비자에 대한 판매촉진활동의 목적이다. 판매점에 대한 판매촉진활동과는 다르게 소비자 판매촉진의 성과는 메이커나 판매점의 진정한 수요확대로 연결된다.

7.4.4 사내 판매촉진

사내 판매촉진이란 판매목표의 달성을 위하여 사내의 체제를 가다듬는 것이 주목적이다. 내용적으로 가장 중요한 것은 인적판매에 대한 측면지원이다. 그리고 부문 간의 조정활동이다. 즉 판매부문과 각별히 유대가 깊어야 하는 사내의 기타 중요부문은 주로 제조부문, 광고부문, 경리부문이 된다. 사내 판매촉진활동의 목적을 정리하면 다음과 같다. ① 판매 담당자가 소정의 판매목표를 달성하도록 동기를 부여하고 사기를 높인다. ② 사원의 자사제품에 대한 지식과 인식을 깊게 한다. ③ 사원에게 고객지향적 마인드와 자세를 심어 준다. ④ 자사제품의 판매·납입·애프터서비스에 관계된 거래처를 전사원이 지원하는 태세를 갖도록 한다.

제15장

경영과 빅데이터

"에너지 데이터는 돈…
수집-분석 능력따라 기업 비용절감 직결"

25일 서울 종로구 동아미디어센터에서 동아일보·채널A 공동 주최로 열린 '인공지능과 에너지 비즈니스의 미래 전문가 좌담회'에서 참석자들이 전력, 에너지 시장의 데이터 활용 방안에 대해 논의하고 있다. 왼쪽부터 임지섭 크로커스에너지 대표, 한승준 포스코ICT 부장, 조민진 한국전력 빅데이터기획실 실장, 송용학 삼성SDS 상무

여러 전자기기에 들어가는 유리를 생산하는 C사는 지난해부터 연간 10억원 이상의 전기료를 절감하고 있다. 스타트업 크로커스에너지의 인공지능(AI) 기반 전력 관리 시스템을 도입하면서다. AI 기술을 장착한 시스템이 알아서 시간대와 환경에 맞도록 가장 저렴한 전압으로 맞춘 덕분에 공정이나 전력 사용 방식을 일일이 바꾸지 않아도 비용을 낮출 수 있었다.

포스코 포항제철소에서 철을 녹이는 과정에서 나오는 가스를 다시 전기로 바꾸는 발전시설은 값비싼 질소를 얼마나 효율적으로 투입하느냐에 따라 운영비가 달라진다. 포스코는 그동안 현장 전문가의 지식과 경험으로 질소 투입량을 결정했다. 하지만 지난해부터 포스코ICT와 포스코에너지가 함께 만든 AI 기반 빅데이터 기술을 접목해 시스템이 적정량의 질소 투입을 자동으로 하고 있다. 사람의 경험치에 의존했을 경우의 오차를 줄이고 자체 발전 비용도 절감한 셈이다.

> 발전, 에너지 시장에서 데이터가 곧 돈이 되는 시대가 됐다.
> **조민진** 한국전력 빅데이터기획실 실장
>
> 개별 기업과 가정도 맞춤형 전력 시스템을 갖추는 시대가 올 것이다.
> **임지섭** 크로커스에너지 대표
>
> 일반 주택, 상가, 빌딩의 전력 데이터는 수집이 어려운데 정부 차원의 지원이 필요하다.
> **송용학** 삼성SDS 상무
>
> 실무자가 감과 경험으로만 했던 작업을 어떻게 데이터로 바꿔 시스템화할지 고민해야 한다.
> **한승준** 포스코ICT 부장

2월 25일 서울 종로구 동아미디어센터에서 동아일보·채널A 공동 주최로 열린 '인공지능과 에너지 비즈니스의 미래'에 대한 전문가 좌담회에서 참석자들은 이처럼 데이터 수집·분석 노력이 기업의 비용 절감으로 이어진다는 점을 강조했다. 이날 좌담회는 매년 이뤄지던 동아 신에너지 이노베이션 콘퍼런스를 대체한 것이다.

조민진 한국전력 빅데이터기획실 실장은 "정보통신기술(ICT)이 진화하면서 전력, 에너지 시장에서 발생하는 작은 데이터라도 돈이 되는 시대가 됐다"고 강조했다. 한전은 전기 소비 관련 데이터가 수집된 '켑코(KEPCO) 데이터 통합 플랫폼'을 지난해 정식으로 출범했다. 특히 규제 샌드박스 승인 절차를 거쳐 비식별 조치된 전력 소비 관련 개인정보를 외부 스타트업 등이 활용할 수 있도록 했다. 예를 들어 시기와 상황에 따른 전력소비량을 수집, 분석해 기업의 신용평가 기준 중 하나로 활용할 수 있게 하는 사업모델 등이 있다. 조 실장은 "공장의 실시간 전력 소비 현황과 추이는 1년에 한 번 나오는 재무제표보다 기업의 성과를 파악하는 데 효율적인 데이터"라며 "신용평가 시 얼마든지 참고할 수 있다"고 말했다.

임지섭 크로커스에너지 대표는 스타트업이 발전·에너지 시장에서 데이터 분석시스템만으로 사업화에 성공한 사례를 발표했다. 크로커스에너지는 전력 사용량이 많은 시간대에는 낮은 전압의 비싼 전기가 들어오고 반대 상황에는 높은 전압의 싼 전기가 들어온다는 점에 초점을 맞췄다. AI 기반 데이터 분석을 통해 시간대마다 적절한 전압의 전기를 가져오는 방식으로 기업이 비용 절감을 할 수 있도록 시스템을 설계했다. 임

대표는 "기업과 기관이 최첨단 전력 데이터 수집 하드웨어를 갖췄으면서도 이를 제대로 활용하지 못하는 것을 보고 사업화를 결심했다"며 "간단한 전력 소프트웨어 작업만으로도 연간 최소 5%의 전기료를 절감할 수 있다"고 했다.

삼성SDS는 생산 현장뿐만 아니라 기업 데이터센터와 대형 빌딩에서도 전력 데이터의 적극적인 활용으로 상당한 비용을 아낄 수 있다는 점을 강조했다. 발전·에너지 업계에 따르면 데이터를 축적하는 곳이 빠르게 늘어나면서 2035년이면 기업들의 데이터센터가 사용하는 전력이 전 세계 소비량의 절반을 차지할 것으로 추정된다. 송용학 삼성SDS 상무는 "데이터센터 1개의 전력 소비를 최적의 상태로 만들면 연간 8억원을 절감할 수 있다"며 "전 세계 수천 개의 데이터센터는 물론이고 각종 대형 빌딩을 대상으로 사업을 진행한다면 엄청난 시장이 열리는 것"이라고 말했다.

포스코ICT는 그룹 계열사인 포스코, 포스코에너지와의 협업 사례를 소개했다. 포스코에너지와 공동 운영하는 인천 액화천연가스(LNG) 복합발전소 5~9호기가 대표적이다. 포스코ICT는 2017년부터 ICT 기술을 발전소 현장에 적용해 실시간으로 발전 효율과 고장 가능성 등을 전달받으면서 상황을 관리하고 있다. 발전기의 모터, 펌프, 터빈 등 주요 설비의 온도, 진동 압력 등 다양한 현장 데이터가 수집돼 즉시 전달되는 형태다.

참석자들은 전력, 에너지 데이터의 적극적인 활용이 각 가정의 전기요금 절감에도 도움이 될 것으로 전망했다. 한승준 포스코ICT 부장은 "우선 기업에서 데이터를 활용한 전력 소비 효율화 사업이 안착된다면 이후 각 가정에도 전기료를 최소화할 수 있는 맞춤형 시스템이 공급될 것"이라고 내다봤다.

(동아일보, 2020. 2. 26)

1. 빅데이터

1.1 빅데이터의 정의

빅데이터(big data)는 통상적으로 사용되는 데이터 수집, 관리 및 처리 소프트웨어의 수용 한계를 넘어서는 크기의 데이터를 말한다. 빅데이터의 사이즈는 단일 데이터 집합의 크기가 수십 테라바이트에서 수 페타바이트에 이르며, 그 크기가 끊임없이 변화하는 것이 특징이다. 즉, 기존 데이터베이스 관리도구의 능력을 넘어서는 대량(수십 테라바이트)의 정형 또는 심지어 데이터베이스 형태가 아닌 비정형의 데이터 집합조차 포함한 데이터로부터 가치를 추출하고 결과를 분석하는 기술이다.

미국의 저장장치업체 EMC가 IDC에 의뢰해 발표한 '디지털 유니버스 보고서에 의하면 한 해 동안 생성된 데이터의 양은 2.8제타바이트(ZB)로, 이전까지 생성된 데이터 양을 모두 합친 것보다 많다. 우리는 지금 과거의 데이터 환경과는 전혀 다른 '빅데이터' 시대를 살고 있는 것이다. 과거에는 빅데이터가 없었다. 데이터의 양적인 측면만 봐도 그렇다. 이전의 데이터는 빅데이터라고 부를 수 없다.

따라서 빅데이터는 과거의 인프라와 아키텍처로는 더 이상 처리하고 분석하는 것이 어려운 데이터다. 과거와 현재 데이터분석의 차이를 정리하면 [표 15.1]과 같다.

표 15.1 데이터 분석에 대한 과거와 현재의 차이

	과거	오늘
데이터 형태	특정 양식에 맞춰 분류	형식이 없고 다양함
데이터 속도	배치(batch)	근실시간(near real-time)
데이터 처리 목적	과거분석	최적화 또는 예측
데이터 처리 비용	국가·정부 수준	개별 기업 수준

물론 예전에도 슈퍼컴퓨팅을 이용해 거대한 양의 데이터를 분석할 수 있었다. 하지만 이는 비용 대비 효과가 낮았다. 수십억원을 들여야만 대용량 데이터를 분석할 수 있었고, 이는 정부 차원에서나 할 수 있는 일이었다.

1.2 빅데이터의 특징

빅데이터의 공통적 특징은 3V(Velocity, Variety, Volume)로 설명할 수 있다. 속도

그림 15.1 빅데이터의 특징

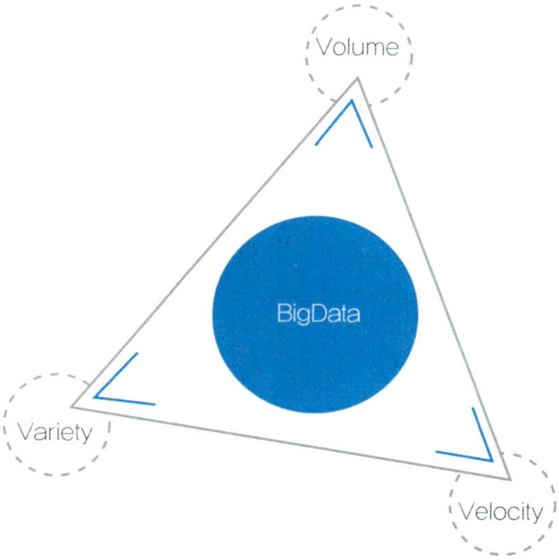

(Velocity)는 대용량의 데이터를 빠르게 처리하고 분석할 수 있는 속성이다. 융복합 환경에서 디지털 데이터는 매우 빠른 속도로 생산되므로 이를 실시간으로 저장·유통·수집·분석처리가 가능한 성능을 의미한다. 다양성(Variety)은 다양한 종류의 데이터를 의미하며 정형화의 종류에 따라 정형, 반정형, 비정형 데이터로 분류할 수 있다. 그리고 데이터의 양(Volume)을 의미한다. 최근에는 빅데이터의 새로운 V를 덧붙이기도 한다.

- 빅데이터의 새로운 V – 정확성(Veracity): 빅데이터 시대에는 방대한 데이터의 양을 분석하여 일정한 패턴을 추출할 수 있다. 하지만 정보의 양이 많아지는 만큼 데이터의 신뢰성이 떨어지기 쉽다. 따라서 빅데이터를 분석하는 데 있어 기업이나 기관에 수집한 데이터가 정확한 것인지, 분석할 만한 가치가 있는지 등을 살펴야 하는 필요성이 대두되었고, 이러한 측면에서 새로운 속성인 정확성(Veracity)이 제시되고 있다.
- 빅데이터의 새로운 V – 가변성(Variability): 최근 소셜미디어의 확산으로 자신의 의견을 웹사이트를 통해 자유롭게 게시하는 것이 쉬워졌지만 실제로 자신의 의도와는 달리 자신의 생각을 글로 표현하게 되면 맥락에 따라 자신의 의도가 다른 사람에게 오해를 불러일으킬 수 있다. 이처럼 데이터가 맥락에 따라 의미가 달라

진다고 하여 빅데이터의 새로운 속성으로 가변성(Variability)이 제시되고 있다.

- 빅데이터의 새로운 V-시각화(Visualization): 빅데이터는 정형 및 비정형 데이터를 수집하여 복잡한 분석을 실행한 후 용도에 맞게 정보를 가공하는 과정을 거친다. 이때 중요한 것은 정보의 사용대상자의 이해 정도이다. 그렇지 않으면 정보의 가공을 위해 소모된 시간적, 경제적 비용이 무용지물이 될 수 있기 때문이다.

1.3 빅데이터 분석기법

빅데이터의 분석, 활용을 위한 빅데이터 처리 기법은 크게 분석 기술과 표현 기술로 나뉜다.

1.3.1 분석 기술

빅데이터를 다루는 처리 프로세스로서 병렬 처리의 핵심은 분할 점령(Divide and Conquer)이다. 즉 데이터를 독립된 형태로 나누고 이를 병렬적으로 처리하는 것을 말한다. 빅데이터의 데이터 처리란 이렇게 문제를 여러 개의 작은 연산으로 나누고 이를 취합하여 하나의 결과로 만드는 것을 뜻한다. 대용량의 데이터를 처리하는 기술 중 가장 널리 알려진 것은 아파치 하둡과 같은 Map-Reduce 방식의 분산 데이터 처리 프레임워크이다. 대부분의 빅데이터 분석 기술과 방법들은 기존 통계학과 전산학에서 사용되던 데이터마이닝, 기계 학습, 자연 언어 처리, 패턴 인식 등이 해당한다. 소셜미디어 등 비정형 데이터의 증가로 인해 분석기법 중에서 텍스트 마이닝, 오피니언 마이닝, 소셜 네트워크 분석, 군집분석 등이 주목받고 있다. 대규모의 정형/비정형 데이터를 처리하는 데 있어 가장 기본적인 분석 인프라로 하둡이 있으며 데이터를 유연하고 더욱 빠르게 처리하기 위해 NoSQL 기술이 활용되기도 한다.

1.3.2 표현 기술

빅데이터 분석 기술을 통해 분석된 데이터의 의미와 가치를 시각적으로 표현하기 위한 기술로 대표적인 것으로는 R(프로그래밍 언어)이 있다.

1.4 빅데이터 플랫폼

빅데이터 플랫폼은 빅데이터 기술의 집합체이자 기술을 잘 사용할 수 있도록 준비된 환경이다. 기업들은 빅데이터 플랫폼을 사용하여 빅데이터를 수집·저장·처리 및 관리할 수 있다. 빅데이터 플랫폼은 빅데이터를 분석하거나 활용하는 데 필요한 필수 인프라인 셈이다. 빅데이터 플랫폼은 빅데이터라는 원석을 발굴하고, 보관·가공하는 일련의 과정을 이음새 없이 통합적으로 제공해야 한다. 이러한 안정적 기반 위에서 전처리된 데이터를 분석하고 이를 다시 각종 업무에 맞게 가공하여 활용한다면 사용자가 원하는 가치를 정확하게 얻을 수 있을 것이다.

2. 경영과 빅데이터

2.1 데이터분석과 경영

데이터는 신용카트, 스마트폰, 내비게이션 등을 통해 감당할 수 없을 만큼 쏟아지고 있다. 최근에는 사물인터넷(IoT) 기술이 발달하면서 더욱 무서운 속도로 증가하고 있다. 이미 많은 기업은 빅데이터를 신입 사원 선발부터 기업 위험 관리까지 다양한 경영 판단에 활용하고 있다.

빅데이터 경영에서 가장 중요한 것은 꼭 필요한 데이터를 정확한 방법으로 확보하는 것이다. 데이터는 필요한 데이터와 필요 없는 데이터 그리고 의미 없는 데이터로 구분할 수 있다.

디즈니랜드는 2013년 11월부터 관람객들에게 만능 패스 기능을 가진 '매직 밴드'를 제공하고 있다. 이 밴드만 있으면 놀이기구 탑승부터 기념품 구매, 호텔 숙박까지 모든 것이 가능하다. 디즈니가 이 밴드를 개발한 것은 고객들의 관람 패턴을 분석해 마케팅에 활용하기 위해서다. 밴드로 수집된 자료를 보면 호텔에서 아침 메뉴로 무엇을 제공해야 투숙객이 얼마나 머무르는지까지도 분석 가능하다. 필요한 데이터를 직접 수립할

그림 15.2 금융권 빅데이터 활용사례 ⓒ금융위원회

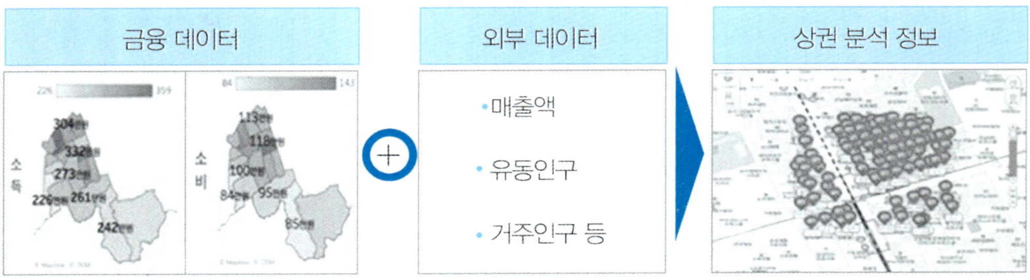

수집할 필요는 없다. 그 데이터를 가진 조직 또는 기업들을 찾아 협업하는 것도 좋은 방법이다.

일본 스포츠용품 업체인 아식스는 아이웨어랩이란 회사와 제휴해 발과 관련된 빅데이터를 제공받고 있다. 아이웨어랩은 '인풋'이라는 3차원 발 측정기를 개발해 전 세계 26만 명 이상의 발 데이터를 축적했다. 이를 통해 발의 평균 크기뿐 아니라 인종·나이별로 발의 해부학적 특징도 알 수 있다.

빅데이터 분석의 장점은 적은 비용으로 미래를 예측해 위험을 줄일 수 있다는 점이다. 틈새시장이나 신사업 진출이 쉬워지는 것이다.

대표적인 분야가 금융권이다. 싱가포르 P2P(개인 대 개인) 대출 기업 렌도는 페이스북, 트위터 등의 SNS 게시물과 친구 관계 등을 분석해 학생이나 주부 등 기존 방법으로는 신용등급을 받을 수 없는 고객들을 평가해 대출을 결정하고 있다.

통신·미디어·금융·교통 산업들의 공통점은 일상생활과 밀접한 관계가 있어 시간이 지나면 가만히 있어도 엄청난 데이터들이 저절로 모인다는 것이다. 이렇게 쌓이는 데이터들을 수익 창출원으로 바꾸는 것도 중요하며, 최근 기업들은 이를 위해 별도 사업부를 만들어 관리하고 있다.

빅데이터 분석은 사이코그래픽스를 바탕으로 기존 제품과 서비스를 개선하고 잠재적인 고객을 발굴할 수 있게 도울 수 있다.

- 사이코그래픽스(psychographics)

소비자의 심리적(사이코) 구성을 기술(그래프)하려는 아이디어를 내포하고 있다. 그러나 사실상 이 용어는 소비자 활동(activity), 관심(interest), 의견(opinion) 등의 라이프스타일을 분석함으로써 소비자의 생활양식을 평가하기 위해 사용된다. 따라서 사이코그래픽스 분석을 각 머리글자를 따서 AIO 분석이라고도 부르며, 라이프스타일(lifestyle)과 혼용해 사용하기도 한다. 사이코그래픽스 연구의 목적은 기업이 고객을 더 잘 이해하고 고객에게 더 쉽게 접근하도록 돕기 위해 세분화된 소비자 집단을 묘사하는 데 있다.

소비자들을 단순히 성별·나이·인종 등 몇 가지 요인으로 분류하는 대신, 사진에 드러난 정보들을 기반으로 개개인의 취향과 삶의 방식까지 분석해 맞춤식으로 제품을 개발하고 홍보하는 것도 생각할 수 있다. 더 정확한 수용자 세분화(광고를 소비하는 집단을 취향과 관심사 등 일정한 기준에 따라 분류하는 작업)가 가능해진다.

예를 들어 서울에 벤츠 자동차를 타는 사람이 5,000명 있다면, 이들의 소셜미디어를 분석해 '벤츠 자동차를 운전하는 사람들은 대체로 A브랜드 옷을 선호하고, B 음료수를 마시고, C 카페에 자주 간다' 등 공통점을 추출할 수 있다. 그렇다면 이런 특징에 부합하고 다른 브랜드의 자동차를 타는 사람을 대상으로 벤츠의 잠재적인 고객이라고 보고, 공략할 수 있다.

통신 부품과 센서 가격이 하락한 상황도 제조업 기업들이 제품을 개발할 기회로 이어질 것이다. 미국의 디지털 제품 전문 매장인 타깃에 가보면 이미 자물쇠, 온도 측정기, 축구공, 농구공 등 다양한 IoT 제품들이 출시된 걸 확인할 수 있다. 아디다스에서 개발한 축구공 '미코치(miCoach) 스마트 볼'은 공에 장착된 센서로 공을 찰 때 힘, 회전, 공에 닿는 발의 부위 등과 실제로 공이 날아가는 속도, 궤적 등 정보를 수집해 휴대전화로 전송한다.

2.2 한국기업의 데이터 활용의 필요성

한국 기업과 미국 기업은 조직 문화와 일하는 방식이 많이 다르다. 대부분의 미국 기업들은 사람 중심이 아닌 일 중심의 운영 프로세스로 운영된다. 사람 중심의 조직에서는 의사결정을 개인의 경험에 의존해 직관적으로 하는 경우가 많지만, 일 중심 조직은 프로세스와 프로세스관리 위주로 의사를 결정하므로 담당 책임자가 바뀌어도 영향을 덜 받는다.

일 중심의 경영 프로세스는 자료와 데이터를 근거로 하여 일 처리가 이루어지기 때문에 데이터 중심의 경영 전환이 그나마 수월하다. 이에 반해 사람 중심의 프로세스는 일 중심의 프로세스를 먼저 구축해야 하는 선행 과제가 있어 데이터 중심 경영으로 전환하는 것이 좀 더 느릴 수밖에 없다. 또한 미국은 데이터 중심의 경영 방식을 채택한 동기가 한국과는 조금 다르다.

미국을 비롯한 선진국들은 갈수록 치열해지는 경영 환경에서 살아남기 위해, 특히 영업이나 마케팅에서 부딪히는 다양한 문제에 대해 경영 및 운영 부서를 중심으로 오랜 기간 그 해법을 모색하였고, 효율적이고 합리적인 의사결정을 위하여 데이터 및 정보 중심의 기업 문화가 조성되었다.

하지만 한국은 선진국 기업의 사례를 받아들이거나 글로벌 IT 컨설팅사의 지도를 받아 대부분의 데이터 활용 프로젝트가 시작되었다. 영업이나 마케팅 부서에서 데이터 중심 문화가 조성되기도 전에 IT 부서 쪽에서 단기적으로 데이터 활용 과제를 시작한 것이다. 이러한 이유로 현재 데이터 중심의 경영 성과를 내기 어려운 구조적 환경에 놓이게 되었다.

빅데이터 시대가 열렸다는 말은 과거의 사람의 직관에 따른 의사결정에서 데이터를 근거로 합리적 의사결정을 한다는 의미이다. 때로는 오랜 경험에서 나온 직관이 데이터를 근거로 한 의사결정보다 빠르고 더 정확할 수도 있다. 그러나 직관에만 의존할 경우 사람의 주관적 경험에 의해 의사결정이 좌우되므로 일관성을 유지하기 어렵다. 물론 주관적 경험의 원천 또한 데이터 즉 과거의 경험이다.

무엇을 우선순위로 둘 것인가는 두 경우 다 의사결정자의 선택 문제이다. 그러나 데이터를 갖고 한번 더 확인을 하면 사람이 할 수 있는 실수를 줄일 수 있으며, 데이터는 인간이 모르는 어떤 상황을 미리 예견할 수도 있다. 데이터 중심의 의사결정이 없어도 좋은 성과를 낼 수 있는 비즈니스 전략이 있다면 비용과 인력, 시간 낭비가 없는 최고의 사업 전략일 것이다. 그러나 지금은 싫든 좋든 데이터 활용에 뒤지면 날로 치열해지는 시장 환경에서 살아남기 어려운 빅데이터 시대다. 즉, 기업이나 조직 등이 빠른 의사결정시대에 살아남기 위해서는 과거의 부정확한 경험을 바탕으로 주관적 의사결정을 내리기보다는 데이터를 이용하여 빠르고 합리적으로 의사결정을 내리는 것이 필요한 시대가 되었으며, 이러한 시대가 바로 4차 산업시대이다.

3. 빅데이터 활용 사례

3.1 기업 경영

대규모의 다양한 데이터를 활용한 '빅데이터 경영'이 주목받으면서 데이터 품질을 높이고 방대한 데이터의 처리를 돕는 데이터 통합(DI: Data Integration)의 중요성이 부각되고 있다.

데이터 통합은 데이터의 추출, 변환, 적재를 위한 ETL 솔루션이 핵심인데 ETL 솔루션을 활용하면 일일이 수많은 데이터를 기업 데이터 포맷으로 코딩하지 않아도 되고 데이터 품질을 제고할 수 있기 때문에 데이터통합은 빅데이터 환경에 꼭 필요한 데이터 솔루션으로 평가받고 있는 단계까지 진입되었다.

한편 비즈니스 인텔리전스(BI: Business Intelligence)보다 진일보한 빅데이터 분석 방법이 비즈니스 애널리틱스(BA: Business analytics)인데 고급분석 범주에 있는 애널리틱스는 기본적으로 인텔리전스를 포함하면서도 미래 예측 기능과 통계분석, 확률 분석 등을 포함해 최적의 데이터 기반 의사결정을 가능케 하는 것으로 평가받고 있기도 하다.

- ETL 정의: ETL은 extract, transform, load를 의미하며, 조직 내외부의 복수의 source들로부터의 data를 data 분석을 위한 data warehouse, data mart 내로 이동시키는 process로서, 추출, 재구성(reformatting), 정제, 통합, 변형 등을 포함한다. Motorola에서는 회사의 지출 총계를 분석하기 위해 ETL을 통해 30개의 다른 procurement system들로부터의 data를 수집하여 global supply chain management data warehouse로 보낸다.
- 조직에서 필요한 data가 상이한 특성의 system/database들 내에 상이한 형태로 분산되어 있는 문제를 해결하기 위해 — data migration, data integration을 포함하여 — ETL이 사용된다.
- ETL은 사실의 단일 version에 입각해 business를 운영할 수 있도록 지원한다.
- ETL의 구현은 간단치 않다. 예를 들면 재무, 인사, SAP 제조 application들을 사용하고 있고 주문에서 결제까지의 process를 분석할 필요가 있는 경우, 이들 system들로부터의 data를 추출하기 위해 ETL이 요구되며, 이는 SAP 제조 application으로부터 배송 및 주문 data를 추출하기 위한 SAP 독자의 ABAP code가 요구됨을 의미한다.
- ETL의 구현 유형은 내부 개발, 제품 사용, 혹은 두 가지의 혼용으로 구분된다. 국내에서는 내부 개발이 여전히 가장 많이 선택되고 있으나, 구현 시의 맞춤화의 이점 대신에 ETL code의 수정 및 유지보수의 부담과 함께 system의 추가와 data량의 증가에 따른 확장성의 문제가 심각해질 수 있다. 제품의 사용은 초기 비용의 부담 대신에 복수의 상이한 database들로부터 data의 추출, 정제, 구성, 변형, target repository 저장 작업들을 일관되고 용이하게 수행할 수 있는 이점이 있다.
- ETL이 수행되는 곳을 논리적인 의미로 통상 DSA(data staging area)라고 한다.
- ETL은 data warehousing, business intelligence 프로젝트에서 가장 많은 시간을 차지(60~80%)한다.

그림 15.3 ETL의 구조

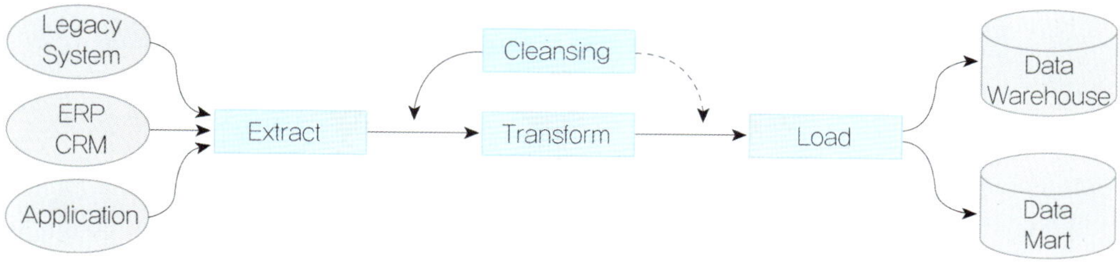

- Extract: source database로부터 data를 읽어내는 process
- Transform: 원래의 source로부터 추출된 data와 최종 원하는 data 구성 및 형태를 연결하는 process로, rule, lookup table, data 결합 및 재구성을 사용한다.
- Load: target database에 data를 저장하는 process
- ETL Tool: source database(들)로부터 target database(data warehouse, data mart, 다른 database)로 data를 이동, 통합하기 위해 사용되며, 중심 process는 data transformation, cleansing(정제), 중복 제거 및 통합, 재구성이다.

자료: https://itpassion.tistory.com

3.2 마케팅

인터넷으로 시작해서 인터넷으로 마감하는 생활, 스마트폰을 이용해 정보를 검색하고 쇼핑도 하고 SNS를 이용해서 실시간으로 글을 남기는 등의 다양하게 인터넷을 이용하는 동안 남는 흔적 같은 모인 데이터들을 분석하면 개인의 생활 패턴, 소비성향 등을 예측할 수 있고 기업들은 이런 데이터를 통해서 소비자가 원하는 것들을 미리 예측할 수 있다. 빅데이터가 마케팅 자료로 활용되는 사례이다.

3.3 문제해결

빅데이터를 활용하면 비구조적인 실시간 데이터의 수집과 분석 및 활용을 할 수 있다. 예전에는 찾지 못했던 상관관계를 밝혀냄에 따라 미래에 대한 예측이 가능해진다. 기존의 검색과 같은 방법은 무엇에 대한 답을 찾을지 미리 알고 시작하는 것이었지만, 빅데이터는 창의적인 반복적 탐구 과정을 통해 무엇을 질문해야 하는지 알 수 있게 된다.

그림 15.4 검색과 발견의 차이

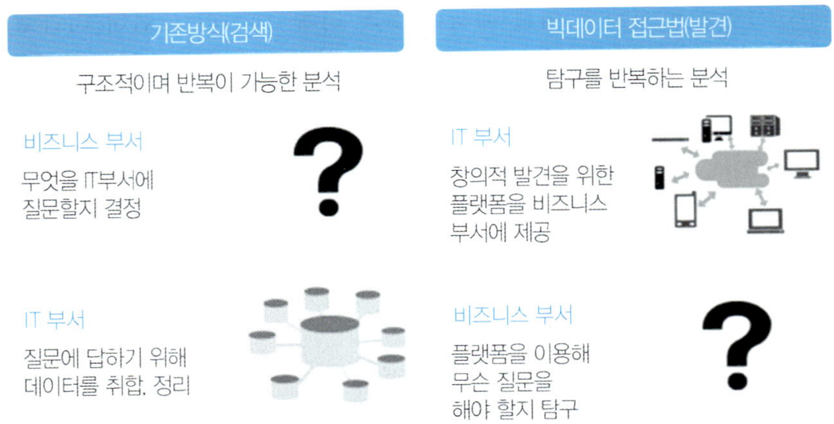

3.4 의사결정

경영자의 경험이나 직관은 여전히 매우 중요하지만 때에 따라 합리적인 의사결정을 가로막는 장애물일 수도 있다. 빅데이터를 활용하여 데이터를 분석하면 단순한 현황 파악에서부터 최적 의사결정 프로세스의 내재화에 이르기까지 폭넓게 사용할 수 있다. 성과가 뛰어난 기업들의 의사결정 유형을 분석해보면 거의 모든 업무 분야에서 데이터 분석이 직관보다 우수하다는 것을 알 수 있다.

그림 15.5 의사결정을 위한 빅데이터 처리흐름

3.5 새로운 가치창출

빅데이터는 불확실성·리스크·스마트·융합 등 미래사회의 특성에 대응하는 역할을 수행하며 기업에게 기회요인을 창출하는 도구로 작용할 것이다. [그림 15.6]과 같이

그림 15.6 데이터의 과거-현재-미래

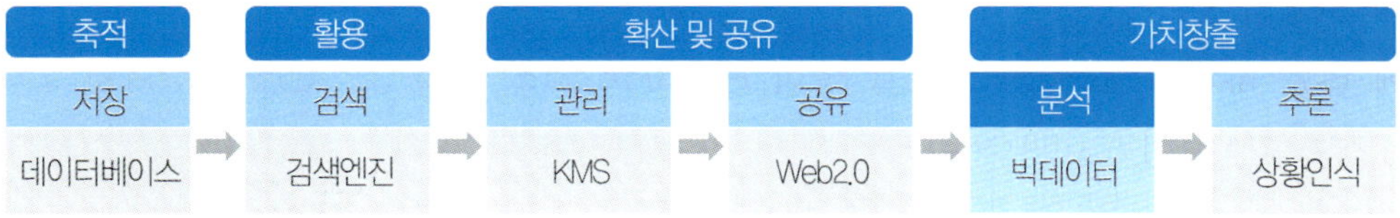

자료: http://www.science.go.kr

데이터의 과거－현재－미래의 과정을 살펴보면 데이터를 축적하고 활용, 관리하는 형태에서 그것을 확산하고 공유하는 과정을 거쳐 빅데이터를 통한 분석이나 상황인식을 활용한 추론 등에 활용을 통해 새로운 가치가 창출됨을 알 수 있다.

빅데이터를 통해 데이터를 기반으로 한 패턴분석과 미래전망, 빠른 의사결정과 실시간 대응 지원, 트렌드 변화 분석을 통한 제품 경쟁력 확보, 타분야와의 결합을 통한 새로운 가치창출이 가능해진다.

찾아보기

ㅊ

ㅋ

ㅌ

ㅍ

ㅎ

기타

[저자 약력]

안동규

한국디지털정책학회 이사
컴퓨터정보학회 이사
㈜자우미디어 감사
㈜스카이미디어 감사
동두천시 재정운영위원장

신충호

프랑스 KEDGE Business School 경영학 박사
고려대학교 경영대학원 경영학 석사
캐나다 York University 경제학 학사
영동기업㈜ 이사
경민대학교 IT경영학과 교수

4차 산업혁명시대 혁신을 위한
경영학개론

초판인쇄 2020년 3월 5일
초판발행 2020년 3월 10일

지은이 안동규 · 신충호
펴낸이 김중용

총괄기획 박노일 · 최준규
편 집 심성보 · 김인숙

펴낸곳 도서출판 정독
경기도 파주시 책향기로 441, 1004동 1004호(동패동, 책향기마을)
등록 제406-2014-000093호
전 화 070)7550-3758 팩 스 02)718-8554
홈페이지 www.jeongdok.co.kr 이메일 pnc@pncmedia.co.kr
ISBN 979-11-89675-56-1 93320

정 가 22,000원